Marc Grimm, Stefan Müller (Hg.)

Bildung gegen Antisemitismus

Spannungsfelder der Aufklärung

ANTISEMITISMUS UND BILDUNG BAND 1

Marc Grimm, Stefan Müller (Hg.)

Bildung gegen Antisemitismus

Spannungsfelder der Aufklärung

Bibliografische Information der Deutschen Nationalbibliothek

Die Deutsche Nationalbibliothek verzeichnet diese Publikation in der Deutschen Nationalbibliografie; detaillierte bibliografische Daten sind im Internet unter http://dnb.d-nb.de abrufbar.

© WOCHENSCHAU Verlag,
Dr. Kurt Debus GmbH
Frankfurt/M. 2021

www.wochenschau-verlag.de

Alle Rechte vorbehalten. Kein Teil dieses Buches darf in irgendeiner Form (Druck, Fotokopie oder einem anderen Verfahren) ohne schriftliche Genehmigung des Verlages reproduziert oder unter Verwendung elektronischer Systeme verarbeitet werden.

Umschlaggestaltung: Ohl Design
Gedruckt auf chlorfrei gebleichtem Papier
Gesamtherstellung: Wochenschau Verlag
ISBN 978-3-7344-1140-3 (Buch)
E-Book ISBN 978-3-7344-1141-0 (PDF)

Inhalt

MARC GRIMM, STEFAN MÜLLER
Bildung gegen Antisemitismus – aber wie und gegen welchen? 7

ULLRICH BAUER
Mit Bildung gegen das kulturelle Gedächtnis eines globalen
Judenhasses – geht das? Chancen und Risiken von Prävention und
Intervention 21

TOBIAS JOHANN, FRANK GREUEL
Die pädagogisch-präventive Bearbeitung aktueller Erscheinungsformen
des Antisemitismus im Bundesprogramm ‚Demokratie leben!'
Inhaltliche Schwerpunkte, pädagogische Konzepte, zentrale Herausforderungen 44

WILHELM BERGHAN
Demokratiebildung und reflexive Mündigkeit. Theoretische und
empirische Bildungsherausforderungen gegen antisemitische Vorurteile . . 64

MATTHIAS J. BECKER, TILMAN BECHTHOLD-HENGELHAUPT
Antisemitismus im Internet. Ausgangsbedingungen der Internetforschung und pädagogische Maßnahmen gegen Judenfeindschaft im
Schulunterricht 81

MONIKA HÜBSCHER
Meldeverfahren als Strategie gegen Antisemitismus in sozialen Medien? 102

FLORIAN EISHEUER, JAN RATHJE, CHRISTINA DINAR
Digital Streetwork als pädagogischer Ansatz gegen Antisemitismus.
Chancen und Perspektiven 117

SUSANNA HARMS
Pädagogische Auseinandersetzungen mit Antisemitismus und Rassismus.
Das intersektionale Projekt ‚Verknüpfungen' 134

KAI SCHUBERT
Israelbezogener Antisemitismus – eine Herausforderung für die
Bildungsarbeit 151

OLAF KISTENMACHER
Latente Formen des Antisemitismus in der Bildungsarbeit.
Theoretische Zugänge und Handlungsstrategien 167

ELKE RAJAL
Möglichkeiten und Grenzen antisemitismuskritischer Pädagogik.
Anregungen für die Bildungsarbeit 182

MARC GRIMM
Qualitätskriterien von Unterrichtsmaterialien für die Bildung gegen
Antisemitismus. Die Thematisierung von Emotionen 198

STEFAN MÜLLER
Antisemitismusprävention als Bildungserfahrung: Wenn Wissen und
Reflexion vor Ressentiments schützen sollen 214

DEBORAH HARTMANN
Antisemitismus und Shoah in der Bildungsarbeit: Problemfelder,
Herausforderungen und Chancen 232

FLORIAN BEER
Was macht ein gutes Schulbuch aus? Prüfsteine für einen antisemitismuskritischen Geschichtsunterricht 248

Autorinnen und Autoren 264

MARC GRIMM, STEFAN MÜLLER

Bildung gegen Antisemitismus – aber wie und gegen welchen?

Über die Jahrhunderte hinweg erweisen sich antisemitische Ressentiments als anschmiegsam und anpassungsfähig an den Wechsel der politischen, ökonomischen, religiösen und kulturellen Strukturen (Nirenberg 2015). Mit jeder Anpassung findet auch eine Neuerfindung statt, die auf Bestehendes zurückgreifen kann. Judenfeindschaft tritt als „Weltdeutungssystem" (Schwarz-Friesel 2018, 13) und in fragmentierten Überzeugungen und Motiven auf. Antisemitismus stellt somit ein heterogenes Phänomen dar. Er kann entlang politischer, historischer, ideologisch-weltanschaulicher, moralisch-normativer und religiöser Grundüberzeugungen und Bezugspunkte differenziert und kategorisiert werden (vgl. Unabhängiger Expertenkreis Antisemitismus 2017, 24–28; Bernstein 2020, 23–40). Angemessen ist es demnach, von Antisemitismen auszugehen, die von Kontinuitäten und Diskontinuitäten, Gemeinsamkeiten und Widersprüchen geprägt sind und deren gemeinsamer Nenner die Feindseligkeit gegenüber Jüdinnen und Juden ist, die jeweils kontextspezifisch in Ideologien, Annahmen, Motivationen, Praktiken, Vokabulare und Funktionen eingebettet ist.

Hieraus ergibt sich eine zentrale Herausforderung für die Auseinandersetzung mit Antisemitismen in pädagogischen Kontexten: die Aufklärung über die Rolle und die Bedeutung der Funktionen und Mechanismen antisemitischer Weltdeutungen und Ideologiefragmente. Albert Scherr und Barbara Schäuble haben mit Bezug auf Jugendliche aufgezeigt, dass antisemitische, nicht-antisemitische und indifferente Äußerungen *nebeneinander* und *gleichzeitig* bestehen können (Scherr/Schäuble 2006). Auch hinsichtlich des Grades der Verfestigung muss differenziert werden. Antisemitische Äußerungen können auf starren Überzeugungen beruhen, sie können aber auch aus einer ‚konformistischen Rebellion' (Adorno) gespeist werden, die dadurch motiviert ist, gegen einen vermeintlichen gesellschaftlichen anti-antisemitischen Konsens zu rebellieren. Monika Schwarz-Friesel weist mit ihren Analysen antisemitischer Stereotype in der Internetkommunikation darauf hin, dass die Erscheinungsformen und auch die Effekte an jeweils spezifische Grundüberzeugungen und Bezugspunkte gekoppelt sind: „Tendenziell" so Schwarz-Friesel, „artikulieren rechtsextreme und islamische Antisemit/-innen affektiv ihren Hass, linke und sich im Zentrum verortende, vor allem gebildete User – die von der kollektiven Negativbewertung des Antisemitismus in der Post-Holocaust-Gesellschaft stärker geprägt sind – dagegen pseudorational und in Verbindung mit Abwehr- und Umdeutungsstrategien." (Schwarz-Friesel 2019, 403) Antisemitismen stützen sich kontextspezifisch auf divergierende ideologische Narrative. Eine Aufklärung über antisemitische Ressentiments ist demnach auch auf die genaue Kenntnis der jeweiligen Funktion und der Mechanismen für die unterschiedlichen Zielgruppen angewiesen. So wird in einigen Zielgruppen rasch ein Konsens darüber erreicht werden, dass der klassische rassistische Antisemitismus abzulehnen ist. Die Folgen einer solchen Selbstverortung können aber auch darin bestehen, dass andere Erscheinungsformen antisemitischer Ressentiments ausgeblendet oder relativiert werden. Die Thematisierung von Antisemitismus kann auch dem Ziel dienen, bestimmte Erscheinungsweisen in den Vordergrund zu rücken und andere damit zu dethematisieren.

Da antisemitische Ressentiments ebenso flexibel wie fluide sind, lassen sich weder theoretisch noch praktisch oder empirisch Bereiche identifizieren, in denen eine Weltanschauung als immun gegen antisemitische Fragmente oder Versatzstücke ausgemacht werden könnte. Aus dieser Perspektive verweisen Bildungsangebote auf kritisch-reflexive Perspektiven (vgl. Müller 2018a). Für die Gestaltung von Bildungserfahrungen bedeutet das auch, wie Schäuble und Scherr skizzieren, dass nicht nur ein Reden *gegen* Antisemitismus, sondern auch stets eine Meta-Perspektive *über* die Funktionen und Mechanismen der spezifischen Antisemitismen benötigt wird (Scherr/Schäuble 2006, 121). Damit wird in Bildungskontexten auch auf die Herausforderung abgezielt, antisemitische Annahmen, Deutungen und Erklärungen in einer Art und Weise problematisieren zu können, die für die Beteiligten nicht in einer (ungewollten) Bestätigung ihrer Ressentiments mündet, sondern die Wege für eine Überwindung des Ressentiments öffnet. Hier zeichnen sich aktuelle Herausforderungen ab, die in Kontexten von Bildung und Erziehung einer vertieften Diskussion bedürfen, weil – nicht nur im Falle der Thematisierung von Antisemitismen – eindimensionale Bildungskonzepte, die auf die ‚gute Absicht' und die ‚richtige Haltung' von Bildner/-innen oder auf ‚gute Materialien' setzen, kaum ausreichend sind.

Ressentiment und Kritik

Antisemitische Ressentiments präsentieren und inszenieren sich auch als Sozial- und Gesellschaftskritik, die als Ideologie mit Aufdeckungsanspruch auftritt und in dieser Form der Selbstvergewisserung sowie der Abschottung von gegensätzlichen Erfahrungen dient. So vermengt sich der deutsche Schuldabwehr-Antisemitismus nach 1945 mit einer immunisierenden Kritik. Aber vor allem im ‚gebildeten Antisemitismus' (Schwarz-Friesel 2015), in der intellektuellen Judenfeindschaft finden sich Selbstzuschreibungen als Kritiker/-innen (vgl. dazu auch Hafner/Schapira 2015, 184 ff.; Grimm 2019).

Deutlich tritt der vermeintlich gesellschafts-, staats- und machtkritische Impetus in Antisemitismen nach dem 11. September 2001 und im Kontext der hier einsetzenden Debatten um den (gar nicht so) ‚neuen Antisemitismus' auf, der den Transfer antisemitischer Zuschreibungen auf den israelischen Staat bezeichnet. Im Mittelpunkt steht hier die Frage, wie und mit welchen Motiven, Wertungen, Projektionen und historischen Parallelen der israelisch-palästinische Konflikt gedeutet wird (Rabinovici u. a. 2004). In den vergangenen Jahren hat sich zuerst in der Forschung und mit Verzögerungen auch in der öffentlichen Diskussion die Erkenntnis durchgesetzt, dass Kritik an Israel allzu häufig von antisemitischen Motiven getragen wird:

„An einer Kritik einer israelischen Politik ist solange nichts auszusetzen, solange sie ohne antisemitische Anleihen auskommt. Sie muß sich jedoch mindestens dann dem Vorwurf des Antisemitismus u. E. zu Recht aussetzen, wenn sie das Existenzrecht Israels und sein Recht auf Selbstverteidigung aberkennt, die israelische Politik mit einem doppelten Standard beurteilt, also bestimmte politische Maßnahmen seitens Israels scharf verurteilt, jedoch seitens anderer Länder duldet, historische Vergleiche der israelischen Palästinenserpolitik mit der Judenverfolgung im Dritten Reich bemüht oder antisemitische Stereotype auf den israelischen Staat überträgt. Auf diese Weise wird Israel zum ‚kollektiven Juden' gemacht und mit Hilfe klassischer, antijüdischer Stereotype abgewertet und isoliert. Umgekehrt muss damit eine Kritik an der Politik Israels, für die Juden insgesamt verantwortlich gemacht werden, als antisemitisch bezeichnet werden." (Zick/Küpper 2005, 8)

Die Abwehr und ihre Mechanismen

Die Thematisierung des Nationalsozialismus und die Rolle der Großeltern und mittlerweile Urgroßeltern im Holocaust lösen auf Seiten der Nachfahren der Täter/-innen auch Abwehr-Affekte aus. Sie sind ein Hinweis darauf, dass emotionale Bezüge individuell, familiär und gesellschaftlich tradiert werden – und nicht etwa verschwinden, wenn Jugendliche keinen direkten Bezug (mehr) zum Nationalsozialismus haben. Dabei kommt in den intergenerationalen Beziehungen auf Seiten der Nachfahren von Täter/-innen und Mitläufer/-innen dem ‚Leiden' eine eigentümliche Bedeutung zu:

„Das Leiden als nicht-jüdische Deutsche ist jedoch, wie so mancher glauben möchte, keineswegs nur bedingt durch die kollektive deutsche Vergangenheit, sondern es ist in seinen spezifischen Ausprägungen Folge einer jeweils spezifischen Familienvergangenheit. Diese Vergangenheit wirkt vor allem deshalb so nachhaltig und auch zerstörend auf die Gegenwart ein, weil die Kinder und Enkel der Zeitzeugen des ‚Dritten Reiches' nur so wenig bewußte Kenntnis davon haben, sie dennoch ahnen und unter der damit verbundenen Familiendynamik leiden. Wechselseitig wird in den Familien mit sehr viel Energie und Geschick dafür gesorgt, daß diese Vergangenheit im Dunkeln bleibt." (Rosenthal 1992, 19 f.).

Solche ‚Gefühlserbschaften' (Lohl 2010) nehmen eine Bedeutung ein, die in Erziehung, Bildung und Pädagogik bislang kaum thematisiert wird.

„Die sogenannten intergenerationellen Verschränkungen – Konflikte, Ambivalenzen, Emotionen – können an die nachfolgenden Generationen explizit wie implizit tradiert bzw. weitergegeben werden und gelangen so in den Fluss der Biografie und Identität. Dabei geht es nicht nur um explizite – bewusste und lehrbare Inhalte –, sondern auch um implizite Lebenshaltungen, Gefühlsgehalte und Einstellungen." (Chernivsky 2017, 271)

Hier zeichnet sich ab, dass Kenntnissen der Funktion und der Effekte von Abwehrmechanismen eine weitere, erhebliche Bedeutung zukommt – allen voran Rationalisierungen und Projektionsleistungen in Bildungskontexten, die sich der Auseinandersetzung mit Antisemitismen verschreiben. Hier ist zu berücksichtigen, dass in der Einwanderungsgesellschaft paradoxerweise gerade die Aufarbeitung des Nationalsozialismus auch Ausschlusspraktiken gegenüber jenen begünstigen kann, deren Familien keine klassisch-deutschen Täterbiographien vorzuweisen haben. Astrid Messerschmidt verweist darauf, dass „die machtvollen Annahmen über die Auswirkungen eines national-kulturell-religiös besetzten persönlichen Hintergrunds auf das Geschichtsbild […] die Bildungspraxis und die Forschung zum Geschichtsbewusstsein in der Migrationsgesellschaft" beeinflussen (Messerschmidt 2016). Deterministische pädagogische Bezugnahmen greifen auch hier zu kurz, weil Migrationsbiographien weder den alleinigen noch einen zu ignorierenden Einfluss auf die eigene Auseinandersetzung mit der (eigenen) Geschichte und dem (eigenen) Selbstverständnis haben.

Bildungserfahrungen schließen an Lebenswelten an, unabhängig davon, ob diese mit den theoretischen, politischen oder moralischen Überzeugungen der Bildungsanbieter kompatibel sind. Eine Bildung *über, aus, gegen* und *wegen* Antisemitismus (Schäuble 2012) wird umso nachhaltiger und substanzieller erfolgen können, je stärker die Verwobenheit kognitiver Wissensformen mit sozio-emotionalen Affekten reflexiv thematisiert werden kann. Für mündigkeitsorientierte Bildungserfahrungen ist dabei stets vorausgesetzt, dass alle Bildungsteilnehmer/-innen, unabhängig von ihren politischen oder religiösen Selbstüberzeugungen, in ihren subjektiven Zugangsweisen und Präkonzepten ernst genommen werden. Eine reflexive Thematisierung von Antisemitismen in Bildungskontexten ermöglicht auch Unklarheiten, Unwissen oder gar antisemitische Fragmente zu bearbeiten. Das Ziel besteht dann darin, dass die Beteiligten selbständig die vergangenen und aktuellen Erscheinungsformen von Antisemitismen erkennen, benennen und zurückweisen können (vgl. dazu auch Mendel 2020, 37).

In Bildungskontexten sind die Möglichkeiten zur Aufklärung eng an das verfügbare sozialwissenschaftliche Wissen zur Dekonstruktion der Struktur, der Mechanismen und der Funktion antisemitischer kategorialer Zuschreibungen und Annahmen gekoppelt. Es handelt sich dabei um voraussetzungsvolle Wissensformen, weil die Struktur von Antisemitismen nicht in einem klassischen Vorurteil aufgeht, auch wenn es mit diesem verbunden sein kann, ihm möglicherweise entstammt und Parallelen aufweist. „Antisemitismus stellt eine Weltanschauung, eine Gefühlslage, ein Handlungsrepertoire, ein Bedrohungsgefühl und eine Leidenschaft der Jagd und Verfolgung dar, die über antisemitische Semantiken und Praxen kommuniziert werden." (Schäuble 2017, 547)

Eine weitere aktuelle Herausforderung besteht demnach darin, sozialwissenschaftliches Wissen über Struktur und Funktion, Mechanismen und Erscheinungsformen von Antisemitismen (Holz 2001, Rensmann 2005, Stögner 2014, Salzborn 2018, Schwarz-Friesel 2019) in die didaktische Organisation von Bildungserfahrungen zu übernehmen. Bedeutsam dabei ist, dass eine solche Didaktik nicht auf eine Reduktion und damit das Vorenthalten von Wissen abzielt, sondern auf die Übersetzung sozialwissenschaftlichen Wissens für Bildungskontexte (Müller 2020b).

Die Struktur, Mechanismen und die Folgen von Antisemitismen benennen

In den Mittelpunkt einer Bildung gegen und über Antisemitismen rückt so auch die Aufklärung über die Mechanismen von kategorialen Wahrnehmungen und Zuschreibungen, samt ihrer Funktion für die eigene Identität. Ein solcher Zugang unterscheidet sich von Ansätzen, die auf die sozial adäquate Distanzierung vom Rassenantisemitismus im Nationalsozialismus beschränkt sind – eine Erscheinungsform des Antisemitismus, die in der Post-Holocaust-Gesellschaft weitestgehend geächtet ist.

Die Auseinandersetzung und Thematisierung von Antisemitismen in Bildungskontexten ist normativ gerahmt. In Bildungskontexten können normative Bezugnahmen sowohl als Problem als auch als Lösung diskutiert werden (Müller 2020a, 11). Problematisch werden normative Bezüge, wenn sie gesetzt und proklamiert werden und gesinnungsethische Vorstellungen dominieren. Substanzielle Auseinandersetzungen mit Antisemitismen können dadurch auch verstellt werden. Die Gestaltung von Bildungserfahrungen ist vor diesem Hintergrund darauf verwiesen, die unterschiedlichen, sich in entscheidenden Hinsichten auch widersprechenden normativen Bezüge zu kennen, um ihre Folgen für die Gestaltung von Bildungsprozessen abschätzen zu können (vgl. dazu Ritsert 2017, 216–224; Müller 2018b, 91f). In der Reflexion auf normative Implikationen und Folgen kategorialer Wahrnehmungen können Bildungserfahrungen ermöglicht werden, die eine Distanzierung und eine substanzielle Auseinandersetzung unterstützen. Distanzierung und Auseinandersetzung nehmen eine erhebliche Bedeutung für eine Gesellschaft ein, die ein jahrhundertealtes Ressentiment bewältigen will. Kurzfristig wird der unmittelbare Widerspruch bei antisemitischen Äußerungen – und sei dieser lediglich aus einer sozial adäquaten Distanzierung motiviert – allen Anwesenden signalisieren, dass hier ein Problem vorliegt. Mittel- und langfristige Strategien werden, genau daran anschließend, auch Begründungen umfassen, die gesellschaftlich verfügbare kategoriale Wahrnehmungen kritisch-reflexiv benennen, erkennen und begründet zurückweisen können. Damit rückt die Reflexion auf eigene und gesellschaftlich dominierende Normalitätsvorstellungen als weitere Herausforderung in den Mittelpunkt.

Diese prägen nicht zuletzt die ‚Haltung' von Lehrenden oder Teamer/-innen, die für pädagogische Bearbeitungsmöglichkeiten einen relevanten Bezugspunkt bilden (vgl. Eckmann/Kößler 2020 und die Methoden und Übungen in Killguss et al. 2020). Bedeutsam ist dies vor allem auch, weil eigenständige Auseinandersetzungen dadurch sowohl angeregt als auch unterlaufen oder sogar verstellt werden können.

Eine der Herausforderungen besteht so in der Bereitstellung pädagogisch tragfähiger Räume, die Denk-, Handlungs- und Urteilsmöglichkeiten um die Gestaltung gesellschaftlicher Bedingungen erweitern. So muss nicht blind tradierten Erzählungen gefolgt oder diese gar auf die Adressat/-innen projiziert werden. Eine folgenreiche Strategie der Abwehr und der Externalisierung von Antisemitismen kann nämlich auch darin ausgemacht werden, eine gesellschaftliche Gruppe zu hauptverantwortlichen Trägern von Antisemitismus zu erklären. Eine Externalisierung und die Verlagerung auf ‚die Anderen' ermöglicht eine soziale Position der Distanz, aus der heraus ‚begründet' argumentiert werden kann, dass die jeweils anderen noch viel problematischer sind.

Muslimischer Antisemitismus und antimuslimischer Rassismus

Dass Antisemitismen spezifische Phänomene mit eigener Geschichte sind, die einer eigenen Logik folgen und deswegen im Rahmen von antirassistischer Bildung allenfalls bedingt adressiert werden können, steht in der akademischen Diskussion mittlerweile kaum mehr in Frage. Was sich aktuell hingegen abzeichnet, ist eine Auseinandersetzung um das Verhältnis von muslimischem Antisemitismus und antimuslimischem Rassismus. Wir sehen hier vor allem zwei Diskussionen. Auf der Ebene von Bildungsbemühungen gegen Antisemitismus in der Schule können ‚Opferkonkurrenzen' auftreten, „in der die vermeintliche oder tatsächliche Diskriminierung anderer gegen die Thematisierung von Antisemitismus oder die Anerkennung jüdischer Perspektiven geltend gemacht wird" (Bernstein 2018, 191). Durch politische Entwicklungen wird diese Tendenz forciert. Auf Ebene der Europäischen Union, des Bundes und schrittweise auf Länderebene wurde die Position der Antisemitismusbeauftragten geschaffen, der eine starke Signalwirkung zukommt. In Frankreich beispielsweise ist das Aufgabengebiet demgegenüber anders gerahmt: Frédéric Portier ist Beauftragter der französischen Regierung gegen Rassismus, Antisemitismus, Feindlichkeit gegenüber Lesben, Schwulen, Bisexuellen und Transpersonen. Zu erwarten ist in Deutschland eine Diskussion der Frage, warum es neben den Antisemitismusbeauftragten nicht auch vergleichbare Stellen für die Bekämpfung von Rassismus gibt. Diese Diskussionen werden sich auch um die Fragen medialer Aufmerksamkeit, die Verteilung von finanziellen Mitteln und das Verhältnis von Antisemitismus und Rassismus drehen. In der Logik von ‚Opferkonkurrenzen' kann allzu leicht die Bedeutung des einen gegen den anderen ausgespielt werden.

Eine andere anhaltende Diskussion, nicht nur in Bildungskontexten, zentriert sich um die Frage, wie muslimischer Antisemitismus (nicht) adressiert werden kann. Eine Reihe von Einschätzungen weist auf Gefahren hin, etwa die Vereinnahmung durch Rechtspopulisten, die Gefahr der Ausblendung des Antisemitismus der Mehrheitsgesellschaft und eine Verschiebung von Problemen der Mehrheitsgesellschaft auf Muslime. All diese Einwände können auch dazu benutzt werden, um muslimisch geprägten Antisemitismus zu verschleiern, umzudeuten oder gar zu relativieren. Hier besteht die aktuelle Herausforderung darin, weder generalisierende Zuschreibungen noch essentialistische Denkmuster zu reproduzieren (vgl. Biskamp 2019).

Antisemitismusprävention ohne Juden? Paternalismus, Instrumentalisierung, Exotismus oder Anerkennung jüdischer Perspektiven

Obwohl historisch betrachtet „die Antisemitismusforschung […] grundlegende Erkenntnisse zu einem nicht unerheblichen Teil jüdischen Autoren und Wissenschaftlern" (Grimm/Kahmann 2018, 19) zu verdanken hat, wurden Perspektiven von Jüdinnen und Juden auf vergangene und aktuelle Erscheinungsformen von Antisemitismen lange nicht erhoben, und sie spielten auch in Bildungskontexten eine untergeordnete Rolle. Bildungskonzeptionen aber, die allein auf ein Reden *über* Juden – nicht *mit* Juden – setzen, verbleiben nicht nur unterbestimmt, sondern paternalistisch. Aber auch der Einbezug jüdischer Perspektiven kann paternalistisch geprägt sein:

„In pädagogischen Settings kann es leicht zu paternalistischen Haltungen kommen, wenn Betroffenen besondere Aufmerksamkeit geschenkt wird. Daher ist es erforderlich, nicht nur ‚jede Form der Diskriminierung (zu) problematisieren', sondern noch einen Schritt hinter die Diskriminierung zurückzugehen und danach zu fragen, wie es zur Konstitution der diskriminierten Gruppe als Gruppe gekommen ist. Wenn jüdische Teilnehmende sich als jüdisch outen, dann geht dem eine Erfahrung voraus, auf ihr Judentum angesprochen und zugeordnet zu werden, sozusagen als jüdisch subjektiviert worden zu sein." (Messerschmidt 2014, 39)

Jüdische Bildungsteilnehmer/-innen als Expert/-innen zu Israel oder gar zum Nahostkonflikt zu benutzen, reproduziert die zur Diskussion stehende Problematik. Auch der Einbezug jüdischer Perspektiven kann so in instrumentalisierende Bezugnahmen übergehen.

Allzu leicht wird in Theorie und Praxis aber von jüdischen Perspektiven abstrahiert, wenn diese kein Gehör finden. Hier können der Studie *Jüdische Perspektiven auf Antisemitismus in Deutschland* (Zick u.a. 2017) Anknüpfungspunkte für den pädagogischen Kontext entnommen werden. Sowohl die Interviews mit von Antisemitismus Betroffenen und ihre Umgangsstrategien als auch die Ergebnisse der quantitativen Erhebung können Bildungserfahrungen über und gegen Antisemitismus unterstützen. Gleichzeitig besteht auch hier die Gefahr, dass ausschnitthaft jüdische Perspektiven zur Absicherung der eigenen politischen Position instrumentalisiert werden, anstatt die Bandbreite jüdischer Perspektiven überhaupt zur Kenntnis zu nehmen.

Liliana Feierstein hat in ihren Analysen von Schulbüchern und didaktischen Materialien in Bezug auf die Darstellung von Juden, Judentum und Israel blinde Flecken und Leerstellen aufgezeigt, die den ‚typisierten Juden' (Bauman) reproduzieren. So wird in den untersuchten Bildungsmaterialien nahezu vollständig die Möglichkeit ausgeblendet, „säkulares Mitglied einer religiösen Kultur zu sein (nicht-gläubige Juden): In den Darstellungen von Juden werden die religiösen Züge unterstrichen und auf eine exotische Weise hervorgehoben. Durch dieses Manöver wird die eigene Weltanschauung bestätigt bzw. wiederhergestellt: So kann man die Juden entweder als territoriale Nation (Israel) oder als fremde Religion (aber meistens und paradoxerweise als schon aufgehobene ‚Wurzel des Christentums') verstehen. Aber nicht anders, d.h. nicht als eine Kultur, die nach einer anderen Logik ihr Dasein und ihre Zugehörigkeit definiert und trotzdem weder exotisch noch eine lebendige Trümmerlandschaft ist." (Feierstein 2010, 257)

Hier zeichnen sich seit geraumer Zeit Herausforderungen ab, die in der außerschulischen Bildung bereits thematisiert werden, in der schulischen Bildung jedoch kaum. Eine Thematisierung jüdischer Perspektiven in der Auseinandersetzung mit Antisemitismen wird auf grundlegende Kenntnisse der Fallstricke des Paternalismus, der Instrumentalisierung und des Exotismus angewiesen sein.

Antisemitismen in digitalen Räumen

Die Etablierung des Internets hat der Verbreitung von Antisemitismen in den letzten zwei Jahrzehnten neue Wege bereitet. Antisemitische Inhalte sind im Internet nahezu schrankenlos zugänglich. Mit der Etablierung sozialer Netzwerke gehen auch strukturelle Änderungen einher, weil antisemitische Inhalte nun nicht mehr nur von Nutzer/-innen gefunden werden können, die diese suchen, sondern antisemitische Inhalte auch jene Nutzer/-innen finden, die nicht danach suchen. Die sozialen Netzwerke organisieren, strukturieren und limitieren die soziale Beziehung der User/-innen zueinander. Gesteuert über Algorithmen sollen die Interaktionszeiten der User/-innen maximiert und diese zu unentgeltlicher Arbeit für die Plattformen bewegt werden, die sie in Form von Likes, Shares oder der Produktion von Inhalten liefern. Strukturell führt das auch dazu, dass sowohl antisemitische Posts als auch die berechtigte und notwendige Kritik daran die (Weiter-)Verbreitung von Antisemitismen in digitalen Räumen produzieren. Ressentiments und Kritik werden dadurch tendenziell nivelliert und strukturell dem Imperativ der Verwertbarkeit untergeordnet – mit unterschiedlichen Effekten: Das Ressentiment erstarkt und breitet sich aus, die Kritik von Ressentiments wird ausgehöhlt und trägt im Extremfall sogar noch zur Verbreitung des Ressentiments bei. Das Besondere dabei ist, dass die sozialen Medien den User/-innen Möglichkeiten bieten, mit gleichgesinnten User/-innen und mit auf diese Gesinnung programmierten Social-Bots sich-selbst-bestätigende Filterblasen zu bilden, die den Schritt von verbalen, auch anonymisierten Vernichtungsdrohungen zur realen Umsetzung beschleunigen und begünstigen.

Die Anbieter sozialer Medien ermöglichen den Austausch von Informationen und Inhalten und sind gleichzeitig ein Faktor in der Produktion und Organisation dieser – auch antisemitischen – Inhalte. Ein weiterer Ansatzpunkt, der sich hier abzeichnet, kann rund um eine digitale Aufklärung diskutiert werden: etwa in Bezug auf die Struktur und Mechanismen, die Dynamiken und Interaktionen der Nutzer/-innen, die Verbreitung von Antisemitismen in sozialen Medien, aber auch die Möglichkeiten, um auf dem gleichen Wege für das Thema zu sensibilisieren. Irritationen und Einbruchstellen in Filterblasen, die die dichotome Struktur von Standpunkt und Gegenstandpunkt zu überschreiten vermögen, bilden hier Ansatzpunkte.

Was kann Bildung (nicht) leisten?

Das Ziel, Antisemitismen in und durch Bildung aufzuklären, bewegt sich strukturell in einem Spannungsfeld, das auf beide Seiten hin eindimensional aufgelöst werden kann und so die spezifischen Möglichkeiten von Bildungserfahrungen preisgibt. Die Organisation von Bildung im Themenfeld Antisemitismus ist auf eine weitere Herausforderung angewiesen, die auf der einen Seite durch die ‚Grenzen der Aufklärung' gerahmt ist, wie sie Theodor W. Adorno, Max Horkheimer und Leo Löwenthal in der *Dialektik der Aufklärung* (Horkheimer/Adorno 2003) skizziert haben. Auf der anderen Seite finden sich Bestrebungen, mündigkeitsorientierte Erfahrungen von Reflexion und Autonomie in und durch die Gestaltung von Bildungserfahrungen zu ermöglichen. Adorno und Horkheimer rahmen das Feld nun in einer Art und Weise, die es erlaubt, beide Seiten im Blick zu behalten, um nicht eindimensional pädagogischen Machbarkeitsphantasien vertrauen zu müssen. Denn das ist ebenfalls eine unhintergehbare Seite des Spannungsfeldes: Bildung schützt nicht automatisch vor antisemitischen Ressentiments. „Auch hoch gebildete Personen können Antisemiten sein und/ oder trotz des Wissens um die Gefahren einer Hassrhetorik Antisemitismen in die Gesellschaft tragen." (Schwarz-Friesel 2020, 146)

Die andere Seite setzt ebenso unhintergehbar darauf, dass nur mit Bildung nachhaltig über jahrhundertealte Ressentiments aufgeklärt werden kann, die weltweit immer noch Ideologien, Affekte und Emotionen mobilisieren, die auf

Verfolgung und Vernichtung drängen. Benötigt werden für eine solche Bildung Perspektiven, die nicht auf Verharmlosung, Überdramatisierung, Ignoranz oder Verschweigen setzen, um die Rationalisierungen und Projektionsleistungen im Themenfeld reflexiv bearbeiten zu können. Dann kann mit Bildung gegen Antisemitismen gearbeitet werden. Obwohl und weil es Grenzen der Aufklärung gibt, wird Aufklärung – und damit auch Bildung – über diese Grenzen informieren können. Das bildet die Hoffnung und das Versprechen einer Bildung gegen und über Antisemitismen.

Adorno hat dafür eine griffige Formel geprägt, die Voraussetzung und Ziel dessen skizziert, was Bildung (nicht) leisten kann: „Die einzig wahrhafte Kraft gegen das Prinzip von Auschwitz wäre Autonomie, […] die Kraft zur Reflexion, zur Selbstbestimmung, zum Nicht-Mitmachen." (Adorno 1977, 679)

Die ‚Grenzen der Aufklärung' sowie die ‚Kraft zur Reflexion' charakterisieren demnach gleichermaßen eine Bildung gegen und über Antisemitismen. Wir zielen hier auf eine Argumentationsfigur, die weder allein den Grenzen noch den Möglichkeiten von Aufklärung verhaftet bleibt. Vielmehr werden beide stetig aufeinander bezogen, um gegenseitig ein Korrektiv zu erhalten, das dieses Spannungsfeld der Aufklärung bearbeitbar hält.

Als zentrale Herausforderungen stehen heute die Bedingungen zur Diskussion, unter und in denen Bildung gegen Antisemitismen gelingen kann. Daran schließt unmittelbar eine ganze Reihe von weiteren Fragen an, die bis heute weitestgehend und erstaunlicherweise empirisch kaum geprüft sind: Welche pädagogischen Arrangements wirken wie? Und warum? Was sind kurz-, mittel- und langfristige Erfolge? Welche Kriterien gelten als ‚Erfolg'? Das sind Fragen, die an die aktuellen Herausforderungen anschließen und die bislang in Bildungskontexten kaum zufriedenstellend beantwortbar sind. Mit der Beantwortung und Diskussion dieser Fragen vor dem Hintergrund der geschilderten Herausforderungen dürfen zumindest weiterführende Möglichkeiten des Erkennens, Benennens und Zurückdrängens antisemitischer Ressentiments in und durch die Organisation von Bildungserfahrungen erwartet werden.

Die Beiträge im vorliegenden Sammelband gehen zurück auf die Tagung ‚Bildungsmaßnahmen gegen Antisemitismus vor neuen Herausforderungen', die vom 5. bis 7. September 2019 am Zentrum für interdisziplinäre Forschung (ZiF) an der Universität Bielefeld stattfand. Ergänzend sind weitere Beiträge aufgenommen, die zentrale Herausforderungen im Themenfeld diskutieren.

Wir danken den Autorinnen und Autoren, Clara Gerloff-Blood, Mona Corsmeier und Marcel Frentzel sowie dem Wochenschau-Verlag, insbesondere Tessa Debus und Silke Schneider für die gute Zusammenarbeit und Unterstützung.

Literatur

Adorno, Theodor W. (1977): Erziehung nach Auschwitz [1966]. In: Kulturkritik und Gesellschaft II. Eingriffe, Stichworte (Gesammelte Schriften; Bd. 10.2). Frankfurt/M., S. 674–690.

Bauman, Zygmunt (1992): Dialektik der Ordnung. Die Moderne und der Holocaust. Hamburg.

Bernstein, Julia (2018): „Mach mal keine Judenaktion!" Herausforderungen und Lösungsansätze in der professionellen Bildungs- und Sozialarbeit gegen Antisemitismus. Frankfurt/M. (Stand v. 15.4.2019). Online: https://www.frankfurt-university.de/antisemitismus-2017/

Biskamp, Floris (2019): Über das Verhältnis von Rassismuskritik und Antisemitismuskritik. Online: http://lernen-aus-der-geschichte.de/Lernen-und-Lehren/content/14636

Chernivsky, Marina (2017): Biographisch geprägte Perspektiven auf Antisemitismus. In: Mendel, Meron/Messerschmidt, Astrid (Hg.): Fragiler Konsens. Antisemitismuskritische Bildung in der Migrationsgesellschaft. Frankfurt/M., S. 269–280.

Eckmann, Monique/Kößler, Gottfried (2020): Pädagogische Auseinandersetzung mit aktuellen Formen des Antisemitismus. Qualitätsmerkmale und Spannungsfelder mit Schwerpunkt auf israelbezogenem und sekundärem Antisemitismus. Genf. Online: https://www.dji.de/fileadmin/user_upload/FGJ4/Eckmann_Koessler_2020_Antisemitismus.pdf

Feierstein, Liliana Ruth (2010): Von Schwelle zu Schwelle. Einblicke in den didaktisch-historischen Umgang mit dem Anderen aus der Perspektive jüdischen Denkens. Bremen.

Freud, Anna (2012): Das Ich und die Abwehrmechanismen. Frankfurt/M.

Grimm, Marc (2019): Germany's Changing Discourse on Jews and Israel. In: Rosenfeld, Alvin (Hg.): Anti-Zionism and Antisemitism. The Dynamics of Delegitimization, Indiana University Press, S. 369–398.

Grimm, Marc/Kahmann, Bodo (2018): Perspektiven und Kontroversen der Antisemitismusforschung im 21. Jahrhundert. Zur Einleitung. In: Grimm, Marc/Kahmann, Bodo (Hg.): Antisemitismus im 21. Jahrhundert. Virulenz einer alten Feindschaft in Zeiten von Islamismus und Terror (Europäisch-jüdische Studien, Beiträge 36), S. 1–24.

Hafner, Georg M./Schapira, Esther (2015): Israel ist an allem schuld. Warum der Judenstaat so gehasst wird. Köln.

Holz, Klaus (2001): Nationaler Antisemitismus. Wissenssoziologie einer Weltanschauung. Hamburg.

Horkheimer, Max/Adorno, Theodor W. (2003): Dialektik der Aufklärung. Philosophische Fragmente. Limitierte Sonderausgabe. Frankfurt/M.

Killguss, Hans-Peter/Meier, Marcus/Werner, Sebastian (2020): Bildungsarbeit gegen Antisemitismus. Grundlagen, Methoden & Übungen. Frankfurt/M.

Lohl, Jan (2010): Gefühlserbschaft und Rechtsextremismus. Eine sozialpsychologische Studie zur Generationengeschichte des Nationalsozialismus. Gießen.

Mendel, Meron/Messerschmidt, Astrid (2017) (Hg.): Fragiler Konsens. Antisemitismuskritische Bildung in der Migrationsgesellschaft. Frankfurt/M.

Mendel, Meron (2020): Weil nicht sein kann, was nicht sein darf. Herausforderungen antisemitismuskritischer Bildungsarbeit. In: Aus Politik und Zeitgeschichte (APuZ): Antisemitismus, 26–27/2020, S. 36–41.

Messerschmidt, Astrid (2014): Bildungsarbeit in der Auseinandersetzung mit gegenwärtigem Antisemitismus. In: Aus Politik und Zeitgeschichte (APuZ), Heft 28–30, S. 38–44.

Messerschmidt, Astrid (2016): Geschichtsbewusstsein ohne Identitätsbesetzungen – kritische Gedenkstättenpädagogik in der Migrationsgesellschaft. Online: http://www.bpb.de/apuz/218720/kritische-gedenkstaettenpaedagogik-in-der-migrationsgesellschaft

Müller, Stefan (2018a): Rechthaberei und Reflexion. Sozialwissenschaftliche Modelle und Möglichkeiten von Kritik. In: Zeitschrift für Didaktik der Gesellschaftswissenschaften, Jg. 9, Heft 1, S. 116–134.

Müller, Stefan (2018b): Populismus und Pluralismus. Normative Herausforderungen in der Politischen Bildung. In: Möllers, Laura/Manzel, Sabine (Hg.): Populismus und Politische Bildung. Frankfurt/M., S. 87–92.

Müller, Stefan (2020a): Das Versprechen vom Bessermachen. Reflexion und Kritik im Kontext institutioneller Bildung. In: itdb (Inter- und transdisziplinäre Bildung), Jg. 2, Heft 2. Online: https://itdb.ch/index.php/itdb/article/view/24

Müller, Stefan (2020b): Reflexivität in der Politischen Bildung. Untersuchungen zur sozialwissenschaftlichen Fachdidaktik. Frankfurt/M.

Nirenberg, David (2015): Anti-Judaismus. Eine andere Geschichte des westlichen Denkens. München.

Rabinovici, Doron/Speck, Ulrich/Sznaider, Natan (2004): Neuer Antisemitismus? Eine globale Debatte. Frankfurt/M.

Rensmann, Lars (2005): Demokratie und Judenbild. Antisemitismus in der politischen Kultur der Bundesrepublik Deutschland. Wiesbaden.

Ritsert, Jürgen (2017): Zur Philosophie des Gesellschaftsbegriffs. Studien über eine undurchsichtige Kategorie. Mit einem Vorwort von Stefan Müller und Albert Scherr (Gesellschaftsforschung und Kritik, Band 8). Weinheim.

Rosenthal, Gabriele (1992): Antisemitismus im lebensgeschichtlichen Kontext. Soziale Prozesse der Dehumanisierung und Schuldzuweisung. In: Österreichische Zeitschrift für Geschichtswissenschaften. Online: https://www.ssoar.info/ssoar/bitstream/handle/document/5924/ssoar-oezg-1992-4-rosenthal-antisemitismus_im_lebensgeschichtlichen_kontext.pdf?sequence=1&isAllowed=y&lnkname=ssoar-oezg-1992-4-rosenthal-antisemitismus_im_lebensgeschichtlichen_kontext.pdf

Schäuble, Barbara (2012): „Über", „aus", „gegen" oder „wegen" Antisemitismus lernen? Begründungen, Themen und Formen politischer Bildungsarbeit in der Auseinandersetzung mit Antisemitismus. In: Gebhardt, Richard/Klein, Anne/Meier, Marcus/Clemens, Dominik (Hg.): Antisemitismus in der Einwanderungsgesellschaft. Beiträge zur kritischen Bildungsarbeit. Weinheim, S. 174–191.

Schäuble, Barbara (2017): Antisemitische Diskriminierung. In: Scherr, Albert/El-Mafaalani, Aladin/ Yüksel, Gökçen (Hg.): Handbuch Diskriminierung. Wiesbaden, S. 545–564.

Scherr, Albert/Schäuble, Barbara (2006): „Ich habe nichts gegen Juden, aber …". Ausgangsbedingungen und Ansatzpunkte gesellschaftspolitischer Bildungsarbeit zur Auseinandersetzung mit Antisemitismen. Langfassung Abschlussbericht. Berlin. Online: https://www.amadeu-antonio -stiftung.de/w/files/pdfs/schaueblescherrichhabenichtslangversion.pdf

Schwarz-Friesel, Monika (2015): Gebildeter Antisemitismus, seine kulturelle Verankerung und historische Kontinuität: Semper idem cum mutatione. In: dies. (Hg.): Gebildeter Antisemitismus. Eine Herausforderung für Politik und Zivilgesellschaft. Baden-Baden, S. 13–34.

Schwarz-Friesel, Monika (2018): Antisemitismus 2.0 und die Netzkultur des Hasses. Judenfeindschaft als kulturelle Konstante und kollektiver Gefühlswert im digitalen Zeitalter. Online: https://www.linguistik.tu-berlin.de/fileadmin/fg72/Antisemitismus_2-0_Lang.pdf

Schwarz-Friesel, Monika (2019): Judenhass 2.0: Das Chamäleon Antisemitismus im digitalen Zeitalter. In: Heilbronn, Christian/Rabinovici, Doron/Sznaider, Natan (Hg.): Neuer Antisemitismus? Fortsetzung einer globalen Debatte. Berlin, S. 385–417.

Schwarz-Friesel, Monika (2020): Judenhass im Internet. Antisemitismus als kulturelle Konstante und kollektives Gefühl. Bonn.

Salzborn, Samuel (2018): Globaler Antisemitismus. Eine Spurensuche in den Abgründen der Moderne. Mit einem Vorwort von Josef Schuster. Weinheim.

Stögner, Karin (2014): Antisemitismus und Sexismus. Historisch-gesellschaftliche Konstellationen (Interdisziplinäre Antisemitismusforschung; Bd. 3). Baden-Baden.

Unabhängiger Expertenkreis Antisemitismus (2017): Antisemitismus in Deutschland – aktuelle Entwicklungen. Zweiter Bericht des unabhängigen Expertenkreises Antisemitismus. Online: https://www.bmi.bund.de/SharedDocs/downloads/DE/publikationen/themen/gesellschaft -integration/expertenkreis-antisemitismus/expertenbericht-antisemitismus-in-deutschland. html

Zick, Andreas/Küpper, Beate (2005): Antisemitismus in Deutschland. Kurzbericht aus dem GMF-Survey, 2005/1 (Stand v. 1.8.2018). Online: https://www.amadeu-antonio-stiftung.de/w/files/ pdfs/antisemitismus_in_deutschland.pdf

Zick, Andreas/Hövermann, Andreas/Jensen, Silke/Bernstein Julia (2017): Jüdische Perspektiven auf Antisemitismus in Deutschland. Ein Studienbericht für den Expertenrat Antisemitismus. (Stand v. 27.7.2018). Online: https://uni-bielefeld.de/ikg/daten/JuPe_Bericht_April2017.pdf

ULLRICH BAUER

Mit Bildung gegen das kulturelle Gedächtnis eines globalen Judenhasses – geht das?

Chancen und Risiken von Prävention und Intervention

Natürlich ist Bildung eine Antwort auf den globalen Antisemitismus. Aber ist die Frage überhaupt richtig gestellt? Geht es nur um das *ob*? Nein, *welche* Bildung gemeint und *wie* solche Bildung zu vermitteln ist, müsste gefragt werden. Bildung ist kein geschützter, klar definierter Begriff. Im Gegenteil, Bildung und Bildungsinstitutionen können auch zum Schlimmeren führen. Anhand der exzeptionellen nationalsozialistischen Bildungselite wird dies deutlich (vgl. u.a. Wildt 2002). Es gibt (leider) keinen bildungsimmanenten Überhang des richtigen moralischen Urteilens. Nicht wenige Ansätze der Antisemitismus-Diskussion verweisen auf diese fatale Situation. So lange darum unklar ist, was als ‚Bildung' gegen Antisemitismus wirken kann, ist der Verweis auf Bildung ein schwieriger Kunstgriff. Häufig ist dies durch eine akademische Legislative motiviert, die als Referenz für die Exekutive an der Basis der schulischen und außerschulischen Bildungsarbeit fungiert. Allein das Pochen auf Bildung verbleibt demnach unscharf. Vielleicht verstellt es den Blick auch eher als es ihn öffnen kann.

Der vorliegende Beitrag ist in dieser Hinsicht motiviert. Er fragt nach den blinden Flecken in der aktuellen Diskussion und ist in der Form und Argumentation eher ‚laut gedacht'. Es ist keine Intervention in eine zu Recht erhobene Forderung nach mehr Praxis gegen wachsenden Antisemitismus, sondern reflektiert auf Chancen und Risiken antisemitischer Präventions- und Interventionsmaßnahmen. Damit soll in den Drang einer anti-antisemitischen Praxis zunächst ein reflexiver Stolperstein eingebaut werden: Abgesichert werden soll, dass der neue ‚run' auf die Maßnahmen gegen Antisemitismus nicht zu unzureichenden Mitteln greift. Dabei soll das Feld der Bildungsmaßnahmen gegen Antisemitismus, von dem eben noch kein eindeutiges Bild existiert, in der Hinsicht untersucht werden, in der es um Effekte und Wirkungen von Maßnahmen geht.

Wie in diesen Bemerkungen deutlich wird, hat der Beitrag insgesamt eine Form der Exploration. Einleitend wird auf die Analyse der Entstehungsbedingungen von Antisemitismus rekurriert. Dies scheint aufgrund der vorangegangenen Überlegungen vielleicht überflüssig. Es ist aber gegenteilig. Die Ausrichtung auf Praxismaßnahmen muss, so das Plädoyer, an der Ätiologie (also unserem Wissen über Ursachen) von Antisemitismus orientiert sein. Der Grund für diese enge Kopplung lautet, dass ein Wirkmechanismus von Maßnahmen für die Praxis nur dann angenommen werden kann, wenn sich Praxismaßnahmen genau auf die Stellschrauben konzentrieren, die für die Ausprägung von Antisemitismus als ausschlaggebend angenommen werden. Ursachenwissen und Praxisperspektiven müssen also eng verknüpft sein, wobei eine solche Perspektive auf die Entwicklungsbedingungen von Antisemitismus natürlich eine eigenständigere Betrachtung erfordert. Diese kann hier nicht geleistet werden und muss auf eine ebenso vorsichtige wie selektive Auswahl der Erklärungsversuche beschränkt werden. Erst im Anschluss wird die Frage nach den potentiellen Wirkungen gestellt. Sie ist orientiert auf positive und negative Effekte. Zugleich werden die Graubereiche der Debatte beleuchtet, die darüber Auskunft geben sollen, wo Herausforderungen für eine Praxis der Antisemitismusprävention und -intervention gesehen werden.

Welche Ätiologie liegt einer Praxisperspektive zu Grunde?

Antisemitismus wird von Diskriminierung und Vorurteilen häufig dadurch abgegrenzt, dass Antisemitismus eine Weltanschauung beinhaltet und dadurch stärker strukturiert und dauerhaft auftritt. Als dauerhafte Struktur sowohl als individuelles Dispositionssystem der Menschen als auch als Merkmal einer gesellschaftlichen Doxa oder, in einer anderen Theoriesprache, eines Dispositivs. Hinzu tritt die historische Dauer und relative Stabilität des Antisemitismus, die ihn sogar schon vor dem Christentum zu einem typischen Muster der Ausgrenzung, Verfolgung und Ermordung werden ließ (Nirenberg 2015). Nur wenige Minoritäten haben ein ähnliches ‚Verfolgungsmuster', das mit annährend langer Dauer stabil geblieben ist und dabei auch noch im Zeitalter des Faschismus im 20. Jahrhundert so exponiert werden konnte. In dieser Hinsicht ist von einer Singularität des Antisemitismus zu Recht zu reden und dies spiegelt sich auch in der beginnenden Diskussion über seine Ursachen.

In der geisteswissenschaftlichen Tradition gibt es selten wirkliche Versuche, die Ursachen des Antisemitismus systematisch zu untersuchen und damit auch zu ihrer Verhinderung beizutragen. Max Horkheimer (2017 [1946]: 23) argumentiert nicht ohne Bitternis, dass Soziologie und Philosophie wenig zur Lösung haben beitragen können. Erst die Psychologie hat auf den vergeblichen Versuch der Abwehr durch ‚Fairness' hinweisen können und damit zur Entmythologisierung des Phänomens beigetragen: „Wie sind Aufklärungsschriften abzufassen? Soll man einfach an die Fairness, an das Gerechtigkeitsgefühl im Einzelnen oder an die Ideale der Demokratie appellieren? Die psychoanalytische Antwort würde negativ ausfallen. Ein bloßer Appell an den bewußten Geist genügt nicht, weil Antisemitismus und Anfälligkeit für antisemitische Propaganda dem Unbewußten entspringen." (Horkheimer (2017 [1946], 23)

Für die erste Generation der Kritischen Theorie kann eine durchgehend gesteigerte Aufmerksamkeit für Antisemitismus angenommen werden. Die großen Studien wie „Arbeiter und Angestellte am Vorabend des Dritten Reiches" bis zum „Gruppenexperiment" rahmen eine Vielzahl theoretischer und empirischer Studien, die mehr als 20 Jahre den Hauptgegenstand der Arbeiten der exponiertesten Vertreter der Frankfurter Schule bildeten. Dies ist in der nachfolgenden Diskussion lange Zeit übersehen worden. Zum einen, weil die Kritische Theorie vielfach selbst darum bemüht war, ihre Verbundenheit mit diesem Thema nicht zu stark in der Öffentlichkeit zu zeigen. Dies gilt vor allem für die Zeit nach der Rückkehr eines Großteils ihrer Vertreterinnen und Vertreter nach Deutschland. Zum anderen, weil Antisemitismus in der Rezeption der akademischen Linken als historisches Thema angesehen wurde. Die Auseinandersetzung zwischen Antisemitismus- und Kapitalismuskritik ist in der Linken nie unkompliziert gewesen. Dagegen ist offenkundig, dass marxistische Strömungen in der Zeit ihrer Neuorientierung und Verjüngung nach dem Zweiten Weltkrieg die polit-ökonomische Rezeption gerade der Kritischen Theorie in den Vordergrund stellten und auf die Thematisierung von Antisemitismus verzichteten.

Ein weiteres Rezeptionsproblem tritt hinzu: Trotz Dauer und Intensität der Auseinandersetzung innerhalb der Frankfurter Schule ist erstaunlich, wie wenig geronnenes Wissen hieraus für eine Theorie zur Genese des Antisemitismus gewonnen werden kann. Mit dem Ziel, Lehrbuchwissen zu produzieren, hat die Kritische Theorie den Antisemitismus nicht seziert. Auch weil sie fürchtete, den antisemitischen Hass noch zu bestärken, wenn sie ihn derart bloßstellte. Diese Vorsicht geht zurück auf die lange Dauer der Förderung ihrer Forschungsvorhaben durch die großen jüdische Selbstvertretungen, die den Hauptteil ihrer empirischen Studien finanzierte (wie das *American Jewish Committee* und das *Jewish Labour Committee*). Horkheimer und Adorno ahnten sehr wohl, dass dies die Verschwörungsphantasien der Antisemiten noch stimulieren würde. Zudem muss aber auch konzediert werden, dass Theorie und Empirie eher zu einem oszillierenden Wissen geführt haben, das nicht recht entschieden war, woher die Triebkräfte rührten und wohin Gegenmaßnahmen führen konnten.

Einiges dieser Spannung der unterschiedlichen Annahmen lässt sich in wenigen Stichworten wie folgt darstellen: Der Antisemitismus ist ein historisches überdauerndes Phänomen, das phylo- wie ontogenetisch unterschiedliche Ausprägungen annehmen kann. Horkheimer unterscheidet in der Hochphase seiner Auseinandersetzung mit Antisemitismus sechs ‚Typen', die den religiösen von einem triebgehemmten Antisemiten, einen verschwörungstheoretischen von einem Dolchstoß-Antisemitismus und ein reaktionäres von einem faschistischen Muster des Antisemitismus differenziert. In vielfacher Weise reagiert Horkheimer hiermit auf eine sehr unterschiedliche Operationalisierung der antisemitischen Dispositionsstruktur, die innerhalb der Frankfurter Schule vorgenommen wurde. Ohne Einschränkung kann man sagen, dass der Zugriff und das Verständnis bezüglich Ausprägung, Entwicklung und Reichweite des Antisemitismus permanent changiert (Horkheimer (2017 [1946], 25 f.).

Der mit den Vertreterinnen und Vertretern der Frankfurter Schule im Exil verbundene Arzt und Psychoanalytiker Ernst Simmel hob die enge Beziehung zur menschlichen Charakterstruktur hervor. „Eben jetzt versuchen die Politiker, einen Weg zu finden, um die freigesetzte *destruktive Atomenergie* in eine konstruktive Kraft zu verwandeln, die dem Weltfrieden dienen könnte. Für diese führenden Köpfe ist es wichtig zu wissen, daß die gewaltigste Energie, die die Zivilisation mit Zerstörung bedroht, im *Inneren* des Menschen liegt." (Simmel 1946, 17) Dieser argumentative Weg zum Subjekt ist für die materialistische Grundierung des gesellschaftstheoretischen Verständnisses in der Kritischen Theorie, trotz aller Verbundenheit zu Simmel, kaum so kompromisslos zu gehen. Aber er wird ernst genommen, gerade weil die psychoanalytische Theorie so virulent geworden ist, bis sie schließlich eine Alternative zum marxistischen Ökonomismus darstellt. Die Kulturanthropologie des Antisemitismus ist darum ein ernstzunehmendes Erklärungsmuster, das in der ‚Dialektik der Aufklärung' sehr deutlich auftritt, aber auch dort lange Zeit übersehen und marginalisiert wurde.

Ausführlich macht auf die besondere Stellung der Antisemitismus-Studien im Kreis der Vertreterinnen und Vertreter der Frankfurter Schule die Untersuchung Eva Maria Zieges (2009) aufmerksam. Zieges Perspektive ist vor allem auf die Unentschiedenheit gerichtet, die mit der Analyse des Antisemitismus in über drei Jahrzehnten der Forschung von Mitgliedern der Frankfurter Schule verbunden ist. Sie macht deutlich, dass es einen ganzen Strauß unterschiedlicher empirischer Studien gab und diese mitunter zeigten, dass der Antisemitismus in den USA sich in den 1940er Jahre auf einem sehr hohen Niveau bewegte, eine faschistische Bewegung aussichtsfähig agierte und antisemitische Tendenzen sogar noch dadurch zunahmen, dass die Vernichtungspolitik der Nationalsozialisten am Ende des Krieges in der amerikanischen Öffentlichkeit bekannt wurde. Der Antisemitismus folgt dabei einer klassenspezifischen Brechung. Er ist gerade in den Milieus der manuellen Arbeit besonders ausgeprägt, die möglicherweise in höherem Maße empfänglich waren (durch die starke religiöse Prägung und das Vorhandensein eines christlichen Antijudaismus) als die proletarischen Milieus in Deutschland vor dem Nationalsozialismus. Diese Besonderheit des US-amerikanischen Exils ließ das Antisemitismusthema unter den Vertreterinnen und Vertretern des Instituts für Sozialforschung nicht nur zu einem durchgehenden Feld ihrer Tätigkeit werden, sondern zu einem Bereich mit zunehmender Intensität und Vernetzung (hierzu gehört die Verbindung mit den Arbeitsgruppen um Lazarsfeld, Bühler und Allport, auch wenn mit dieser Zusammenarbeit weniger die Öffentlichkeit erreicht wurde als mit der Weiterführung einer marxistisch inspirierten antikapitalistischen Gesellschaftstheorie, die dann im Export-Import zwischen den USA und Europa eine dynamische Aufschaukelung als Aktionstheorie erfährt).

Die Frage nach der Ätiologie des Antisemitismus, der hier aus einer Praxisperspektive formuliert wird, offenbart eine mannigfaltige, kaum überschaubare Debatte. Diese entwickelt sich über viele Jahre hinweg und mit einer großen Breite, die längst über den engen Kreis der Kritische Theorie-Rezeption hinaus geht (mit so unterschiedlichen Gewichtungen wie bei Aly 2011; Grimm/Kahmann 2018; Salzborn 2010). Die spezifische Tradition der Antisemitismusforschung der Frankfurter Schule verwies bereits auf genügend offene Fragen, noch mehr tut das die anschließende Weiterführung, die einen traditionellen von einem modernen und einen primären von einem sekundären Antisemitismus unterscheidet.

In dieses zu Recht komplexe Bild strahlen nun posthum Adornos (2019) „Bemerkungen zu *The Authoritarian Personality*", die verdeutlichen, was Ziege bereits herausgearbeitet hatte. Die Kritische Theorie ist unsicher und skeptisch, ob einer zuverlässigen Wissensbasis zum Antisemitismus – und das gilt im Besonderen für den langen Hebel der tief liegenden Ursachen. Adorno schreibt 1947 als Begleitung zu *The Authoriarian Personality*: „Es ist viel wichtiger, den Menschtypus zu ermitteln, der eine Bewegung oder Regierung unterstützen würde, die die Vernichtung der Juden plant, als die spezifischen Ursachen antisemitischer Ausschreitungen an bestimmten Orten zu untersuchen. Das Problem liegt im totalitären Antisemitismus und nicht in mehr oder minder zufälligen Eruptionen von Gewalt. Letztere können symptomatisch für Trends sein, und zweifellos ist es gut und nützlich, sie zu untersuchen und ihre vermeintlichen Ursachen zu bekämpfen. Doch wäre es illusorisch anzunehmen, solche Versuche könnten – theoretisch oder praktisch – wirkliche Einsicht in Beschaffenheit und Reichweite der Gefahr liefern oder daß ‚Heilmittel' (selbst erfolgreiche) dem antisemitischen Potential ernstlich beikommen könnten. Wir würden so weit gehen zu behaupten, der totalitäre Antisemitismus habe den Vorurteilen seiner eigenen Anhänger sich entfremdet; ja, das Vorurteil kommt nur noch als Anhängsel eines unvergleichbar Umfassenderen vor." (Adorno 2019, 40)

Praxis verbessern durch Praxis beobachten

Deutlich wird bereits, dass ein zusammenfassender Versuch zur Erklärung von Antisemitismus nicht leicht zu erhalten ist. Damit verbunden ist, dass ohne eine zuverlässige Ursachenanalyse kaum Maßnahmen zielgerichtet werden können, um dauerhaft Antisemitismus zu verhindern. Um diese Dispositionen des Antisemitismus, die ihn zu einem langlebigen Produkt der Kulturgeschichte machen und sich auf struktureller und personaler Ebene gleichzeitig befinden, geht es der Kritischen Theorie. Eine solche ätiologische Perspektive weicht schon vor über 70 Jahren von der Praxis ab, die sich auf Vorurteile bezieht und aus der Sicht der Frankfurter Schule eher Symptom- als Ursachenbekämpfung betreibt. Sicher ist auch Symptombehandlung sinnvoll, wenn keine Alternativen zur Verfügung stehen. Jede Praxis ist eine sinnvolle Praxis, könnte man sagen. Aber stimmt das? Kann es nicht auch Praxis geben, die kontraproduktiv wirkt? Ist es nicht auch problematisch, wenn Praxis angewandt wird, die nur Symptome, aber keine Ursachen adressieren kann, obwohl dies möglich ist? Ist es dann eine falsche Praxis oder eine ideologische?

Zweifellos ist es einfach, jeder Praxisperspektive Unterkomplexität vorzuwerfen. Vor einem solchen theoretizistischen Fehltritt sollte Abstand gehalten. Das akademische Privileg der Beobachtung der Beobachtung wird eigentlich nur noch in der geisteswissenschaftlichen Tradition als Tätigkeit sui generis gepflegt. Dies entspricht einer wissenschaftlichen Tätigkeit mit Abstandsgebot. Man könnte – zeitgeistgeprägt – von einem *empirical distancing* sprechen. Damit eine solche Engführung auf reines Theoretisieren vermieden wird (und der unerschöpfliche Datenberg der Frankfurter Schule zeigt dies eindrücklich, obwohl viele dies bei einer so philosophienahen Denkrichtung eher nicht vermuten würden), muss Praxis immer möglich gemacht werden und als Bestandteil empirischen Wissens in die Analyse eingehen. Obwohl also bisher wenig über den Vergleich von Erkenntnissen aus der empirischen Forschung zu Gegenmaßnahmen bekannt ist und gleichzeitig die verfügbare Ätiologie wenig Wissen über die Wurzeln des Antisemitismus zur Verfügung stellt, führt kein Weg an einer Praxisperspektive vorbei. Nur muss dieser Weg aufmerksam beschritten werden. Es müssen Erfahrungen gesammelt werden und das gefährliche ist, um im Bild zu bleiben, dass die Überzeugung besteht, auf der richtigen Spur zu sein, und dass deswegen der Kopf nach unten auf die eine Spur gesenkt wird und der orientierende Blick auf eine reflektierende Praxisperspektive ausgeschaltet.

Mangelndes Wissen über die Wirkungen von Gegenmaßnahmen sollte eine Praxis des Anti-Antisemitismus nicht verhindern. Berücksichtigt werden sollte jedoch, dass Theorie-, Empirie- und Praxisperspektiven unterschiedliche Dimensionen eröffnen. In diesem Sinne ist jede Überlegung sowohl theoretisch als auch praktisch motiviert.

Theoretisch, weil es hier um ein sehr komplexes Konstrukt von Gruppenfeindlichkeit geht. Bieten Formen von Rassismus und kulturell oder ethnisch motivierter Ausgrenzung bereits ausreichend Möglichkeiten für analytisch komplexe Modelle, existiert in der Forschungsdebatte mehr Konsens als Dissens dazu, dass der Antisemitismus in dieser Hinsicht noch einmal eine Komplexitätssteigerung bedeutet. Antisemitismus ist nicht nur Bestandteil sozialer Praxis, er bedingt sie gleichsam. Auf diese Pointierung, die eng mit der Antisemitismusforschung der Frankfurter Schule verbunden ist, wird im Folgenden noch häufiger zurückgegriffen werden. Sie wird immer wieder bemüht werden müssen, um deutlich zu machen, dass von Maßnahmen, die zumeist Persönlichkeitseigenschaften mit hoher transsituativer Konsistenz adressieren, nicht erwartet werden darf, die Grundpfeiler antisemitischer Dispositionen zu erschüttern, die wie eine Soziodizee wirken. Manchmal, so das Argument weiter, sind die Wirkungen von Gegenmaßnahmen sogar invers. So, als wolle man Eichenholz erweichen, wenn man es unter Wasser setzt.

Praktisch, weil von den Durchführungsmodi der Bildungsmaßnahmen gegen den Antisemitismus ausgegangen wird. Sie werden im Lichte einer Diskussion über die Praxis von Prävention und Intervention untersucht. In diese Perspektive geht das Vorwissen ein, das praktische Versuche der Eindämmung oder Vorbeugung problematischer menschlicher Verhaltensweisen bereits produziert haben. Diese Forschung verweist darauf, dass praxisverändernde Maßnahmen nur aus der Perspektive derjenigen, die diese Veränderungen initiieren, vorbehaltslos positiv, aber dabei zumeist parteilich beurteilt werden. Dagegen zeigt ein kritischer Blick, dass solche Versuche nicht notwendigerweise praxisverändernd in der gewünschten Form sind. Mitunter bricht Praxis daran, dass sie einmalig wie unter Laborbedingungen durchgeführt nie wieder in der gleichen Form repliziert werden kann. Noch häufiger ist, dass die Effekte nicht wie erwünscht eintreten oder sogar in eine nicht-erwünschte Richtung gehen oder unbeabsichtigte und unreflektierte Folgen haben.

In Forschungsrichtungen, die intensiver mit der Wirkung von Präventions- und Interventionsmaßnahmen experimentieren, ist diese kritische Bezugnahme auf Wirkungsformen, Dauer der Wirkung, unerwünschte Wirkungen und die Bedingungen, unter denen Wirkung erzeugt wird (Zielgruppen, Compliance der Durchführenden, Zielgruppenerreichbarkeit etc.), stärker verbreitet, vor allem in der medizinnahen, psychologischen und psychotherapeutischen Diskussion. In der sozial- und erziehungswissenschaftlichen Perspektive existieren hierzu eher Bedenken. Die genaue Beobachtung, die Verfahren der Messung und die Technik experimenteller Designs wird als ein Schritt zur Vermessung des Menschen wahrgenommen. Der Vorbehalt richtet sich damit vor allem gegen ein technizistisches und positivistisches Vorgehen. In gewisser Hinsicht wird damit auch einem Paradigma gefolgt, das die naturwissenschaftlich ausgerichteten Disziplinen von den Sozialwissenschaften in der Tradition der geisteswissenschaftlichen Denkweise trennt. So verständlich diese Vorbehalte sind, man sollte sich vergegenwärtigen, dass damit ein großer Bestandteil der erprobten kritischen Umgangsweise mit Praxisinterventionen übersehen wird. Sozialwissenschaftler/-innen stolpern zuweilen in den Interventionsbereich hinein und wiederholen Fehler, die in anderen Disziplinen schon erkannt wurden.

Es ist hier nicht der Ort, um genauer zu differenzieren, nach Gründen der unterschiedlichen Orientierungen zu suchen und Optionen abzuwägen. Die Pointierung soll lediglich deutlich machen, dass Praxisvorhaben vor der Herausforderung stehen, sich bewähren zu müssen. Ein begleitender Forschungsdiskurs hat die Möglichkeit, Methoden zu entwickeln, die die Beobachtung von Praxisprojekten ermöglichen, Bewertungen vorbereiten (im Sinne von Prozess- und Wirksamkeitsevaluationen) und ein System der Kommunikation mit der Praxis, damit die Praxis von Beobachtungs- und Vergleichsmethoden profitieren kann.

Welche Praxis mit welchen Effekten?

Die bisherige Überlegung verweist auf eine Ätiologie, die verschiedene Typen des Antisemitismus kennt. Dies ist ein Hinweis darauf, dass sich die Logik in der Praxis auch auf unterschiedliche Logiken der Typen einstellen muss. Nur dann können unterschiedliche Zielgruppen erreicht und ihre Bedarfe adressiert werden.

Abbildung 1 gibt einen Überblick zu der Interaktion von Ausgangsvoraussetzungen und Wirkungsmustern, wenn anti-antisemitische Praxis untersucht wird. Das Vier-Felder-Schema ist schlicht gehalten und kann nur wenig Komplexität aufnehmen. Es ist zudem auf die Persönlichkeits- und Verhaltensebene beschränkt. Dennoch aber werden hier bereits grundlegende Differenzierungsmuster sichtbar, die Praxismaßnahmen typischerweise begleiten. Als Ausgangsvoraussetzungen werden im Schema die Dispositionen gefasst, die Antisemitismus in einem unterschiedlichen Grad zulassen (hoch oder gering). Als Wirkungen von Vorbeuge- und Gegenmaßnahmen werden solche Effekte verstanden, die zum Abbau von antisemitischen Dispositionen führen und dabei unterschiedlich wirksam sind (hoch oder gering). Die Pfeile zwischen den Ausprägungen ‚hoch' und ‚niedrig' zeigen ein Kontinuum an, auf dem hier nur die extremen Pole angezeigt werden. Das Schema ist an eine Idealtypenbildung angelegt; die soziale Realität zeichnet sich weitaus stärker durch Zwischen- und Mischformen aus.

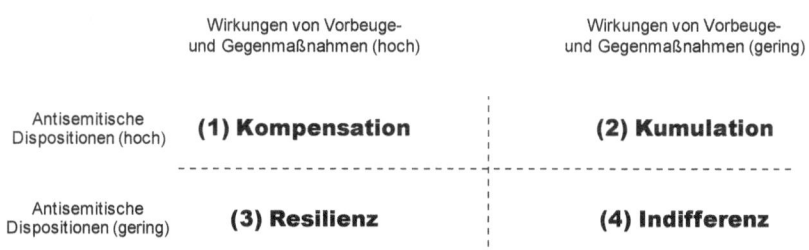

Tabelle 1: Vierfelder-Tafel zur idealtypischen Interaktion von unterschiedlichen Ausgangsvoraussetzungen antisemitischer Dispositionen und der erwarteten Wirkungen von Vorbeuge- und Gegenmaßnahmen (heuristisches Interaktionsmodell).

Im Schema ist angezeigt, dass Menschen mit unterschiedlichen antisemitischen Dispositionen unterschiedlich von Vorbeuge- und Gegenmaßnahmen profitieren. Im Falle geringer antisemitischer Dispositionen können die Wirkungen von Vorbeuge- und Gegenmaßnahmen sehr unterschiedlich sein. Idealtypisch kann man sagen, dass wenig anfällige Zielgruppen von Gegenmaßnahmen durch Trainings, Wissensvermittlung oder historisches Lernen wahrscheinlich noch profitieren und ihre eigene Widerstandsfähigkeit steigern. Theodor W. Adorno sprach hier von einem Mechanismus des „preaching to the saved" (Adorno 1964, 92), der indes einen widerstandfähigen Kern der resilienten Menschen in der Bevölkerung hervorbringen kann und darum nötig ist. Umgekehrt können diejenigen, die wenig antisemitische Dispositionen zeigen auch ‚indifferent' verbleiben, also keine Widerstandsfähigkeit aufbauen, aber auch nicht durch die Angebote mit einer erhöhten Abneigung reagieren.

Im Falle eines hohen Maßes antisemitischer Dispositionen können die Wirkungen zu einer ‚Kompensation' antisemitischer Haltungen führen, wenn Gegenmaßnahmen erfolgreich sind (der erhoffte Effekt). Sie können aber auch eine ‚Kumulation' antisemitischer Dispositionen einleiten, was bedeutet, dass diese nicht ab-, sondern weiter aufgebaut werden. Im Falle der ‚Kumulation' passiert etwas Besonderes, weil von einer zumeist nicht reflektierten Nebenwirkung ausgegangen werden muss. Im Folgenden wird noch darauf einzugehen sein, inwieweit hier tatsächlich ein Muster auftritt, das die gegenwärtige Praxis von Interventionsmaßnahmen fraglich erscheinen lässt.

Was vermögen Bildungsmaßnahmen und was nicht?

Das heuristisches Interaktionsmodell (vgl. Schaubild 1) ist beschränkt und kann nur darauf aufmerksam machen, dass von einer Multidimensionalität ausgegangen werden muss, die das Verhältnis von Angeboten und Zielgruppen in der Bildungsarbeit gegen Antisemitismus betrifft. Für die weitere Debatte kann eine solche Perspektive jedoch nur empfohlen werden. Sie wird hier ergänzt um eine Erörterung der inhaltlichen Ebenen, die zu einer Komplexitätssteigerung oder, wenn man so will, Multidimensionalität der Debatte führt. Es ist schon eingeführt worden, dass die gesamte Argumentation nur beanspruchen kann, thetisch vorzugehen. Ebenso verhält es sich mit den nachfolgenden Überlegungen. Sie sind explorativ und eher additiv, also auch offen in der Weiterführung. Sie beziehen sich auf die folgenden vier Ebenen:

(1) Ein Antisemitismus oder viele Antisemitismen?

Albert Scherr und Barbara Schäuble (2007) haben in einer Untersuchung für die Amadeu-Antonio-Stiftung früh darauf hingewiesen, dass eine Vereinheitlichung unterschiedlicher Phänomene des Antisemitismus schon unter Jugendlichen in die Irre führt. Sie sprechen bewusst von unterscheidbaren Antisemitismen und meinen damit die Auffächerung der Ausdrucksformen von Antisemitismus, differente Muster der Aggression und Gewalt sowie unterschiedliche Ätiologien und Möglichkeiten der Intervention. Diese Unterschiede machen Praxisperspektiven unwahrscheinlich vielfältig. Sie betreffen unterschiedliche Altersgruppen, kulturelle und ethnische Hintergründe, wissenden und unwissenden Antisemitismus. Scherr und Schäuble differenzieren beispielsweise „Antisemitismus als Ideologie" (als explizites und mit dem Anspruch auf innere Konsistenz verbundenes Gedankengebäude), die „Verwendung einzelner antisemitischer Topoi und Stereotype" (antisemitische Fragmente), „antisemitisch bewertbare Aussagen, die auf verbreitete Stereotype rekurrieren oder jugendkulturelle bzw. subkulturelle Rhetoriken, in denen antisemitische Aussagen nicht oder nicht primär eine Haltung gegenüber Juden zum Ausdruck bringen" sowie einen Antisemitismus „im Sinne einer Kenntnis tradierter Stereotype und Vorurteile", die „durch familiale Tradierungen, schulischen Unterricht über Judentum und Antisemitismus sowie mediale Darstellungen erworben" werden (Scherr/Schäuble 2007, 12 f.). Hier wird schon deutlich, dass in dem einen Falle Formen der Aufklärung über Vorurteile genügen könnten, im anderen eine solche Praxis nicht nur an einem gefestigten ideologischen Muster abprallen, sondern dieses wahrscheinlich noch verstärken würde.

Eine solche Differenzierung, die die Intensität und den Grad unterschiedlicher Antisemitismen berücksichtigt, kann in der Praxis kaum Berücksichtigung finden, wenn große Gruppen gemischt und nach dem Gießkannenprinzip adressiert werden. Zu den Differenzaspekten, die hier eine Rolle spielen, gehören z.B. das Bildungsniveau, der Einfluss des Elternhauses und die Bedeutung einer Identitätskonstruktion, die mit antisemitischen Vorurteilen verbunden ist. Autoritäre Haltungen machen antisemitische Wirklichkeitskonstruktionen wahrscheinlicher. Etwas Ähnliches gilt für typischerweise mit Antisemitismus verbundene Formen des Sexismus und der Abwertung von Homosexualität. Antisemitismus unter arabischstämmigen muslimischen Jugendlichen ist selten mit einer expliziten Verteidigungshaltung des Nationalsozialismus verbunden und greift auf andere Identitätskonstruktionen zurück, die Antisemitismus nicht nur integral in der Alltagskultur beinhalten, sondern auch auf entsprechende Hetze arabischsprachiger Medien zurückgreifen können. Über den antizionistischen bzw. israelbezogenen Antisemitismus ist in Deutschland insgesamt sehr wenig bekannt. Dieser ist vielschichtig, aber auch damit verbunden, dass er als importierter Antisemitismus durch Migrationsbewegungen in Gesellschaften auftritt bzw. bereits existierende Strömungen verstärkt.

Ein harter Kern der Überzeugstäter/-innen ist von ‚nur' Sympathisierenden und reinen Mitläufern zu unterscheiden, während andere nur beiläufig beteiligt sind und womöglich antisemitische Stereotype unbedacht aufnehmen. Es bleibt offen, was es bedeutet, wenn gerade diejenigen, die nur die Stereotype reproduzieren, aber nicht Überzeugungsantisemiten sind, in der öffentlichen Debatte stigmatisiert werden. Hier muss immer genau abgewogen werden, ob mehr Aufmerksamkeit erzielt wird oder sogar stillschweigende Ressentiments erst geweckt werden, wenn die öffentliche Meinung als übersensibel und gesteuert wahrgenommen wird. Dies betrifft bereits eine andere Ebene des Antisemitismus, der über die hier bekannten Phänomene der Verknüpfung von Antisemitismus mit Rassismus und der eines sekundären Antisemitismus hinaus geht (hierzu auch Eckmann/Kößler 2020).

(2) Intendierte und unintendierte Wirkungen

Der Psychologe und Migrationsforscher Haci Halil Uslucan macht darauf aufmerksam, dass Präventions- und Interventionsmaßnahmen nicht immer die gewünschten Wirkungen zeigen (Uslucan 2012, 16 f.). Uslucan macht das an Programmen deutlich, die gewalttätige Jugendliche adressieren. Es ist, so Uslucan,

> „vorab zu klären, ob diese von ihrer Intention lobenswerten Maßnahmen auch immer die erwünschten Effekte zeitigen. Denn in bestimmten Konstellationen können Interventionen sogar Gewalt steigern. Insbesondere bei sogenannten high-risk youths, Jugendliche mit einem hohen Gefährdungspotenzial, können Gruppentrainingsmaßnahmen eher kontraproduktive Effekte entfalten, wenn diese Jugendlichen in einem postpubertären Alter sind. Zurückgeführt wird dieser Effekt auf negative Verstärker, die von der Peergroup ausgehen: Der Einfluss Gleichaltriger war dabei etwa neun Mal stärker als beispielsweise der von Erwachsenen."

Was Uslucan hier für die Gewaltprävention aufzeigt, ist in der Forschung zu den erwünschten und unerwünschten Wirkungen von Praxisinterventionen ein bekanntes Phänomen. Die meisten Programme erzielen Wirkungen auf unterschiedlichen Ebenen, wobei die intendierten zum einen nicht immer eintreffen und zum anderen durch andere Wirkungen überlagert werden. Es gibt international keine gute ausgeprägte Kultur der wissenschaftlichen Begleitung von praktischen Interventionen im Sozialbereich. Das gilt für Deutschland wie für viele andere Staaten auch. Zumeist sind praxisbezogene Maßnahmen allein auf weiter Flur und werden überhaupt nicht begleitet. Wenn, dann sind es interne, abhängige oder schlecht kontrollierte Evaluationen. Das Bedürfnis danach, Wirkungen zu bestätigen, überwiegt dabei in der Auftragsbeschreibung an solche Studien. Dagegen ist ein genuin wissenschaftliches Interesse an der Sichtbarmachung von intendierten und unintendierten Wirkungen solcher Praxisinterventionen sehr gering und noch problematischer, in der Fachdiskussion wie von den Auftraggebern ganz selten ausdrücklich gewünscht.

Noch überwiegt die Vorstellung, Begleitstudien wären für den naturwissenschaftlichen Bereich der Interventionsentwicklung gedacht. Hier wäre ein Umdenken wichtig. In den gesundheitsnahen Bereichen geschieht das mitunter. Im Bereich der Gesundheitsförderung wird sehr viel über Präventions- und Interventionsmaßnahmen publiziert, die Zielgruppen nicht erreichen, die Bedarfe nicht treffen oder sogar unintendiert wirken. Das gilt für viele verschiedene Bereiche, so auch für Maßnahmen gegen sexualisierte Gewalt an Kindern und

Jugendlichen. Evaluationsstudien haben hier ergeben, dass Kinder und Jugendliche zum Teil risikooffener werden oder potenzielle Täter durch solche Programme in ihren Strategien geschult. Für den Bereich aller Möglichkeiten, Antisemitismus vorzubeugen, zu verhindern oder antisemitische Tendenzen zu verringern, wären die Einsichten aus einer kritischen, sozialwissenschaftlich reflexiven Evaluationsforschung weiterführend. Jedoch steht die Implementierung einer kritischen Evaluationskultur aus. Hier ist ein großer Bedarf an komparativen Wirksamkeitsstudien, die international bereits verfügbares Wissen zusammentragen und für die Ausrichtung von Praxisansätzen aufbereiten. Bis dahin bleibt lediglich das Vertrauen auf gut gemachte und wohlwollende Praxisansätze (BMFSFJ 2017), ohne sie kritisch begleiten zu können und Feedback-Kulturen zu implementieren, die diese Programme weiterentwickeln.

(3) Sekundärer, tertiärer oder Krypto-Antisemitismus

Der sekundäre Antisemitismus nimmt in der anti-antisemitischen Debatte eine besondere Bedeutung ein. Ihm ist als Ausdruck spezifischer Dispositionen, die Antisemitismus befördern können, allerdings sehr schwer zu begegnen. Um das erfolgreich zu tun, muss mehr darauf aufmerksam gemacht werden, dass er keine Erfindung der Populisten ist, sondern aus der Mitte der liberalen Öffentlichkeit stammt und sogar inmitten ihrer linken Fraktionen willentlich oder unwillentlich gepflegt wird. Der sekundäre als Schuldabwehr-Antisemitismus betrifft dabei nur die eine, relativ leicht eingrenzbare Funktion von Identitäten, die mit dem imaginären Schuldvorwurf nicht umgehen wollen und darum kollektive Gegenstrategien einüben, die der Mitigation und Ablenkung von Verantwortung dienen. Der sekundäre Antisemitismus kann indes auch eine andere Form annehmen, wie die Verbindung zur antizionistischen Israel-Kritik beweist.

Es existiert eine Art Verknüpfung zwischen sekundärem Antisemitismus und Antizionismus, die nicht nur in populistischen und rechtsextremen Kreisen vorgenommen wird, sondern auch ein Mehrheitsprinzip in Teilen der Linken darstellt, die sich – auch deswegen – als gesellschaftliche Minorität und tabubrechend wahrnimmt. Es ist vermutlich schwierig, hier willentliche Koalitionen zwischen linkem und rechtem Antisemitismus aufdecken zu wollen. Gerade dadurch aber, dass es eher unbemerkte und unvorsichtige Parallelen sind, ist diese Weiterentwicklung eines relativ banalen Musters der Relativierung besonders problematisch. Die Vermischung von Anti-Amerikanismus, Anti-Imperialismus und Anti-Zionismus ist eine gebräuchliche Headline im Denken vieler Menschen geworden, die dadurch eine Art rebellischen, widerständigen Gestus dokumentieren. Dies ist so etwas wie der viel zitierte Antisemitismus als „Sozialismus der dummen Kerls", der jetzt in den Milieus der technischen Bildung auftaucht und längst nicht mehr in den abgedrängten und prekarisierten Gruppen allein.

Damit kann darauf reflektiert werden, dass in der Situation des verschwimmenden historischen Wissens ein primärer Antisemitismus weiter existiert, in den die Argumente des sekundären erst einsickern und mit ihm verwoben werden und der durch neue Muster ergänzt und reproduziert wird. Genau vor diesem Hintergrund schlage ich vor, von einem *tertiären Antisemitismus* zu sprechen, weil eine neue Qualität beobachtet werden kann, die durch aktive Bearbeitung des Antisemitismus erst zu entstehen scheint und den Adressaten (also Menschen mit Dispositionen *at risk*) die Möglichkeit gibt, neue Verschwörungsmuster aufzudecken, die ein Strippenziehertum hinter den Kulissen des Weltgeschehens noch plausibler erscheinen lassen. Auch hierzu stehen empirische Analysen noch weitgehend aus. Öffentlich sichtbar sind solche Erscheinungen aber seit einiger Zeit. Sie lassen sich verstehen als die Annahme, dass an dem „Gerücht über die Juden" schon etwas dran sein müsse, wenn so viel Aufwand dagegen betrieben wird. Die Attribution der vielen Maßnahmen zum Schutze von Juden ist also im schlechtesten Falle eine der Bestätigung des Vorurteils. Eine, bei der man weiß, was öffentlich vertretbar ist und was nur hinter vorgehaltener Hand gesagt werden kann.

Juden vorzuwerfen, den Holocaust zu instrumentalisieren und daraus eine moralische Rüstung der Immunität zu schmieden, die für die Durchsetzung der eigenen Interessen genutzt wird, hätte man Martin Walser durchaus zugetraut, in einem Romanstoff zu verwerten. Es ist aber realer. Walser ist kein Einzelfall einer (durchaus nicht konservativen) Elite im literarischen Feld der Bundesrepublik, innerhalb derer eine NS-Mitgliedschaft zu verschweigen auch kaum besonders ist. Hervorstechend ist aber, dass gerade von diesen Akteuren Entlastungsargumente stark gemacht werden, die mit einer besonders scharfen Verurteilung der Kriegsverbrechen Israels erzeugt sind. Hier werden vor einigen Jahren schon wie unter einem Brennglas Strukturen erkennbar, die von dieser kulturellen Elite vielleicht nicht vorgedacht, aber doch wenigstens das erste Mal öffentlich artikuliert werden. Günter Grass, der beinahe lebenslang seine Waffen-SS Zugehörigkeit verschwiegen hatte, sagte ‚was gesagt werden muss': „Israel gefährdet den ohnehin brüchigen Weltfrieden". Das war wohl kaum zufällig. Die Auseinandersetzung mit dem eigenen Erbe wog lange so schwer, die Erwartungen an die moralisch vermeintlich überlegene Instanz waren so hoch, dass die Enttäuschung sich Bahn bricht. Sie wendet sich gegen die Gewinner in diesem Moralwettbewerb, der damit verbundene Affekt ist nicht mehr zu kontrollieren.

Damit kann sich eine jahrzehntelang getragene Selbstschuldzuschreibung entladen. Heute ist bekannt, dass es das Merkmal des sekundären Antisemitismus ist, der historisch früh erkennbar wurde. Die Adorno und dem Psychoanalytiker Zvi Rex in den 1950er Jahren gleichermaßen zugeschriebene Formulierung „Die Deutschen werden den Juden Auschwitz nie verzeihen" steht hier Pate. Trotzdem muss man sagen, dass die kulturelle Elite aus der Generation der Täter heute kaum noch eine Rolle spielt. Nur die Motivation eines schuldverdrängenden, Verschwörungen aufdeckenden, moralisch aufgeladenen rebellischen Handelns scheint zu überleben. Zu diesem Umgang mit aufgeladener moralischer Motivation und dem Identifizieren von weltweiten Verschwörungen müsste wiederum aufwändiger argumentiert werden. Zwei Stränge können hier nur berührt werden, die in der weiteren Argumentation nicht berücksichtigt, aber auch nicht vollkommen ausgelassen werden können: a) Zum einen die Rolle poststrukturalistischer Ansätze in den Geisteswissenschaften. Es ist nicht quantifiziert bisher, aber auffällig, dass viele Strömungen nach dem *linguistic turn* nicht nur Kapitalismuskritik neu auffassen, sondern vor allem die USA-, aber auch Imperialismus- und mitunter Zionismuskritik einbinden. Es ist kein ausschließliches Muster, aber ein Trend, der weiter untersucht werden muss. Die Akteure der Diskussion, aber vielleicht auch der immanente herrschaftskritische Gestus, der unsichtbaren mindestens so sehr wie den sichtbaren Herrschaftsmechanismen nachspürt, könnten für eine solche verschwörungsanfällige Richtung besonders disponieren (es ist ein unangenehmer Beigeschmack, dass gerade populistische Strömungen den Ansatz der Postfaktizität und den Verweis auf den Konstruktionscharakter von Wahrheit als Werkzeug gegen die Linke kopieren). Es kann aber auch nicht ausgeschlossen werden, dass wissenschaftliche Distinktion, hier also die Unterscheidung von der früheren materialistischen Herrschaftskritik, die viel sensibler auf globalen Antisemitismus reagierte, eine dominierende Rolle bei der weniger kritischen Hinwendung zu latenten oder offenen Antisemitismus spielt. b) Zum anderen die Frage, ob die theoretisch distinkten Muster des primären und sekundären Antisemitismus real trennscharf bleiben. Die empirische Analyse von Imhoff (2010) legt nahe, dass beide Argumentationsmuster so viel interne Kohärenz aufweisen, dass sie bei Befragungen nicht getrennt voneinander gewählt werden und keine distinkte statistische Form annehmen. Sie bedingen einander oder hängen so eng miteinander zusammen, dass es aus empirischer Perspektive kaum Gründe für eine Differenzierung der beiden Muster gibt.

In „Zur Bekämpfung des Antisemitismus heute" argumentiert Adorno (1964), dass Judenfeindschaft in der Bundesrepublik mehr oder weniger unsichtbar geworden sei, weil er mit demoskopischen Methoden nicht aufgedeckt werden kann, unterhalb der Oberfläche weiterlebt und als ‚Gerücht über die Juden' umso sicherer überdauern kann. Während der Schuldabwehrmechanismius, von dem Adorno dezidiert als einem sekundären Antisemitismus spricht, in der Generation der Überlebenden immer noch dazu dient, alte Vorurteile aufzuwärmen, ist der neue ein „Krypto-Antisemitismus":

> „Ich hatte Sie aufmerksam gemacht auf das Phänomen des versteckten Antisemitismus heute, mit dem man es auf Grund der offiziellen Tabus zu tun hat. Dieser Krypto-Antisemitismus ist eine Funktion der Autorität, die hinter dem Verbot offener antisemitischer Manifestationen steht. Es liegt aber in diesem Versteckten selbst ein gefährliches Potential; das Tuscheln, das Gerücht (ich habe einmal gesagt, der Antisemitismus sei das Gerücht über die Juden), die nicht ganz offen zutage liegende Meinung war von jeher das Medium, in dem soziale Unzufriedenheiten der verschiedensten Art, die in einer gesellschaftlichen Ordnung sich nicht ans Licht trauen, sich regen. Wer sich derart der Meinung, dem Gerücht zuwendet, wirkt von vornherein so, als ob er einer heimlichen, wahrhaften und durch die Oberflächenformen der Gesellschaft nur unterdrückten Gemeinschaft angehörte. Darauf spekuliert tatsächlich einer der wesentlichen Tricks von Antisemiten heute: sich als Verfolgte darzustellen; sich zu gebärden, als wäre durch die öffentliche Meinung, die Äußerungen des Antisemitismus heute unmöglich macht, der Antisemit eigentlich der, gegen den der Stachel der Gesellschaft sich richtet, während im allgemeinen die Antisemiten doch die sind, die den Stachel der Gesellschaft am grausamsten und am erfolgreichsten handhaben. Der Krypto-Antisemitismus führt von selbst auf den Autoritätsglauben." (Adorno 1964, 90 f.)

Adornos „Krypto-Antisemitismus" hat als Terminus technicus nicht überlebt. Das Motiv aber ist bedenkenswert. Adorno sieht hier, dass nicht nur die Vernichtungsschuld auf den Tätern liegt, sondern nun auch die moralische Auseinandersetzung in der Nachkriegsgeneration. Martin Walser hat es nicht besser auf den Punkt bringen können, als er entlarvend von einer „Moralkeule" sprach. Um Moral ging es Opfern des Antisemitismus nie. Vielleicht um Gerechtigkeit, zumeist um Beachtung des Leids, sicher aber immer um die Verunmöglichung der Wiederholung. Moral ist in dieser Hinsicht nur Mittel zum Zweck, aber nicht Selbstzweck. Umgekehrt ist dies die Bürde der Nachgeborenen. Das moralische Problem wurde für diejenigen offenbar, die sich einer Schuld gegenübersehen und diese nicht ertragen konnten. Natürlich haben sie Recht damit, keine Verantwortung für etwas zu übernehmen, was Menschen in einer anderen historischen Zeit begangen haben. Warum nur zwingen sie sich dann dazu?

Freuds Argumentation in *Der Mann Moses und die monotheistische Religion* beinhaltet, dass die Christen ihren Hass auf Entsagungen, die sie durch die Religion erfahren, auf den Religionsstifter, also das Judentum, zurückprojizieren (Freud 1961 [1939]). Ähnlich argumentiert Postone (1995), der den Mechanismus der Unterwerfung unter das Kapitalverhältnis mit der Hass-Projektion auf die Personalisierung des Kapitals (hier die Gesichter der Zirkulationssphäre) verbindet. Adornos Krypto-Antisemitismus-Argument bietet hierzu eine nochmalige Alternative an: Der moralische Druck wird angenommen, als überlastend erfahren und die Frustration wird auf den Verursachern dieses Drucks abgeladen. Dies ist aus der Beobachtung heraus eine frustrierende Situation, in der nun zurückschlägt, was als wohlwollende Arbeit mit der Erinnerung ansetzt und umgehend als moralische Überforderung erfahren wird. Dabei verbindet sich diese Form der Aggressionsabfuhr durch Projektion mit dem Schuldabwehrmechanismus des sekundären Antisemitismus, stellt aber eine neue Qualität bereit. Diese entsteht, weil mit der Thematisierung von Antisemitismus und den Gegenmaßnahmen dazu ein neues Reservoir geschaffen wird, aus dem sich das heimliche Wissen über die jüdische Dominanz speist, die jetzt nicht nur die materielle Welt, sondern auch noch die immaterielle der Moral beherrscht. Die ‚Adressaten' können nicht anders, als sich in dieser Situation des Ringens um moralische Integrität zu unterwerfen (der Effekt des Philosemitismus) oder die moralische Überlegenheit der Juden in Frage zu stellen. Von hier aus sind Israel- und Zionismuskritik kein Nebenschauplatz. Sie sind Bestandteil einer brüchigen Beweislogik, die aus den Fesseln gefühlter moralischer Inferiorität befreien soll.

Die Überlegungen hierzu sind rudimentär. Die aufgeworfene Frage lautet, ob es ‚nur' um Schuldabwehr oder nicht auch um moralische Kämpfe geht. Hierzu gehört, inwiefern Identitätspolitiken Einfluss nehmen, die in linken wie rechten Strömungen, im akademischen wie außerakademischen Spektrum, wenn auch vollkommen unterschiedlich, dennoch eine zunehmend wichtigere Rolle spielen. Das, was Adorno als Krypto-Antisemitismus beschreibt, ist eine Erweiterung. Zum primären und sekundären Antisemitismus tritt eine dritte Form hinzu, die direkt dort ansetzt, wo Präventions- und Interventionsmaßnahmen eine Auseinandersetzung mit antisemitischer Vergangenheit und Gegenwart erzwingen. Antisemitismus wird – so die Hypothese – durch diese Form des tertiären Antisemitismus nicht eingedämmt, sondern möglicherweise erst als ein Welterschließungsmuster von Menschen provoziert. In diesem Muster gibt es moralische

Fragen, die es nicht zulassen, dass eine Positionierung der eigenen Person nicht vorgenommen wird. Hiermit ist eine Anforderung an die moralische Integrität verbunden. Kommt es zur moralischen Überforderung, wird diese mit der Diskreditierung der fordernden Instanz beantwortet. So wenig der sekundäre Antisemitismus ohne den primären leben kann, so wenig ist die Form des tertiären Antisemitismus ohne die beiden vorangegangenen Antisemitismen denkbar.

(4) Antisemitismus nicht als Vorurteil, sondern als Disposition
Sind im kollektiven Gedächtnis antisemitische Stereotype und Feindbilder als ein aktualisierbares Potential verfügbar, dann ist Antisemitismus weder als ein „spontanes Ressentiment vor dem Hintergrund realer Schwierigkeiten des Zusammenlebens von Juden und Nicht-Juden verständlich, noch als emotional und ideologische aufgeladene Reaktion auf einen realen Konflikt." (Scherr/Schäuble 2007, 15) In diesem Sinne ist weniger von einem Vorurteil, sondern von grundlegenden Dispositionen zu sprechen, die die Wahrnehmungs-, Denk- und Handlungsmuster einer Person bestimmen. Es wurde bereits angedeutet, dass es Forschungsbereiche gibt, in denen Erfahrungen mit den Wirkungen von Interventionen vorliegen. Auch wenn es die Debatte über Bildungsmaßnahmen gegen den Antisemitismus vielleicht nicht explizit macht, sie beginnt in Interventionslogiken zu agieren. Hiermit verbunden ist die Vorstellung der Gestalt- und Machbarkeit sozialer Praxis. Sieht man sich nicht vor, wird daraus eine sozialtechnologische Allmachtsfantasie. Dagegen steht, dass Interventionslogiken lehren, die unbeabsichtigten und unerwünschten Effekte einzubeziehen und auch an die Grenzen der Gestaltbarkeit durch solche Eingriffe zu denken. Eva Maria Ziege argumentiert hierzu:

> „Obwohl in den USA seit den späten 30er Jahren zahlreiche Umfragen zum Antisemitismus durchgeführt wurden, fragte fast keine nach den Auswirkungen des Genozids auf die amerikanische Öffentlichkeit, von qualitativen Analysen ganz zu schweigen. Das sollte sicher erst seit den 70er Jahren ändern. Es ist eine Schlüsselfrage der *Laborstudy*. Im Lauf seiner Untersuchungen gelangt das Institut für Sozialforschung zu der Unterscheidung zwischen dem ‚antisemitism favoring extermination' der Nationalsozialisten in Europa und einem ‚cultural pattern' des gesellschaftlichen Antisemitismus in den USA. Seine auf umfangreichem Interviewmaterial beruhende Hypothese lautet: Der Antisemitismus in Nordamerika ist durch die Berichte über den ‚exterminative antisemitism' in Europa nicht verringert, sondern signifikant gesteigert worden." (Ziege 2009, 11)

Was ließe sich als stärkere Bildungsmaßnahme denken als die Berichte über die Vernichtung der europäischen Juden? Wenn schon dies nicht zur Beschwichtigung der Aggression führt (und sogar das Gegenteil bewirkt), was liegt dann dem Mechanismus der Produktion antisemitischer Dispositionen zu Grunde und was können Gegenmittel überhaupt leisten? Es ist so etwas wie eine Kurzformel in der Rezeption, dass die Kritische Theorie den Antisemitismus nicht durch Gesellschaft zu erklären versucht, sondern Gesellschaft durch Antisemitismus. So pointiert es ist, so sehr trifft es die vorliegende Problematik. Der Mechanismus des Unterwerfens, sowohl der eigenen Lebensverhältnisse als auch der Impulse, die Aufstauung von Aggression und ihre Abfuhr, das Muster des nationalen Zwangskollektivs und die Dämonisierung des Außen, all das ist der Wirkmechanismus des Antisemitismus, der auch die soziale Welt zusammenhält. Abseits der sozialen Dynamiken sind für die Stabilisierung dieser Verhältnisse individuelle Dispositionen notwendig, die weit in die Biografie eines Menschen hineinreichen und grundlegende Tiefenstrukturen berühren. Hier geht es selten ausschließlich um Wissen und Kognition, sondern um kulturelle Codes, konjunktives Wissen und Affekte. Sozialisationsprozesse nehmen eine besondere Rolle ein, die Prägung in der Familie, der früh erlernte Umgang mit Stereotypen und Ausgrenzung und natürlich das *othering* der Juden. Dass dieses durch umfangreiche Programme nicht infrage gestellt, sondern noch bestätigt wird, ist eine Befürchtung, mit der sich Gegenmaßnahmen auseinandersetzen müssen. Wie kann gegen eine solche Dynamik der Bildung von Dispositionen ein Gegenangebot aussehen? In einem Gruppenangebot ist sie schwer zu erkennen. In wenig zielgruppenspezifischen Programmen, zumeist in großen Gruppen mit eigenen Dynamiken, wird hier die Veränderung von Persönlichkeitsmerkmalen angestrebt, die langlebig sind und mit hoher transsituativer Konsistenz ausgestattet. Es ist sozialwissenschaftlich kaum zu begründen, dass hier nur die erwünschten Effekte eintreten. Mindestens muss die kritische methodische Überlegung mitlaufen, Vorsicht provozieren und gegebenenfalls auch Nachhaltigkeitsstrategien entwerfen.

Ausblick

Diese anfangs als ‚laut gedacht' gekennzeichnete Erörterung zu den Potenzialen von Bildungsmaßnahmen gegen Antisemitismus kann trotz aller Vorsichtsmaßnahmen gut missverstanden werden. Provozierend liest es sich so, als ob nur eine akademische Arbeitsbeschaffungsmaßnahme vorliegen würde und jede Kritik daran berechtigt. Bei aller Kritik, jede Maßnahme gegen den Antisemitismus ist sinnvoll, weil sie potenziell hilft, einen widerstandsfähigen Kern herauszubilden, der der antisemitischen Versuchung auch dann noch zu widerstehen weiß, wenn nicht nur eine latente Kultur, sondern explizite politische Maßnahmen den Antisemitismus befeuern. Das, was hier angestrebt wird, kann eine Debatte nur eröffnen. Sie wird vor dem Hintergrund von sehr wenigem Praxiswissen versuchen, einen Referenzrahmen für künftige Diskussionen zu schaffen. Diese müssen erörtern, welche Versuche, Praxis zu verändern, tatsächlich erfolgversprechend sind. Oder umgekehrt, welche Praxis nur von einem guten Leumund, ausreichenden Ressourcen oder politischer Willkür abhängt. Offenkundig ist dies der Versuch, die Debatte über Bildungsmaßnahmen auf empirische Füße zu stellen und damit ein Argumentationskonstrukt zu bedienen, das in der einschlägigen fachwissenschaftlichen Diskussion als ‚Evidenzbasierung' bezeichnet wird. Diese Abhängigkeit von empirischer Evidenz hat ihre eigenen Probleme und ist eng verbunden mit einem Methoden- und Paradigmenstreit, der durch unterschiedliche Arbeitskulturen akademischer Sozialwissenschaften bedingt ist. Hierzu substantiell zu argumentieren, bedürfte wiederum eines eigenen Beitrags. Darum soll nur das ‚Sinnvolle' abgeschöpft werden, das der Diskussion über Evidenzbasierung nicht zu nehmen ist: Damit ist gemeint, einen empirischen Blick auf die Praxisgestaltung und Folgen zu werfen, die mit der Installierung von Bildungsmaßnahmen gegen Antisemitismus verbunden sind. Gleichzeitig ist das ein begrenzter Blick, der auf keinen Fall versucht, die ‚gute Praxis' zu formulieren oder Praxis nach Kategorien wie ‚wirksam' und ‚unwirksam' zu unterscheiden. Es ist zunächst eine Arbeitshaltung, die Erfahrungen einsammelt und miteinander vergleicht. Dafür werden empirische Erkenntnisse benötigt, aber auch theoretische Brillen, durch die Deutungsmöglichkeiten geschaffen werden.

Diese kurze orientierende Darstellung erzeugt eine spezifische Perspektive, die noch einmal zusammengefasst beinhaltet: Heute erscheint bemerkenswert, dass in Deutschland Bildungsmaßnahmen gegen den Antisemitismus gefördert werden – nach alldem, was passiert ist, und alldem, was als Aufarbeitung der Vergangenheit schon geleistet wurde. Es darf nicht überraschen, wenn der Umgang mit der Vergangenheit darum nicht nur als Möglichkeit der Verhinderung, sondern vielleicht gerade auch der Erzeugung eines Ressentiments gesehen wird. Adorno postuliert darum schon früh: „Es wird sozusagen gerade aus dem öffentlichen Tabu über dem Antisemitismus ein Argument für den Antisemitismus gemacht, denn, wenn man nichts gegen die Juden sagen darf, dann läuft die assoziative Logik weiter in der Weise: daß an dem, was man gegen sie sagen könnte, auch schon etwas daran sei." (Adorno 1964, 94) Adornos Gegenstrategie wäre, die Juden und ihre Geschichte zu normalisieren. Faktisch verbirgt sich dahinter ein ganzes Bildungsprogramm, das nicht nur Fakten und Wissen, sondern vor allem einen Zugang der Introspektion beinhaltet. So wenig leicht der Umstieg auf eine solche Perspektive wäre, so wichtig ist der Grundgedanke, dass eine gute Präventionsausrichtung nur dann funktionieren kann, wenn eine ausreichende Ätiologie berücksichtigt wird. Dieser muss folgen, dass typischerweise bei allen Bildungsmaßnahmen vorher feststehen sollte, wie der Bedarf unterschiedlicher Zielgruppen ist und welche Erfahrungen bisher mit Prävention und Intervention gesammelt wurden.

Dass wenig Erfahrungen mit Prävention und Intervention vorliegen, überraschenderweise nicht einmal in internationaler Hinsicht, ist ein beunruhigendes Zeichen. Reflektierte Praxis wird überlagert von Ad-hoc-Maßnahmen und schnelle Hinwendungen zu Geldgebern im Feld, die selbst ad hoc auftreten. Dies ist nicht notwendigerweise eine sinnvolle Gegenstrategie und dient mitunter der Aufrechterhaltung, nicht dem Abbau antisemitischer Dispositionen. Wenn dann aber wenig empirische Evidenz zum Wirken von Gegenmaßnahmen vorhanden ist, dann muss eine Ableitung aus Theoriemodellen zu der Grundfrage der Plausibilität solcher Praktiken beitragen. Aber auch hier ist die Debatte schwächer als erwartet. Die meisten theoretischen Modelle zur Erklärung von Antisemitismus sind alt. Zudem legen sie einen Wirkmechanismus nahe, nach dem Ansätze der Bildungsarbeit wahrscheinlich kaum Effekte auf die Verringerung von antisemitischen Tendenzen haben werden. In der Praxis heute werden nur sehr rudimentär zielgruppenspezifische Modelle angenommen, selten sogar auch nur Antisemitismustypen unterschieden. So kommt eine Vereinheitlichung zu Stande, die polarisierend nur Empörung oder Beruhigung kennt. Die vielen Graubereiche, die sich als produktiver Nährboden des Antisemitismus erweisen, historisch erstaunlich kontinuierlich sind und noch von den als Gegenpropaganda enttarnbaren Bildungsmaßnahmen profitieren können, sind zu wenig präsent. Dieser tertiäre Antisemitismus lebt von der Deutung, dass die Juden darüber wachen, wer wen als Antisemiten definieren darf. Man sollte schon ehrlich sein: die Einrichtung von Antisemitismusbeauftragten in jedem deutschen Bundesland ist eine Beruhigung für die einen und die Bestätigung jenes ‚Gerüchtes über die Juden' für die anderen. Ist es also sinnvoll, dass die meisten Modelle immer noch kognitiv orientiert Gegen- als Bildungsmaßnahmen denken? Wenn es so wäre, dass man nur genug wissen müsste, dürfte es dann Antisemitismus in einer akademischen Linken geben? Vielleicht wäre die Veränderungsfähigkeit eines festgefahrenen Diskurses, in dem die antizionistische Israelkritik so schnell zum virulenten Judenhass überschwappt, ein guter Seismograph für die Veränderungsfähigkeit durch Bildungsmaßnahmen gegen Antisemitismus.

Literatur

Adorno, Theodor W. (1964): Bekämpfung des Antisemitismus heute. In: Das Argument 29 (6. Jg.), S. 88–104.

Adorno, Theodor W. (2019): Bemerkungen zu ‚The Authoritarian Personality' – und weitere Texte. Berlin: Suhrkamp.

Aly, Götz (2011): Warum die Deutschen? Warum die Juden? Gleichheit, Neid und Rassenhass 1800–1933. Frankfurt: S. Fischer.

Bundesministerium für Familie, Senioren, Frauen und Jugend (BMFSFJ) (2017): Modellpro- jekte zur Prävention von aktuellen Erscheinungsformen des Antisemitismus [https://www.demokra tie-leben.de/fileadmin/content/PDF-DOC-XLS/Bundesprogramm/Demokratie_leben_Mo dellprojekte_Pra__vention_Antisemitismus_barrierefrei.pdf]

Dahmer, Helmut (2020a): Psychoanalyse – Schicksale einer „Kritischen Theorie". In: Journal für Psychoanalyse, 60, 2019, 53–65

Dahmer, Helmut (2020b): Antisemitismus, Xenophobie und pathisches Vergessen. Warum nach Halle vor Halle ist. Münster: Westfälisches Dampfboot.

Eckmann, Monique/Kößler, Gottfried (2020): Diskussionspapier. Pädagogische Auseinandersetzung mit aktuellen Formen des Antisemitismus. Qualitätsmerkmale und Spannungsfelder mit Schwerpunkt auf israelbezogenem und sekundärem Antisemitismus. Genf und Frankfurt/M. [https://www.dji.de/fileadmin/user_upload/FGJ4/Eckmann_Koessler_2020_Antisemitismus.pdf]

Freud, Sigmund (1961 [1939]): Der Mann Moses und die monotheistische Religion. GW XVI, Frankfurt/M.: Suhrkamp, S. 201–246.

Grimm, Marc/Kahmann, Bodo (Hg.) (2018): Antisemitismus im 21. Jahrhundert. Virulenz einer alten Feindschaft in Zeiten von Islamismus und Terror. Berlin: De Gruyter.

Horkheimer, Max (2017 [1946]): Der soziologische Hintergrund des psychoanalytischen Forschungsansatzes. In: Simmel, Ernst (Hg.) Antisemitismus. Münster: Verlag Westfälisches Dampfboot, S. 12–20.

Imhoff, Roland (2010): Zwei Formen des modernen Antisemitismus? Eine Skala zur Messung primären und sekundären Antisemitismus. In: conflict & communication online, vol. 9 (1), 2010, S. 1–13.

Nirenberg, David (2015): Anti-Judaismus. Eine andere Geschichte des westlichen Denkens. München: C.H. Beck.

Postone, Moishe (1995): Nationalsozialismus und Antisemitismus. Ein theoretischer Versuch. In: Werz, Michael (Hg.): Antisemitismus und Gesellschaft. Zur Diskussion um Auschwitz, Kulturindustrie und Gewalt. Frankfurt: Verlag Neue Kritik, S. 29–43.

Scherr, Albert/Schäuble, Barbara (2007): „Ich habe nichts gegen Juden, aber …"; [www.amadeu-antonio-stiftung.de/w/files/pdfs/schaueblescherrichhabenichtslang-version.pdf]

Simmel, Ernst (2017a [1946]) (Hg.): Antisemitismus. Münster: Verlag Westfälisches Dampfboot.

Simmel, Ernst (2017b [1946]): Einleitung. In: Ders. (Hg.) Antisemitismus. Münster: Verlag Westfälisches Dampfboot, S. 12–17.

Uslucan, Haci-Halil (2012): Familiale Einflussfaktoren auf delinquentes Verhalten Jugendlicher. Aus Politik und Zeitgeschichte (APuZ), 49–50, S. 22–27.

Wildt, Michael (2002): Generation des Unbedingten. Das Führungskorps des Reichssicherheitshauptamtes. Hamburg: Hamburger Edition.

Ziege, Eva-Maria (2009): Antisemitismus und Gesellschaftstheorie. Die Frankfurter Schule im amerikanischen Exil. Frankfurt/M.: Suhrkamp.

TOBIAS JOHANN, FRANK GREUEL

Die pädagogisch-präventive Bearbeitung aktueller Erscheinungsformen des Antisemitismus im Bundesprogramm ‚Demokratie leben!'

Inhaltliche Schwerpunkte, pädagogische Konzepte, zentrale Herausforderungen

1. Einleitung

Die pädagogisch-präventive Bearbeitung von Antisemitismus hat in Deutschland eine vergleichsweise lange Tradition und wurzelt in den Maßnahmen der Re-Education durch die Alliierten im Rahmen der Entnazifizierung (Kimmel 2005). Die (Weiter-)Entwicklung des Arbeitsfeldes ist dabei seit den 1990er-Jahren eng verbunden mit einer Reihe von Modellprogrammen der (Rechts-)Extremismusprävention und Demokratieförderung verschiedener Bundesressorts (UEA 2011, 161 f.; UEA 2017, 220f). Auch diese kontinuierliche thematische Fortentwicklung hat dazu beigetragen, dass sich ein Arbeitsfeld mit breiter Trägerlandschaft ausbilden konnte, das im Vergleich zur noch jungen pädagogisch-präventiven Bearbeitung anderer Abwertungsphänomene – etwa von Homo- und Transfeindlichkeit oder Antiziganismus – bereits einen hohen Professionalisierungsgrad aufweist. Das aktuelle Bundesprogramm ‚Demokratie leben!' des Bundesministeriums für Familie, Senioren, Frauen und Jugend (BMFSFJ) steht seit dessen erster Förderperiode von 2015 bis 2019 in dieser Entwicklungslinie und wird vermutlich auch in der kommenden zweiten Förderperiode das Arbeitsfeld maßgeblich prägen.

Die dem Beitrag zugrundeliegende Datenbasis entstammt der insgesamt fünfjährigen wissenschaftlichen Begleitung und Programmevaluation des Programmbereichs ‚Modellprojekte zu ausgewählten Phänomenen gruppenbezogener Menschenfeindlichkeit und zur Demokratiestärkung im ländlichen Raum' der ersten Förderphase von ‚Demokratie leben!'. Kontinuierlich umgesetzt wurden in der wissenschaftlichen Begleitung verschiedene quantitative sowie qualitative Forschungs- und Erhebungsmethoden mit Projektumsetzenden, Kooperationspartner/-innen und Adressat/-innen der Projektmaßnahmen.

Mit dem Beitrag soll zum einen ein Überblick über das von verschiedenen Bundesmodellprogrammen geprägte Arbeitsfeld der pädagogisch-präventiven Bearbeitung von Antisemitismus vorgestellt werden. Zum anderen macht ein exemplarischer Einblick in die pädagogische Praxis von Modellprojekten deren Umsetzungserfahrungen und innovativen Handlungsstrategien sichtbar. Es soll zunächst gezeigt werden, welche fachlichen und politischen Bedarfe im Hinblick auf aktuelle Erscheinungsformen des Antisemitismus formuliert und welche modellhaften Konzepte und Strategien daraufhin entwickelt und erprobt wurden. Berücksichtigt werden dabei auch handlungspraktische Herausforderungen, die sich aus den jeweiligen Spezifika des Phänomens für dessen pädagogische Bearbeitung ergeben. Abschließend werden fachliche Kontroversen im Arbeitsfeld identifiziert und daraus Hinweise für künftige Weiterentwicklungsbedarfe der Fachpraxis abgeleitet. Der Beitrag schließt mit einem Ausblick auf die zweite Förderperiode des Bundesprogramms ‚Demokratie leben!' und ersten Einschätzungen zu veränderten Schwerpunktsetzungen im Bereich Antisemitismus.

2. Die pädagogische Auseinandersetzung mit Antisemitismus zwischen präventiven und bildnerischen Ansprüchen

Die pädagogische Auseinandersetzung mit Antisemitismus innerhalb wie außerhalb des Bundesprogramms verfolgt zunächst vor allem präventive Zielstellungen, will also verhindern, dass sich antisemitische Haltungen oder entsprechende Verhaltensweisen ausprägen oder weiter verstärken. Dieser Zielhorizont ist letztlich auch der zentrale Anlass der finanziellen Förderung und legitimiert entsprechende Angebote. Gleichzeitig sind damit jedoch auch spezifische Schwierigkeiten verbunden.

Hierzu gehört zunächst einmal, dass Angebote, die Präventionsarbeit gegen Antisemitismus leisten, gewissermaßen das Versprechen abgeben, Antisemitismus wirksam vorbeugen zu können. Nötig wären hierzu Einsichten und Instrumente, die es ermöglichen, tatsächlich gezielt die Eintrittswahrscheinlichkeit eines in der Zukunft liegenden Ereignisses, hier die Herausbildung von antisemitischem Denken und Handeln, zu minimieren.

Pädagogische Präventionsarbeit muss sich in diesem Zusammenhang jedoch der Einsicht stellen, dass die Ursachen und Manifestationen von Antisemitismus vielfältig sind und am ehesten für den konkreten Einzelfall zu bestimmen ist, was die relevanten Einflussfaktoren sind, an denen wirksame Vorbeugung ansetzen könnte. Damit einher geht, dass die Erkenntnislage zur Wirksamkeit von universell vorbeugenden Maßnahmen und deren Kontextbedingungen im Arbeitsfeld eher einem Flickenteppich gleicht, als von systematisierter Natur ist. Und selbst wenn eine kohärente, gesicherte Wissensbasis gegeben wäre: Das (Sozial-)Technologiedefizit von Bildung und Erziehung als wesentliche Einflussgröße auf den Erfolg solcher Maßnahmen bleibt dennoch bestehen. Pädagogische Prozesse als Koproduktionsprozesse, die auf die tätige Mitwirkung der involvierten Heranwachsenden, jenseits ihrer bloßen physischen Anwesenheit in pädagogischen Settings, angewiesen sind, bedeutet immer Arbeit „im Risiko des Offenen" (Thiersch/Böhnisch 2014, 83). Dafür, dass pädagogische Fachkräfte tatsächlich eine intendierte Präventionswirkung erzielen, können sie letztlich also keine Gewähr übernehmen. Das gilt umso mehr, wenn es darum geht, Sozialisations- und Wertebildungsprozesse zu beeinflussen. Hier kann pädagogisches Handeln nur begrenzte Wirksamkeit (im Sinne linearer oder kausaler Ursache-Wirkungs-Beziehungen) entfalten (Weyers 2013, 114). Zudem agieren die professionellen Akteur/-innen in Prozessen politischer Sozialisation, um die es hier geht, nicht allein, sondern teilen sich den Einflussraum mit der Familie, Schule, den Peers oder Medien. Insoweit ist es durchaus fraglich, ob eine universelle bzw. breitenwirksame Prävention im hier behandelten Arbeitsfeld überhaupt systematisch zu leisten ist.

Hiermit soll nicht grundsätzlich in Frage gestellt werden, dass auch mit Mitteln der Pädagogik präventive Effekte bei Zielgruppen erzielt werden können. Vielmehr wollen wir darauf aufmerksam machen, dass solche Effekte sich nicht ohne Weiteres und quasi automatisch einstellen und daher nicht garantiert werden können. Insofern empfiehlt sich in diesem Zusammenhang immer auch, auf die Begrenztheit des eigenen Tuns zu verweisen und möglichst wenig ‚Präventionsversprechen' abzugeben, auch wenn deren legitimatorische Funktion verlockend sein mag. Dies gilt umso mehr, wenn Antisemitismus als Phänomen betrachtet wird, das fest in der ‚Mitte der Gesellschaft' verankert ist. Eine pädagogische Arbeit mit Heranwachsenden, sei sie auch noch so wirksam, vermag schon vor diesem Hintergrund allenfalls Beiträge zur Prävention zu leisten.

Eine zweite Schwierigkeit, die aus der präventiven Rahmung des Handlungsfeldes resultiert, liegt in der Widersprüchlichkeit, die zwischen präventiven und emanzipatorisch-bildnerischen Ansprüchen besteht. Präventive Ansprüche gehen mit einer Verhinderungslogik einher und sind mit starken Normierungen verbunden, die nur ein bestimmtes Spektrum an Werten und politischen Positionen als zulässig ansieht. Pointiert lässt sich mit Hafeneger von einer „defensiv ausgerichteten Verhinderungspädagogik" (vgl. Hafeneger 2019, 24) sprechen.

Demgegenüber verpflichten emanzipatorisch-bildnerische Ziele zu offenen Bildungsprozessen, in denen darauf verzichtet wird, vorzugeben was ‚richtig' oder ‚falsch' ist und die im Ergebnis zu (politischer) Mündigkeit führen sollen (vgl. Milbradt/Schau/Greuel 2019). Nicht die Herstellung (öffentlicher) Sicherheit oder „Gefahrenabwehr", wie sie zum Teil aus der artikulierten Präventions- bzw. Bekämpfungslogik von Förderprogrammen (auch im Bundesprogramm ‚Demokratie leben!', vgl. BMFSFJ 2016, 5 f.) erwachsen, wäre hier handlungsleitend, sondern die „Stärkung personenbezogener Kompetenzen als Beitrag zum gelingenderen Leben" (Palloks 2008, 282) oder – anders formuliert – die Unterstützung des Individuums bei der Entfaltung seiner individuellen und einzigartigen Persönlichkeit (vgl. Scherr 2013/2002). Zwangsläufig nötig ist hierfür, an den Stärken und Interessen von Heranwachsenden anzusetzen und nicht an deren (potenziellen) Defiziten.

Das umrissene Spannungsverhältnis von Mündigkeit und Werte- bzw. Normkonformität im pädagogischen Alltag aufzulösen, gehört zu den zentralen und grundsätzlichen Herausforderungen der im Handlungsfeld präventionsorientiert tätigen Fachkräfte. Dies kann erfolgen, indem jeweils eines der beiden genannten Ziele (Mündigkeit oder Normierung) als prioritär handlungsleitend gesetzt wird, bietet aber auch – im Sinne von dialektischer Aufhebung und Grenzüberschreitung – die Chance zur Integration und damit zur Konstruktion von etwas Neuem (vgl. Greuel/König 2019). Voraussetzung hierfür ist in jedem Fall, sich den Begrenzungen und Zumutungen bewusst zu sein, die durch die beinahe zwangsläufigen präventiven Rahmungen der Arbeit entstehen und zu reflektieren, welche Verortungen zwischen den beschriebenen Polen möglich und erstrebenswert sind.

3. Querschnittsaufgabe und Spezialisierungstendenz – Die Bearbeitung von Antisemitismus in ‚Demokratie leben!'

Antisemitismus kann als eines der Querschnittsthemen von ‚Demokratie leben!' betrachtet werden, das innerhalb der komplexen Programmstruktur in verschiedenen Bereichen von unterschiedlichen Akteur/-innen mit diversen Handlungsansätzen bearbeitet wird. Im Folgenden soll zunächst kursorisch die Struktur des Bundesprogramms vorgestellt und ein Überblick über antisemitismusbezogene Ansätze in verschiedenen Programmbereichen vermittelt werden. Daran anschließend werden zentrale Befunde der wissenschaftlichen Begleitung der Modellprojekte im Themenfeld ‚Aktuelle Formen des Antisemitismus' im Zentrum stehen.

Das Bundesprogramm bestand in seiner ersten Förderperiode aus insgesamt zehn Programmbereichen, die sich auf allen drei föderalen Ebenen den Leitzielen Demokratieförderung und (Radikalisierungs-)Prävention widmeten. Zur Einschätzung der Bedeutung des Themas Antisemitismus im Bundesprogramm ist dessen inhärente Förderlogik von zentraler Bedeutung, die für jeden Programmbereich spezifische Leitlinien festschreibt und geforderte Arbeitsansätze und -schwerpunkte definiert. In den strukturorientierten Bereichen auf kommunaler (Programmbereich ‚Partnerschaften für Demokratie') und Landesebene (Programmbereich ‚Landesdemokratiezentren') ist eine spezialisierte Bearbeitung von Antisemitismus nicht systematisch angelegt und findet eher im Kontext konkreter, lokaler, phänomenbezogener Problemlagen statt. Während auf Länderebene das Thema Antisemitismus für die Landesdemokratiezentren und die daran angeschlossenen Beratungsstrukturen einen Arbeitsschwerpunkt bildet, verbleibt es auf kommunaler Ebene eher marginal und es dominieren offenbar angesichts von ‚Dringlichkeitskonkurrenzen' der Bearbeitung ganz unterschiedlicher Probleme andere Arbeitsschwerpunkte.[1] Durch eine stärkere Verankerung und Hervorhebung des Themas in den Förderleitlinien der auf kommunaler Ebene geförderten ‚Partnerschaften für Demokratie' könnte sich dessen Stellenwert erhöhen. Außerdem werden im Programmbereich ‚Förderung der Strukturentwicklung zum bundeszentralen Träger' die Themen- und Strukturfelder ‚historisch-politische Bildungsarbeit gegen Antisemitismus', ‚Antisemitismus in der Migrationsgesellschaft' sowie ‚Antisemitismuskritische Bildung und Empowerment der jüdischen Community' durch drei nichtstaatliche Organisationen bearbeitet.

Neben den genannten Programmbereichen existieren noch sieben weitere Bereiche, in denen zu verschiedenen Themen Modellprojekte gefördert werden. Diese sind definiert als „innovative, zeitlich begrenzte Projekte, deren Erkenntnisse auf andere Träger oder Förderbereiche, insbesondere der Kinder- und Jugendhilfe, übertragbar sein sollen. Sie sollen […], neue und innovative Ansätze und Arbeitsformen erproben […] Ziel ist die Weiterentwicklung pädagogischer Praxis" (BMFSFJ 2016). Innerhalb des Programmbereichs D (‚Ausgewählte Formen gruppenbezogener Menschenfeindlichkeit und Demokratiestärkung im ländlichen Raum') werden in einem eigenständigen Themenfeld ‚Aktuelle Formen des Antisemitismus' Modellprojekte gefördert, die dezidiert zu dieser The-

---

[1] Diese Dringlichkeitskonkurrenzen begegnen auch den geförderten Modellprojekten im Themenfeld „Aktuelle Formen des Antisemitismus" in Form von teilweise lediglich zurückhaltender Nachfragen etwa aus dem schulischen Bereich (vgl. Greuel u.a. 2016, 50 ff.)

matik arbeiten. Zu deren Aufgaben gehört es, aktuelle fachliche Herausforderungen aufzugreifen und Impulse für die fachliche Weiterentwicklung des Handlungsfeldes zu liefern, z.b. zur systematischen Verknüpfung von antisemitismuskritischen mit rassismuskritischen Ansätzen. Einige der zentralen Erkenntnisse aus der wissenschaftlichen Begleitung der Modellprojekte im Themenfeld ‚Aktuelle Formen des Antisemitismus' werden nachfolgend dargestellt. Bevor dies geschieht, ist wichtig anzumerken, dass Antisemitismus auch in den weiteren Modellprojektbereichen des Bundesprogramms in unterschiedlicher Intensität als Thema bedeutsam ist. Während Antisemitismus im Rahmen der Bearbeitung von Rechtsextremismus und Islamismus im Programmbereich ‚Radikalisierungsprävention' eher als Indikator der Ideologie bearbeitet wird, beschäftigen sich andere Modellprojekte intensiv mit dessen Bearbeitung im Kontext linker Militanz. Für sieben weitere Modellprojekte des seit dem Jahr 2017 geförderten Programmbereichs ‚Stärkung des Engagements im Netz – gegen Hass im Netz', steht u.a. die Entwicklung von neuen Ansätzen zur Bearbeitung antisemitischer Verschwörungsphantasien und hate speech im Internet im Mittelpunkt.

4. Die Arbeit der Modellprojekte im Themenfeld ‚Aktuelle Formen des Antisemitismus'

Das BMFSFJ hat als Programm- und Fördermittelgeber die Möglichkeit, fachliche Bedarfe im Kontext der pädagogisch-präventiven Bearbeitung von Antisemitismus in Förderleitlinien zu übersetzen, die als richtungsweisend für die daraus konstituierende Fachpraxis betrachtet werden können. Durch die im Jahr 2014 für ‚Demokratie leben!' verabschiedete Förderleitlinie wurde im Modellprojektebereich ‚Ausgewählte Phänomene gruppenbezogener Menschenfeindlichkeit und zur Demokratiestärkung im ländlichen Raum' das Themenfeld *Aktuelle Formen des Antisemitismus'* angelegt. (BMFSFJ 2016). Mit der begrifflichen Einordnung als Phänomen „gruppenbezogener Menschenfeindlichkeit" (vgl. Heitmeyer 2002) wurde ein konzeptioneller Rahmen festgelegt, in dem Antisemitismus gleichsam als spezifisches wie vergleichbares Phänomen, neben Rassismus, Antiziganismus, Homo- und Transfeindlichkeit sowie Islam- und Muslimfeindschaft erscheint und pädagogisch-präventiv bearbeitet werden kann. Diese konzeptionelle Einordnung hat vor dem Hintergrund durchaus kontroverser wissenschaftlicher Debatten zum „GMF-Syndrom" (vgl. etwa Möller 2017), dem Verhältnis zu anderen Ungleichwertigkeitsphänomenen und den Spezifika von Antisemitismus als Welterklärung von eigenständiger Qualität

Implikationen für die Entwicklung und Ausbildung einer pädagogisch-präventiven Fachpraxis.[2]

Die Förderleitlinie des Programms formulierte zudem für die Modellprojekte im Themenfeld ‚Aktuelle Formen des Antisemitismus' zwei handlungsleitende thematische Bearbeitungsschwerpunkte: antizionistischer bzw. israelbezogener Antisemitismus sowie sekundärer bzw. Schuld- oder Erinnerungsabwehr-Antisemitismus (BMFSFJ 2016, 6). Darüber hinaus bildete auch die erprobende Arbeit in ‚herkunftsheterogenen und -homogenen Settings' einen festgelegten Handlungsschwerpunkt für die geförderten Projektträger. Entsprechend eng definierten sich die inhaltlichen Gestaltungsspielräume der zu entwickelnden pädagogischen Konzepte. Die Mehrzahl der geförderten Projekte fokussierte jeweils einen oder beide vorgegebenen Bearbeitungsschwerpunkte. Zusätzlich wurden von einzelnen Projekten weitere inhaltliche Akzente gesetzt und etwa Verknüpfungen von Antisemitismus und Rassismus bzw. bestimmter Erscheinungsformen von politischem und religiösem Extremismus ebenso zum Thema gemacht wie zeitgenössische Ausprägungen antisemitischer Verschwörungsphantasien.

5. Pädagogisch-präventive Konzepte und praktische Herausforderungen der Projekte

Zwischen 2015 und 2019 wurden im Themenfeld ‚Aktuelle Formen des Antisemitismus' insgesamt 20 Modellprojekte gefördert (vgl. Brand u.a. 2020). Es zeichnete sich durch eine sehr heterogene Trägerstruktur aus, die sich von etablierten Bildungsträgern, über primär politisch-aktivistisch bis hin zu (migrantischen) Selbstorganisationen erstreckt. Die Projektträger haben in den vergangenen Jahren stabile, vor allem regionale Vernetzungsstrukturen etabliert, wobei Berlin einen Hotspot mit in vielerlei Hinsicht Vorbildcharakter darstellt.[3] Als zentrale Leistung des Themenfeldes ist insbesondere die inhaltliche Weiterentwicklung von Materialien und Methoden für spezifische regionale Kontexte, bis-

---

2 Vgl. z.B. die intensiv geführte Debatte um Vergleichbarkeit von Antisemitismus und Islamophobie z.B. Botsch u.a. 2012
3 Die Intensivierung einer bundesweiten Zusammenarbeit, die insbesondere auch Akteur/-innen und Träger in ländlichen Räumen einschließt sowie die Übertragung, der in Berlin etablierten Vernetzungsstrukturen auf andere Ballungsräume sind aus unserer Perspektive zukünftige Anknüpfungspunkte des Arbeitsfeldes.

her unerreichte Zielgruppen oder neue Erscheinungsformen von Antisemitismus hervorzuheben.[4]

Trotz einer großen Spannweite pädagogischer Ansätze im Themenfeld und durchaus kontroverser wissenschaftlicher Debatten zum Phänomen, sehen die Modellprojekte einen breiten Konsens in der Bildungsarbeit gegen Antisemitismus. Die Bearbeitung des Phänomens als gesamtgesellschaftliche Aufgabe, die nicht einzelnen Gruppen überlassen oder als Problem zugeschrieben werden kann, stellt verbunden mit dem gesellschaftlichen Postulat einer *anti-antisemitischen* Grundhaltung die Eckpunkte des gemeinsamen Arbeitskonsenses dar. Den fachlichen Austausch im Arbeitsfeld und die Vernetzungsarbeit beschreiben die Projekte jenseits von Konkurrenz und Wettbewerb und trotz inhaltlicher Kontroversität als äußerst rege und produktiv. Dennoch zeichnen sich auch Debatten rund um Deutungshoheiten und Positionierungen zu einzelnen fachlichen Spannungsfeldern ab. In Spannung geraten kann dabei etwa die Positionierung von zivilgesellschaftlich-aktivistischen Projektträgern mit zum Teil abweichenden pädagogischen und politischen Zielstellungen. So stellt sich die unter politischer Perspektive betrachtete vermeintliche Eindeutigkeit eines antisemitischen Vorfalls in Interaktionen im pädagogischen Raum oftmals facettenreicher und ambivalenter dar und erschöpft sich nicht in der Entlarvung junger Menschen als Antisemit/-innen. Auch der brisante Diskurs zu muslimischem Antisemitismus bzw. Antisemitismus unter Muslimen stellt eine Kontroverse im Arbeitsfeld dar, auf die im Folgenden noch eingegangen werden wird.

Die Modellprojekte im Themenfeld zeichneten sich durch eine ausgeprägte Heterogenität ihrer Zielgruppen aus und deckten einen erheblichen Teil der vom Bundesprogramm adressierten Zielgruppen ab.[5] Es lassen sich dabei zwei dominante Handlungsstrategien identifizieren, die sich in der Wahl der Zielgruppen und der entsprechenden Ausgestaltung der pädagogischen Formate niederschlagen: Bildungsangebote für Jugendlichen und Fort- und Weiterbildungsformate für (pädagogische) Fachkräfte.

Nach wie vor finden Bildungsangebote für Jugendliche häufig im schulischen Setting statt, obschon auch außerschulische Angebote zunehmend an Be-

---

4   Einen Überblick über die, von den Modellprojekten entwickelt und erprobten Bildungsmaterialien findet sich in der Mediathek der Vielfalt der IDA (URL: https://www.vielfalt-mediathek.de/, 20.03.2020)
5   Eine Leerstelle in ‚Demokratie leben!' blieb die pädagogische Arbeit mit Kindern im Vor- und Grundschulalter, die von Modellprojekten bisher nicht als dezidierte Zielgruppe der Antisemitismusprävention adressiert wurden.

deutung gewinnen. Unter den Projekten zeichnete sich eine hohe Vielfalt von pädagogischen Konzepten ab, die von Medien- und Theaterpädagogik, über historische Bildung bis zu Begegnungsansätzen reichte. Letztere sind insbesondere im Format der Jugendbegegnung aufgrund von möglichen Verstärkungs- und Verfestigungseffekten von Differenzwahrnehmung und problematischen Repräsentationsrollen äußerst voraussetzungsreich und fachlich nicht unumstritten (vgl. UEA 2017, 212; Eckmann 2012). Ansatzübergreifend nahmen neben der Wissensvermittlung vor allem prozessorientierte Konzepte mit Schwerpunkt auf Partizipation einen hohen Stellenwert ein. Die Beschäftigung mit Antisemitismus erfordert für die Projekte immer auch dessen Einordnung innerhalb historischer Kontinuitäten und Entwicklungslinien, sowie einen Einbezug zeitgenössischer medial-vermittelter Ausprägungsformen als Anknüpfungspunkte zur Lebenswelt der jeweiligen Zielgruppen. Die Förderung von Widerspruchs- oder Ambiguitätstoleranz (vgl. KIgA e.V. 2013), d.h. die Fähigkeit Komplexität und Uneindeutigkeiten aushalten zu können, stellt ebenfalls eine unter den Projektträgern weit verbreitete Zielstellung dar.

In Fort- und Weiterbildungen von Fachkräften steht nicht mehr die reine Wissensvermittlung und methodische Qualifikation der Teilnehmenden im Mittelpunkt. Unter dem übergeordneten Begriff „antisemitismuskritische Bildungsarbeit" (vgl. Messerschmidt 2014) hat sich in den letzten Jahren verstärkt eine reflexive Betrachtung und Bearbeitung von kollektiven Selbstbildern und der Involviertheit der Fachkräfte in die Reproduktion von antisemitischen Bildern und Ressentiments durchgesetzt. Zugleich fand verstärkt auch Bildungsarbeit in institutionellen Strukturen, wie Kommunalverwaltungen, Wohlfahrtsverbänden oder der Polizei statt. Nach wie vor stellen Schulen, auch für die außerschulische Bildungsarbeit, ein zentrales Handlungsfeld dar. Hier zeigte sich für das Themenfeld ein ambivalenter Befund: Während die Nachfrage von Schulen nach anlassbezogenen Interventionsformaten zur Bearbeitung von antisemitischen Vorfällen so stark angestiegen ist, dass Projekte dem mitunter nicht mehr nachkommen konnten, zeigt sich gleichsam eine starke Abwehrhaltung vieler Schulen bezüglich einer selbstreflexiven Beschäftigung mit dem Thema. Während sich die jugendlichen Zielgruppen in großem Maße offen für und interessiert an einer Auseinandersetzung mit dem schwierigen Thema zeigen, sind dagegen die anvisierten Lehr- und Fachkräfte in bestimmten Kontexten nur bedingt für eine Zusammenarbeit erreichbar. Adressierte Lehrkräfte und Schulleitungen offenbarten dabei mitunter ein schwaches Problembewusstsein und zum Teil verhärtete Abwehrreaktionen, oder führten Angst, Verunsicherung und Vorbehalte gegenüber der Beschäftigung mit Antisemitismus an. Zusätzlich kann ein aufgeklärtes Selbstverständnis von pädagogischen Fachkräften, die in Bildungsinstitutionen mit eher wissensvermittelnden Traditionen verortet sind in Spannung zu den stark selbstreflexiven und antisemitismus- bzw. rassismuskritischen Ansätzen geraten. All diese Befunde deuten aus unserer Perspektive auf einen großen Bedarf nach längerfristigen Fort- und Weiterbildungsformaten von Lehrkräften bzw. einer verstärkten Thematisierung von aktuellen Formen des Antisemitismus bereits in deren Ausbildung hin. Dies zeigt sich auch in aktuellen Studien zu Antisemitismus im schulischen Handlungsfeld (vgl. Bernstein 2018; Salzborn/Kurth 2019).

6. Innovationspotenziale des Programmbereichs – Fallbeispiele aus der Praxis

Aufgrund des förderrechtlichen Innovationsauftrags von Modellprojekten lag in deren konkreter Umsetzungspraxis der Arbeitsschwerpunkt auf der (Weiter-)Entwicklung von Bildungsmethoden und -materialien zu aktuellen Erscheinungsformen des Antisemitismus. Wie dargestellt fielen die ausgewählten pädagogischen Ansätze, Zielgruppen und Zielstellungen der Projekte entsprechend weit auseinander. Aus der Vielzahl von Lernerfahrungen und Erträgen der fünfjährigen Arbeit der Projekte möchten wir als wissenschaftliche Begleitung im Folgenden exemplarisch innovative Ansatzpunkte vorstellen, die einen Einblick in die Projektpraxis vermitteln.

Ein Modellprojekt[6] widmete sich der Entwicklung von modularen didaktischen Konzepten für maximal einstündige pädagogische Kurzzeitformate im Schulunterricht. Die Besonderheit stellt dabei der von Beginn an partizipativ und gemeinsam mit Lehrkräften angelegte Entwicklungs- und Erprobungsprozess dar. Das Projekt stellte sich der Herausforderung der didaktischen Reduktion der Komplexität moderner antisemitischer Erscheinungsformen in besonderem Maße. In der Entwicklung von Methoden und Materialien sind dabei vor allem eine starke Anwendungsorientierung, Niedrigschwelligkeit, sowie Handhabbarkeit und Passung für Multiplikator/-innen und deren Zielgruppen zentral. Die Umsetzenden nutzen so die im Rahmen der Modellprojektförderung gegebene Möglichkeit zu experimentieren und gemeinsam mit den Zielgruppen

---

6 An dieser Stelle sei darauf verwiesen, dass wir als wissenschaftliche Begleitung des Programmbereichs nur in einer anonymisierten Form über einzelne Modellprojekte berichten können. Für einen guten Überblick über die verschiedenen Arbeitsansätze der Projekte siehe BMFSFJ (2017).

zu erproben, welcher Ansatz sich unter welchen Bedingungen eignet. Nachhaltige Effekte erfolgreicher Projektarbeit werden durch deren unmittelbare Verankerung in schulische Curricula stark begünstigt und gleichsam ein Transfer von außerschulischen Bildungsmethoden in das vergleichsweise starre schulische System umgesetzt.

Andere Modellprojekte setzen auf der Ebene der Strukturschaffung an und entwickelten digitale bzw. analoge Lern- und Bildungsräume für verschiedene Ansatzpunkte einer antisemitismuskritischen Bildungspraxis. Hierfür zwei Beispiele die das innovative Potenzial des Programmbereichs verdeutlichen: Die Entwicklung und der Aufbau einer Online-Informations- und Lernplattform, in der in Kooperation verschiedener Bildungsträger zentrale Erkenntnisse aus der aktuellen Antisemitismusforschung gebündelt und aufbereitet sowie mit erfolgreich erprobten Materialien der antisemitismuskritischen Fachpraxis zusammengeführt werden. Obgleich bei einem größeren Projektträger angesiedelt, wird über eine Beiratsstruktur ein gewichtiger Teil der Fachpraxis im Arbeitsfeld an der Entwicklung und Pflege der Plattform beteiligt. Als demnach implizites Kooperationsprojekt gelingt es so, förderbedingte Konkurrenzen zugunsten einer fachlichen Fortentwicklung in den Hintergrund treten zu lassen. Ein von einem weiteren Modellprojekt gemeinsam mit Jugendlichen mit Migrationsbiografie entwickelter und gestalteter interaktiver Lern- und Erfahrungsraum zur erinnerungskulturellen Symbolfigur Anne Frank ist als zweites Beispiel einer innovativen Strukturschaffung im Arbeitsfeld hervorzuheben. Er ermöglicht eine eigenständige Erschließung und räumliche Erfahrung der Thematik Antisemitismus und kann auch als bleibender Ort für verschiedene außerschulische Formate an der Schnittstelle von historischer und politischer Bildung zu Antisemitismus weitergenutzt werden. Eine Besonderheit ist dabei die Möglichkeit zur Selbstaneignung der Thematik von historischen und aktuellen, komplexen Formen des Antisemitismus durch die Lernenden und einem selbstständigen Ins-Verhältnis-Setzen zu den Themenkomplexen Diskriminierung, Migration und gruppenbezogene Menschenfeindlichkeit.

7. Lernerfahrungen der Projekte und Gelingensfaktoren guter Fachpraxis

In der Gesamtbilanz beurteilen die begleiteten Modellprojekte ihre jugendlichen Zielgruppen als in großem Maße offen und interessiert an einer Auseinandersetzung auch mit schwierigen Aspekten des Themas Antisemitismus (Brand u.a. 2020, 39). Dennoch weisen die Lernerfahrungen der Projekte darauf hin, dass bestimmte Faktoren das Gelingen der Bildungsformate bedingen oder fördern. Häufig sind diese für das breite Feld der pädagogischen Bearbeitung von Ungleichwertigkeitsideologien und Diskriminierung relevant (vgl. Brand u.a. 2020a, im Erscheinen). An manchen Stellen lassen sich jedoch auch spezifische Besonderheiten für das Arbeitsfeld Antisemitismus identifizieren.

In der politischen Bildungsarbeit der Projekte mit Jugendlichen erweist sich eine Orientierung an allgemeinen fachlichen Standards, wie den Prinzipien des Beutelsbacher Konsens oder der Lebensweltorientierung nach wie vor als unabdingbar. Ebenso zeigt sich eine zielgruppenangemessene Kombination aus Elementen von Wissensvermittlung und partizipativem Erfahrungslernen als förderlich. Dies gilt vor allem in pädagogischen Settings mit sensibilisierender bzw. universalpräventiver Zielstellung und heterogenen Zielgruppen wie z.B. Schulklassen oder Jugendgruppen. Insbesondere durch den angesprochenen partizipativen Einbezug der Zielgruppen und eine Orientierung an deren Lebenswelten kann es gelingen, die jeweils vorliegende subjektive Relevanz der vielfältigen Ursachen und Manifestationen von Antisemitismus zu erkennen und zum Gegenstand der pädagogischen Auseinandersetzung zu machen.

Generell ist zu beachten, dass bei Kindern und Jugendlichen als Adressat/-innen pädagogischer Maßnahmen in den seltensten Fällen geschlossene (antisemitische) Weltbilder vorliegen. Dennoch steht die Fachpraxis vor der Herausforderung, dass auch bei jungen Zielgruppen zum Teil bereits gefestigtere antisemitische Ressentiments in unterschiedlichen Ausprägungen festzustellen sind. Für deren Bearbeitung bedarf es langzeitpädagogischer Ansätze, die deutlich über das klassische Format des universalpräventiven Projekttags in Schulklassen hinausgehen. In längerfristigen pädagogischen Settings gelang es Modellprojekten mit (selbst)reflexiven Methoden und konfliktpädagogischen Ansätzen, mitunter auch verhärtete Positionen – etwa zum Nahostkonflikt – aufzulösen und pädagogisch bearbeitbar zu machen. Auch mit dialogorientierten Formaten mit hohem Stellenwert der Vertrauensarbeit konnten schwierig erreichbare Zielgruppen für eine kritische Auseinandersetzung gewonnen und deren Widerspruchstoleranz gefördert werden. Eine andere Herausforderung stellt die Arbeit mit selbst von (rassistischer) Diskriminierung betroffenen Jugendlichen dar. Hier erwies sich ein sensibles Anknüpfen an deren eigene Erfahrungen als gewinnbringende Einstiegschance für den Aufbau von Empathie und eine differenzierte Betrachtung des komplexen Phänomens Antisemitismus. Zentrale Anforderung bleibt es dabei, auf simplifizierende Gleichsetzungen der problematisierten Phänomene zu verzichten und keine Legitimität von Opferkonkurrenzen entstehen zu lassen.

Mit dem Thema Antisemitismus gehen somit hohe fachliche Anforderungen einher und es erfordert von Pädagog/-innen und politischen Bildner/-innen neben inhaltlicher Expertise auch professionelle pädagogische Kompetenzen. In Anbetracht von zunehmend heterogenen Zielgruppen in der deutschen Einwanderungsgesellschaft gewinnen auch Kultur- und Migrationssensibilität, sowie zielgruppenbezogene Sprachkenntnisse zunehmend an Bedeutung. Die Liste ließe sich erweitern und weist auch angesichts aktueller gesellschaftlicher und politischer Herausforderungen auf eine auch zukünftig hohe Dynamik und einen ansteigenden Handlungsdruck hin. So berichten gleich vier der begleiteten Projekte im Themenfeld von Infragestellung und Ablehnung des Projekts durch Eltern oder Lehrkräfte bis hin zu politisch-motivierten aktiven Anfeindungen von Projektmitarbeitenden durch externe Akteur/-innen. In einem Arbeitsfeld, das auch von schwierigen strukturellen Rahmenbedingungen einer „fehlenden systematischen und dauerhaften Förderung" (UEA 2017, 222), Personalknappheit und -fluktuation geprägt ist, werden so Prozesse der Professionalisierung, Intensivierung von Zusammenarbeit und Kooperation sowie eine beständige Bereitschaft zu Selbstreflexion immer notwendiger.

8. Weiterentwicklungspotenziale im Arbeitsfeld

Eine der Aufgaben unserer wissenschaftlichen Begleitung war es, Leerstellen und Bedarfe zur Weiterentwicklung der Fachpraxis aufzuzeigen. Auch in der pädagogisch-präventiven Auseinandersetzung mit Antisemitismus wurden Fortentwicklungspotenziale in vielerlei Hinsicht deutlich sowie von den Modellprojekten selbst identifiziert und benannt. Aus unserer Perspektive lässt sich exemplarisch an den folgenden vier Aspekten – ohne Anspruch auf Vollständigkeit – darstellen, wie zukünftige Arbeitsschwerpunkte der Bildungsarbeit gegen Antisemitismus aussehen könnten. Diese Aspekte sind als fachliche Anregung zu verstehen und leiten sich aus den Befunden der Programmbereichsevaluation ab.

- Zum einen stellt Antisemitismus in Verbindung mit dem dynamischen Phänomenbereich des Rechtspopulismus bzw. „autoritären Nationalradikalismus" (Heitmeyer 2018) eine wachsende Herausforderung für die präventive Bildungspraxis dar. Die instrumentelle Bezugnahme auf eine Solidarität mit Israel und einem angeblichen Anti-Antisemitismus durch Teile rechtspopulistischer und rechtsextremer Parteien und Strömungen wird in der sozialwissenschaftlichen Forschung bereits seit einigen Jahren kritisch diskutiert (vgl. Grimm/Kahmann 2017). Eine Überführung in pädagogische

Konzepte und Methoden steht größtenteils noch aus und könnte in den kommenden Jahren eine Aufgabe neuer Modellprojektakteur/-innen werden.
- Vor allem im Ausbau der Zusammenarbeit von nicht-jüdischen Bildungsträgern mit jüdischen Gemeinden, Vereinen und Communitys in Deutschland, verbunden mit einer Anerkennung von pluralen jüdischen Perspektiven liegen noch große Potenziale für die Bearbeitung aktueller Formen des Antisemitismus. Wird dies als gesamtgesellschaftliche Aufgabe der deutschen Einwanderungsgesellschaft betrachtet, stellt sich somit auch die Anforderung an das pädagogische Arbeitsfeld, aktuelle jüdische Sichtweisen verstärkt einzubeziehen, z.b. durch Empowerment-Formate mit jüdischen Jugendgruppen (vgl. UEA 2017, 268).
- Darüber hinaus *fördert* die hohe gesellschaftliche Dynamik der Digitalisierung die rasante Verbreitung von antisemitischen Verschwörungsphantasien im Internet und *fordert* die Fachpraxis dazu auf beständig up-to-date zu bleiben. Sowohl in Bezug auf lebensweltliche Anknüpfungspunkte zur jugendlichen Zielgruppe als auch bezüglich der Transformationsprozesse des Phänomens. Dies umfasst zum einen pädagogisch-präventive Formate, die an immer wieder neue von jugendlichen Usern genutzte soziale Medien angepasst werden müssen, zum anderen aber auch Erscheinungsformen von zeitgenössischem Antisemitismus in der digitalisierten Pop- und Jugendkultur (z.B. rechtsextreme Influencer bei *YouTube*).
- Weiterhin liegt in der Intensivierung von partizipativen Ansätzen der pädagogischen Arbeit mit Jugendlichen mit Migrations- und Fluchtbiografien nach wie vor großes Entwicklungspotenzial. Dabei spielen zum einen Ansätze eine Rolle, die historisch-politische Bildung zu Nationalsozialismus und Shoah für Jugendliche ohne biografische Bezugspunkte zur deutschen Geschichte und Erinnerungskultur bzw. ohne „Täternachfolgeschaft" (vgl. Fava 2015, 234). bearbeitbar machen. Zum anderen bedarf es einer damit verknüpften multiperspektivischen und lebensweltnahen Aufbereitung aktueller Erscheinungsformen des Antisemitismus auch für heterogene Zielgruppen, die Migration als gesellschaftliche Normalität reflektiert.

9. Fachliche Kontroversen im Arbeitsfeld am Beispiel ‚muslimischer Antisemitismus'

Die Bearbeitung von Antisemitismus als gesellschaftliches Problem mit sich aktualisierenden Erscheinungsformen kann als Kern des Arbeitskonsenses der pädagogisch-präventiven Fachpraxis betrachtet werden. Dennoch zeichnen sich bezüglich einzelner Erscheinungsformen nicht nur unterschiedliche Gewichtungen und Relevanzsetzungen, sondern mitunter auch fachliche Kontroversen ab. So etwa die Positionierung der Bildungsträger zum wissenschaftlich und medial geführten Diskurs rund um einen (vermeintlich) spezifisch „muslimischen" (Ranan 2018), „islamischen" (Salzborn 2018, 113) oder „islamisierten" (Kiefer 2012) Antisemitismus bzw. empirischen Studien zu Antisemitismus unter Muslimen (vgl. Jikeli 2019) dar. Auch wenn viele Modellprojekte konzeptionell nicht explizit zu der Thematik arbeiten und diesbezügliche Positionierungen eher zurückhaltend formuliert werden, hat dieser Themenkomplex doch mindestens aus zwei Gründen erhöhte Relevanz für die pädagogisch-präventive Praxis. Einerseits wird der Themenkomplex in der Projektarbeit von jugendlichen Zielgruppen aktiv und interessiert nachgefragt, andererseits wird er bei adressierten Lehr- und Fachkräften oftmals als Problem sichtbar, etwa in artikulierter Verunsicherung gegenüber muslimischen Schüler/-innen oder antimuslimischen bzw. rassistischen Zuschreibungen.

Auf Grundlage der Befunde der wissenschaftlichen Begleitung lässt sich in dieser Frage im Themenfeld ein diskursives Kontinuum beschreiben, das sich zwischen zwei polarisierenden Positionen der Betrachtung von „muslimischem Antisemitismus" aufspannt (Brand u. a. 2020, 39 ff.). Das Phänomen werde laut den Modellprojektumsetzenden in der Praxislandschaft entweder als manifestes (Kern-)Problem oder als diskriminierende Zuschreibung der Mehrheitsgesellschaft gegenüber einer anderen marginalisierten Gruppe betrachtet. Während die eine Seite unter Einbezug von jüdischen Betroffenheitsperspektiven aktiv die Relevanz des Themenkomplexes einfordert, dominiert auf der anderen Seite die Sichtweise eines rein projizierten Problems auf Grundlage von antimuslimischen bzw. rassistischen Zuschreibungen. Einer weiteren marginalisierten Gruppe werde – so die Kritik – Anerkennung eigener Diskriminierungserfahrungen verweigert, diese homogenisiert und unter Generalverdacht gestellt, antisemitisch zu denken oder handeln. Während die erste Variante einer expliziten Benennung und präventiven Bearbeitung des Phänomens für eine darin inhärente tendenzielle Infragestellung der gesamtgesellschaftlichen Problemdefinition und somit einer Externalisierung von Antisemitismus kritisiert wird, steht die zweite aufgrund einer latenten Entproblematisierung von antisemitischem Handeln durch priorisiert bearbeitete rassistische Diskriminierungserfahrungen in der Kritik.

Während die Trennlinien und Streitpunkte zu dieser Frage im Arbeitsfeld klar identifiziert und benannt werden können, positionieren sich nahezu alle befragten Projektakteur/-innen zwischen den beiden dargestellten Polen. Es fällt ihnen zum Teil schwer, zur kontrovers diskutierten muslimischen Ausprägungsform von Antisemitismus einen reflexiv-sachlichen pädagogischen Bearbeitungsmodus zu finden, der bei der Entwicklung einer eigenen differenzierten Position ansetzt.

Diese exemplarisch dargestellte fachliche Kontroverse deutet auf Weiterentwicklungsbedarfe zu Konkretisierung und Klärung des Verhältnisses von Antisemitismus und rassistischer Diskriminierung sowie deren Zusammenhänge, Wechselwirkungen und daraus abzuleitenden Implikationen für die pädagogische Fachpraxis hin. Verbindende Ansätze antisemitismuskritischer und rassismuskritischer Bildungsarbeit, die sowohl Selbstreflexion der Beteiligten ins Zentrum setzen, als auch systematisch Verknüpfungen und Verwobenheit mit gesellschaftlichen Machtverhältnissen und Diskriminierungsstrukturen zum Thema machen, können aus unserer Sicht als wegweisend betrachtet werden.

Im Zuge der aktuellen Förderperiode des Bundesprogramms zeichnet sich somit ein deutlicher Bedarf nach fachspezifischen Standards und Qualitätsmerkmalen der pädagogischen Bearbeitung von Antisemitismus ab. Entsprechende Fachstandards können allerdings nicht einfach festgelegt oder verordnet werden, sondern sind in der Regel das Produkt einer intensiven Verständigung im Arbeitsfeld (vgl. Johann/Leistner 2020) Ein solcher Prozess braucht Zeit, Offenheit und entsprechende Ressourcen bei allen Beteiligten sowie passende Rahmenbedingungen. Es scheint dafür aber vor dem Hintergrund eines etablierten und langjährigen Arbeitsfeldes und einer zunehmenden gesellschaftlichen Konfliktdynamik mehr denn je an der Zeit zu sein. Eine mögliche Orientierung bieten kann das Arbeitsfeld der Gedenkstättenpädagogik, in dem sich – angestoßen durch das Modellprojekt ‚*Verunsichernde Orte*' – ein nachhaltiger Verständigungsprozess konstituieren konnte (vgl. Thimm u. a. 2010). Die wissenschaftliche Begleitung am Deutschen Jugendinstitut (DJI) versuchte in diesem Kontext mit gemeinsamen Workshops der aktuell geförderten Bildungsträger und der Bereitstellung von Räumen des fachlichen Praxisaustauschs passende Bedingungen zu schaffen, unter denen sich aus dem Arbeitsfeld heraus ein solcher Prozess entwickeln kann. Ein möglicher Diskussionsanstoß für die antisemitismuskritische Bildungsarbeit kann unseres Erachtens nach auch eine von der wissenschaftlichen Begleitung in Auftrag gegebene Expertise (Eckmann/Kößler 2020) darstellen, die zum Ende der ersten Förderperiode im Dezember 2019 auf einem Abschlussworkshop gemeinsam mit den programmgeförderten Bildungsträgern diskutiert wurde.

10. Ausblick

Auch in der zweiten Förderperiode von ‚Demokratie leben!' (2020 bis 2024) wird die Bekämpfung von Antisemitismus einen der Schwerpunkte des Programms bilden, der sich auf allen Ebenen des Programms widerspiegelt (BFMSFJ 2020). Dafür werden wieder 15 neue Modellprojekte (Stand 01.02.2020) neue Wege der pädagogisch-präventiven Bearbeitung aktueller Formen des Antisemitismus entwickeln und erproben. Diese geht auch mit neuen Schwerpunktsetzungen des BMFSFJ als Programm- und Mittelgeber einher, welche die konzeptionelle Arbeit der Projektträger rahmen. Im Vergleich zum stark inhaltlich-differenzierten Zuschnitt in der ersten Förderperiode und der Fokussierung auf spezifische Erscheinungsformen des Antisemitismus dominiert nun eine verstärkte Differenzierung der Zielgruppen und pädagogischen Formate. Gezielt gefördert werden künftig Modellprojekte, die sich der „Kombination aus niedrigschwelligen bzw. kurzfristig einsetzbaren Ansätzen und weiterführenden langfristigen pädagogischen Formaten" widmen und/oder „insbesondere heterogene Gruppenzusammensetzungen und die daraus hervorgehenden Bedarfe" (BMFSJF 2019, 4 f.) der Zielgruppen beachten. Ein besonderer Schwerpunkt nimmt – der Empfehlung der wissenschaftlichen Begleitung folgend – die Förderung von Projekten ein, „die jüdische Perspektiven und Erfahrungen in [...] der Arbeit mit Kindern und Jugendlichen sowie [...] mit pädagogischen Fachkräften und Multiplikator/-innen explizit einbeziehen bzw. zum Ausgangspunkt machen" (ebd.). Die Einordnung der zukünftigen Modellprojekte mit Arbeitsschwerpunkt Antisemitismus in das neu geschaffene Handlungsfeld ‚*Vielfaltgestaltung*' deutet auf mögliche Entwicklungsprozesse der Fachpraxis hin, sich noch klarer als bisher vom Handlungsfeld der Radikalisierungs- bzw. Extremismusprävention abzusetzen. Wie sich damit die konzeptionelle Ausrichtung der Fachpraxis verändern wird und welchen Stellenwert die Präventionslogik in der Bearbeitung von Antisemitismus künftig einnimmt, wird sich in den kommenden Jahren zeigen. Eine tragende Rolle zu Vernetzung und Koordination der im Arbeitsfeld aktiven Bildungsträger könnten in Zukunft auch das sich in der zweiten Förderphase von ‚Demokratie leben!' konstituierende Kompetenznetzwerk im Themenfeld Antisemitsmus (KOMPAS) einnehmen; einem Zusammenschluss aus fünf nichtstaatlichen Trägerorganisationen, der ab Januar 2020 bundesweit seine Arbeit aufnimmt.

Literatur

Bundesministerium für Familie, Senioren, Frauen und Jugend [BMFSFJ] (2016): Förderung von Modellprojekten zu Phänomenen gruppenbezogener Menschenfeindlichkeit (GMF) und zur Demokratiestärkung im ländlichen Raum – Leitlinie Förderbereich D. Berlin.

Bundesministerium für Familie, Senioren, Frauen und Jugend [BMFSFJ] (2017): Modellprojekte zur Prävention von aktuellen Erscheinungsformen des Antisemitismus im Bundesprogramm „Demokratie leben!". URL: https://www.demokratie-leben.de/fileadmin/content/PDF-DOC-XLS/Bundesprogramm/Demokratie_leben_Modellprojekte_Pra__vention_Antisemitismus_barrierefrei.pdf, 20.03.2020.

Bundesministerium für Familie, Senioren, Frauen und Jugend [BMFSFJ] (2019): Förderaufruf für Modellprojekte im Handlungsfeld „Vielfaltgestaltung" im Rahmen des Bundesprogramms „Demokratie leben!". Berlin.

Bundesministerium für Familie, Senioren, Frauen und Jugend [BMFSFJ] (2020): „Demokratie leben!" Erfolgreicher Start in die neue Förderperiode 2020–2023. Pressemitteilung 001 (Veröffentlicht am 13.01.2020). Berlin.

Bernstein, Julia (2018): „Mach mal keine Judenaktion!". Herausforderungen und Lösungsansätze in der professionellen Bildungs- und Sozialarbeit gegen Antisemitismus. Frankfurt University of Applied Sciences. Frankfurt/M.

Botsch, Gideon/Glöckner, Olaf/Kopke, Christoph/Spieker, Michael (Hg.) (2012): Islamophobie und Antisemitismus – ein umstrittener Vergleich. Walter de Gruyter: Boston und Berlin.

Brand, Alina/Johann, Tobias/Leistner, Alexander/Rehse, Aline/Roscher, Tobias/Walter, Elisa/Zimmermann, Eva (2020, im Erscheinen): Vierter Bericht: Modellprojekte der wissenschaftlichen Begleitung der Modellprojekte zu ausgewählten Phänomenen gruppenbezogener Menschenfeindlichkeit und zur Demokratiestärkung im ländlichen Raum. Zwischenbericht 2018. Deutsches Jugendinstitut (DJI). Halle (Saale).

Brand, Alina/Johann, Tobias/Rehse, Aline/Roscher, Tobias/Walter, Elisa/Zimmermann, Eva (2020): Fünfter Bericht: Modellprojekte der wissenschaftlichen Begleitung der Modellprojekte zu ausgewählten Phänomenen gruppenbezogener Menschenfeindlichkeit und zur Demokratiestärkung im ländlichen Raum. Abschlussbericht 2019. Deutsches Jugendinstitut (DJI). Halle (Saale).

Eckmann, Monique (2012): Gegenmittel. Bildungsstrategien gegen Antisemitismen. In: Einsicht 08, S. 44–49.

Eckmann, Monique/Kößler, Gottfried (2020): Pädagogische Auseinandersetzung mit aktuellen Formen des Antisemitismus – Qualitätsmerkmale und Spannungsfelder mit Schwerpunkt auf israelbezogenem und sekundärem Antisemitismus. Im Auftrag des DJI. [Im Erscheinen].

Fava, Rosa (2015): Die Neuausrichtung der „Erziehung nach Auschwitz" in der Einwanderergesellschaft. Eine rassismuskritische Diskursanalyse. Berlin.

Greuel, Frank/Langner, Joachim/Leistner, Alexander/Roscher, Tobias/Schau, Katja/Steil, Armin/Zimmermann, Eva/Bischoff, Ursula (2016): Zweiter Bericht: Modellprojekte der wissenschaftlichen Begleitung der Modellprojekte zu ausgewählten Phänomenen gruppenbezogener Menschenfeindlichkeit und zur Demokratiestärkung im ländlichen Raum. Zwischenbericht 2016. Deutsches Jugendinstitut (DJI). Halle (Saale).

Greuel, Frank/König, Frank (2019): Die pädagogische Prävention von Rechtsextremismus im Spannungsverhältnis von Theorie und Praxis sowie Normierungs- und Subjektorientierung. In: Zeitschrift für Sozialpädagogik. 17 Jg., H. 2.

Grimm, Marc/Kahmann, Bodo (2017): AfD und Judenbild. Eine Partei im Spannungsfeld von Antisemitismus, Schuldabwehr und instrumenteller Israelsolidarität. In: Grigat, Stephan: AFD & FPÖ Antisemitismus, völkischer Nationalismus und Geschlechterbilder.

Hafeneger, Benno (2019): Politische Bildung ist mehr als Prävention. In: Journal für politische Bildung 2/19.

Heitmeyer, Wilhelm (2002): Deutsche Zustände. Suhrkamp: Frankfurt/M.

Heitmeyer, Wilhelm (2018): Autoritäre Versuchungen. Signaturen der Bedrohung I. Suhrkamp: Berlin.

Jikeli, Günther (2019): Antisemitismus unter Muslimen in Deutschland und Europa. In: Glöckner, Olaf/Jikeli, Günther (Hg.): Das neue Unbehagen. Antisemitismus in Deutschland heute. Olms Verlag.

Johann, Tobias/Leistner, Alexander (2020): Vorwort. In: Eckmann, Monique/Kößler, Gottfried (2020): Pädagogische Auseinandersetzung mit aktuellen Formen des Antisemitismus – Qualitätsmerkmale und Spannungsfelder mit Schwerpunkt auf israelbezogenem und sekundärem Antisemitismus. Im Auftrag des DJI. [Im Erscheinen].

Kiefer, Michael (2012): Antisemitismus unter muslimischen Jugendlichen – Randphänomen oder Problem? In: Bundeszentrale für politische Bildung, Dossier Antisemitismus.

KIgA e.V. (Hg.) (2013): Widerspruchstoleranz. Ein Theorie-Praxis-Handbuch zu Antisemitismuskritik und Bildungsarbeit. Berlin.

Kimmel, Elke (2005): Re-Education und Re-Orientation. Bonn. URL: http://www.bpb.de/geschichte/zeitgeschichte/marshallplan/40015/re-education, Zugriffsdatum: 27.01.2020

Messerschmidt, Astrid (2014): Bildungsarbeit in der Auseinandersetzung mit gegenwärtigem Antisemitismus. In: Aus Politik und Zeitgeschichte, S. 28–30.

Milbradt, Björn/Schau, Katja/Greuel, Frank (2019): (Sozial-)pädagogische Praxis im Handlungsfeld Radikalisierungsprävention – Handlungslogik, Präventionsstufen und Ansätze. In: Claudia Heinzelmann/Erich Marks (Hg.): Prävention & Demokratieförderung. Gutachterliche Stellungnahmen zum 24. Deutschen Präventionstag. Bonn: Forum Verlag Godesberg, S. 141–179 [online unter: https://www.praeventionstag.de/nano.cms/publicarions/buch/25].

Möller, Kurt (2017): ‚Gruppenbezogene Menschenfeindlichkeit' (GMF) oder Pauschalisierende Ablehnungskonstruktionen (PAKOs)? – Welches Konzept führt wissenschaftlich und praktisch wohin? In: Gebrande, Julia/Melter, Klaus/Bliemesrieder, Sandro (Hg.): Kritisch ambitionierte Soziale Arbeit Beltz: Weinheim und Basel.

Palloks, Kerstin (2008): Wissen und Handlungskompetenzen erhöhen. Zur Verzahnung von Regeldiensten und Spezialthemen. In: Molthagen, Dietmar/Korgel, Lorenz (Hg.): Handbuch für die kommunale Auseinandersetzung mit dem Rechtsextremismus. Berlin: Friedrich-Ebert-Stiftung.

Ranan, David (2018): Muslimischer Antisemitismus. Eine Gefahr für den gesellschaftlichen Frieden in Deutschland? Bonn 2018.

Salzborn, Samuel/Kurth, Alexandra (2019): Antisemitismus in der Schule. Erkenntnisstand und Handlungsperspektiven. Wissenschaftliches Gutachten. Berlin, Gießen.

Scherr, Albert (2013/2002): Subjektbildung in Anerkennungsverhältnissen. Über „soziale Subjektivität" und „gegenseitige Anerkennung" als pädagogische Grundbegriffe. In: Hafeneger, Benno/Henkenborg, Peter/Scherr, Albert (Hg.): Pädagogik der Anerkennung. Grundlagen, Konzepte, Praxisfelder. Schwalbach/Ts.: Wochenschau Verlag. S. 26–44.

Thiersch, Hans/Böhnisch, Lothar (2014): Spiegelungen. Lebensweltorientierung und Lebensbewältigung. Gespräche zur Sozialpädagogik. Weinheim [u.a.]: Beltz Juventa. [Online verfügbar unter http://d-nb.info/1045104108/04.].

Thimm, Barbara/Kößler, Gottfried/Ulrich, Susanne (Hg.) (2010): Verunsichernde Orte. Selbstverständnis und Weiterbildung in der Gedenkstättenpädagogik. Frankfurt/M.: Brandes und Apsel.

Unabhängiger Expertenkreises Antisemitismus [UEA] (2011): Antisemitismus in Deutschland. Hg.v. Bundesministerium des Inneren. Berlin.

Unabhängiger Expertenkreises Antisemitismus [UEA] (2017): Antisemitismus in Deutschland – Aktuelle Entwicklungen. Hg.v. Bundesministerium des Inneren. Berlin.

Weyers, Stefan (2013): Werteerziehung zwischen sozialer Anpassung und Pluralisierung, universeller Moral und dem guten Leben. Historische und entwicklungspsychologische Perspektiven. In: Fuchs, Thorsten/Jehle, May/Krause, Sabine (Hg.): Normativität und Normative (in) der Pädagogik. Einsätze theoretischer Erziehungswissenschaft III. Würzburg: Königshausen & Neumann, S. 105–120.

WILHELM BERGHAN

Demokratiebildung und reflexive Mündigkeit.

Theoretische und empirische Bildungsherausforderungen gegen antisemitische Vorurteile

1. Einleitung

Die andauernde Notwendigkeit einer Auseinandersetzung mit Antisemitismus mahnen nicht nur dessen Geschichte oder jüngst öffentlich werdende Taten an. Auch die Diskriminierung und Gewalt motivierenden menschenfeindlichen Vorurteile, denen sich Juden und Jüdinnen im Alltag gegenüber sehen, belegen dies. So nimmt ein Großteil befragter Juden und Jüdinnen in Europa einen Anstieg von Antisemitismus wahr: In 2018 berichten allein in Deutschland 60 %, dass Antisemitismus stark, und 29 %, dass dieser ein bisschen angestiegen sei (FRA 2018) – in einer Gesellschaft, die sich als gefestigte liberale Demokratie versteht (Schmidt 2012; Freedom House 2019). Dabei werden antisemitische Aussagen wie ‚Juden hätten zu viel Einfluss' oder ‚Israelis würden sich wie Nazis gegenüber Palästinensern verhalten', vom Großteil mindestens gelegentlich persönlich wahrgenommen (FRA 2018). Entsprechend verwundert es nicht, dass sich ein großer Teil der in Deutschland befragten Juden und Jüdinnen sorgt, Opfer verbaler und physischer Angriffe zu werden (ebd.).

Vor diesem Hintergrund möchte der Beitrag eine Antwort auf die Frage nach den aktuellen Bildungsherausforderungen gegen antisemitische Vorurteile finden. Hierfür wird Antisemitismus als Ausdruck von Ungleichwertigkeitsvorstellungen analysiert und damit als menschenfeindliches Vorurteil verstanden. Dabei wird sich des Konzepts *Gruppenbezogener Menschenfeindlichkeit* (GMF) (Heitmeyer 2002; Zick u.a. 2019) bedient. In der Forschung wird Antisemitismus auch als umfassendes Weltbild oder Welterklärung verstanden (Salzborn 2019). Der Beitrag beansprucht nicht, dies vollumfänglich zu erfassen. Es wird jedoch die Annahme vertreten, dass die Vorurteilsforschung einen Beitrag zum Verständnis und zur Analyse antisemitischer Phänomene leisten kann. Antisemitismus kann auf Einstellungsebene als Vorurteil operationalisiert werden (Krause/Zick 2013), bzw. sich aufbauend auf mehr oder weniger geschlossenen

Weltbildern in Vorurteilen äußern. Und wie eingangs verdeutlicht, spielen auch in den Erfahrungen von Juden und Jüdinnen Vorurteile und daraus motivierte Gewalttaten durchaus eine Rolle (vgl. auch Zick u.a. 2017; Bernstein/Diddens 2019).

Der Beitrag begründet, warum es sinnvoll ist, Aspekte zu fokussieren, die der Antisemitismus mit anderen Formen von Menschenfeindlichkeit gemeinsam hat. Es wird angenommen, dass GMF Ungleichwertigkeitsvorstellungen beziehungsweise eine Ideologie der Ungleichwertigkeit (Heitmeyer 2002) zugrunde liegen, welche dem demokratischen, liberalen und pluralistischen Anspruch an Würde und Gleichheit aller widerspricht. Allerdings zeigt sich empirisch, dass ein bedeutender Teil der Bevölkerung ambivalente bzw. widersprüchliche Demokratieorientierungen hegt. Vor diesem Hintergrund analysiert der Beitrag das Ausmaß des Antisemitismus unter unterschiedlich demokratisch eingestellten Personen. Zunächst theoretisch und anschließend empirisch wird herausgestellt, dass nicht allein das Wissen um demokratische Werte und Normen relevant für die Ausprägung von Vorurteilen ist, sondern eine kritische Reflexion der eigenen Eingebundenheit in der Gesellschaft, eigener Einstellungen und Handlungen. Anknüpfend an Theodor W. Adorno (1966a) wird dabei deutlich, dass Bildung gegen die Bedingungen, die Auschwitz ermöglichten, überhaupt nur dann sinnvoll ist, wenn sie auf *reflexive Mündigkeit* ausgerichtet ist. Als zentrale Bildungsherausforderung lässt sich eine Demokratiebildung identifizieren, welche die unhinterfragte Befürwortung sozial geteilter Werte und Normen kritisiert und versucht die gesellschaftlichen Verhältnisse und Subjektpositionen kritisch-reflexiv einzufangen und immer wieder in ihrer Konsequenz für Antisemitismus und die Abwertung als *anders* markierter Subjekte zu befragen.

2. Gruppenbezogene Menschenfeindlichkeit und antisemitische Vorurteile

Was ist unter Antisemitismus als GMF-Element zu verstehen? Grundlegend ist GMF „ein breites Spektrum von offenen oder verdeckten Einstellungen und Orientierungen gegenüber markierten sozialen Gruppen" (Heitmeyer 2002, 19). Das Konzept wurde immer weiter ausgearbeitet (u.a. Heitmeyer 2002; eine empirische Testung bei Zick u.a. 2008; zuletzt Zick u.a. 2019) und lässt sich in Bezug auf Antisemitismus auf folgende Grundannahme bringen: Wer antisemitisch eingestellt ist, ist mit größerer Wahrscheinlichkeit beispielsweise auch rassistisch und sexistisch eingestellt, was auf einen gemeinsamen Kern, eine Ideologie der Ungleichwertigkeit, zurückgeführt werden kann. Diese Annahme leitet sich aus dem Konzept generalisierter Vorurteile ab, also der Analyse dessen, dass die Abwertung sozialer Gruppen selten alleine auftritt, sondern sich über unterschiedliche Gruppen generalisiert (Allport 1979 [1954]). Empirisch hängt Antisemitismus mit allen GMF-Elementen[1] positiv zusammen, welche seit 2016 definiert und teils auf kognitiver, affektiver oder verhaltensbezogener Einstellungsebene erhoben werden (Aronson u. a. 2018; Zick u. a. 2011; Zick u. a. 2019). Vergleichsweise stark mit Rassismus, Fremdenfeindlichkeit, Sexismus und der Abwertung homosexueller Menschen, weniger deutlich mit der Abwertung Asylsuchender oder Langzeitarbeitsloser (Zick u. a. 2019). Der Begriff Menschenfeindlichkeit wird verwendet, um auszudrücken, dass negative Vorurteile gefasst werden, die Menschen nicht *nur* abwerten, sondern in Hass, Diskriminierung, Gewalt und Vernichtung münden können. Gruppenbezogen ist dies, da es sich nicht um individuelle Feindschaftsverhältnisse handelt, sondern stets um intergruppale Beziehungen, um sozial geteilte Einstellungen, die Mitglieder einer Eigengruppe gegenüber Mitgliedern einer als anders oder fremd markierten beziehungsweise marginalisierten sozialen Gruppe einnehmen (Bergh u. a. 2016). Für die Ausprägung von GMF ist es relativ unerheblich, ob diejenigen, die abgewertet werden, tatsächlich Teil einer bestimmten sozialen Gruppe sind, oder ob sie als solche wahrgenommen werden. Die subjektive Ungleichheit von Gruppen, welche augenscheinlich Ungleichwertigkeit legitimiert, kann nicht als essenziell verstanden werden, da Vorurteile auf sozialen Konstruktionen bzw. Prozessen der sozialen Kategorisierung und Stereotypisierung aufbauen (Aronson u. a. 2018). Welche Gruppen wie in den Fokus der Abwertung geraten, ist daher auch abhängig von den gesellschaftlichen Bedingungen und damit von Diskursen, Hierarchien und historischen Entwicklungen (Allport 1979 [1954]). Gerade die lange Geschichte und sich wandelnde Diskurse mit den damit einhergehenden Veränderungen wie auch Kontinuitäten der Feindschaft gegen ‚die Juden' macht dies deutlich (Bergmann 2002; Grimm 2019).

Daneben kann sich GMF sowohl offen als auch subtil äußern. Der Antisemitismus ist hierfür ebenfalls ein Beispiel. Ein offener klassischer Antisemitismus, in dem sich lange tradierte antisemitische Vorstellungen und Verschwörungsmythen zeigen, wird auch in der breiten Bevölkerung noch am ehesten als solcher erkannt und die messbare Zustimmung zu diesem fällt relativ gering aus (Zick u. a. 2019). Demgegenüber ist ein über Umwege kommunizierter, israelbezogener Antisemitismus, u. a. in Form einer Gleichsetzung des Nationalsozialis-

---

1 Neben Antisemitismus wurden zuletzt zwölf weitere Elemente beschrieben (Zick u. a. 2019).

mus mit israelischer Politik als typisch ‚jüdische Politik', etwas schwerer als solcher zu identifizieren und findet höhere Zustimmung (Zick u.a. 2019). Daher wird Antisemitismus im Rahmen des GMF-Konzepts u.a. in diesen beiden Ausdrucksformen erfasst.[2]

3. Die Generalisierung der Ungleichwertigkeit als Bildungsherausforderung

Neben einer Vielzahl pädagogischer Ansätze, die bezüglich der Auseinandersetzung mit Menschenfeindlichkeit zu identifizieren sind und gleichsam weiteren Forschungsbedarf verdeutlichen (Paluck/Green 2009), ist spätestens mit den Hinweisen Adornos zu einer „Erziehung nach Auschwitz" die zentrale „Forderung, dass Auschwitz nicht noch einmal sei" (Adorno 1966a, 88) benannt. Vereinfacht lassen sich zunächst jedoch zwei grundsätzliche Unterscheidungen von Programmatiken in diesem Feld anstellen. Zum einen solche, die einzelne Abwertungsmuster fokussieren, die also im Speziellen beispielsweise etwas gegen Antisemitismus tun und dafür Eigenheiten dessen in den Blick nehmen. Zum anderen solche, die mehrere Phänomenbereiche in ihren Parallelen betrachten, die also versuchen Menschenfeindlichkeit vorzubeugen, indem an den verbindenden oder grundlegenden Mechanismen angesetzt wird. Im Folgenden soll nicht die Wirksamkeit einzelner Programmatiken evaluiert werden, sondern stattdessen auf die zweite Perspektive fokussiert werden. Denn diese legt neben der durchaus relevanten Konzentration auf Spezifika des Antisemitismus, beispielsweise der Genese antisemitischer Verschwörungstheorien oder einer antimodernen Weltanschauung (Bergmann 2006) nahe, auch das zunächst als Bildungsherausforderungen zu identifizieren, was sich auf jene Aspekte konzentriert, die der Antisemitismus mit weiteren sozialen Vorurteilen teilt. Für Pädagogik ist das auch deshalb von Interesse, da es Anzeichen gibt, dass spezifische und generalisierte Aspekte von Vorurteilen mit unterschiedlichen Prädiktoren zusammenhängen, d.h. durch unterschiedliche Aspekte beeinflusst werden (Meeusen u.a. 2017; Akrami u.a. 2011). Dementsprechend bedürfte deren Bearbeitung unterschiedlicher pädagogischer Maßnahmen. Hierzu fehlt es jedoch bisher an vertiefender Forschung.

Hinweise darauf, dass eine eher allgemeine Thematisierung von Vorurteilen auch Auswirkungen auf spezifische Ausprägungen von Vorurteilen haben kann,

---

2 Vgl. den Exkurs von Küpper und Zick, welcher dies im Rahmen der Mitte-Studie einordnet (Zick u.a. 2019).

gibt die Forschung zu lateralen Einstellungsänderungen. Insbesondere der Mechanismus der Generalisierung von Einstellungen auf verwandte, nicht direkt fokussierte Einstellungsobjekte ist relevant (Glaser u.a. 2015). Denn er legt die Möglichkeit nahe, über die pädagogische Bearbeitung des gemeinsamen Kerns unterschiedlicher Vorurteile auch gegen davon abhängige Ausprägungen, wie dem Antisemitismus vorzugehen. Beispielsweise könnte Menschenrechtsbildung, welche die Würde und Gleichheit aller betont, einer allen Vorurteilen grundlegenden Vorstellung von Ungleichwertigkeit entgegenstehen. Der im GMF-Konzept beschriebenen Generalisierung von Ungleichwertigkeitsvorstellungen wäre demgemäß ein pädagogisches Angebot dem Vorurteil widersprechender Erfahrungen, Wissensbeständen, Werten und Normen entgegenzustellen.[3] Bildungsarbeit steht daher vor der Herausforderung grundlegendes Wissen über Vorurteile zu vermitteln, die Reflexion der eigenen sozialen Position anzustoßen, soziale Beziehungen zu ermöglichen oder Kritikfähigkeit gegenüber allgemein menschenfeindlichen Diskursen und Praktiken zu fördern. Soll GMF pädagogischer Bearbeitung zugeführt werden, gerät zunächst jedoch die Ideologie der Ungleichwertigkeit als ihr Kern und damit sozial geteilte Wertvorstellung, die dem Ideal von Würde und Gleichheit aller widersprechen, in den Fokus.

Empirisch zeigt sich demgemäß, wie eng GMF mit Einstellungen zur Demokratie einhergeht (Berghan/Zick 2019; Berghan/Zick o.J.). Auf den Antisemitismus bezogen bedeutet das: Menschen die antisemitische Einstellungen vertreten, sind negativer gegenüber dem demokratischen System eingestellt, befürworten seltener gleiche Rechte für alle und erkennen auch eher nicht den Ausgleich unterschiedlicher Interessen oder die Würde aller an (Berghan/Zick 2019). Tiefergehende Analysen zeigen, dass die Einstellungen zur Demokratie und hier insbesondere illiberale Vorstellungen einen starken Zusammenhang mit einem hinter den GMF-Elementen stehenden Faktor, d.h. dem Kern der Menschenfeindlichkeit, haben (Berghan/Zick o.J.). GMF kann daher als ein Einstellungsmuster bezeichnet werden, das im Kern wesentlich durch antidemokratische Ungleichwertigkeitsvorstellungen gekennzeichnet ist. Demokratieablehnende Einstellungen richten sich zwar nicht direkt gegen eine spezifische marginalisierte Gruppe, sie bereiten jedoch den Boden auf dem überhaupt Aus-

---

3   Ein weiteres Beispiel kann der generalisierende Effekt von Kontakt auf Vorurteile sein. Unter bestimmten Bedingungen kann Intergruppenkontakt Vorurteile nicht nur gegenüber der Kontaktperson, sondern auch allgemeiner gegenüber dessen Eigengruppe und gegenüber nicht-kontaktierten Gruppen verringern (Pettigrew/Tropp 2006; Tausch u.a. 2010).

grenzung und Abwertung möglich wird. Pädagogik gegen Antisemitismus steht vor der Herausforderung diesem antidemokratischen Charakter des Vorurteils etwas entgegenzusetzen.

Wenn der Zusammenhang von Einstellungen zur Demokratie und menschenfeindlichen Vorurteilen sich so gestaltet, dann wird deutlich, dass Bildung gegen Ungleichwertigkeitsvorstellungen und damit auch Bildung gegen Antisemitismus Demokratiebildung einschließt. Doch die Frage, worauf diese ausgerichtet sein sollte, bildet den Anlass für anhaltende Diskussionen. Oberflächlich ließe sich argumentieren, dass es nur eines vertieften demokratischen Norm- und Werteverständnis bedürfe; die Vermittlung politischen Wissens zentrale Bildungsherausforderung sei. Jedoch zeigt sich, dass dies allein kaum als ausreichend angesehen werden kann. In der Mitte-Studie 2018/19 stimmen rund 86 % der Befragten zu, dass es unerlässlich ist, dass Deutschland demokratisch regiert wird, 92 %, dass die Würde und Gleichheit aller an erster Stelle steht und immer noch rund 84 %, dass es in einer Demokratie darum geht Interessen unterschiedlicher Gruppen zu berücksichtigen (Berghan/Zick 2019). Der Großteil der Bevölkerung scheint um demokratische Werte wie Menschenwürde zu wissen, diese zu befürworten und die Pluralität von Interessenlagen anzuerkennen. Gleichzeitig zeigt sich jedoch: Rund 43 % sind der Meinung, demokratische Parteien würden Probleme nicht lösen, rund 36 % denken, im nationalen Interesse könnten nicht allen die gleichen Rechte gewährt werden und rund 23 % äußern, es würde zu viel Rücksicht auf Minderheiten genommen. Es scheint also eine gewisse Gleichzeitigkeit von demokratiebefürwortenden wie -ablehnenden Orientierungen in der Bevölkerung vorhanden. Was sind vor diesem Hintergrund zentrale Aspekte einer Bildung, die GMF und Antisemitismus begegnen möchte?

4. Reflexive Mündigkeit gegen Menschenfeindlichkeit

An dieser Stelle bieten sich als Bezugspunkt insbesondere Adornos Hinweise an, weil bei ihm ein Festhalten am Bildungsideal Mündigkeit dezidiert im Kontext von Erziehung und Bildung nach Auschwitz und insofern mit pädagogischen Bestrebungen verbunden ist, die sich gegen Menschenverachtung, wie dem Antisemitismus wenden. Einige für die Analyse relevante Punkte werden kursorisch herausgestellt.[4]

---

4   Der Beitrag kann keine Bestimmung des Mündigkeitsbegriffs leisten, obwohl dies gerade wegen seiner vielfältigen bis ambivalenten Füllungen und gleichzeitig hervorgehobenen Stellung als grundlegendes Bildungsideal in der Tradition von Aufklärung und Huma-

Im Folgenden wird der Begriff reflexive Mündigkeit genutzt, da kritische (Selbst-)Reflexion zentraler Aspekt dieses Bildungsideals ist. Gemeint ist damit eine Fähigkeit und Handlungsorientierung zur selbstständigen Reflexion, Kritik und Widerständigkeit in und mit der sozialen Welt; mit Adorno (1969) formuliert: „Die einzig wahrhafte Kraft gegen das Prinzip Auschwitz wäre Autonomie [...]; die Kraft zur Reflexion, zur Selbstbestimmung, zum Nicht-Mitmachen" (93). Allerdings geht es dabei nicht um Reflexion als Selbstzweck, sondern sie ist auszurichten „auf durchsichtige, humane Zwecke" (Adorno 1968, 125)[5]. Und gleichsam kann diese Form der Mündigkeit auch nicht als vollständige Autonomie oder Losgelöstheit vom Sozialen missverstanden werden, denn der Begriff ist vielmehr in eine „Dialektik verstrickt" (Adorno 1966b, 108) und beinhaltet ein „Moment der Anpassung" (ebd., 109), da auch das mündige Subjekt nicht gänzlich aus den sozialen Bedingtheiten heraustreten kann.[6] Demgemäß hat reflexive Mündigkeit eine moralische Basis, die sich an der Humanität von Einstellungen und Verhalten orientiert und sich erst in sozialem Handeln verwirklicht. Insbesondere in der nicht erfolgten Reflexion eigener auch widersprüchlicher Einstellungen und ausbleibender Kritik an abwertenden Phänomenen und sozialen Verhältnissen kann sich ein Moment fehlender reflexiver Mündigkeit zeigen. Die eigenen, teils abstrakten, demokratischen Werte werden dann nicht kritisch hinsichtlich ihrer Verwirklichung hinterfragt. Es scheint vielmehr, als würde sich den sozial erwünschten Normen insoweit angepasst, wie unter gegebenen gesellschaftlichen Verhältnissen nötig, während gleichzeitig konträre Einstellungen verdeckt oder dazu nicht in Bezug gesetzt werden. Aufgrund der fehlenden Reflexion dieser Heteronomie und der gleichzeitig wahrgenommenen moralischen Eingebundenheit als demokratisches Subjekt bleibt ein Übertragen abstrakter Normen auf das Zusammenleben aus. Mit Adorno lässt sich dies auch als Ausdruck von Halbbildung verstehen: „Im Klima der Halbbildung überdauern die warenhaft verdinglichten Sachgehalte von Bildung auf Kosten ihres Wahrheitsgehalts und ihrer lebendigen Beziehung zu lebendigen Subjekten" (Adorno 1959, 176). Der Bedeutungsgehalt der Menschenwürde verliert sich

---

nismus Relevanz besäße. Es sei u.a. auf Benner/Brüggen (2004), Dammer (2014b) und Rieger (2002) verwiesen.

5   Vgl. auch Hughes (2017), der Reflexion und kritisches Denken für die Überwindung von Vorurteilen hervorhebt und dem in seiner Identifikation dessen als Desiderat der Vorurteilsforschung zuzustimmen ist.

6   Vgl. auch Müller (2019), der ebenfalls für eine reflexive Perspektive auf Mündigkeit argumentiert, die eine dichotome Unterscheidung zwischen Fremd- und Selbstbestimmung überwindet.

hinter dem sozial erwünschten Bekenntnis zu ebendieser. Das Wissen um die Relevanz von Würde und Gleichheit wird nicht auf die Beziehungen zu anderen Menschen übertragen, sein Gehalt verbleibt hinter der individuellen Wahrnehmung. Wenn nicht versucht wird oder versucht werden kann, sich der Bedeutung der eigenen und sozial geteilten Moral für das gesellschaftliche Zusammenleben bewusst zu werden und die Verschränkung dessen mit der Abwertung als anders Markierter zu hinterfragen, dann bietet sich ein Boden auch für den Antisemitismus. Denn jenes „Halbverstandene und Halberfahrene ist nicht die Vorstufe der Bildung, sondern ihr Todfeind; Bildungselemente, die ins Bewußtsein geraten, ohne in dessen Kontinuität eingeschmolzen zu werden, verwandeln sich in böse Giftstoffe" (Adorno 1959, 183). Obwohl reflexive Mündigkeit, welche versucht sich auch gegen Halbbildung zu wenden, als „idealistisches Postulat" (Dammer 2014a, 105) bezeichnet werden könnte, welches „weder theoretisch widerspruchsfrei zu bestimmen noch praktisch widerspruchsfrei zu verwirklichen ist" (ebd.), kann mit Adorno eine „Erziehung zum Widerspruch und Widerstand" (Adorno 1969, 153) und damit auch zur Reflexionsfähigkeit begründet werden.[7] Das bedeutet auch Bildung zu fokussieren, die auf Erfahrung ausgerichtet ist. Denn erst durch Erfahrung in Form eines „bewusste[n] Registrierens und reflexiver Verarbeitung von Nichtidentität" (Dammer 2014a, 112) eröffnet sich die Chance den Wahrheitsgehalt der eigenen Einstellungen und gesellschaftlichen Verhältnisse kritisch zu hinterfragen und sich gegen diese zu wenden.

Werden diese Überlegungen für antisemitismuskritische Bildungsmaßnahmen aufgegriffen, dann stehen diese auch vor den Herausforderungen reflexiver Mündigkeit. Um das empirisch zu identifizieren, wird nun der Anteil der demokratisch, antidemokratisch und widersprüchlich Eingestellten sowie die Verbreitung des Antisemitismus in diesen Gruppen analysiert. Angenommen wird, dass sich in den widersprüchlichen bis antidemokratischen Einstellungen ein Moment fehlender reflexiver Mündigkeit zeigt und dass dies mit einem erhöhten Ausmaß an antisemitischen Vorurteilen einhergeht.

5. Empirische Analyse und Ergebnisse

Die folgende Analyse basiert auf Daten der sogenannten Mitte-Studie 2018/19, einer Bevölkerungsumfrage zu rechtsextremen und menschenfeindlichen Einstellungen in Deutschland. Aus Gründen der Vergleichbarkeit wurden in der

---

7 Bzgl. der Schwierigkeit einer Perspektive auf Bildung und Mündigkeit mit Adorno siehe auch Schäfer (2017).

Auswertung nur diejenigen Befragten einbezogen, die eine deutsche Staatsangehörigkeit besitzen (n=1890). Darüber hinaus gab es in der Studie einen methodischen Split (Berghan/Faulbaum 2019) und einige Aussagen zu den Einstellungen zur Demokratie wurden nur fünfstufig erhoben. Aus diesem Grund wurde für die folgende Analyse nur auf den Teil der Stichprobe zurückgegriffen, welcher alle relevanten Items fünfstufig beantworten konnte. Die Stichprobe liegt daher bei n=977. Die Daten sind mit einem kombinierten Gewicht aus Alter und Bildung gewichtet. Das Durchschnittsalter beträgt 55 Jahre; mit 54,3 % sind etwas mehr weibliche Befragte in der Stichprobe vertreten.[8] Die relevanten Aussagen finden sich in Tabelle 1, die deskriptiven Ergebnisse zu diesen bei Zick u. a. (2019, 70) sowie Berghan/Zick (2019, 230). Die Items werden zu den jeweiligen Mittelwertskalen (Konstrukte) zusammengefasst, dabei wurde für die folgende Analyse nicht mehr als ein fehlender Wert zugelassen.

Die abhängigen Variablen des klassischen und israelbezogenen Antisemitismus wurden mit jeweils zwei etablierten Items erhoben (Zick u. a. 2019). Antisemitismus wird dabei wie bereits beschrieben als antisemitisches Vorurteil operationalisiert.

Im Rahmen der Mitte-Studie wurden verschiedene Konstrukte der Einstellungen zur Demokratie explorativ entwickelt. Drei sind dabei für die vorliegende Analyse von besonderem Interesse, da sie geeignet sind, Dimensionen der Ablehnung und Befürwortung von Demokratie abbilden zu können. Auch sind deren Messmodelle durch Strukturgleichungsmodelle abgesichert (Berghan/Zick o.J.). Zum einen ist dies eine pluralistische Demokratiebefürwortung, welche mit vier Aussagen erfasst wird. Dieses Konstrukt umfasst neben dem Festhalten an der demokratischen Verfasstheit auch die Anerkennung von Würde und Gleichheit sowie die Notwendigkeit pluralistischer Aushandlungsprozesse. Mit drei weiteren Aussagen wird ein Demokratiemisstrauen beziehungsweise genauer ein eher destruktives Misstrauen in das politische System erfasst. Dies drückt sich insbesondere in der pauschalen Abgrenzung gegenüber politischen Repräsentant/-innen aus und fokussiert damit statt reflektierter Kritik eher eine demokratieablehnende Einstellung, wie sie im aktuellen gesellschaftlichen Kontext besonders für den Rechtspopulismus kennzeichnend ist (Küpper u. a. 2019a). Das dritte Konstrukt fasst Illiberalität und wird mit zwei Aussagen gemessen.[9]

---

8   Näheres zur Methodik der Studie findet sich bei Berghan und Faulbaum (2019).
9   Abweichend zur Mitte Studie werden nur zwei Items zur Operationalisierung verwendet, da tiefergehende Analysen gezeigt haben, dass ein drittes Items nicht genügend trennscharf zwischen Demokratiemisstrauen und Illiberalität ist (Berghan/Zick o.J.).

Dieses illiberale Demokratieverständnis lehnt gleiche Rechte für alle und eine Rücksichtnahme auf Minderheiten ab. Es beinhaltet folglich eine Abkehr von für moderne plurale und liberale Demokratien normativ kennzeichnende Gleichheit und Minderheitenschutz. Aufgrund der Kürze der Skala bei gleichzeitiger inhaltlicher Spannbreite fällt die interne Konsistenz relativ gering aus. Die Items werden dennoch zusammengefasst, da sich in vertieften Analysen das Messmodell als passend und den theoretischen Annahmen entsprechend als erklärungskräftig erwiesen hat (Berghan/Zick o.J.).

Tabelle 1: Items zur Messung des Antisemitismus und der Einstellungen zur Demokratie sowie deskriptive Ergebnisse auf Skalenebene

Klassischer Antisemitismus (M=1,46; SD=0,85; n=939; α=.78)
Juden haben in Deutschland zu viel Einfluss.
Durch ihr Verhalten sind Juden an ihren Verfolgungen mitschuldig.
Israelbezogener Antisemitismus (M=2,40; SD=1,19; n=905; α=.65)
Bei der Politik, die Israel macht, kann ich gut verstehen, dass man etwas gegen Juden hat.
Was der Staat Israel heute mit den Palästinensern macht, ist im Prinzip auch nichts anderes als das, was die Nazis im Dritten Reich mit den Juden gemacht haben.
Pluralistische Demokratiebefürwortung (M=4,50; SD=0,65; n=976; α=.69)
Es ist unerlässlich, dass Deutschland demokratisch regiert wird.
In einer Demokratie geht es darum, die Interessen unterschiedlicher Gruppen zu berücksichtigen.
In einer Demokratie sollte die Würde und Gleichheit aller an erster Stelle stehen.
Streit in der Sache gehört in einer Demokratie dazu.
Demokratiemisstrauen (M=3,38; SD=1,06; n=964; α=.78)
Die demokratischen Parteien zerreden alles und lösen die Probleme nicht.
Politiker umgehen die bestehenden Gesetze, wenn es um ihre eigenen Vorteile geht.
Politiker nehmen sich mehr Rechte heraus als normale Bürger.
Illiberales Demokratieverständnis (M=2,67; SD=1,13; n=977; α=.55)
Es wird zu viel Rücksicht auf Minderheiten genommen.
Im nationalen Interesse können wir nicht allen die gleichen Rechte gewähren.

M = arithmetischer Mittelwert; SD = Standardabweichung; n = Anzahl der Befragten; α = Cronbachs Alpha

Um die Ausprägung des Antisemitismus zwischen demokratisch, antidemokratisch und widersprüchlich eingestellten Personen vergleichen zu können, wurden a priori drei Gruppen gebildet. Unter Demokratiebefürwortenden werden jene Befragte gefasst, die zur pluralistischen Demokratiebefürwortung im Durchschnitt mindestens eher zustimmen und gleichzeitig bei den demokratieablehnenden Konstrukten nicht im Zustimmungsbereich liegen. Unter den Widersprüchlichen werden jene gefasst, die der pluralistischen Demokratiebefürwortung mindestens eher zustimmen und gleichzeitig im Zustimmungsbereich des Demokratiemisstrauen und/oder der Illiberalität liegen. Hierunter fallen also Befragte, welche zwar demokratische Werte vertreten, aber dies beispielsweise nicht auf die Anerkennung gleicher Rechte für alle übertragen. Oder jene, die anerkennen, dass Interessenausgleich in einer Demokratie dazugehört, aber pauschalisierend Parteien und Politiker/-innen abwerten, indem sie diesen unterstellen, gesellschaftliche Probleme nur zu zerreden. Unter die Gruppe der antidemokratisch Eingestellten fallen jene, die sowohl die pluralistische Demokratie nicht befürworten als auch mindestens einem der beiden demokratieablehnenden Konstrukten zustimmen.

Die Verbreitung der drei Demokratieorientierungen (Abbildung 1) macht deutlich, dass ein nicht unerheblicher Teil der Befragten widersprüchliche Einstellungen hat, also den pluralistischen Werten eher auf einer abstrakten Ebene zustimmt. Knapp 64 % der Befragten fallen in diese Gruppe und knapp über ein Drittel der Befragten zeigt ein konsequent demokratiebefürwortendes Einstellungsmuster. Demgemäß fällt die Gruppe der antidemokratisch Eingestellten mit rund 1,5 % gering aus. Aufgrund der Stichprobengröße ist die Anzahl in dieser Gruppe (n = 14) sehr niedrig, weswegen die Analyse die folgenden Mittelwertunterschiede zwischen dieser und den anderen Gruppen eher als Tendenz betrachtet.[10] Ein solcher Anteil an streng antidemokratisch eingestellten Personen ist jedoch erwartbar, zeigt doch auch nur ein relativ geringer Bevölkerungsanteil ein geschlossen rechtsextremes (und damit auch geschlossen antidemokratisches) Weltbild (Küpper u. a. 2019b). Festzuhalten ist, dass allein durch den hohen Anteil an widersprüchlich Eingestellten, sich hier bereits eine Bildungsherausforderung ausmachen lässt.

---

10 Zusätzlich wurden testweise jene, welche keinem der Konstrukte zustimmen, einbezogen und aufgrund der Ablehnung der Demokratiebefürwortung zu den antidemokratisch Orientierten gezählt. Die Zahl antidemokratisch Eingestellter erhöht sich dann auf 45 (4,6 %). Die Mittelwerte im Antisemitismus der so eingestellten liegen leicht niedriger. Die Interpretation und Signifikanz der Unterschiede ändern sich nicht. Da diese Gruppe schwer bzgl. ihrer Demokratieorientierung einzuordnen ist, wurde sie nicht in die berichteten Ergebnisse einbezogen.

Demokratiebildung und reflexive Mündigkeit 75

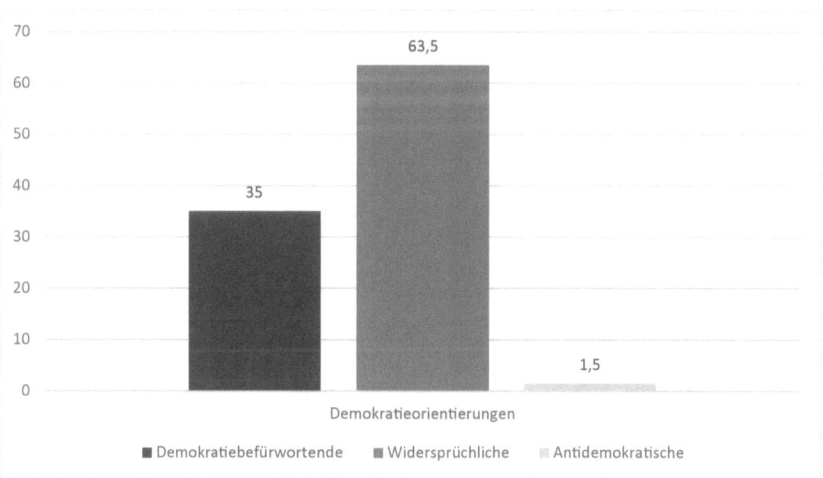

Abbildung 1 Verbreitung der Demokratieorientierungen in Prozent, n=932.

Von Interesse ist nun, ob sich die angenommenen Unterschiede in der Zustimmung zum Antisemitismus differenziert nach den drei Demokratieorientierungen erkennen lassen (Abbildung 2). Hierfür wurde im Rahmen einer Varianzanalyse ein Mittelwertvergleich berechnet. Es zeigen sich sowohl beim klassischen ($F(2, 904) = 35.90$, $p = 0,000$), als auch beim israelbezogenen Antisemitismus ($F(2, 863) = 39.22$, $p = 0,000$) signifikante Unterschiede zwischen den Gruppen.[11] Die demokratiebefürwortenden Befragten haben wie erwartet die geringste Ausprägung antisemitischer Einstellungen (M=1,2) und unterscheiden sich signifikant von den widersprüchlich (M=1,6) und antidemokratisch (M=2,7) eingestellten Personen, die sich wiederum auch signifikant voneinander unterscheiden. Ein ähnliches Muster zeigt sich beim israelbezogenen Antisemitismus. Demokratiebefürwortende Befragte äußern auch hier wie erwartet die geringste Zustimmung zum Antisemitismus (M=1,9) und unterscheiden sich signifikant von den widersprüchlich (M=2,6) und antidemokratisch (M=3,3) eingestellten Befragten, wobei post-hoc Mehrfachvergleiche auch zeigen, dass letztere beim

---

11 Varianzhomogenität ist nicht gegeben. Die nicht-parametrische Kruskal-Wallis' Rangvarianzanalyse und die robusten Testverfahren der Welch und Brown-Forsythe F-Statistik zeigen allerdings die Signifikanz der Mittelwertunterschiede. Zur besseren Informationsausschöpfung wird daher entsprechend Wittenberg u.a. (2014) auf die Ergebnisse der parametrischen Varianzanalyse und der Post-hoc Scheffé Tests für Mehrfachvergleiche zurückgegriffen.

israelbezogenen Antisemitismus nicht signifikant voneinander abweichen, der Unterschied bleibt auf die Stichprobe beschränkt.

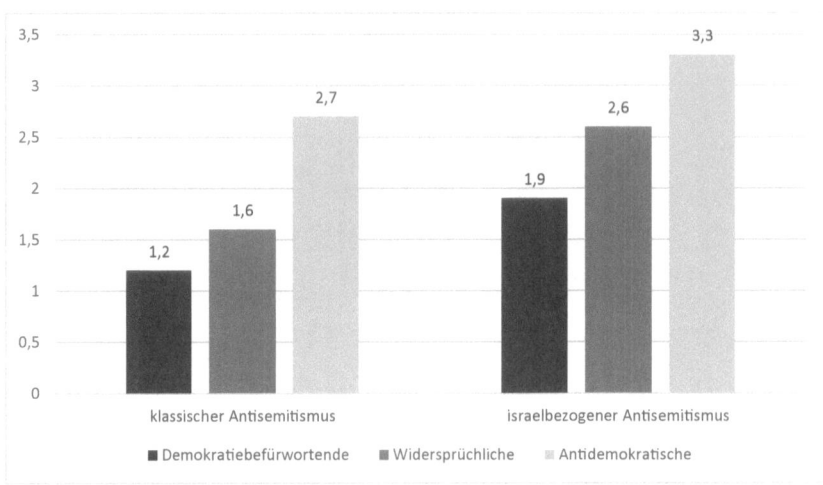

Abbildung 2 Mittelwerte im Antisemitismus in drei unterschiedlich demokratisch orientierten Gruppen

6. Mit Demokratiebildung gegen Ungleichwertigkeit?

Der Beitrag ist von der Grundthese ausgegangen, dass eine Bildungsherausforderung bezüglich des Antisemitismus der antidemokratische Charakter von GMF ist, da die zugrundeliegende Ungleichwertigkeit dem demokratischen Anspruch auf Würde und Gleichheit aller unvereinbar gegenübersteht. Entsprechend ist deutlich, dass Bildung gegen Antisemitismus auch bedeutet, eine Vorstellung von Gleichwertigkeit zu vermitteln, die menschenfeindlichen Vorurteilen widerspricht. Die empirische Analyse zeigt jedoch, dass ein nicht geringer Teil der Befragten mindestens ambivalente Demokratieorientierungen teilt. Es sind gerade diese Befragten, welche die abstrakt vorhandenen Werte und Normen nicht auf das tatsächliche Zusammenleben übertragen, sondern stattdessen neben den konsequent antidemokratisch Eingestellten in erhöhtem Maße antisemitische Einstellungen aufweisen. Theoretisch zeigt sich in dieser empirischen Beobachtung eine Moment fehlender reflexiver Mündigkeit und eine Form der Halbbildung, denn der Gehalt von Würde, Gleichheit und Pluralität tritt bei einem beachtlichen Teil der Befragten hinter dem abstrakten Wissen um diese

Werte und dem Selbstverständnis als demokratisches Subjekt zurück. Auch das bereitet den Boden für Antisemitismus.

Die Ergebnisse haben sich in diesem Beitrag auf den Antisemitismus konzentriert, sind theoretisch jedoch auf weitere Vorurteile übertragbar. Inwiefern sich ähnliche Muster auch bei anderen GMF-Elementen zeigen, müssten empirische Analysen allerdings erst prüfen. Daneben sollten die Ergebnisse mit differenzierteren Erhebungsmethoden auf ihre Robustheit geprüft werden – auch deshalb kann an dieser Stelle nur ein vorläufiges Fazit stehen. Mit Rückgriff auf Daten einer repräsentativen Umfragestudie konnte aus forschungspragmatischen Gründen nur auf Kurzskalen zurückgegriffen werden. Da der Analyse Querschnittsdaten zugrunde liegen, sind auch strengere Prüfungen von Kausalzusammenhängen nicht möglich. Hier eröffnen sich Forschungsdesiderate. Daneben ist vorstellbar, die Widersprüchlichkeit in den Einstellungen und das Fehlen reflexiver Mündigkeit differenzierter zu erheben, um die Passung der theoretischen Annahmen zu prüfen. Auch die Schwierigkeiten der pädagogischen und didaktischen Ausgestaltung von Bildungsprozessen, die sich an den vorliegenden Ergebnissen orientieren oder die theoretisch unsichere Erreichbarkeit reflexiver Mündigkeit bedürfte weiterer Ausführungen, die an dieser Stelle nicht geleistet werden konnten.

Für eine demokratische Gesellschaft ist es vor dem Hintergrund der skizzierten Ergebnisse zentral, diese in und durch Bildung sowohl hinsichtlich ihrer Werte und Normen als auch in ihren Widersprüchlichkeiten erfahrbar werden zu lassen. Das bedeutet auch, demokratische Prinzipien und Werte in den Alltag und das Zusammenleben mit anderen übertragen zu können, anstatt diese nur als abstraktes Wissen und Bildungsgut abzuspeichern. Dies ist eine zentrale Bildungsherausforderung auch im Umgang mit Antisemitismus. Demokratiebildung sollte Reflexionsvermögen und Kritikfähigkeit und damit reflexive Mündigkeit fokussieren, um das Hinterfragen der eigenen Position in der Gesellschaft, eigener Einstellungen und Verhaltensweisen zu ermöglichen. So bietet sich die Chance kritisch gegenüber sich selbst und sozialen Verhältnissen zu sein und anzuerkennen, wenn das eigene Handeln humanistischen Werten nicht gerecht wird.

Literatur

Adorno, Theodor W. (1966a): Erziehung nach Auschwitz. In: Kadelbach, Gerd (1982, Hg.). Erziehung zur Mündigkeit (8. Aufl.). Frankfurt, S. 88–104.

Adorno, Theodor W. (1966b): Erziehung – wozu?. In: Kadelbach, Gerd (1982, Hg.). Erziehung zur Mündigkeit (8. Aufl.). Frankfurt, S. 105–119.

Adorno, Theodor W. (1968): Erziehung zur Entbarbarisierung. In: Kadelbach, Gerd (1982, Hg.). Erziehung zur Mündigkeit (8. Aufl.). Frankfurt, S. 120–132.

Adorno, Theodor W. (1969): Erziehung zur Mündigkeit. In: Kadelbach, Gerd (1982, Hg.). Erziehung zur Mündigkeit (8. Aufl.). Frankfurt, S. 140–155.

Adorno, Theodor W. (1959): Theorie der Halbbildung. In: Busch, Alexander/Deutsche Gesellschaft für Soziologie (Hg.): Soziologie und moderne Gesellschaft: Verhandlungen des 14. Deutschen Soziologentages vom 20. bis 24. Mai 1959 in Berlin. Stuttgart, S. 169–191.

Akrami, Nazar/Ekehamma, Bo/Bergh, Robin (2011): Generalized Prejudice: Common and Specific Components. In: Psychological Science, 01/2011, S. 57–59.

Allport, Gordon W. (1979 [1954]): The Nature of Prejudice (25th Anniversary Edition). New York.

Aronson, Elliot/Wilson, Timothy D./Akert, Robin M./Sommers, Samuel R. (2018): Social Psychology (9th Edition). Columbus.

Benner, Dietrich/Brüggen, Friedhelm (2004): Mündigkeit. In: Benner, Dietrich/Oelkers, Jürgen (Hg.): Historisches Wörterbuch der Pädagogik. Weinheim, S. 687–699.

Bergh, Robin/Akrami, Nazar/Sidanius, Jim/Sibley, Chris G. (2016): Is Group Membership Necessary for Understanding Generalized Prejudice? A Re-Evaluation of Why Prejudice are Interrelated. In: Journal of Personality and Social Psychology, 36/2016, S. 367–396.

Berghan, Wilhelm/Faulbaum, Frank (2019): Methodik und Design der Mitte-Studie 2018/19. In: Zick, Andreas/Küpper, Beate/Berghan, Wilhelm (Hg.): Verlorene Mitte – Feindselige Zustände. Rechtsextreme Einstellungen in Deutschland 2018/19. Bonn, S. 41–51.

Berghan, Wilhelm/Zick, Andreas (2019): Zwischen Demokratiebefürwortung und Ungleichwertigkeitsbehauptungen: Einstellungen zur Demokratie. In: Zick, Andreas/Küpper, Beate/Berghan, Wilhelm (Hg.): Verlorene Mitte – Feindselige Zustände. Rechtsextreme Einstellungen in Deutschland 2018/19. Bonn, S. 223–241.

Berghan, Wilhelm/Zick, Andreas (o.J., under review): Antidemocratic Prejudice. The Empirical Impact of Attitudes toward Democracy on Group-Focused Enmity.

Bergmann, Werner (2002): Geschichte des Antisemitismus. München.

Bergmann, Werner (2006): Was heißt Antisemitismus? In: Bundeszentrale für Politische Bildung (Hg.): Dossier Antisemitismus. Zugriff am 30.01.2020 unter https://www.bpb.de/politik/extremismus/antisemitismus/37945/antisemitismus?p=all

Bernstein, Julia/Diddens, Florian (2019): Judenfeindschaft und Rechtspopulismus. Forschungsergebnisse zum Alltag von Jüdinnen und Juden in Deutschland. In: Zentralrat der Juden in

Deutschland (Hg.): Perspektiven jüdischer Bildung. Diskurse – Erkenntnisse – Positionen (Bd. 2). Berlin, S. 349–366.

Dammer, Karl-Heinz (2014a): Theodor W. Adorno: Mündigkeit als „Weltproblem". In: Dammer, Karl-Heinz/Wortmann, Elmar (Hg.): Mündigkeit. Didaktische, bildungstheoretische und politische Überlegungen zu einem schwierigen Begriff. Baltmannsweiler, S. 102–114.

Dammer, Karl-Heinz (2014b): Was ist Mündigkeit? Versuch einer historisch-systematischen Antwort im Anschluss an Kant. In: Dammer, Karl-Heinz/Wortmann, Elmar (Hg.): Mündigkeit. Didaktische, bildungstheoretische und politische Überlegungen zu einem schwierigen Begriff. Baltmannsweiler, S. 58–76.

FRA – European Union Agency for Fundamental Rights (2018): Experiences and perceptions of antisemitism – Second survey on discrimination and hate crime against Jews in the EU. Luxembourg.

Freedom House (2019): Germany: Report – Freedom in the World 2019. Zugriff am 09.07.2019 unter https://freedomhouse.org/report/freedom-world/2019/germany

Glaser, Tina/Dickel, Nina/Liersch, Benjamin/Rees, Jonas/Süssenbach, Philipp/Bohner, Gerd (2015): Lateral Attitude Change. In: Personality and Social Psychology Review, 03/2015, S. 257–276.

Grimm, Marc (2019): Germany's Changing Discourse on Jews and Israel. In: Rosenfeld, Alvin H. (Hg.): Anti-Zionism and Antisemitism. The dynamics of delegitimization. Bloomington, S. 369–396.

Heitmeyer, Wilhelm (2002): Gruppenbezogene Menschenfeindlichkeit. Die theoretische Konzeption und erste empirische Ergebnisse. In: Heitmeyer, Wilhelm (Hg.): Deutsche Zustände. Folge 1. Frankfurt/M., S. 15–34.

Hughes, Conrad (2017): Understanding Prejudice and Education. The challenge for future generations. Abingdon.

Krause, Daniela/Zick, Andreas (2013): GMF-AS. Gruppenbezogene Menschenfeindlichkeit – Kurzskala Antisemitismus. In: Kemper, Christoph J./Brähler, Elmar/Zenger, Markus (Hg.): Psychologische und sozialwissenschaftliche Kurzskalen. Standardisierte Erhebungsinstrumente für Wissenschaft und Praxis. Berlin, S. 103–105.

Küpper, Beate/Berghan, Wilhelm/Rees, Jonas (2019a): Aufputschen von Rechts: Rechtspopulismus und seine Normalisierung in der Mitte. In: Zick, Andreas/Küpper, Beate/Berghan, Wilhelm (Hg.): Verlorene Mitte – Feindselige Zustände. Rechtsextreme Einstellungen in Deutschland 2018/19. Bonn, S. 173–202.

Küpper, Beate/Krause, Daniela/Zick, Andreas (2019b): Rechtsextreme Einstellungen in Deutschland 2002–2018/19. In: Zick, Andreas/Küpper, Beate/Berghan, Wilhelm (Hg.): Verlorene Mitte – Feindselige Zustände. Rechtsextreme Einstellungen in Deutschland 2018/19. Bonn, S. 117–146.

Meeusen, Cecil/Barlow, Fiona K./Sibley, Chris G. (2017): Generalized and specific components of prejudice: The decomposition of intergroup context effects. In: European Journal of Social Psychology, 01/2017, S. 443–456.

Müller, Stefan (2019): Mündigkeit. Zwei Argumente für eine reflexive, nicht-dichotome Perspektive. In: Pohl, Kerstin/Lotz, Matthias (Hg.): Gesellschaft im Wandel – Neue Aufgaben für die politische Bildung und ihre Didaktik!? Frankfurt, S. 86–93

Paluck, Elizabeth L./Green, Donald P. (2009): Prejudice reduction: What works? A review and assessment of research and practice. In: Annual review of psychology, 01/2009, S. 339–367.

Pettigrew, Thomas F./Tropp, Linda R. (2006): A Meta-Analytic Test of Intergroup Contact Theory. In: Journal of Personality and Social Psychology, 05/2006, S. 751–783.

Rieger, Markus (2002): Grabungsarbeiten. Fundstücke zu einer Begriffsgeschichte von Mündigkeit. In: Mein, Georg (Hg.): Unterrichtete Mündigkeit? Reflexionen auf die Aporien des Bildungssystems. Essen, S. 15–40.

Salzborn, Samuel (2019): Antisemitismus als negative Leitidee der Moderne. In: Zentralrat der Juden in Deutschland (Hg.): Perspektiven jüdischer Bildung. Diskurse – Erkenntnisse – Positionen (Bd. 2). Berlin, S. 326–336.

Schäfer, Alfred (2017): Theodor W. Adorno. Ein pädagogisches Portrait (2. Aufl.). Weinheim.

Schmidt, Manfred G. (2012): Demokratie – Deutschlands schwieriger „Weg nach Westen". In: Hradil, Stefan (Hg.): Deutsche Verhältnisse. Eine Sozialkunde. Bonn, S. 301–315.

Tausch, Nicole/Hewstone, Miles/Kenworthy, Jared B./Psaltis, Charis/Schmid, Katharina/Popan, Jason/Cairns, Ed/Hughes, Joanne E. (2010): Secondary transfer effects of intergroup contact: Alternative accounts and underlying processes. In: Jounal of Personality and Social Psychology, 02/2010, S. 282–302.

Wittenberg, Reinhard/Cramer, Hans/Vicari, Basha (2014): Datenanalyse mit IBM SPSS Statistics. Eine syntaxorientierte Einführung. Konstanz.

Zick, Andreas/Berghan, Wilhelm/Mokros, Nico (2019): Gruppenbezogene Menschenfeindlichkeit in Deutschland 2002–2018/19. Mit einem Exkurs zum neuen Antisemitismus von Beate Küpper und Andreas Zick. In: Zick, Andreas/Küpper, Beate/Berghan, Wilhelm (Hg.): Verlorene Mitte – Feindselige Zustände. Rechtsextreme Einstellungen in Deutschland 2018/19. Bonn, S. 53–116.

Zick, Andreas/Hövermann, Andreas/Jensen, Silke/Bernstein, Julia (2017): Jüdische Perspektiven auf Antisemitismus in Deutschland. Ein Studienbericht für den Expertenrat Antisemitismus. Zugriff am 17.12.2019 unter https://uni-bielefeld.de/ikg/daten/JuPe_Bericht_April2017.pdf

Zick, Andreas/Küpper, Beate/Heitmeyer, Wilhelm (2011): Vorurteile als Elemente Gruppenbezogener Menschenfeindlichkeit – eine Sichtung der Vorurteilsforschung und ein theoretischer Entwurf. In: Pelinka, Anton/Sir Peter Ustinov Institut (Hg.): Vorurteile. Ursprünge, Formen, Bedeutung. Berlin, S. 287–316.

Zick, Andreas/Wolf, Carina/Küpper, Beate/Davidov, Eldad/Schmidt, Peter/Heitmeyer, Wilhelm (2008): The Syndrome of Group-Focused Enmity: The Interrelation of Prejudices Tested with Multiple Cross-Sectional and Panel Data. In: Journal of Social Issues, 02/2008, S. 363–383.

MATTHIAS J. BECKER,
TILMAN BECHTHOLD-HENGELHAUPT

Antisemitismus im Internet

Ausgangsbedingungen der Internetforschung und pädagogische
Maßnahmen gegen Judenfeindschaft im Schulunterricht

1. Einleitung

Unter Antisemitismus wird in vereinfachter Form die Abwertung und/oder Ausgrenzung von jüdischen Menschen verstanden. Pädagogische Maßnahmen, die gegen diese (und andere) Hassideologie(n) eingesetzt werden sollen, richten sich primär an junge Menschen, da der Einfluss von Präventions- und Interventionsangeboten – ihr Potenzial, Einstellungsmuster innerhalb der Zielgruppe zu ändern – mit zunehmendem Alter sinkt.[1] Auch wenn der Gedanke naheliegt, ist immer wieder zu betonen, dass für ein Verständnis von Antisemitismus unter jungen Menschen als Grundlage für dessen Bekämpfung wesentlich stärker jener Kommunikationsraum in den Mittelpunkt zu rücken ist, auf den junge Generationen regelmäßig zugreifen: das Internet.

Im vorliegenden Beitrag werden die Kommunikationsbedingungen des Internet als eine zentrale Bedingung für die Hervorbringung antisemitischer Codes vorgestellt.[2] Das Internet weist eine Reihe von Hassrede begünstigenden Eigenschaften auf, die zusammen mit der Struktur von Hassrede berücksichtigt werden müssen. Darauf aufbauend wird dieser Beitrag zeigen, wie relevant es ist, in der Forschung auf detaillierte Analysen von Wort und Bild zurückzugreifen. Das weite Spektrum an internetbezogenen Studien weist in der Regel das Problem auf, dass ein Blickwinkel dominiert: qualitativ *oder* quantitativ. So bleibt ein

---

1 Allerdings ist die Evidenzlage im Bereich der Prävention nicht besonders gut. Für die Extremismusprävention konstatiert Antje Gansewig (2018, 480), dass in Deutschland, von wenigen Ausnahmen abgesehen, „[...] im Bereich der Maßnahmen gegen politischen Extremismus keine flächendeckend adäquate Evaluationskultur [existiert]". Diese Einschätzung kann auch auf die pädagogische Arbeit gegen antisemitische Stereotype übertragen werden.
2 Zur weiterführenden Lektüre siehe Troschke/Becker 2019 und Becker 2019.

Teil der Analysen zu Antisemitismus online in seinem Verständnis von Sprache und Text-Bild-Relationen sowie von der Diversität des Web unterbestimmt.[3] Dies hat zur Folge, dass Fragen zu Struktur und Häufigkeit dieses Phänomens in virtuellen Zusammenhängen bis heute nicht ausreichend beantwortet worden sind (Becker 2019). In diesem Beitrag soll insofern ein Impuls für eine Neuausrichtung internetbezogener Antisemitismusforschung gesendet werden mit dem Ziel, einen ertragreichen Transfer der damit gewonnenen Ergebnisse in die Bildungsarbeit zu gewährleisten. Im zweiten Teil des Beitrags wird anhand von Beispielen gezeigt, wie relevant diese aus dem Web 2.0 gewonnenen Einsichten zum Sprach- und Bildgebrauch sind, um pädagogische Maßnahmen an Schulen gewinnbringend umzusetzen. Dafür werden fünf Prinzipien eines antisemitismuskritischen Unterrichts eingeführt und anhand der Problematisierung rechtspopulistischer Diskurse online im Kontext der Corona-Pandemie erläutert.

2. Die gesellschaftliche Bedeutung des Internet

Es ist hinreichend bekannt, dass das Internet die Gesellschaft revolutioniert hat. Wissen ist seither permanent und zu einem Großteil kostenfrei zugänglich. Neben der Informationsbeschaffung kam mit dem Web 2.0 der bi-direktionale Austausch hinzu. Der Wissenstransfer ist seither nicht mehr allein als Top-down- (wie noch bei konventionellen Medien), sondern als Bottom-Up-Prozess (beispielsweise im Kommentarbereich einer News-Webseite) zu verstehen. Sowohl inhalts- als auch sprachbezogene Trends nehmen auf diese Weise an Geschwindigkeit zu und sind dezentral organisiert.

Für den hier verhandelten Kontext ist diese Beobachtung wichtig: Normen, wie sie in analogen Zusammenhängen – an Schulen, Universitäten, am Arbeitsplatz oder auch im Fernsehen – noch berücksichtigt worden sind, die (wenn auch kultur- und milieuspezifisch differierend) zum Schutze von Selbst- und Fremdbildern mehr oder weniger umfassend eingehalten wurden, sind in der Web-Kommunikation in vielen Fällen nicht bindend. Wenn sich User/-innen rassistisch äußern, drohen ihnen in der Regel neben dem Widerspruch von anderen Diskursteilnehmer/-innen nicht immer Sanktionen. Die Netiquette auf News-Webseiten des politischen Mainstreams wird häufig nicht befolgt, was teils auch an der Überforderung der Moderation in Bezug auf eine schnelle und gründli-

---

3   Siehe beispielsweise https://www.splcenter.org/hate-map oder https://www.adl.org/resources/reports/quantifying-hate-a-year-of-anti-semitism-on-twitter#detailed-findings-anti-semitic-themes (zuletzt aufgerufen: 12.02.2020).

che Intervention liegt. Social Media-Plattformen wie *Facebook* standen in letzter Zeit immer wieder im Fokus der Öffentlichkeit, da sie die Verbreitung von Hassrede und *Fake News* begünstigen.[4] Juristische Implikationen in Form von Strafverfolgung bei Hassrede werden meist nur mit enormen Verzögerungen realisiert und decken lediglich einen Bruchteil der angezeigten Fälle ab. Ein weiteres Problem stellt die Unsicherheit bei der Unterscheidung von kritischen Beiträgen und Hassrede dar.[5] Nicht nur liegen zwischen Ländern deutliche Differenzen hinsichtlich des Verständnisses von Volksverhetzung vor – auch politische, juristische und akademische Institutionen sind sich über diese Trennlinie allzu oft uneins.[6]

Das Internet stellt heute das wichtigste Kommunikationsmedium dar. Keinem anderen Medium kommt eine vergleichbare Bedeutung in Bezug auf Informationsbeschaffung und zwischenmenschlichem Austausch zu. In Verbindung mit der Unkontrollierbarkeit liegt in eben diesem Umstand die Brisanz. Wie das Statistische Bundesamt 2019 mitteilte, nutzen in Deutschland nahezu 100 Prozent der 14- bis 19-Jährigen das Internet regelmäßig.[7] Infolgedessen haben die *Neuen Medien* auf Einstellungsmuster gerade junger Menschen einen enormen Einfluss. Durch die Omnipräsenz des Internets können Menschen verhältnismäßig uneingeschränkt miteinander in Kontakt treten, was u. a. auch dazu führt, dass Individuen mit abwertend-ausgrenzenden Haltungen diese ungehinderter verbreiten und andere Web-User/-innen beeinflussen können. Die Architektur des Internet stärkt insofern einen radikalisierenden Austausch zwischen verschiedenen Web-Milieus.[8] So konnten Kolumnist/-innen und Internetforscher/-innen den starken Einfluss nachweisen, den rechtsextreme Social Media-Plattformen (u. a. *4chan*, *8chan*, *Sub-Reddits*[9] sowie *Gab*) seit Jahren auf Social Media-

---

4 https://techcrunch.com/2019/10/20/facebook-isnt-free-speech-its-algorithmic-amplifi cation-optimized-for-outrage und https://www.sueddeutsche.de/medien/hass-netz-face book-1.4652772 (zuletzt aufgerufen: 12.01.2020). Ein Beispiel für die Reaktion von Facebook auf Fake News folgt weiter unten in diesem Beitrag.
5 Zur Definition von Hassrede siehe Meibauer 2013.
6 Zu Kritik an der IHRA-Antisemitismus-Definition siehe beispielsweise in Großbritannien Feldman 2015 und Sarkar 2018, in Deutschland Ullrich 2019 und Erwiderung Wetzel 2019.
7 https://de.statista.com/themen/3207/internetnutzung-durch-kinder-und-jugendliche; empirisch gesicherte Erkenntnisse liefern an diesem Punkt die JIM-Studien: https://www. mpfs.de/startseite (zuletzt aufgerufen: 15.02.2020).
8 Dieser Fluss zeichnet sich ab auch trotz der Präsenz von sog. *Echokammern* und *Filterblasen*, siehe Pariser 2011 und Hampton u.a. 2016.
9 https://www.theverge.com/2018/4/11/17226416/reddit-ceo-steve-huffman-racism-racist -slurs-are-okay (zuletzt aufgerufen: 15.01.2020).

Plattformen und News-Webseiten des Mainstream – und damit auf gesellschaftsübergreifende Diskurse – ausüben (Nagle 2017, siehe auch Wendling 2017 und Ebner 2019).

Bei der *Verbreitung* von Inhalten und der *Vernetzung* von verschiedenen Personen, Gruppen und Web-Milieus handelt es sich um die oben erwähnten *Kommunikationsbedingungen* des Internet (Troschke/Becker 2018, siehe auch Schwarz-Friesel 2013). *Anonymität* und *Spontaneität im Kommunikationsverhalten* führen zum Rückgang eines verantwortungsvollen Umgangs mit Sprache sowie zu einer emotionsgeladenen Abwertung und Ausgrenzung anderer Menschen. Bei der Hervorbringung von Hassrede kann es ebenso zu einer *gegenseitigen Bestätigung* zwischen User/-innen kommen, begleitet von einer nie dagewesenen *Konkurrenzsituation* hinsichtlich des Bedürfnisses, in der jeweiligen Peergroup wahrgenommen und bestätigt zu werden. Diese Bedingungen wiederum führen zu einer potenziell *permanenten Zugänglichkeit von Hassrede.*

Hier stellt sich die Frage, inwieweit das Internet lediglich als Spiegelbild oder gar Vergrößerungsglas gesellschaftlicher Vorgänge verstanden werden kann. Auch die Metapher eines Katalysators wird oft herangezogen – allerdings wird sie allein dem Internet nicht gerecht. Das Web 2.0 gleicht vielmehr einem Trendsetter, da es Bewegungen auslöst, die ohne sein Bestehen in diesem Muster nicht auftauchen würden. Radikalisierungstrends, wie sie sich in den letzten Jahren bei *White Supremacy*-Gruppen in den USA abzeichneten, fußen auf den Kommunikationsbedingungen, also der Funktionsweise des Web. Sie lassen sich nicht mehr vom Medium losgelöst betrachten. Das Web, wie es heute vorliegt, katalysiert nicht allein, sondern erzeugt auch jenen Hass, der zwischen verschiedenen Gruppen als Nexus fungieren und sich ebenso in nicht-digitalen Räumen Luft verschaffen kann.

3. Der Zusammenhang zwischen Sprechen und Handeln

Nach dem Anschlag auf die Synagoge in Pittsburgh am 27. Oktober 2018 lenkten Medien die Aufmerksamkeit auf die Aktivitäten des Terroristen vor dem Anschlag. Der *Guardian* bemerkte: „[The] suspect railed against Jews and Muslims on site used by ‚alt-right'. Robert Bowers appears to have used the platform *Gab* to accuse Jews of bringing ‚evil Muslims' into US".[10] Auch im Kontext des Anschlags in Halle am 9. Oktober 2019 leugnete der Schütze auf *Amazons*

---

10 https://www.theguardian.com/us-news/2018/oct/27/pittsburgh-shooting-suspect-antisemitism (zuletzt aufgerufen: 15.01.2020).

Plattform *Twitch TV* den Holocaust und unterstellte, dass für Masseneinwanderungen ‚der Jude' verantwortlich sei, bevor er versuchte, die Menschen in der Synagoge am höchsten jüdischen Feiertag, Yom Kippur, zu ermorden.[11]

Aus der Perspektive der interdisziplinären Internetforschung sind dies bestürzende, jedoch keineswegs überraschende Befunde. Zum einen kursieren seit vielen Jahren antisemitische, aber auch rassistische, frauenfeindliche und homophobe Beiträge auf rechtsextremen Plattformen – allerdings nicht nur dort, sondern ebenso auf Social Media-Plattformen des gesellschaftlichen Mainstreams, wie *Facebook*, *Twitter* oder *YouTube*. Zum anderen muss – neben der Beobachtung, dass es sich bei aggressiver Hassrede um flächendeckende und eben nicht allein um Nischenphänomene handelt – im Kontext genannter Verbrechen, die Korrelation zwischen Hassrede und physischer Gewalt in den Blick genommen werden. Die geschichtswissenschaftliche Antisemitismusforschung verweist darauf, dass die NS-Verbrechen die Klimax über Jahrhunderte anhaltender antisemitischer Rede und Gewalt darstellten. Sie repräsentierten die Entsprechung dessen, was in zahlreichen antisemitischen Diskursen über lange Zeit gefordert wurde: die Vernichtung jüdischen Lebens. Im Zeitalter des interaktiven Web 2.0 kann die kontinuierliche (und sich dadurch normalisierende) Abwertung und Ausgrenzung von Individuen und/oder Gruppen durch eine große und sich gegenseitig bestärkende Zahl an Web-User/-innen Auswirkungen auf den Umgang mit erstgenannter haben – und zwar in digitalen *sowie* in analogen Kontexten.

Die Verbrechen in Pittsburgh und Halle waren nicht die einzigen Ereignisse, bei denen Menschen Hass verbalisierten, bevor sie entsprechende Verbrechen verüben. In Bezug auf die Terroranschläge auf die beiden Moscheen in Christchurch (Neuseeland), auf die Synagoge in Poway (nahe San Diego) sowie auf den Walmart in El Paso wiesen die Täter eine Nähe zur rechtsextremen Plattform *8Chan* auf.[12] Der Transfer von Hassrede hin zu physischer Gewalt wird bei je-

---

11   https://edition.cnn.com/europe/live-news/germany-shooting-halle/index.html, https://www.zeit.de/gesellschaft/zeitgeschehen/2019-10/anschlag-halle-helmkamera-stream-ein zeltaeter/komplettansicht (zuletzt aufgerufen: 15.01.2020).

12   https://www.nytimes.com/2019/08/04/technology/8chan-shooting-manifesto.html, https://www.wsj.com/articles/victims-family-sues-accused-el-paso-shooter-his-family-and-8chan-11572484530. Als weitere Beispiele, die jedoch weiter zurückliegen, gelten Anders Breiviks Anschlag in Norwegen (https://www.welt.de/politik/ausland/article 153513905/Die-eitle-Buehnenshow-des-Massenmoerders-Breivik.html) sowie die islamistischen Anschläge von Paris 2015 (https://www.bbc.com/news/world-europe-31637 717) herangezogen werden (zuletzt aufgerufen: 15.01.2020).

dem dieser Verbrechen deutlich. Es kann als wahrscheinlich gelten, dass sich die Täter – in ihrer virtuellen Umgebung fortwährend konfrontiert mit antisemitischen (und anderen abwertend-ausgrenzenden) Haltungen – radikalisierten und die für den Gewaltakt notwendige Bestätigung erhielten. Natürlich verläuft diese Entwicklung nicht zwangsläufig – nicht alle Hetzer/-innen werden zu Täter/-innen. Jeder der Täter brachte zweifelsohne individuelle Motive mit. Dennoch ist bei den genannten Fällen diese Parallele auffällig, sind die zahlreichen Überlappungen hinsichtlich des ideologischen Spektrums sowie der Form der anschließenden Gewaltausübung, wie sie sich im Laufe der letzten zwei Jahre zeigte, frappierend. Es lässt sich ein Nachahmungseffekt ausmachen, eine gegenseitige Beeinflussung von Einzeltätern oder sogenannten *lone wolves*[13], die durch simplifizierte dichotome Weltdeutungsmuster, verpackt in persuasiver Sprache, bereit sind, anderen Menschen das Leben zu nehmen.

4. Internetbezogene Antisemitismusforschung heute: Die Notwendigkeit, Sprache in ihrer Komplexität zu verstehen

Das Web 2.0 folgt einer eigenen Logik. Diese erlaubt die rasante, kaum kontrollierbare und vor allem dezentrale Verbreitung von inhaltlich und formal vielfältigen Informationen. Durch Verlinkungen zu anderen Seiten weist der virtuelle Raum eine Dreidimensionalität auf, der im Zuge von Analysen Rechnung getragen werden muss, da hierüber Argumentationen entwickelt und abgesichert sowie Diskussionsverläufe umgeleitet werden können. Das interaktive Web hat in kürzester Zeit unsere Kommunikationsgewohnheiten und Sprachgebrauchsmuster teils tiefgreifend verändert. Neben den Eigenheiten des Web, der Komplexität des Sprachgebrauchs und dessen kontinuierlicher Metamorphose kommt hinzu, dass jeden Tag Unmengen von Text produziert werden, deren Auswertung kaum möglich ist.

In der Forschung wurden Fragen zu den Kommunikationsbedingungen im Netz sowie zu Natur und Frequenz antisemitischer Hassrede relativ spät gestellt. Antisemitismus wurde bisher primär aus geschichts-, politik- und sozialwissenschaftlicher Perspektive erforscht.

---

13 https://harvardpolitics.com/united-states/wolf-hunting/, https://www.welt.de/politik/deutschland/plus201675668/Terror-in-Halle-Und-diese-Tat-sah-niemand-kommen.html, https://www.zeit.de/gesellschaft/zeitgeschehen/2019-10/anschlag-halle-helmkamera-stream-einzeltaeter (zuletzt aufgerufen: 15.01.2020).

In den Disziplinen (Angewandte) Linguistik, (Kritische) Diskursanalyse und Kommunikationswissenschaften wird das Internet häufig mit Methoden durchleuchtet, die sich bei der Beschäftigung mit Untersuchungsgegenständen in analogen Kontexten – wie zum Beispiel Printmedien und TV-Beiträgen – bewährt haben. Den neuen Herausforderungen des Internet, das heißt seiner schieren Größe und Komplexität, wurden Methoden und Tools jedoch nicht oder nur unzureichend angepasst.

Quantitativ ausgerichtete Untersuchungen von Sprachgebrauchsmustern können große Mengen von Daten verarbeiten, aber sie stützen sich in der Regel auf der Suche nach einschlägigen Items auf Kollokations- und Vektoranalysen, bei denen das direkte Umfeld (= Kotext) der Suchbegriffe sowie die Häufigkeit und Verbindung von dominant auftretenden Lexemen im Vordergrund stehen. Welche Lexeme werden beispielsweise im Kontext von *Israel*, *Holocaust* und *Verschwörung* erkennbar und welche Rückschlüsse lässt diese lexikalische Einbettung über den Wortgebrauch im untersuchten Diskurs zu? Welche Beziehungen werden zum Beispiel zwischen dem Kompositum *Flüchtlingskrise* und jenen Formen codierter Sprache erkennbar, durch welche ein Untergang der weißen Kultur unterstellt wird? Wird in solchen Kontexten jüdischen Personen die Verantwortung zugeschrieben – wie etwa in den USA durch den Slogan *Jews will not replace us!*[14] oder in Ungarn durch die symbolhafte Verwendung des Namens *Soros*[15]?

Eine ausschließlich quantitative Analyse lässt jedoch die zahlreichen Variationen und Bedeutungszusammenhänge unberücksichtigt, die sich aus authentischem Sprachgebrauch ergeben. Nur ein kleiner Teil antisemitischer Äußerungen wird über standardisierte, also erwartbare Wörter kommuniziert. Das bedeutet im Umkehrschluss, dass die Ergebnisse quantitativer Analysen ein unzureichendes Bild hinsichtlich der Präsenz von Antisemitismus abgeben können. Im Zuge von Detailanalysen zu Web-Debatten wird deutlich, dass antisemitische Stereotype in großer Zahl durch codierte Wörter und Wortverbindungen reproduziert werden. Korpusanalysen des gegenwärtigen Antisemitismus in Deutschland zeigten, dass nur ein kleiner Teil relevanter Texte Hass auf jüdische Menschen explizit vermittelt (s. Schwarz-Friesel/Reinharz 2013, Becker 2018). Ein Bei-

---

14 https://www.washingtonpost.com/news/acts-of-faith/wp/2017/08/14/jews-will-not-re place-us-why-white-supremacists-go-after-jews/ (zuletzt aufgerufen: 15.01.2020).
15 https://www.washingtonpost.com/national/a-conspiracy-theory-about-george-soros-and -a-migrant-caravan-inspired-horror/2018/10/28/52df587e-dae6-11e8-b732-3c72cbf131 f2_story.html und https://www.theguardian.com/world/2017/jul/12/george-soros-upset -by-anti-semitic-campaign-against-him-in-hungary (zuletzt aufgerufen: 15.01.2020).

spiel: Schreiber/-innen können das antisemitische Stereotyp *Juden sind gierig* explizit reproduzieren – oder aber sie greifen auf einen indirekten Sprechakt zurück, indem sie die rhetorische Frage *Wer hält nun schon wieder die Hand auf?* hervorbringen. Im Kontext eines Artikels zur deutschen Erinnerungskultur können andere Web-User/-innen erschließen, dass die/der Schreiber/-in unterstellt, jüdische Menschen beuten den Holocaust aus – die aktualisierte Variante eines klassischen Stereotyps. Dieser Bezug kann hergestellt werden, ohne dass das Wort *Jude* oder das Stereotyp selbst Erwähnung findet.

Andere Beispiele für implizite antisemitische Hassrede sind Wortspiele – wie *USrael* (durch das eine Verschwörung zwischen Israel und den USA unterstellt wird) oder *Zionazis* und *isSrael* (wodurch Israel indirekt mit NS-Deutschland gleichgesetzt wird). Im Kontext von Halle im Oktober 2019 sind – in der rhetorischen Tradition der *White Supremacists* –Wortspiele/Komposita wie *kikelett* (für *jüdisches Kind*; *kike* ist ein Schimpfwort für Jüd/-innen) und *mudslimes* (Kombination aus *mud peoples* (= *non-Whites*) und *Muslims*). verwendet.[16] Bei Wortspielen werden an der Oberfläche des Wortes Veränderungen vorgenommen, wodurch eine neue Bedeutungskomponente hinzukommt. Des Weiteren treten Anspielungen auf – wie *Ostküstenlobby* oder *Goldman Sachs* (letztere verwies im Kontext der Occupy Wallstreet-Bewegung immer wieder auf Rothschild und das Stereotyp jüdischer Allmacht). Hier bleibt im Gegensatz zum Wortspiel die Oberfläche des Lexems intakt – allerdings löst der symbolhafte Status und/oder der Äußerungskontext, in den das Wort platziert wird, mentale Prozesse aus, durch die der versteckte Sinn erschlossen werden kann. Der bereits weiter oben erwähnte, in Charlottesville geprägte Slogan *Jews will not replace us!* spielt auf die Vorstellung an, dass Jüd/-innen für Masseneinwanderung verantwortlich seien, um die weiße, christliche Kultur zu zerstören. Geflüchtete werden hier nicht genannt, sondern die Clique, die im Verborgenen *die Strippen zieht* und die demographischen Veränderungen herbeiführen würde. Dasselbe gilt für *Soros* – ein Code, mit dem in Ungarn und mittlerweile weltweit auf ebendiese Unterstellung jüdischer Verantwortung für Einwanderung und Krisen angespielt wird.

Ein anderes Beispiel für codierte Hassrede online ist *QAnon* – ein Pseudonym, das sowohl für eine Person oder Personengruppe als auch für den von ihr vertretenen Verschwörungsmythos verwendet wird. Es handelt sich um einen modernen Mythos, durch den behauptet wird, Donald Trump sei vom Militär

---

16   Siehe https://www.gedenkstaettenforum.de/fileadmin/forum/2019-4_Report_on_Halle. pdf und https://www.adl.org/education/resources/glossary-terms/defining-extremism -white-supremacy (zuletzt aufgerufen: 15.01.2020).

als US-Präsident eingesetzt worden, um sich einem „Deep State" und einem gegen die amerikanische Demokratie gerichteten Komplott entgegenzustellen. Neben diversen Behauptungen wird unterstellt, dass eine *globale Bankenelite* an den Vorgängen des Staates im Staate und an der Finanzierung eines Kinderhändlerrings beteiligt sei. Die Anklänge an die Stereotype der jüdischen Allmacht und Amoralität werden greifbar – gleichzeitig werden diese nicht explizit vorgetragen, sondern mit dem Label *QAnon* indirekt mitkommuniziert.[17]

Die genannten Wortspiele und Anspielungen stellen nur einen kleinen Ausschnitt impliziter bzw. codierter antisemitischer Hassrede dar. Sie können teils problemlos in Diskursen des politischen Mainstream Anwendung finden, ohne dass die Personen hinter den Äußerungen mit Sanktionen rechnen müssen. Dies bildet einen Kern der Problematik. Die traditionellen antisemitischen Ideen werden in einer salonfähigen Verpackung präsentiert, wodurch wiederum wesentlich mehr Menschen erreicht werden können. Hier sei nochmals unterstrichen, dass aus ebendiesem Grund an der Oberfläche operierende Untersuchungen den Blick auf das Ausmaß des Problems verstellen.

Es gibt diverse Gründe, weshalb Diskursteilnehmer/-innen auf codierte Sprache zurückgreifen. Zum einen erlaubt ihnen dieses Vorgehen, auf den angedeuteten Inhalt nicht festgelegt werden und sich dadurch aus einer unangenehmen Situation befreien zu können, indem sie beispielsweise behaupten, der problematisierte Inhalt sei nicht expressis verbis gesagt worden. Dies ist ein relevanter Aspekt, da im Mainstream einer Gesellschaft der Antisemitismusvorwurf zum Imageschaden einer Person führen kann. Implizitheit kann demnach als Vorsichtsmaßnahme zum Schutz des Selbstbildes der/des Kommunizierenden verstanden werden (Schwarz-Friesel/Reinharz 2013: 142). Diese Beobachtung greift allerdings zu kurz, da codierte Hassrede auch innerhalb extremistischer Gruppen auftreten kann. Die Gegenüberstellung *Mainstream/impliziter Hass* versus *Randgruppen/expliziter Hass* wird so gesehen der Realität nicht gerecht. So kommunizieren auch Rechtsextremist/-innen mittels semiotischer Marker[18],

---

17 https://forward.com/news/national/407121/explained-what-s-anti-semitic-about-qanon-the-trump-base-s-latest-pet-theory/ und https://www.haaretz.com/us-news/is-qanon-the-latest-pro-trump-conspiracy-theory-anti-semitic-1.6340841 (zuletzt aufgerufen: 15.01.2020).

18 Mit semiotischen Markern sind beispielsweise die drei Klammern gemeint, mit denen gemäß rechtsextremer Konvention Namen jüdischer Personen markiert werden, um darüber eine Ausgrenzung vorzunehmen, siehe https://www.br.de/puls/themen/welt/nazis-und-trump-anhaenger-trollen-juden-mit-drei-klammern-um-juedische-namen-100.html (zuletzt aufgerufen: 15.01.2020).

Abkürzungen, Wortspielen oder Anspielungen, da sie auf diese Weise Wissen mit Gleichgesinnten teilen und die Botschaft dadurch an Attraktivität und Reichweite gewinnen kann.

Antisemitismus als Phänomen kann insofern metaphorisch als *Chamäleon* (Becker 2015) gefasst werden, da er sich sprachlich und bildhaft den gegenwärtigen Kommunikationsbedingungen und Äußerungskontexten permanent anpasst. Diese Veränderungen auf Wort- und Bildebene gewannen durch das Web 2.0 noch an Geschwindigkeit.

5. Antisemitismus im Internet als Gegenstand des Schulunterrichts

Im Themenbereich Antisemitismus und Schule, aber auch in der Prävention extremistischer Haltungen hat sich eine Unterscheidung von Intervention und Prävention etabliert. Um Intervention geht es dort, wo antisemitische Anfeindungen bereits stattgefunden haben, wo etwa Jüdinnen und Juden in der Schülerschaft oder im Kollegium verbal oder sogar physisch angegriffen werden oder Schüler/-innen antisemitische Vorurteile geäußert haben, auf die eine pädagogische, gegebenenfalls auch eine disziplinarische Reaktion nötig erscheint. Von schulischer Prävention gegen Antisemitismus kann man hingegen dann sprechen, wenn im Unterricht antisemitische Stereotype und Vorurteile oder Verschwörungsmythen thematisiert und entkräftet werden sollen. Um den zuletzt genannten Bereich, also um die Prävention, soll es in diesem Abschnitt gehen, und zwar am Beispiel der Verschwörungsmythen, die im Zuge der Corona-Pandemie aufgekommen sind.

Eine verantwortliche, dem aktuellen Stand der Pädagogik entsprechende Arbeit in den beiden Feldern des pädagogischen Handelns gegen Antisemitismus, Intervention wie Prävention, wird dadurch erschwert, dass es hier kaum empirisch abgesicherte Erkenntnisse gibt. John Hatties Studie über das „sichtbare Lernen" (visible Learning) hat der Einsicht breite Anerkennung verschafft, dass es nicht nur nötig, sondern auch möglich ist, bei jeder einzelnen Methode des Unterrichts nach der empirisch nachweisbaren Wirksamkeit zu fragen (Hattie 2015). Es ist daher nicht übertrieben, die Frage nach der Wirksamkeit als eine Frage der Professionsethik zu deuten. Für die pädagogische Arbeit gegen den Antisemitismus muss dies in besonderem Maße gelten: Problematisch bleibt, wenn Unterrichtsmodelle verwendet werden, bei denen unklar bleibt, ob sie überhaupt eine Chance haben, die angestrebte Absicht zu erreichen.

Allein schon zu der Frage, wie weit antisemitische Vorurteile unter Schüler/-innen und Lehrkräften verbreitet sind und wie oft es zu antisemitischen Äußerungen und Übergriffen kommt, gibt es kaum empirische Untersuchungen. So konstatierten Sybille Hoffmann und Felix Steinbrenner im Jahr 2019: „[D]ie systematische Erfassung von Antisemitismus an der Schule beginnt erst langsam" (Hoffmann/Steinbrenner 2019, 55).In einer qualitativ angelegten Untersuchung arbeiten Julia Bernstein et al. (2018) aus der Analyse von Interviews die Virulenz des Problems des Antisemitismus an der Schule und die Notwendigkeit und Möglichkeiten pädagogischer Maßnahmen heraus. Quantitative Untersuchungen zur Frage der Häufigkeit antisemitischer Vorfälle und zur Verbreitung antisemitischer Vorurteile an Schulen stehen bundesweit noch nicht zur Verfügung. Untersuchungen zur Frage nach der Wirksamkeit einzelner präventiver Unterrichtsmodelle sind ebenfalls kaum zu finden.[19] Ohne empirisch abgesicherte Erkenntnisse droht auch die Gefahr, dass eine gut gemeinte Unterrichtseinheit über antisemitische Vorurteile diese verfestigt, anstatt die Schüler/-innen dazu anzuregen, diese Vorurteile abzubauen und ihnen entgegenzutreten (siehe auch Radvan 2010).[20]

Anders sieht es mit Untersuchungen zu den Kompetenzen von Schülerinnen und Schülern im Umgang mit dem Medium Internet aus. Hier stehen Untersuchungen bereit, die etwa in der ICILS-Studie 2018 erfasst sind (Eickelmann u.a., 2019).

Dort wird etwa untersucht, wie die Schüler/-innen in Deutschland im Untersuchungszeitraum die Kompetenz „auf Informationen zugreifen und Informationen bewerten" entwickeln konnten (Senkbeil et al. 2019, 92 f.). Etwa ein Drittel der Achtklässler/-innen erreichte nur die beiden untersten von fünf Kompetenzstufen (Eickelmann u.a. 2019, 127). Das wiederum bedeutet, dass sie Probleme haben, die Herkunft und Glaubwürdigkeit von Internetquellen sachgemäß einzuschätzen. Dieser Befund legt nahe, dass eine Unterrichtseinheit, in der im Internet verbreitete antisemitische Stereotype reflektiert und dekonstruiert werden sol-

---

19 So verzeichnet der „Forschungsmonitor Schule", eine Rezensionsdatenbank zu empirischer Unterrichtsforschung, keine Einträge zu den einschlägigen Stichworten. Siehe www.forschungsmonitor-schule.de, zuletzt überprüft am 18.04.2020. Der „Forschungsmonitor Schule" wird von den Bildungsforschungseinrichtungen mehrerer Bundesländer betrieben. Eine Recherche in den auf pädagogische Literatur spezialisierten Datenbanken ERIS und FiS Bildung erbrachte ebenfalls keine einschlägigen Untersuchungen zur Wirksamkeit bestimmter Unterrichtsmethoden. Hinweise auf die Wirksamkeit von Unterricht über die Shoah findet man bei Schäfer und Dalbert (2013) und Lee und Beck 2019. Ulbricht (2020) konnte für diesen Text nicht mehr berücksichtigt werden.
20 Siehe beispielsweise http://lernen-aus-der-geschichte.de/Lernen-und-Lehren/content/8968/2010-11-03-Aussteigen-aus-antisemitischen (zuletzt aufgerufen: 12.02.2020).

len, medienpädagogisch angelegt sein, d.h. so geplant sein sollte, dass die Quellen und ihre Zuverlässigkeit mit der Klasse erörtert und untersucht werden.

6. Ziele der pädagogischen Bearbeitung antisemitischer Stereotype im Schulunterricht

Neben der offenen Frage nach der empirischen Wirkung lassen sich jedoch einige Ziele identifizieren, die wiederkehrend als Herausforderungen der pädagogischen Bearbeitung antisemitischer Stereotype skizziert werden. Der Unabhängige Expertenkreis Antisemitismus hat in seinem Bericht aus dem Jahr 2018 zwei der auch von anderen Autor/-innen häufig genannten Ziele pädagogischen Handelns formuliert:

„Eine der wichtigsten Herausforderungen der pädagogischen Praxis zu Antisemitismus besteht darin, seine aktuellen Erscheinungsformen zu erkennen und ihre Wirkung einzuschätzen, ohne einzelne Personen damit gleich als ‚Antisemiten' entlarven zu wollen." (UEA 2018, 207).

Das *erste* Ziel ist kognitiver Natur: Wie auch schon im ersten Teil des Artikels unterstrichen, müssen besonders die heutigen Erscheinungsformen des Antisemitismus erkannt werden. Dies kann als eine Kompetenzformulierung gefasst werden. Dann geht es darum, im Schulunterricht bestimmte Erkenntnis- und Analyseprozesse einzuüben. Dazu gehört auch das Wissen um die Formen, Funktionen und die Geschichte von Verschwörungsmythen. Wissen und Kompetenzen können sich so ergänzen. Eine Entgegensetzung von Wissen und Kompetenzen kann der Debatte über die pädagogische Arbeit gegen den Antisemitismus auch schaden (anders Salzborn/Kurth 2019, 40). Die Schüler/-innen müssen am Ende einer Einheit in der Lage sein, mit antisemitischen Internetdokumenten adäquat umzugehen; das ist mit Kompetenzerwerb gemeint. In diesen Analysen reaktivieren sie auch das in der Unterrichtseinheit erworbene Wissen. Die oben untersuchte Analyse der sprachlichen Gestalt antisemitischer Hassrede hat hier ihren Platz.

Ein *zweites* Ziel besteht darin, von personalisierenden Zuschreibungen abzusehen („Person X ist eine Antisemitin"), weil diese eine emotional getönte Gegenwehr hervorrufen, und stattdessen antisemitische Merkmale von Texten oder anderen Medienformaten herauszuarbeiten und zu erkennen.[21] Dieses Ziel ergibt sich ebenfalls schlüssig aus der Kompetenzorientierung.

---

21 So auch Tami Rickert: Analyse von antisemitischen Bildern und Stereotypen im Unterricht, in: Kultusministerium et al. 2019, S. 88.

Ein *drittes* Ziel ist die Erkenntnis von Funktionszusammenhängen; es sollte herausgearbeitet werden, welche Funktion antisemitische Stereotype als fehlgeleitete Formen der Welterklärung für die Orientierungsversuche ihrer Vertreter ausüben (Bernstein 2019, 274). Ohne eine solche Erklärung haben die Schüler/-innen keine Möglichkeit, die Existenz solcher Stereotype in ihr eigenes Weltmodell einzuordnen. Es bestünde die Gefahr, dass sie den Antisemitismus als eine unter mehreren möglichen, erwägenswerten Konstruktionen von Wirklichkeit ansehen, oder dass sie ihn als eine schrullige, einfach nur merkwürdige Weltsicht und damit als letztlich nebensächlich missverstehen. Eine funktionale Erklärung bietet hingegen die Chance zu einer aktivierenden und produktiven und somit im eigentlichen Sinne kritischen Auseinandersetzung. Das im nächsten Abschnitt erläuterte Beispiel antisemitischer Verschwörungsmythen im Zusammenhang mit der Corona-Pandemie stellt eine Möglichkeit dar, wie eine solche funktionale Auseinandersetzung angeleitet werden kann. Die Pandemie stellt die Weltgesellschaft vor immense Verständnisprobleme: Jede/r Einzelne muss verarbeiten, dass die zufällige Mutation eines Virus das persönliche und soziale Leben in Unruhe und Leid stürzt. Diese Verunsicherung kann aufgefangen werden, indem Schuldige benannt werden, denen das Leid einfach zugerechnet werden kann. Man kann diese Funktion unter dem Begriff des Sündenbocks fassen, dessen Funktion in einer Entlastung gesehen werden kann. Auf diese Weise können psychologische Erkenntnisse gewonnen und festgehalten werden. Eine andere funktionale Erklärung ist der Machtgewinn in der ideologischen Auseinandersetzung: Wenn alle um Erklärungen ringen und niemand einen sicheren Weg aus der Krise zu weisen vermag, kann auch diejenige Gruppe einen Vorteil erlangen, die diese allgemeine Erklärungsnot zu beheben verspricht. Eine dritte funktionale Erklärung orientiert sich an der Differenz von Inklusion und Exklusion. Auch dieses Modell ist prinzipiell auch Schüler/-innen vermittelbar.

Über eine *vierte* Zielbeschreibung besteht beim aktuellen Stand der Diskussion noch keine ausreichende Klarheit. Antisemitische Positionen können nicht als akzeptables Element im Meinungsspektrum hingenommen werden. An dieser Stelle zeigt sich eine zentrale Herausforderung für die Intervention und auch für die Prävention gegen Antisemitismus. Letztlich kann genau an dieser Stelle nur empirische Forschung darüber Aufschluss geben, welche Methoden am ehesten dazu geeignet sind, verfestigte Stereotype wirklich aufzulösen und nicht einfach ihre Äußerung zu unterbinden. Das Problem, um das es hier geht, zeigt sich in konkreten Unterrichtssituationen: Es besteht die Gefahr, dass Schüler/-innen mit antisemitischen Einstellungen diese Ansichten im Unterricht verstecken, um Sanktionen zu entgehen. Wenn dieser Mechanismus eintritt, können diese Einstellungen nicht bearbeitet und kritisiert werden, weil sie im Unterricht unsichtbar bleiben. Wenn diese ideologisch verfestigt sind, muss man damit rechnen, dass die nötige Auseinandersetzung nicht im Unterricht stattfinden wird, sondern in die Pausen und in die informelle Kommunikation unter den Schüler/-innen verlagert wird. Es kommt hinzu, dass die Schüler/-innen bei einer klaren Positionierung der Lehrkraft unter Umständen auch Nachteile bei der Notengebung befürchten, wenn sie Äußerungen vorbringen, die möglicherweise als antisemitisch eingestuft werden. Hier besteht ein Dilemma für eine antisemitismuskritische Pädagogik. Sinnvoller als die Suche nach der einen, idealen Lösung für dieses Dilemma ist es, das Gespür für ein situationsbezogenes pädagogisches Agieren und Reagieren zu üben und die Beziehungsseite des Unterrichts immer im Blick zu halten.

Für die Formulierung eines *fünften* Zieles liegen empirisch gesicherte Erkenntnisse der Forschung zu Fake News und Desinformation vor: Bei der Behandlung antisemitischer Stereotype im Schulunterricht sollte darauf geachtet werden, dass die fehlerhafte Konstruktion nicht derart im Mittelpunkt steht, dass am Ende der Unterrichtseinheit das Stereotyp, oder, von der Herkunft dieses Ansatzes her gesehen, die Desinformation im Gedächtnis bleibt. Solche Resultate sind bei der Wirkungsanalyse von Desinformation herausgearbeitet worden.[22] Konfrontiert man Proband/-innen zunächst mehrfach mit einer falschen Meldung und präsentiert ihnen dann Widerlegungsversuche, dann besteht die Gefahr, dass sie die falsche Meldung und nicht ihre Widerlegung im Gedächtnis behalten.

Als Möglichkeit, diesem Risiko zu begegnen, wird hier ein Ansatz über ein positives Framing vorgeschlagen, bei dem zuerst ein reales, die Schüler/-innen existenziell betreffendes Problem erörtert und in seinen Manifestationen im Internet analysiert wird.

Framing ist ein umstrittener Begriff; im umgangssprachlichen Gebrauch hat er oft die Konnotation einer heimlichen Manipulation. Im Folgenden geht es um eine andere Bestimmung, in der auf die kommunikative Konstruktion eines thematischen Rahmens abgezielt wird, in dem bestimmte Ereignisse oder

---

22 „There is […] a risk that repeating false information, even in a fact-checking context, may increase an individual's likelihood of accepting it as true." David Lazer et al. 2018, S. 2–4, hier v. a. S. 3. Das Problem wird auch als „familiarity bias" diskutiert.

Wahrnehmungen dargestellt, bewertet oder emotional verarbeitet werden. In der Kommunikationswissenschaft wird mit dem Begriff des „framing effect" untersucht, wie lange sich Probanden an bestimmte Meldungen erinnern können (Lecheler/de Vreese 2016; 2019; allgemein zum Framing vgl. Baden 2019). Auch dies ist eine Verwendung, an die hier angeknüpft werden soll. In einem konstruktivistischen Verständnis des Lernens kann man ‚Frames' als Denkrahmen verstehen, in denen Weltmodelle entwickelt werden. Demnach geht es darum, inwiefern eine neue Information oder ein Denkangebot in einen Rahmen gesetzt werden kann, der Orientierung vermittelt. Die Idee ist z.B. auch in der Global Citizen Education präsent, wenn es heißt, dass der kosmopolitische Ansatz „… einen neuen Denkrahmen [bietet], in dem nationale, regionale oder andere Identitäten innerhalb eines weltbürgerlichen Zugangs ihren Platz finden." (Wintersteiner et al., S. 21). Ein Beispiel für einen in diesem Sinne positiv gerahmten Einstieg in eine Unterrichtseinheit ist bei Müller (2019) umgesetzt.

7. Die Thematisierung antisemitischer Verschwörungsmythen in einer Unterrichtseinheit: Das Beispiel Corona-Pandemie

Nach dem Sommer 2020 ist vermutlich kaum ein anderes Thema derart für diesen Zugriff prädestiniert wie die Corona-Pandemie. Im Internet – nicht nur in den Sozialen Medien, sondern auch auf privaten Webseiten – waren antisemitischen Verschwörungsmythen zu beobachten, die z.B. den Ursprung des Virus auf ein Labor in Wuhan zurückführten, das im Besitz von George Soros gewesen sein soll, oder die Geheimdienste Israels und der USA als Urheber der Pandemie imaginierten. Daran anschließend können in einer Unterrichtseinheit zunächst die wissenschaftlichen Erklärungen für die Pandemie thematisiert werden. Die Klasse untersucht und beschreibt die wissenschaftlich orientierten Webseiten und die Internetauftritte seriöser Medien, in denen Informationen über die Pandemie und ihren Ursprung gewonnen werden können. In dem so konstruierten Rahmen kann das Problem erörtert werden, wie denn überhaupt Wissen über diese Naturkatastrophe gewonnen werden kann. Wie auch bei vielen anderen Verschwörungsmythen und den Versuchen ihrer Widerlegung wird es darauf ankommen, ein Verständnis wissenschaftlicher Erkenntnisgewinnung zu erreichen. Ein Text, der sich besonders für einen Einstieg in die Erörterung von Verschwörungsmythen mit antisemitischen Komponenten eignet, ist eine Rede, die der Abgeordnete Wolfgang Gedeon am 4. März 2020 vor dem Landtag Baden-Württemberg hielt. Diese Rede hat den Vorteil, dass sie im Plenarprotokoll des Landtags abgerufen werden kann.[23] Sie ist ferner auf einer *Facebook*-Seite dokumentiert[24] und die daran anschließenden Diskussionen können so auch im Blick auf die Mechanismen von Internetkommunikation analysiert werden. Der Abgeordnete Gedeon weist in seiner Rede zunächst darauf hin, dass China und Deutschland stark von der Krise betroffen seien, die USA und Israel aber überhaupt nicht. Daraus leitet er mithilfe rhetorischer Fragen die (folglich nur indirekt vorgetragene) These ab, dass diejenigen, die von der Pandemie unbehelligt blieben, auch deren Urheber sein müssen. Der Vorteil dieses Textes besteht darin, dass – im Gegensatz zu anderen Beispielen von Desinformation – nicht einmal eine Mischung von Fakten und Lügen festgestellt werden kann, da ja die USA in den Wochen nach dem 4. März 2020 so schwer von der Pandemie getroffen wurden wie wenige andere Länder, und da auch Israel keineswegs verschont blieb. Es gibt Hinweise in der empirischen Forschung zur Desinformation, dass für vollständig unplausible falsche Informationen weniger Gefahr besteht, dass Probanden sich an diese falsche Meldung erinnern (Pennycook u. a. 2018). Das spricht zunächst für die Auswahl eines Verschwörungsmythos wie des hier verwendeten, der auf der abwegigen These beruht, die USA hätten nur wenige Covid-19-Opfer zu beklagen. Ob diese Beobachtung sich effektiv auch auf den Schulunterricht übertragen lässt, wurde aber noch nicht untersucht.

Eine vertiefte Analyse der Rede und ihrer Rezeption kann auf die Dynamiken im *Facebook*-Thread eingehen, ferner auf die Bemühungen von *Facebook*, durch eine dem Video vorgeschaltete Fake-Warnung auf einen kritischen Umgang mit den in der Rede aufgestellten Behauptungen hinzuwirken

Die Einzelheiten einer solchen Unterrichtseinheit können hier nicht entfaltet werden. Es geht hier vielmehr darum zu zeigen, dass es Möglichkeiten gibt, antisemitische Narrative online so in eine Unterrichtseinheit einzubetten, dass sie Gelegenheit bieten, die (teils aktualisierte) Struktur und die Funktion jener Verschwörungsmythen, die auch auf Jugendliche einwirken können, eigenständig zu erarbeiten. Jedoch sollen die oben aufgeführten fünf Prinzipien eines antisemitismuskritischen Unterrichts – Erkenntnisorientierung, Sachorientierung,

---

23 Landtag von Baden-Württemberg: Plenarprotokoll 16/112 vom 4.3.2020, abgerufen am 18.4.2020 von www.landtag-bw.de (https://www.landtag-bw.de/files/live/sites/LTBW/files/dokumente/WP16/Plp/16_0112_04032020.pdf, zuletzt aufgerufen: 15.04.2020), S. 6938 f.

24 https://www.facebook.com/andre.seemann.5030/videos/575232293202778 (zuletzt aufgerufen: 15.04.2020). Je nach Erlasslage der einzelnen Bundesländer wird zu prüfen sein, ob es zulässig ist, *Facebook*-Seiten im Unterricht vorzuführen.

Konzentration auf Funktionszusammenhänge, situationsbezogenes Agieren und positives Framing – an diesem Beispiel erläutert werden.

Die Planung muss, anders als in der Aufzählung, mit dem Rahmen beginnen. Das Unterrichtsgespräch über diese Rede und ihre Einbettung in den *Facebook*-Post kann in dem oben dargestellten Sinn in eine Einheit über den Umgang verschiedener Akteure mit der Pandemie eingebettet werden. An Zeitungsartikeln oder Nachrichten auf den Mediatheken der öffentlich-rechtlichen Sender oder anhand von Angeboten der Bildungsserver erarbeiten sich die Schüler/-innen einen Eindruck von dem politischen und medialen Ringen um eine angemessene Reaktion auf die Naturkatastrophe; die Struktur wissenschaftlicher Kommunikation wird dabei eine wichtige Rolle spielen. Dies ist ein Beitrag zur kognitiven Durchdringung. In der Analyse kann hier in die Rede eingeführt werden, indem analysiert wird, wie plausibel eine Erwähnung ausgerechnet der drei Länder Israel, USA und Saudi-Arabien ist. Die Schüler können hier herausfinden, welche anderen Dreiheiten hier möglich gewesen wären (etwa Kanada, Island und Mali, die zum Zeitpunkt der Rede ebenfalls weniger Infizierte als z. B. Italien hatten), so dass das Verständnisproblem aufgerufen werden kann, welche *Funktion* die Nennung ausgerechnet dieser drei Länder als imaginierte Schuldige für die Wirkung und Aussageabsicht der Rede haben kann. Hier ist als Korrektiv die Maßgabe zu beachten, dass eine Personalisierung zu vermeiden ist. Stattdessen wird sich der Blick auf die Implikaturen und Anspielungen richten müssen, wie sie oben in Abschnitt 4 herausgearbeitet wurden.

Um eine rein analytische Herangehensweise zu vermeiden, sollten sich die Schüler/-innen ein eigenes Bild von der Glaubwürdigkeit und Überzeugungskraft der Rede machen. Das kann angemessen geleistet werden, wenn Informationen und Beobachtungen zusammengetragen wurden. Zu beachten ist hier, dass es eine bestimmte Form von indirektem, scheinbar rebellischem oder gar subversivem Humor gibt, der Jugendliche zu einem zumindest wohlwollenden Konsum von rechtsextremen Inhalten animiert. Fabian Schäfer und Peter Mühleder (2020) haben an den Videos des Dresdner YouTuber Adlersson (bürgerlich Max Herzberg) exemplarisch herausgearbeitet, wie diese Form antisemitischen Humors verstanden werden kann; dessen *YouTube*-Kanal hatte im Oktober 2018 über 160.000 Abonnenten. Immerhin ist zu beobachten, dass sich auch in der Rede Gedeons Versuche einer humoristischen Gestaltung zeigen.

Auf der Basis der gesammelten Wertungen, Informationen und Eindrücke ist ein fundiertes Unterrichtsgespräch über die Frage möglich, welche Funktion der in der Rede virulente Antisemitismus haben kann, d.h. die Erwähnung Israels als eines der Schuldigen an der Pandemie. Das Ziel sollte darin bestehen, dass die Schüler/-innen ihre analytische Kompetenz in dieser Debatte erweitern und auf kognitiv aktivierende Weise ihre Einsicht in die Wirkungsweise antisemitischer Verschwörungsmythen erweitern.

8. Zusammenfassung und Ausblick

Die zentrale Bedeutung des Internet als Katalysator und Trendsetter für gesellschaftliche Trends gerade unter jungen Menschen, die Kommunikationsbedingungen, die der Präsenz von Hassrede und Verschwörungsmythen förderlich sind, die Komplexität von aktualisiertem Sprachgebrauch und Bildwerken – all dies unterstreicht die Notwendigkeit, das Internet mit adäquaten Methoden zu erforschen.

Die Berücksichtigung der Erkenntnisse der Internetforschung kann helfen, die diskursive Entkopplung zwischen jüngeren und älteren Generationen, die sich mit der Entstehung des Web 2.0 noch verschärfte, zu überwinden. Die Resultate einer internetbezogenen Antisemitismusforschung können als Grundlage für die Konzeptionierung pädagogischer Materialien und Schulungen zur Bekämpfung antisemitischer Haltungen nutzbar gemacht werden. Für präventive Maßnahmen gegen Antisemitismus junger Menschen ist es wichtig, jene Kommunikationsräume im Detail zu studieren, in denen letztere potenziell mit Antisemitismus in Berührung kommen. Pädagogik muss auf gegenwärtige Herausforderungen eingehen können, die Zielgruppe dort abholen, wo sie steht und zukünftige Entwicklungen antizipieren. Gerade in Bezug auf Verschwörungsmythen, die immer wieder an aktuellen Anlässen ausgerichtet werden, ist eine Kenntnis der Lehrkraft über deren inhaltliche und sprachlich-bildhafte Struktur sowie Funktion unerlässlich, um Schüler/-innen aufzuklären.

Literatur

Baden, Christian (2019): Framing the news. In: Karin Wahl-Jorgensen/Thomas Hanitzsch (Hg.): The Handbook of Journalism Studies, 2. Auflage. New York, S. 229–245.

Becker, Matthias J. (2015): Antisemitischer Sprachgebrauch in Zuschriften an den Zentralrat der Juden und an die Israelische Botschaft. In: Thurn, Nike (Hg.): Literarischer Antisemitismus. Der Deutschunterricht, S. 72–80.

Becker, Matthias J. (2018): Analogien der „Vergangenheitsbewältigung". Antiisraelische Projektionen in Leserkommentaren der *Zeit* und des *Guardian*. Baden-Baden.

Becker, Matthias J. (2019): Understanding Online Antisemitism: Towards a New Qualitative Approach: In *Fathom* (Oktober 2019). http://fathomjournal.org/understanding-online-antisemitism-towards-a-new-qualitative-approach (zuletzt aufgerufen: 12.03.2020)

Bernstein, Julia (2018): „Mach mal keine Judenaktion". Herausforderungen und Lösungsansätze in der professionellen Bildungs- und Sozialarbeit gegen Antisemitismus. Unter Mitarbeit von Florian Diddens, Ricarda Theiss, Nathalie Friedlender. Frankfurt University of Applied Sciences, Frankfurt. www.frankfurt-university.de/antisemitismus-schule (zuletzt aufgerufen: 12.02.2020)

Ebner, Julia (2019): Radikalisierungsmaschinen: Wie Extremisten die neuen Technologien nutzen und uns manipulieren. Berlin.

Eickelmann, Birgit u.a. (Hg.) (2019): ICILS 2018 Deutschland – Computer- und informationsbezogene Kompetenzen von Schülerinnen und Schülern im zweiten internationalen Vergleich und Kompetenzen im Bereich Computational Thinking. Münster.

Feldman, David (2015): Sub-Report for the Parliamentary Committee Against Antisemitism. https://archive.jpr.org.uk/download?id=1582 (zuletzt aufgerufen: 01.05.2018)

Gansewig, Antje (2018): Prävention von politischem Extremismus in Deutschland. In: Walsh, M./Pniewski, B./Kober, M./Armborst, A. (Hg.): Evidenzorientierte Kriminalprävention in Deutschland. Ein Leitfaden für Politik und Praxis. Wiesbaden, S. 465–488.

Hampton, Keith N./Shin, Inyoung/Lu, Weixu (2016): Social media and political discussion: When online presence silences offline conversation. In: Information, Communication & Society, 20(7), S. 1090–1107.

Hattie, John [3](2015): Lernen sichtbar machen. Überarbeitete deutschsprachige Ausgabe von „Visible Learning" besorgt von Wolfgang Beywl und Klaus Zierer, Baltmannsweiler.

Hoffmann, Sybille/Steinbrenner, Felix (2019): Empirische Befunde zu Antisemitismus an der Schule. In: Kultusministerium Baden-Württemberg/Landeszentrale für politische Bildung Baden-Württemberg/Zentrum für Schulqualität und Lehrerbildung Baden-Württemberg (Hg.): Wahrnehmen, Benennen, Handeln. Handreichung zum Umgang mit Antisemitismus an Schulen. Stuttgart, S. 55–59. https://www.schule-bw.de/themen-und-impulse/extremismuspraevention-und-demokratiebildung/extremismuspraevention/antisemitismus (zuletzt aufgerufen: 12.02.2020)

Lazer, David et al. (2018): The science of fake news. In: Science 359, 8. März 2018.

Lecheler, Sophie/de Vreese, Claas H. (2016): How Long Do News Framing Effects Last? A Systematic review of Longitudinal Studies. In: Annals of the International Communication Asscociation/Communication Yearbook (1), S. 3–30, https://doi.org/10.1080/23808985.2015.11735254

Lecheler, Sophie/de Vreese, Claas H. (2018): News Framing Effects: Theory and Practice. New York.

Lee, Mathew/Beck, Molly I. (2019): Assessing the Impact of Holocaust Education on Adolescents' Civic Values: Experimental Evidence from Arkansas. EDRE Working Paper No. 2019-08, https://dx.doi.org/10.2139/ssrn.3366966

Meibauer, Jörg (Hg.) (2013): Hassrede/Hate speech. Interdisziplinäre Beiträge zu einer aktuellen Diskussion. Gießen. http://geb.uni-giessen.de/geb/volltexte/2013/9251/pdf/HassredeMeibauer_2013.pdf (zuletzt aufgerufen: 12.03.2020).

Müller, Thomas (2019): „Die Ambivalenz moderner Lebenswelten" am Beispiel der deutsch-jüdischen Geschichte des Kaiserreichs. Ein Vorschlag zum unterrichtlichen Einstieg diesseits des Antisemitismus. In: Kultusministerium Baden-Württemberg/Landeszentrale für politische Bildung Baden-Württemberg/Zentrum für Schulqualität und Lehrerbildung Baden-Württemberg (Hg.): Wahrnehmen, Benennen, Handeln. Handreichung zum Umgang mit Antisemitismus an Schulen. Stuttgart, S. 133–137. https://www.schule-bw.de/themen-und-impulse/extremismuspraevention-und-demokratiebildung/extremismuspraevention/antisemitismus (zuletzt aufgerufen: 07.05.2020)

Nagle, Angela (2017): Kill All Normies: Online Culture Wars from 4chan and Tumblr to Trump and the Alt-Right. Hampshire.

Pariser, Eli (2011): The Filter Bubble. What the Internet is hiding from you. New York.

Pennycook, Gordon/Cannon, Tyrone D./Rand, David G. (2018): Prior exposure increases perceived accuracy of fake news. In: Journal of Experimental Psychology: General, 147(12), S. 1865–1880. https://doi.org/10.1037/xge0000465. Download eines Preprints: https://ssrn.com/abstract=2958246 oder http://dx.doi.org/10.2139/ssrn.2958246

Radvan, Heike (2010): Pädagogisches Handeln und Antisemitismus, Bad Heilbrunn.

Salzborn, Samuel/Kurth, Alexandra (2019): Antisemitismus in der Schule. Erkenntnisstand und Handlungsperspektiven. Wissenschaftliches Gutachten, Technische Universität Berlin/Justus-Liebig-Universität Gießen.

Sarkar, Ash (2018): The IHRA definition of antisemitism is a threat to free expression. The Guardian, 03.09.2018.

Schäfer, Fabian/Mühleder, Peter (2020): Konnektiver Zynismus. Das Beispiel des YouTubers Adlersson. In: Zeitschrift für Medienwissenschaft 1, S. 130–149.

Schäfer, Florian/Dalbert, Claudia (2013): Gerechte-Welt-Glaube und Antisemitismus – Welche Anforderungen ergeben sich aus der Gerechtigkeitsforschung für den Umgang mit dem Holocaust in der Schule. In: Dalbert, Claudia (Hg.): Gerechtigkeit in der Schule. Wiesbaden, S. 93–107.

Schwarz-Friesel, Monika (2013): „Juden sind zum Töten da" (studivz.net, 2008). Hass via Internet – Zugänglichkeit und Verbreitung von Antisemitismen im World Wide Web. In: Marx, Konstanze/Schwarz-Friesel, Monika (Hg.): Sprache und Kommunikation im technischen Zeitalter. Wieviel Internet (v)erträgt unsere Gesellschaft? Berlin, S. 213–236.

Schwarz-Friesel, Monika/Reinharz, Jehuda (2013): Die Sprache der Judenfeindschaft im 21. Jahrhundert. Berlin.

Senkbeil, Martin et al. (2019): Das Konstrukt der computer- und informationsbezogenen Kompetenzen und das Konstrukt der Kompetenzen im Bereich ‚Computational Thinking'. In: Eickelmann et al (Hg.), S. 79–112.

Troschke, Hagen/Becker, Matthias J. (2019): Antisemitismus im Internet. Erscheinungsformen, Spezifika, Bekämpfung. In: Jikeli, Günther/Glöckner, Olaf (Hg.): Das neue Unbehagen. Antisemitismus in Deutschland und Europa heute. Hildesheim, S. 151–172.

UEA (Unabhängiger Expertenkreis Antisemitismus) (2018): Antisemitismus in Deutschland – aktuelle Entwicklungen. Inneres, Bau und Heimat (BMI) https://www.bundesregierung.de/breg-de/service/publikationen/zweiter-bericht-des-unabhaengigen-expertenkreises-antisemitismus-735880 (zuletzt aufgerufen: 12.03.2020)

Ulbricht, Christina (2020): Bildungsangebote Zu Nationalsozialismus und Holocaust: Eine Empirische Studie zu Reaktionen von Jugendlichen zum Pädagogischen Umgang, Wiesbaden.

Ullrich, Peter (2019): Gutachten zur „Arbeitsdefinition Antisemitismus" der International Holocaust Remembrance Alliance. https://www.rosalux.de/fileadmin/rls_uploads/pdfs/rls_papers/Papers_2-2019_Antisemitismus.pdf (zuletzt aufgerufen: 12.03.2020)

Wendling, Mike (2018): Alt-Right: From 4Chan to the White House. London.

Wetzel, Juliane (2019): Ein Kommentar zum Gutachten von Peter Ullrich über die „Working Definition of Antisemitism" der International Holocaust Remembrance Alliance (IHRA). https://www.tu-berlin.de/fileadmin/i65/Veranstaltungen/2019/Stellungnahme_Wetzel.pdf (zuletzt aufgerufen: 12.03.2020)

Wintersteiner et al. (^{2}2015): Global Citizenship Education. Politische Bildung für die Weltgesellschaft. Klagenfurt. http://www.demokratiezentrum.org/materialien/global-citizenship-education.html (zuletzt aufgerufen: 12.02.2020)

MONIKA HÜBSCHER

Meldeverfahren als Strategie gegen Antisemitismus in sozialen Medien?

1. Einleitung

Antisemitische Karikaturen dienten im Nationalsozialismus dazu, den Holocaust ideologisch vorzubereiten und zu legitimieren. Vor allem die hetzerischen antijüdischen Publikationen in *Der Stürmer*, die in öffentlichen Ausstellungen gezeigt wurden, waren ein wirkungsvolles propagandistisches Werkzeug bei der Verbreitung der mörderischen Ideologien der Nazis. Das als Zeitschrift verbreitete und in ‚Stürmer-Kästen' ausgehangene Blatt erreichte Auflagen von wöchentlich 700.000 bis zwei Millionen gedruckte Exemplare und waren selbst in kleinsten Ortschaften zu lesen. Aufgrund der entmenschlichten Darstellung und des Aufrufs der Vernichtung von jüdischen Menschen wurde der Herausgeber Julius Streicher 1946 bei den Nürnberger Prozessen wegen Verbrechen gegen die Menschlichkeit schuldig gesprochen und hingerichtet (Zelnhefer 2008).

Heute findet die Verbreitung von Antisemitismus durch die Technologie der sozialen Medien mit einer noch nie vorher dagewesenen Effizienz statt. Im vorliegenden Beitrag werde ich zunächst auf die Erscheinungsformen von Antisemitismus in den sozialen Medien eingehen, um dann die Effekte der Technologie zu beschreiben, die der Verbreitung von Antisemitismus in den digitalen Netzwerken zugrunde liegen. Anschließend werde ich unterschiedliche Meldeverfahren im Kampf gegen Antisemitismus vorstellen und skizzieren, inwiefern diese wirksam sind oder eher die Verbreitung von anti-jüdischen Inhalten verstärken können. Zum Schluss werde ich einen Ausblick zu den Umgangsmöglichkeiten mit Antisemitismus in den sozialen Medien geben.

2. Formen von Antisemitismus in den sozialen Medien

Alle 60 Sekunden werden auf Facebook 510.000 Kommentare gepostet und 136.000 Fotos hochgeladen (Zephoria Digital Marketing 2020). Facebook dagegen beschäftigt zurzeit ca. 15.000 Moderator*innen weltweit (Simon und Bowman 2019). Im Kontrast zur Anzahl der Moderator*innen, die eingestellt sind, um Hasspostings zu evaluieren, zeigt Vigo social intelligence, eine Online Monitoring- und Analysefirma, die vom World Jewish Congress beauftragt wurde, dass im Laufe des Jahres 2016 mehr als 382.000 antisemitische Beiträge auf den Plattformen sozialer Medien veröffentlicht wurden – durchschnittlich mehr als 43,6 Beiträge pro Stunde oder ein Beitrag alle 83 Sekunden (World Jewish Congress 2016). Diese Studie basiert auf Suchergebnissen nach antisemitischen Schlüsselwörtern, die Dunkelziffer liegt demnach weitaus höher, weil Anspielungen, Ironie und codierte Formen des Antisemitismus hierbei nicht erfasst werden. Bleibt man bei Facebook als Beispiel kommt erschwerend hinzu, dass Antisemitismus in den sozialen Medien in sämtlichen Sprachen und verschiedenen ideologischen Hintergründen auftaucht. Die sozialen Netzwerke selbst überlassen die Moderation der gemeldeten Inhalte ausgelagerten Dienstleistern, vor allem in den Philippinen, aber auch in Europa und den USA (Dwoskin, Whalen, Cabato 2019). Oftmals haben die Moderator*innen weder den sprachlichen noch den kulturellen Hintergrund und das historische Wissen, um Antisemitismus zu entschlüsseln. Hinzu kommt, dass die Moderator*innen massenhaft mit Inhalten wie Tierquälerei, Kinderpornografie, Vergewaltigungen, Morden, Suiziden und Steinigungen konfrontiert sind (Hern 2019). Neben derartig extremen Beiträgen scheint es schwer, antisemitische Botschaften die gebührende Aufmerksamkeit zu geben.

Soziale Medien nehmen heute eine bedeutsame Rolle bei der Verbreitung von Hass generell und insbesondere von Antisemitismus ein. Soziale Medien sind auch der Ort, an dem jüdische Menschen am stärksten mit Antisemitismus konfrontiert sind. 2018 wurden mehr als 10.000 jüdische Menschen in 13 Ländern, einschließlich Deutschland, für die EU-Studie „Experiences and perceptions of antisemitism. Second survey on discrimination and hate crime against Jews in the EU" befragt. Die Studie, die sich mit Erfahrungen und der Wahrnehmung von Antisemitismus beschäftigt, zeigt, dass 89 % der befragten jüdischen Menschen Antisemitismus in den sozialen Medien als am problematischsten einstufen, noch vor Erfahrungen mit Antisemitismus an öffentlichen Orten, in den Medien, und in der Politik (FRA 2018). Der Report des Community Security Trust aus Großbritannien dokumentiert antijüdische Angriffe aus dem Jahr 2019 und verzeichnet nicht nur einen Anstieg antisemitischer Vorfälle allgemein, sondern zeigt zudem, dass Antisemitismus am häufigsten in den sozialen Medien kommuniziert wird (CST 2019, 35).

Aufgrund der langen Tradition von anti-jüdischen Denkmustern in Deutschland und Europa und der weiten Verbreitung in den sozialen Medien, hat Antisemitismus einen bedeutenden Stellenwert in der Debatte um Hate

Speech. Antisemitismus in Form von Hate Speech sind Posts in den sozialen Medien, wie zum Beispiel Memes, Videos, Vlogs und Kommentaren, in denen Menschen und/oder Institutionen aufgrund ihrer tatsächlichen oder vermeintlichen Zugehörigkeit zum Judentum, oder ihrer Nähe zu eben diesen angegriffen werden. Diese Angriffe werden durch die eigenen Tools der sozialen Medien, wie das *liken*, *teilen* und *kommentieren* ermöglicht und verstärkt. Dabei kann Antisemitismus sich mit Desinformationen und auch anderen Formen von Vorurteilen, wie z.B. Misogynie, vermischen (vgl. Hübscher u.a. 2019).

Mit Hilfe von *Social Bots* und *Troll Farms* können die Plattformen eingesetzt werden, um jüdische Menschen und Institutionen gezielt und im großen Umfang anzugreifen. Während des US-Wahlkampfs 2016 wurden innerhalb eines Jahres 800 jüdische Journalisten auf Twitter bei einem organisierten Troll-Angriff mit antisemitischen Inhalten verfolgt und schikaniert. Der Großteil der Hassbotschaften, die mit pro-Trump Slogans unterzeichnet waren, richtete sich täglich an zehn jüdische Journalisten, welche von ungefähr 1600 Trolls gepostet wurden (Green 2016). Dieses Beispiel zeigt exemplarisch, wie Hass in den sozialen Medien als Waffe im Rahmen politischer Kampagnen eingesetzt werden kann, um zu polarisieren und vor allem, um einzuschüchtern. Soziale Medien wurden auch zur Veröffentlichung und Verbreitung der Manifeste der Täter verwendet, die Anschläge auf jüdische Menschen und Institutionen verübten (Amend 2018). Damit ist die Frage nach der Verantwortlichkeit für die Ermöglichung der Verbreitung derartiger Publikationen aufgeworfen, zumal diese darauf zielen, weitere Menschen zu solchen Taten zu bewegen.

3. Antisemitismus und die Technologie der sozialen Medien

Soziale Medien werden von Algorithmen organisiert, welche von Menschen geschrieben werden. Das heißt, dass ein Algorithmus potentiell die Vorlieben und Abneigungen seines Programmierers widerspiegelt und von dessen Identität beeinflusst ist. Dadurch kann ein algorithmischer Bias entstehen (Gillespie 2018, 12). Bias kann durch eine*n Programmierer*in oder durch die Verwendung fehlerhafter Daten oder Daten, die z.B. auf historischen Ungleichheiten beruhen und mit denen der Algorithmus „gefüttert" wird, hervorgerufen werden. Ein bekannter Fall ist der Algorithmus mit dem Amazon die Rekrutierung von Fachkräften steuerte. Dem Algorithmus lagen Daten zugrunde, welche aus den, über einen Zeitraum von 10 Jahren, eingereichten Lebensläufen von überwiegend weißen Männern stammen. Infolgedessen bewertete die KI-Software jeden Lebenslauf, der das Wort „Frauen" im Text enthielt niedriger und stufte die Lebensläufe von Frauen herab, was letztendlich zu einer geschlechtsspezifischen Diskriminierung im Einstellungsprozess führte (Turner-Lee, Resnick, Genie 2019).

Algorithmen können sich auch auf den automatisierten Erkennungsprozess von Hass auswirken, wenn sie beispielsweise nicht unterscheiden können, ob ein Post Antisemitismus verbreitet oder dagegen argumentiert, weil er, ohne den Kontext zu berücksichtigen, lediglich auf Schlagwörter reagiert.

Algorithmen spielen auch eine Rolle bei der Organisation des Contents in den sozialen Medien, da sie auf Interaktion mit den Inhalten reagieren. Je länger ein Post angesehen wird, je mehr Reaktionen ein Post oder Tweet in Form von likes, faves, shares und Kommentare hat, desto mehr Sichtbarkeit bekommt dieser, ganz unabhängig von seinem Inhalt. Das bedeutet, je länger und öfter ein z. B. ein antisemitischer Post angesehen, geteilt und kommentiert wird, desto weiter wird er letztendlich verbreitet. Das gilt auch, wenn man einen Kommentar postet, um gegen den Inhalt des Posts zu protestieren.

Um die Interaktion auf den sozialen Medien zu erhöhen, können kostengünstig Social Bots gekauft werden. Der Einsatz von Bots ist oft schwer zu erkennen, denn Bots imitieren Menschen, indem sie u. a. posten, liken und kommentieren. Sie erzeugen so künstlich Zustimmung, Beliebtheit aber auch Ablehnung in den sozialen Medien. Eine Studie der *Anti Defamation League* weist darauf hin, dass von bestimmten Twitterkonten, die immer wieder antisemitische Inhalte tweeten, circa 30 Prozent Bots sind (Woolley 2018).

Eine andere Form von künstlicher Beeinflussung in den sozialen Medien kommt von Trollen oder Troll Farmen. Um mehr Follower zu bekommen und Interaktion zu erzeugen, werden gefälschte Profile mit wenig Inhalt, die aber auf bestimmte Posts reagieren, von Troll Farmen kreiert und organisiert. Dabei können die gefälschten Profile erfunden sein, oder auch die Namen oder Portraitfotos von echten Menschen benutzen. So wurde beispielsweise am 16. August 2019 auf der Plattform *4chan* dazu aufgerufen, eine massive Attacke mit gefälschten jüdischen Profilen auf u. a. *Facebook und Twitter* durchzuführen. Ziel war es, mit den jüdischen Profilen die Zensur durch *Social-Media*-Unternehmen zu vermeiden und so Verschwörungstheorien über die angeblichen jüdischen Verstrickungen im Sklavenhandel, in der Weltwirtschaft, in den Massenmedien, im Internet und der Pornoindustrie zu verbreiten (Dolsten 2019).

Vor diesem Hintergrund werden in den folgenden Kapiteln ausgewählte Beispiele vorgestellt und analysiert, die Antisemitismus in sozialen Medien entgegentreten. Dabei wird vor allem diskutiert, inwieweit hier die technologische Komponente bei der Verbreitung von Hass berücksichtigt werden muss.

4. Gegenstrategien gegen Antisemitismus in den sozialen Medien

Die bekanntesten Strategien, um Antisemitismus in den sozialen Netzwerken zu bekämpfen, sind Counter Speech (Gegenrede) und das Melden derartiger Posts auf den Plattformen selbst. Alle Plattformen geben ihren User*innen die Möglichkeit, Posts zu melden, welche ihrer Meinung nach gegen die Gemeinschaftsstandards des jeweiligen Anbieters verstoßen. Die gemeldeten Inhalte werden dann von Gutachter*innen oder Moderator*innen evaluiert und gegebenenfalls Maßnahmen eingeleitet.

Neben dem Melden vom Hate Speech Beiträgen gibt es mehrere Initiativen, die Counter Speech (Gegenrede) gegen Hass vorschlagen. Grundsätzlich muss zunächst festgehalten werden, dass Gegenrede Hass nicht aktiv reduziert, sondern ihn nur kontert, d.h. die antisemitischen Informationen bleiben auf der Plattform, können weiterverbreitet werden und bekommen durch die Gegenrede erst Aufmerksamkeit. Counter Speech unter einem antisemitischen Post kann den Inhalt hinterfragen, ablehnen oder die Verbreiter*innen für die hasserfüllten Botschaften zur Verantwortung ziehen, indem die rechtlichen Möglichkeiten ausgeschöpft werden. Dabei ist Gegenrede eine vor allem den Anbietern von sozialen Medien zusprechende Strategie, weil Gegenrede auch Interaktion auf den Plattformen generiert und deshalb monetarisierbar ist (Lanier 2019, 13).

Mit dem Netzwerkdurchsetzungsgesetz (NetzDG) gibt es ein Gesetz zur Bekämpfung von Hasskriminalität in den sozialen Netzwerken, mit dessen Hilfe Inhalte gemeldet werden können, die gegen das deutsche Strafgesetz verstoßen. Das NetzDG verpflichtet die Netzwerke gemeldete und überprüfte Inhalte innerhalb von 24 Stunden zu sperren und ggf. zu löschen. Darüber hinaus müssen die Netzwerke alle sechs Monate dem Bundesministerium für Justiz einen Bericht über die gemeldeten und gelöschten Inhalte vorlegen (Bundesamt für Justiz).

Das Melden von Inhalten unterscheidet sich zwischen den verschiedenen Netzwerken. Facebook Deutschland bietet den User*innen (aktuell) die Möglichkeit, antisemitische Inhalte unter der Kategorie *Hassrede* zu melden. Diese Kategorie ist dann unterteilt in die Optionen „Ethnische Zugehörigkeit; Nationale Herkunft; Religionszugehörigkeit; Kaste; sexuelle Orientierung; Geschlecht oder Geschlechtsidentität; Behinderung oder Krankheit; Etwas Anderes" (Facebook 2020). Eine von diesen Optionen müssen User*innen wählen, um im Meldeverfahren weiter zu kommen. Zudem bietet Facebook im App-Menü unter „Ein Problem melden" auch die Option „Missbräuchlichen Inhalt", unter der man strafbare Inhalte nach dem NetzDG melden kann. Die User*innen werden dann mit einem aufwendigen und komplexen Meldeverfahren konfrontiert, wobei zwischen 20 verschiedenen Gesetze entschieden werden muss, gegen die der Post verstößt. Um das Meldeverfahren nach NetzDG abzuschließen, müssen die User*innen mit einer elektronischen Unterschrift unterschreiben. Da das Meldeverfahren nach NetzDG nicht offensichtlich auf der Plattform angezeigt wird, ist davon auszugehen, dass es nur selten und nur von Kenner*innen des Gesetzes genutzt wird, womit sich die niedrigen Zahlen der gemeldeten Hassposts von Facebook im letzten Bericht bei NetzDG erklären lassen.

Auch bei der Plattform Twitter ist das Melden komplex, aber im Gegensatz zu Facebook gibt es nur ein Meldeverfahren, in das auch die Option der Meldung nach NetzDG integriert ist. Dabei ist problematisch, dass nach NetzDG Inhalte gelöscht werden müssen, welche eindeutig rechtswidrig sind. In der Welt der sozialen Netzwerke und anhand der verschiedenen Ausdrucksformen, die die Plattformen bieten, ist das Löschen ein umfangreiches Unterfangen. Hinzu kommt, dass ein Hasspost innerhalb von 24 Stunden so weit verbreitet ist, dass man ihn nicht mehr nachfolgen und somit auch nicht löschen kann. Ein Beispiel dafür ist das Hashtag #abschiebechallange mit dem rechtsradikale User*innen deutsche Bürger*innen mit Migrationshintergrund mit dem Wunsch nominierten, dass diese Deutschland verlassen müssen (Merker 2019). Das Hashtag #abschiebechallange hatte sehr viele Gegenreaktionen und wurde auch deshalb erst den meisten User*innen bekannt.

Um einen hasserfüllten Tweet auf Twitter zu melden, müssen die User*innen aus folgenden Kategorien wählen: „Ich bin an diesem Tweet nicht interessiert; Verdächtig oder Spam; Es zeigt ein sensibles Foto oder Video; Er (der Tweet, Anm. der Autorin) ist missbräuchlich oder verletzend; Fällt unter das Netzwerkdurchsetzungsgesetz; Es lässt die Absicht von Selbstverletzung oder Selbstmord erkennen". Entscheidet man sich für die Kategorie „missbräuchlich oder verletzend" sind die User*innen dazu angehalten, wiederum von Unterkategorien auszuwählen: „Ist respektlos oder beleidigend; Beinhaltet private Informationen; Beinhaltet gezielte Belästigung; Er enthält Hassäußerungen zu einer geschützten Kategorie (z.B. Rasse, Religion, Geschlecht, sexuelle Orientierung, Behinderung); Droht mit Gewalt oder körperlichen Angriff; Jemand ermutigt zu Selbstverletzung oder Selbstmord." Dann müssen die User*innen wählen, wer der Adressat des Posts ist: „Ich, Jemand Anderes; Eine Gruppe Menschen." Anschließend bittet Twitter die User*innen, noch fünf weitere/ähnliche Tweets hinzuzufügen, um das Problem schneller verstehen und beheben zu können, wobei es auch beim genauen Hinsehen die Option gibt, das Hinzufügen zu überspringen. Wählt man die Option ‚nach NetzDG' zu melden, müssen die User*innen wieder zwischen verschiedenen Gesetzen wählen, beispielsweise „Paragraph 86 StGB: Verbreiten von Propagandamitteln verfassungswidriger Organisationen" oder Paragraph 130 StGB: Volksverhetzung." Nach mehreren Schritten müssen die User*innen dann elektronisch signieren, bevor die Beschwerde abgesendet werden kann (Twitter 2020).

Weder Facebook noch Twitter bietet Antisemitismus als eigenständige Kategorie an, um Hassposts zu melden. Stattdessen müssen die User*innen mehrere Entscheidungen treffen, unter welchen Kategorien sie den Post melden wollen. Dies erfordert Wissen über Antisemitismus, die Einschätzung der Gefahrenlage, die vom Post ausgeht und gegebenenfalls Wissen über das komplexe NetzDG. Es ist davon auszugehen, dass das aufwendige Meldeverfahren viele User*innen davon abhält, (antisemitische) Inhalte zu melden. Problematisch bleibt darüber hinaus, dass die Verantwortung zur Beseitigung von Hass in den sozialen Medien auf die Seite von User*innen verlagert ist.

Die Studie *Best practices to combat Antisemitism on Social Media* zeigt, dass es in den sozialen Medien unterschiedliche Gruppen bzw. Personen mit verschiedenen Überzeugungsstufen von Antisemitismus gibt. User*innen, die antisemitische Schimpfworte benutzten, deren Profil auf sozialen Medien aber kein antisemitisches Weltbild erkennen lässt, entschuldigten sich häufiger, löschten die Beschimpfungen und veränderten ihr Online-Verhalten. *Hardline*-Antisemiten, welche soziale Medien nutzen, um Gleichgesinnte und Informationen zu finden, die ihre tief verwurzelten Überzeugungen bestätigen und verstärken und die immer wieder antisemitische Inhalte posten, reagieren nicht auf Counter Speech (Institute for the Study of Contemporary Antisemitism, 2017).

Zusammenfassend lässt sich sagen, dass die Meldeverfahren für Hassposts in den sozialen Medien komplex sind und sich ständig verändern und anpassen. Problematisch dabei ist, dass die Anbieter von sozialen Medien, wie Facebook, Instagram und Twitter nicht transparent damit umgehen, nach welchen Standards sie Antisemitismus, oder Hass generell, von den Plattformen löschen.

a. Fight Against Hate/Kampf gegen Hass

Fight Against Hate/Kampf gegen Hass (www.fightagainsthate.com) ist ein Dokumentationsprojekt des australischen *Online Hate Prevention Institute*, einer unabhängigen NGO, unter der Leitung von Andre Oboler. Dieses Projekt wurde auf Initiative des *Global Forum to Combat Antisemitism*, das alle zwei Jahre in Israel stattfindet, entwickelt. Die Seite richtet sich an englischsprachige User*innen, Nichtregierungsorganisationen, Forscher*innen, Regierungen, Strafverfolgungsbehörden und die Presse. Die Website sammelt zunächst Hassposts, um sie dann

User*innen, Wissenschaftler*innen sowie den Plattformen selbst zur Verfügung zu stellen, so dass weiterführende Gegenstrategien entwickelt werden können. Die Webseite richtet sich allgemein gegen Hass im Internet, hat aber Antisemitismus als eigenständige Meldekategorie. Man muss sich auf der Webseite registrieren, dann die URL des Hassposts eingeben, und danach den Post, den man melden will. Die zur Verfügung gestellten Kategorien lauten hier: „Antisemitismus, Cyber Mobbing, Hass gegen Muslime, Homophobie, Hass gegen indigene Australier, Hass gegen Menschen mit Behinderungen, Förderung von sofortiger Gewalt/Terrorismus/Bedrohung der nationalen Sicherheit, Misogynie/Vorurteile gegen Frauen, Hass der nicht gelistet ist," und „ich möchte nicht kategorisieren". Was unter diese Begriffe fällt und wie Antisemitismus definiert wird, ist nicht angegeben. Danach werden die User*innen noch gebeten, das Vertrauensniveau ihrer Kategorisierung zwischen „sicher" und „nicht sehr sicher" anzugeben. Anschließend wird der Post dann gemeldet. Sobald man auf der Webseite registriert ist und Inhalte meldet, wird man mit Punkten belohnt. Diese lassen sich einsetzen, um Statistiken über die gemeldeten Inhalte zu erhalten.

Das Melden von antisemitischen Posts durch diese Webseite ist komplex und erfordert eine tiefergehende Auseinandersetzung, weil durchaus mehrere Kategorien gleichzeitig in Frage kommen können. Eine Problematik kann hier dadurch entstehen, dass von User*innen erwartet wird, sich mit all diesen Kategorien auszukennen. Die wahrscheinlich größte Hürde ist wohl das Registrierungsverfahren, das sich kaum lohnt, wenn man nicht vorhat, kontinuierlich Posts zu melden. Informationen darüber, welche Effekte das Dokumentieren von antisemitischen und anderen Hass-Posts auf der Webseite hat, die seit 2011 online ist, und ob es Erfolge zu verzeichnen gibt, sind nicht zu erfahren.

b. Online Antisemitism Task Force

Die *Online Antisemitism Task Force* (www.antisemitismtaskforce.org) sucht antisemitische Inhalte, überwacht antisemitische Profile und meldet diese auf den Plattformen, so dass sie entfernt werden können. Dabei gibt man auf der englischsprachigen Webseite die URL des antisemitischen Posts und seine E-Mail-Adresse ein, und sendet sie. Auf der Webseite selbst gibt es keine Informationen, wonach die Meldungen evaluiert werden oder wie damit weiter verfahren wird.

Auf der Webseite ist auch die deutsche und hebräische *Facebook*-Seite „Antisemitismus bekämpfen" verlinkt, welche antisemitischen Inhalte, die gefunden wurden, postet, damit User*innen diese melden können, um sie entfernen zu lassen. Auf der Webseite ist zu lesen, dass durch ihren Einsatz 941 YouTube-Seiten gelöscht wurden, 95.800 hasserfüllte Inhalte gemeldet und entfernt und 432

Facebook-Seiten geschlossen wurden. Es wird allerdings nicht angegeben, in welchem Zeitraum das passiert ist. So kann nicht nachvollzogen werden, wie effektiv die Strategie der Webseite ist. Im Vergleich zu den oben genannten Zahlen von hochgeladenen Inhalten, die sich auf Facebook beziehen, scheinen 432 gelöschte Facebook-Seiten, die Antisemitismus verbreiten haben, sehr gering. Hinzu kommt, dass die Webpage nicht stetig aktualisiert wird – unter mehreren Überschriften gibt es keinen Inhalt.

Hier zeigt sich ein Verfahren, bei dem sich antisemitische Inhalte verhältnismäßig leicht melden lassen. Benötigt wird die Angabe einer E-Mail-Adresse. Problematisch bleibt hier ebenfalls, dass es keine Informationen darüber gibt, wie antisemitische Inhalte definiert werden oder was mit den gemeldeten Posts passiert. Durch das Melden eines antisemitischen Inhalts via URL wird die durch Algorithmen angetriebene Verbreitung, wie durch Gegenrede unter einem Post, vermieden.

c. Protecting the Jewish community from antisemitism on Facebook

Das Projekt „Protecting the Jewish community from antisemitism on Facebook" (Zum Schutz der jüdischen Gemeinde vor Antisemitismus auf Facebook) richtet sich vor allem an jüdische User*innen auf Facebook. Die über eine URL als PDF abrufbare Selbsthilfebroschüre ist eine Kooperation des *Community Security Trust*, dem *Board of Deputies of British Jews* und *Facebook*. Hier wird zunächst Antisemitismus definiert und es werden Statistiken über Antisemitismus in Großbritannien vorgestellt und insbesondere auf Antisemitismus in digitalen Medien eingegangen. Anhand eines Fallbeispiels wird erklärt, wie sich Antisemitismus in den sozialen Medien entschlüsseln lässt und wie man ihn beim Community Security Trust und auf Facebook melden kann. Des Weiteren werden die Gemeinschaftsstandards von Facebook erklärt und es wird Schritt für Schritt durch das Meldeverfahren auf der Plattform geführt. Hervorgehoben werden kann, dass Antisemitismus hier unter der Kategorie „Hassrede" gemeldet werden soll und nicht etwa unter „Belästigung" oder „Gewalt". Die nächste Kategorie, die die User*innen dann wählen sollen ist „Religionszugehörigkeit". Anschließend werden die User*innen aufgefordert zu bestätigen, ob der antisemitische Post gegen die Gemeinschaftsstandards verstößt und zudem erfolgt eine Information, dass abhängig von diesem Feedback, man *möglicherweise* eine Meldung bei Facebook machen kann (CST 2020). Damit moderiert Facebook das Meldeverfahren und nimmt Einfluss darauf, wie jüdische Menschen Antisemitismus in den sozialen Medien wahrnehmen (sollen). Wer schon mehrmals Antisemitismus auf Facebook gemeldet hat, wird wissen, wie unwahrscheinlich es ist, dass Facebook diesen löscht, wenn er als Hassrede gemeldet wurde. Die Kategorie „Hassrede" suggeriert und wird von Facebook so interpretiert, dass hier erst einmal keine unmittelbare körperliche Gefahr besteht.

Es ist bemerkenswert, dass die Selbsthilfebroschüre keine bekannte Standardpublikation von Facebook in mehreren Sprachen ist. Hervorzuheben ist jedoch, dass dieser von Facebook (mit)konzipierte Ansatz nicht auf Gegenrede setzt, sondern auf den (Selbst-)Schutz der Opfer.

Obwohl es in der Broschüre darum geht, die jüdische Gemeinde vor Antisemitismus auf Facebook zu schützen, fokussiert diese inhaltlich ausschließlich darauf, wie sich die Betroffenen abschirmen können, etwa indem sie User*innen blockieren, die antisemitische Posts teilen. Hier wird ein erhebliches Problem sichtbar: das in der Broschüre vorgeschlagene Meldeverfahren impliziert, dass die User*innen bereits mit Antisemitismus auf der Plattform konfrontiert worden sind. Effektiv geschützt würden jüdische Menschen vor Antisemitismus, wenn er sie auf Facebook erst gar nicht erreichen würde. Dieses Unterfangen steht allerdings im Kontrast zu Facebooks Technologie, die eine Konfrontation mit Antisemitismus bis jetzt nicht verhindern kann. Während antisemitische Hassrede auf Facebook nach wie vor präsent ist, Angriffe auf jüdische Menschen im wirklichen Leben zunehmen und die Plattform von Attentätern genutzt wurde, um ihre tödliche Ideologie zu verbreiten, hat Facebook bislang keine effektive Bekämpfung von Antisemitismus.

Facebook hat jüdische Organisationen in ihr Hauptquartier eingeladen und die *Online Civil Courage Initiative* gegründet, die Forschungen zu Hassrede veröffentlicht und Gegenrede als Strategie fördert. Anstatt die Verantwortung, den Hass auf ihrer Plattform zu bekämpfen, auf die User*innen zu verlagern, wäre es wünschenswert, wenn Facebook eine der Technologie und des Geschäftsmodell der Plattform angemessenen Lösung finden würde.

d. Stop Antisemitismus

Die Webseite „Stop Antisemitismus" (www.stopantisemitismus.de) bietet eine Analyse von 35 antisemitischen Zitaten und gibt darauf basierend Vorschläge für Gegenreaktionen. Dabei stammen zwei der 35 Beispiele aus den sozialen Medien. Das folgende Beispiel der Webseite ist aus einem Facebook Post: *„[George] Soros und die Juden wollen die deutsche Bevölkerung ersetzen und ganz Europa islamisieren. Das ist alles Teil des Plans".* Auf der Webseite wird erklärt, dass es sich bei dem Kommentar um eine Verschwörungstheorie handelt, die sich antisemitischer Mythen bedient. Auf der Webseite wird vorgeschlagen, in Form eines Kommentares nachzuhaken: „Woher haben Sie diese Information? Sind Sie sich dieser Theorie sicher?" Um weitere Hilfe zu bekommen, wird den User*innen die Webseite des *No Hate Speech Movement* vorgeschlagen, welche Schritt-für-Schritt-Strategien gegen Verschwörungstheorien erklärt. Auf der Webseite gibt es zudem ausführliche Hinweise für weitere Hilfe zum Thema Antisemitismus, bestehend aus Anlaufstellen, Webseiten, wissenschaftlicher Literatur und Studien. „Stop Antisemitismus" ist eine bundesweite Kooperation. Daran beteiligt sind u. a. der Zentralrat der Juden, der Zentralrat der Muslime, die Bundeszentrale für politische Bildung, die Frankfurter *University of Applied Sciences*, das Anne-Frank-Zentrum und das Zentrum für Antisemitismusforschung an der Technischen Universität in Berlin.

Obwohl die Webseite User*innen hilft, anhand von Beispielen Antisemitismus in sozialen Medien zu entschlüsseln und die Hintergründe zu verstehen, sind zwei Beispiele, die sich direkt auf Plattformen beziehen, vermutlich zu wenig. Hinzu kommt das Problem, dass vorgeschlagen wird, in Kommentaren nachzuhaken und die Person, die antisemitische Inhalte postete, dazu zu bewegen, sich zu erklären und zu rechtfertigen. Allerdings kann genau das auch dazu führen, dass die Interaktion mit dem Post damit erhöht wird und der Algorithmus, der den Inhalt der Seite organisiert, den Post damit weiterverbreitet (Lanier 2018, 13).

5. Zusammenfassung

Durch die sozialen Medien hat die Gesellschaft es mit einer beispiellosen Form der technologiegetriebenen Verbreitung von Antisemitismus zu tun. Da digitale Inhalte weder geografische noch sprachliche Grenzen haben, ist es kaum abschätzbar, welches Ausmaß an Antisemitismus es in den sozialen Netzwerken gibt und wie viele Menschen davon erreicht werden. Obwohl die Plattformen angefangen haben, künstliche Intelligenz zur Erkennung von Hassrede einzusetzen und es die Möglichkeit für User*innen gibt, Hass in den Netzwerken zu melden, wird Antisemitismus zu selten erkannt und gelöscht. Hinzu kommt, dass davon ausgegangen werden muss, dass während ein antisemitischer Post gelöscht wird, etliche mehr gepostet werden. Das Wiederauftauchen von alten und neuen antisemitischen Posts und das Problem der schnellen und weitreichenden Verbreitung durch Algorithmen ist auch der Grund, warum sich das NetzDG im Kampf gegen Hass auf sozialen Plattformen als eher unbedeutend erwiesen hat. Obwohl das Gesetz darauf abzielt, Hass innerhalb von 24 Stunden zu löschen, kann sich ein Post in dieser Zeit millionenfach global verbreiten. Deshalb sollte die Hauptverantwortung bei der Bekämpfung von Antisemitismus bei den

Unternehmen und somit Entwickler der sozialen Medien liegen. Anstatt von den User*innen zu erwarten, Antisemitismus in den sozialen Medien zu entschlüsseln und sich durch hochkomplexe Meldeverfahren zu klicken, wäre eine politische Lösung zur Regulation von antisemitischen Hasskommentaren anzustreben, welche auf die technologiegetriebene Verbreitung reagieren kann. Die Unternehmen dürfen dabei nicht ihre Verantwortung alleine auf die User*innen übertragen. Anbieter von sozialen Medien haben auch die Verantwortung für die Kehrseite ihrer Erfindung und so die Verpflichtung – und sei es aufgrund gesetzlicher Bestimmungen, effektive Lösungen zu entwickeln, die Antisemitismus in den sozialen Medien erkennen und zurückzudrängen ermöglicht. Vorstellbar ist hier auch, dass Institutionen und Nichtregierungsorganisationen, finanziert von den Anbietern der sozialen Medien, sich professionell mit der Analyse, dem Dokumentieren und dem Melden von Hassposts beschäftigen, um diese dann in Kooperation mit den Anbietern löschen zu können. Aber auch Nichtregierungsorganisationen sind aufgefordert, ihre bislang vorliegenden Gegenstrategien bei der Verbreitung von Hasskommentaren zu überdenken. Wünschenswert wäre es zudem, wenn soziale Medienkompetenzen so angeboten werden, dass auf ein Verständnis der Technologie ebenso wie auf ein verantwortliches Nutzungsverhalten abgezielt wird.

Für die User*innen, die effektiv Hass und damit auch Antisemitismus in den sozialen Medien bekämpfen wollen, eignen sich vor allem solche Strategien, die auf ein Umdenken und eine Verhaltensänderung auf den Plattformen setzen.

Materialien zur *Social Media Literacy*, also der Fähigkeit, die Funktionsweisen von Sozialen Medien zu verstehen und einordnen zu können, um sich sicher und selbstbestimmt in ihnen bewegen zu können, sind bislang kaum vorhanden. Diese sind dringend nötig, damit in Bildungskontexten die nötigen Kompetenzen über die Funktion und die Effekte von sozialen Medien erreicht werden können. Das beinhaltet auch Wissen darüber, wie Unternehmen, die soziale Medien anbieten, agieren, was mit den Daten, welche in die Profilen eingegeben werden, passiert, wie Inhalte auf den Feed gelangen und wodurch sie beeinflusst werden. Dazu gehören auch Kompetenzen wie kritisches Denken, Interpretieren, Evaluieren, und Faktenchecken, die sowohl in der Schule als auch in außerschulischer Bildung erworben werden können. Es müssen nicht nur digitale Kompetenzen gestärkt werden. Anstatt nur auf die Bekämpfung von Antisemitismus zu setzen und damit eventuell Stereotype zu wiederholen, wäre es wünschenswert, wenn Prinzipien einer inklusiven und solidarischen Gesellschaft gelehrt werden würden, welche sich dann auf das Online-Verhalten der User*innen auswirken.

Eine Möglichkeit diese Prinzipien zu stärken, bietet die in den USA schon weit verbreitete und von der *Anti Defamation League* im Kampf gegen Antisemitismus vorgeschlagene Anti-Bias Bildung. Die vier Hauptziele der Anti-Bias-Erziehung, die anhand von Beispielen aus den sozialen Medien vermittelt werden können, bestehen darin, positive soziale Identitäten zu entwickeln, Wertschätzung für menschliche Vielfalt ausdrücken, Ungerechtigkeiten und Ungleichheiten anzuerkennen und die Fähigkeit zu besitzen, gegen Vorurteile und Diskriminierung vorzugehen. Die Verbindung vom Verständnis der sozialen Medien und der im Anti-Bias Ansatz vermittelten sozialen Kompetenzen, können den dringend nötigen Wandel im Angesicht der Digitalisierung vorantreiben.

Soziale Medien werden in Zukunft eine noch größere Bedeutung einnehmen. Um Antisemitismus und andere Formen von Ausgrenzung und Diskriminierung effektiv einzudämmen, müssen vor allem die Anbieter von sozialen Netzwerken, durch den Druck von Regierungen, an ihren Nutzungsbedingungen arbeiten und verstärkt auf Technologien zur Identifizierung und Entfernung von Hassposts setzen. Die Gesellschaft muss sich auf diesen Wandel vorbereiten und weitreichend mit der Digitalisierung verbundene Kompetenzen lehren und lernen. Nur so kann Antisemitismus in den sozialen Medien gestoppt und die technologisch angetriebene Verbreitung und deren Konsequenzen im realen Leben verhindert werden.

Literatur

Amend, Alex (2018): Analyzing a terrorist's social media manifesto: the Pittsburgh synagogue shooter's posts on Gab. In: Southern Poverty Law Center, https://www.splcenter.org/hatewatch/2018/10/28/analyzing-terrorists-socialmedia-manifesto-pittsburgh-synagogue-shooters-posts-gab [06.03.2020]

Bundesamt für Justiz (o.J.): Rechtsdurchsetzung in sozialen Netzwerken, https://www.bundesjustizamt.de/DE/Themen/Buergerdienste/NetzDG/NetzDG_node.html [14.04.2020]

Community Security Trust (2019): Antisemitic Incidents. Report 2019, https://cst.org.uk/public/data/file/9/0/IncidentsReport2019.pdf [14.04.2020]

Community Security Trust (o.J.): Protecting the Jewish Community from Antisemitism on Facebook, https://cst.org.uk/data/file/4/f/Facebook-AntiSemitism-Brochure-03-DIGTIAL-SINGLEPAGE.1571310281.pdf [06.03.2020]

Dolsten, Josefin (2019): Fake Twitter accounts are impersonating Jews and promoting antisemitism. In: The Times of Israel, https://www.timesofisrael.com/fake-twitter-accounts-are-impersonating-jews-and-promoting-anti-semitism/ [06.03.2020]

Dwoskin, Elisabeth/Whalen, Jeanne/Cabato, Regine (2019): Content moderators at YouTube, Facebook and Twitter see the worst of the web and suffer silently. In: The Washington Post, https://www.washingtonpost.com/technology/2019/07/25/social-media-companies-areoutsourcing-their-dirty-work-philippines-generation-workers-is-paying-price/ [06.03.2020]

FRA – European Union Agency for Fundamental Rights (2018): Experiences and perceptions of antisemitism. Second survey on discrimination and hate crime against Jews in the EU, https://fra.europa.eu/sites/default/files/fra_uploads/fra-2018-experiences-and-perceptions-of-antisemitism-survey_en.pdf[06.03.2020]

Facebook. https://www.facebook.com [14.04.2020]

Gillespie, Tarleton (2018): Custodians of the Internet. New Haven & London: Yale University Press.

Green, Emma (2016): Hundreds of Jewish Journalists Get Anti-Semitic Threats on Twitter. In: The Atlantic, https://www.theatlantic.com/politics/archive/2016/10/what-its-like-to-be-a-jewish-journalist-in-the-age-of-trump/504635/ [06.03.2020]

Hern, Alex (2019): Revealed: catastrophic effects of working as a Facebook moderator. In: The Guardian, https://www.theguardian.com/technology/2019/sep/17/revealed-catastrophic-effects-working-facebook-moderator [06.03.2020].

Hübscher, Monika u.a. (2019): Action Plan Hate Speech and Disinformation on Social Media, https://www.researchgate.net/publication/339738396_Action_Plan_Hate_Speech_and_Disinformation_on_Social_Media [06.03.2020]

Institute for the Study of Contemporary Antisemitism, Indiana University (2017): Best Practices to Combat Antisemitism on Social Media. Research Report to the U.S. Department of State Office of Religion and Global Affairs, https://isca.indiana.edu/documents/Report-to-State-Department-on-Best-Practices.pdf [14.04.2020]

Lanier, Jaron (2019): Ten arguments for deleting your social media accounts right now. Random House, London.

Mahdawi, Arwa (2017): PewDiePie thinks ‚Death to all Jews' is a joke. Are you laughing yet? In: The Guardian, https://www.theguardian.com/commentisfree/2017/feb/15/youtube-pewdiepie-thinksdeath-to-all-jews-joke-laughing-yet [06.03.2020]

Merker, Henrik (2019): Die NPD hetzt, Twitter bleibt stumm. In: *Zeit.de*, [online] https://www.zeit.de/digital/internet/2019-04/hate-speech-abschiebechallenge-twitter-npd [14.04.2020]

Online Antisemitism Task Force. https://www.antisemitismtaskforce.org [14.04.2020]

Online Hate Prevention Institute. https://www.fightagainsthate.com [14.04.2020]

Simon, Scott/Bowman, Emma (2019): Propaganda, Hate Speech, Violence: The Working Lives Of Facebook's Content Moderators. In: National Public Radio, https://www.npr.org/2019/03/02/699663284/the-working-lives-of-facebookscontent-moderators [06.03.2020]

Stop Antisemitismus. https://www.stopantisemitismus.de [14.04.2020]

Turner- Lee, Nicol/Resnick, Paul/Genie, Barton (2019): Bias detectives: The researchers striving to make algorithms fair news-feature. In: The Brookings Institution, https://www.brookings.edu/research/algorithmic-bias-detection-andmitigation-best-practices-and-policies-to-reduce-consumer-harms/ [07.03.2020]

Twitter. https://www.Twitter.de [14.04.2020]

Winkler, Rolfe/Nicas, Jack/Fritz, Ben (2017): Disney Severs Ties With YouTube Star PewDiePie After Anti-Semitic Posts. In: The Wall Street Journal, https://www.wsj.com/articles/disney-severs-ties-with-youtube-star-pewdiepie-afteranti-semitic-posts-1487034533 [06.03.2020]

Woolley, Samuel/Joseff, Katie (2018): Computational Propaganda, Jewish-Americans and the 2018 Midterms: The Amplification of Anti-Semitic Harassment Online, https://www.adl.org/resources/reports/computational-propaganda-jewish-americans-and-the-2018-midterms-the-amplification [14.04.2020]

World Jewish Congress/Vigo Social Intelligence (2016): The rise of Antisemitism on Social Media. Summary 0f 2016, http://www.crif.org/sites/default/fichiers/images/documents/antisemitismreport.pdf [06.03.2020]

Zelnhefer, Siegfried (2008): Der Stürmer. Deutsches Wochenblatt zum Kampf um die Wahrheit. In: Historisches Lexikon Bayern, https://www.historisches-lexikonbayerns.de/Lexikon/Der_Stürmer._Deutsches_Wochenblatt_zum_Kampf_um_die_Wahrheit [06.03.2020]

Zephoria Digital Marketing: Top 20 Facebook Statistics – Updated January 2020, https://zephoria.com/top-15-valuable-facebookstatistics/ [06.03.2020]

FLORIAN EISHEUER, JAN RATHJE,
CHRISTINA DINAR

Digital Streetwork als pädagogischer Ansatz gegen Antisemitismus

Chancen und Perspektiven

1. Digitale Lebenswelten

Das Internet und besonders die Digitalen Medien sind ein zentraler Sozial- und Sozialisierungsraum für Jugendliche. Sie nutzen das Internet, wie alle anderen Altersgruppen auch, zum Kommunikations-, Informations- und Identitätsmanagement. Die Studie *Jugend, Information, Medien 2018* des Medienpädagogischen Forschungsverbunds Südwest (2018) bestätigt dies: 97% der befragten Jugendlichen gaben an, täglich oder mehrmals pro Woche das Internet zu nutzen. Darüber hinaus ist die Beschäftigung mit Online-Videos hervorzuheben, die von zwei Dritteln aller Jugendlichen täglich konsumiert werden (ebd., 13). Die Studie verdeutlicht eine Wandlung der Onlinenutzung im Vergleichszeitraum 2008 bis 2018. Der Anteil der Kommunikation und Informationssuche hat im Untersuchungszeitraum abgenommen, während Gaming und Unterhaltung einen Zuwachs zu verzeichnen hatten. Kommunikation hat zwar nach wie vor den größten Anteil, ist jedoch gleichauf mit dem Bedürfnis nach Unterhaltung. Beide Bereiche nehmen zwei Drittel der Online-Nutzung der befragten Jugendlichen ein (ebd., 32). Eine nähere Betrachtung der präferierten Online-Angebote zeigt, dass an erster Stelle YouTube (63%) steht, eine Videoplattform mit angeschlossenem Sozialen Netzwerk. Nach Geschlecht aufgeschlüsselt liegt die Beliebtheit bei Jungen noch höher (70%). Nachfolgende Plätze werden von den Kommunikationsplattformen WhatsApp und Instagram belegt (ebd., 34f).

Nähere Auskunft zur YouTube Nutzung von Jugendlichen gibt die Studie *Jugend/YouTube/Kulturelle Bildung* des Rates für Kulturelle Bildung (2019). Freund/-innen, Bekannte, Mitschüler/-innen (91%) und Influencer/-innen (65%) haben einen hohen Einfluss auf die Auswahl der Videos; Tipps von schulischen oder außerschulischen Pädagog/-innen sind dagegen nur für 30% der Jugendlichen relevant (ebd., 10). Darüber hinaus werden Videos ausgewählt, die unterhalten, humorvoll sind und neu erstellt wurden oder hip sind (ebd., 19f). Sowohl für die Verbreitung und die Prävention von Antisemitismus in digitalen Lebenswelten von Jugendlichen sind hier erhebliche Herausforderungen verankert.

Das SINUS-Institut hat die erste U25-Studie 2014 im Auftrag von und in enger Absprache mit dem Deutschen Institut für Vertrauen und Sicherheit im Internet (DIVSI) realisiert (2018). Sie lieferte erstmals einen fundierten Einblick in die digitalen Lebenswelten der nachwachsenden Generation. Die fortgeschriebene Untersuchung des Deutschen Instituts für Vertrauen und Sicherheit im Internet (DIVSI) erlaubt daran anschließend vertiefte Einblicke in den Alltag der ‚Generation Internet' (DIVSI 2018). Sie zeigt vor allem, wie schnell Digitalisierung deren Lebenswirklichkeit verändert. In der Studie von 2018 ist für das Thema Digital Streetwork von besonderer Bedeutung, dass Jugendliche ihr Wissen über das Internet autodidaktisch oder über Freund/-innen erarbeiten. Die Sozialisation erfolgt demnach vorrangig über die eigenen Erfahrungen und Peers. Weiterhin nehmen Jugendliche eine Beleidigungskultur im Internet wahr: Postings können Beleidigungen und Beschimpfungen zur Folge haben. Dies ist – neben Tippfaulheit und der Annahme mangelnder Relevanz der eigenen Position – ein Grund dafür, dass über ein Drittel (38%) der Befragten angeben, auf öffentliche Postings zu verzichten und Soziale Medien lediglich passiv zu konsumieren, also sogenanntes ‚Lurking' betreiben (ebd., 66). Die Kommunikation erfolgt in den nicht- und teilöffentlichen Sphären der Messengerdienste, besonders WhatsApp. Geschlecht, Alter oder Bildungsstand haben auf diese Erfahrung nur einen geringen Einfluss (ebd., 66f).

2. Online-Antisemitismus

Allgemein wird Antisemitismus im Netz als Ausdrucksform von ‚Hate Speech' verstanden, wie sie mittlerweile fester Bestandteil der Online-Kommunikation ist und somit Teil einer alltäglichen Erfahrung, die Jugendliche im Aufwachsen mit Sozialen Medien machen. 75% der 14- bis 24-Jährigen sind dort bereits mit ‚Hate Speech' konfrontiert worden, 35% sehr häufig oder häufig (Landesanstalt für Medien NRW 2019, 1). Fraglich ist allerdings, ob der Oberbegriff ‚Hate Speech' den Spezifika des Antisemitismus überhaupt gerecht wird und in einer Präventionsarbeit gegen ‚Hate Speech' sinnvoll Verwendung finden kann und sollte.[1] Statt über die Emotionalität (‚Hate') zu sprechen sollte in pädagogischen

---

1   Antisemitismus ist nicht bloßes Ressentiment, sondern eine „säkulare, systemartige Denkform mit Welterklärungsanspruch" (Bergmann 2004, 232). Als Welterklärungsmodell

Interventionen präziser von ‚Online-Antisemitismus' statt allgemein von ‚Hate Speech' gesprochen werden.

Mit Blick auf die Verbreitung von Antisemitismus im Internet lässt sich zunächst feststellen, dass Jüdinnen und Juden Antisemitismus im Internet, in Diskussionsforen und Sozialen Medien sowie die verzerrte Darstellung Israels in den Medien als größte Probleme in Deutschland wahrnehmen. So äußerten sich die Befragten einer Onlinestudie des Zentrums für interdisziplinären Gewalt- und Konfliktforschung im Jahr 2017 (Zick u. a. 2017, 12). Diese Einschätzung kann als Folge persönlicher Erfahrungen gewertet werden. So gaben 70% der Befragten an, Antisemitismus im Internet, besonders in den Sozialen Medien und Kommentarspalten „häufig" und „sehr häufig" begegnet zu sein (ebd. 2017, 24). Insgesamt wurden zwölf Lebensbereiche abgefragt, das Internet wurde mit großem Abstand am häufigsten mit Antisemitismus in Verbindung gebracht. Mit 32% und somit weniger als der Hälfte folgte ein „sehr häufiges" oder „häufiges" Erleben von Antisemitismus in den Medien (Radio, Fernsehen, Zeitungen). Damit führt der Online-Antisemitismus nicht nur beim persönlichen Erleben das Feld an, sondern auch bei der Bewertung als Problem. 87% der Befragten geben an, Antisemitismus im Internet sei ein „sehr großes" oder „eher großes" Problem, gefolgt von der verzerrten Darstellung Israels in den Medien mit 84% (ebd., 12). Infolgedessen lässt sich festhalten, dass das Internet nicht als sicherer Sozialraum wahrgenommen wird.

Weitere Studien bestätigen diese Einschätzungen und Tendenzen: Monika Schwarz-Friesels Langzeitstudie zu Antisemitismus im Internet zeigt eine deutliche Zunahme von Antisemitismus etwa in den Kommentarspalten von Online-Qualitätsmedien (Schwarz-Friesel 2019, 54f). Es handelt sich dabei nicht nur um einen quantitativen Anstieg der Zahl antisemitischer Kommentare, sondern auch um eine neue Qualität des Online-Antisemitismus, die sich durch eine qualitative Radikalisierung auszeichnet und mit einer exorbitanten Vergrößerung des Sag- und Sichtbarkeitsfeldes einhergeht (Schwarz-Friesel 2018, 3). Vor allem die Zahl der NS-Vergleiche, Gewaltfantasien und dehumanisierenden Äußerungen hat stark zugenommen (ebd., 7). Klassische Stereotype führen die Liste an. Auch eine Studie von Jugendschutz.net kommt zu dem Ergebnis, dass Antisemitismus in Onlineräumern Jugendlicher zunimmt (Jugendschutz.net 2019).

---

kommt er vordergründig, also jenseits der weiterreichenden Implikationen und Konsequenzen, häufig ohne Hass oder andere Emotionalität aus, sondern geriert sich auch als nüchterne Analyse.

3. Mainstreaming des Online-Antisemitismus

Wie die vorangehenden Studien verdeutlicht haben, nimmt Antisemitismus im Internet zu und wird expliziter geäußert, was von den unmittelbar Betroffenen auch so erfahren wird. Möglichkeiten zu sanktionslosen antisemitischen Äußerungen sind im Internet einfacher gegeben, die „Grenzen des Sagbaren" (Rensmann 2005) bereits weiter verschoben als außerhalb des Internets (Jugendschutz.net 2019). Eine Konstellation aus unterschiedlichen strafrechtlichen Auffassungen bezüglich antisemitischer Äußerungen, unklarer juristischer Zuständigkeiten und der zunehmenden Bereitstellung von Massenkommunikationsplattformen durch ressourcenstarke internationale Wirtschaftsunternehmen begünstigen diese Entwicklungen. Besonders die zunehmende Popularisierung von Social Media zu internationalen Massenkommunikationsplattformen seit den 2000er Jahren bildet für die Bekämpfung von Antisemitismus eine Herausforderung. In ihnen etablierten User Räume, in denen expliziter Antisemitismus über Jahre hinweg offen geäußert werden konnte. Dieser Prozess wurde durch den bereits seit Jahrzehnten bestehenden Online-Antisemitismus außerhalb des Mainstreams beeinflusst. Schrieb Mark Weitzman 2001 noch von der „empowering illusion" einer wachsenden internationalen antisemitischen Bewegung (2001, 912), so verdeutlicht die Entstehung und der Einfluss der rechtsextremen „Alt-Right" in den 2010er Jahren, dass es nicht bei einer Illusion geblieben ist.

„Alt-Right" ist die Selbstbezeichnung eines Netzwerks von rechtsextremen Aktivist/-innen, dessen Mitglieder im Gegensatz zu klassisch organisierten Rechtsextremen vor allem durch Online-Plattformen verbunden sind, in denen Rechtsextremismus, Rassismus, Antisemitismus, Antifeminismus und Sexismus explizit und radikal geäußert werden (Neiwert 2017, 213–261; Nagle 2017; Hawley 2017). Zu ihnen gehören unterschiedliche Imageboards, wie *4chan* oder das inzwischen unter neuem Namen auftretende *8chan*, und rechtsextreme Soziale Netzwerke, die sich als letzte Bastionen der Meinungsfreiheit inszenieren, wie etwa das an den Kurznachrichtendienst Twitter angelehnte Netzwerk *Gab*. Ein herausragendes Element der „Alt-Right"-Kommunikation ist die Nutzung von Ironie als Abwehrstrategie gegen Rechtsextremismus- und Antisemitismus-Vorwürfe und als Rekrutierungsinstrument für jungen Menschen (Anglin 2016; The Daily Stormer 2017). Hierzu werden insbesondere Memes genutzt (Zannettou/Caulfield u.a. 2018), Text-Bild Kompositionen, die als humoristisch oder sarkastischer Kommentar auf gesellschaftliche Ereignisse Bezug nehmen (Marx/Weidacher 2014, 45). Das bekannteste Beispiel eines antisemitischen Memes ist das „(Le) Happy Merchant"-Meme, welches die Karikatur eines sich die Hände reibenden Juden mit übergroßer Nase und Kippa zeigt, die von einem US-amerikanischen Neonazi entworfen wurde (Oboler 2014; Anglin 2016; Know Your Meme 2018; Zannettou/Finkelstein u. a. 2018). „Endziel" (Anglin 2016) des Netzwerks sei es, so der „Alt-Right"-Influencer und Betreiber der antisemitischen und rechtsextremen Webseite *The Daily Stormer*, Andrew Anglin, „to first solidify a stable and self-sustaining counterculture, and then eventually push this into becoming the dominant culture, in the same way that the Jewish-led revolutionary counter-culture of the 1960s has now become the dominant culture of the West" (ebd.). Neben Memes wird dazu auch auf die Trolling Kultur der Chan-Boards zurückgegriffen, die von grenzüberschreitenden Späßen über die Koordination von sogenannten Shitstorms bis hin zu individuellen Mord- und Vergewaltigungsdrohungen gegen als Feind/-innen identifizierte Individuen und Organisationen reicht.

Als Beispiel für die Normalisierung des Online-Antisemitismus im Bereich der Jugendkulturen muss eine Aktion des YouTube-Influencers Felix Kjellberg (PewDiePie) genannt werden. Kjellberg war von Ende 2013 bis Anfang 2019 – mit kurzer Unterbrechung – der weltweit reichweitenstärkste YouTuber, dessen Kanal im Januar 2020 über 102 Millionen Abonnent/-innen verfügt (PewDiePie YouTube Channel, 2020). Aktuell nimmt sein Kanal den zweiten Platz ein, seine Videos werden millionenfach aufgerufen. Auf seinem Kanal verbreitet der junge Schwede zunächst hauptsächlich live kommentierte Mitschnitte von Computerspielen („Let's Plays"), aber auch Videos deren Inhalte Kommentare und Comedy enthalten. Am 11. Januar 2017 postete Kjellberg ein Video, in dem er eine humoristische Kritik der Verrücktheit der modernen Welt formulieren wollte, wie er später darlegte. Dazu nutzte er einen Online-Service, der Freelance-Arbeit für fünf Dollar anbietet. Kjellberg bestellte unter anderem von einem Anbieter der Plattform ein Video von zwei halbnackten indischen Männern, die nach einem kurzen Tanz ein Blatt Papier mit der Aufschrift „Death to all Jews" entrollen sollten. Der Auftrag wurde von dem Anbieter ausgeführt, das Video auf dem Kanal Kjellbergs ohne eine kritische Einordnung gezeigt. Zwar zeigte sich der YouTuber überrascht über die Erfüllung seines Auftrags und betonte, er sei kein Antisemit und fühle sich schlecht, dieses Meme verbreitet zu haben. Anschließend bewertete er jedoch die Dienstleistung unkritisch in allen Kategorien mit fünf von fünf Sternen (Mahdawi 2017; YouTube's biggest star PewDiePie causes controversy with ‚Death to all Jews' video, 2017). Die Folge für Kjellberg waren wirtschaftliche Einbußen durch Abbrüche der Geschäftsbeziehungen, etwa mit Disney. Auf *The Daily Stormer* feierte ihn Anglin hingegen für das Mainstreaming antisemitischer Inhalte (Anglin 2017). In letzter Instanz schadete die Verbreitung antisemitischer Inhalte Kjellberg jedoch nur unwesentlich. Er wurde nicht gesperrt und konnte seit dem antisemitischen Zwischenfall sein Publikum auf YouTube von 52 auf 102 Mio. Abonnent/-innen mehr als verdoppeln.

Massenhaftes Auftreten antisemitischer Inhalte lässt sich in der Online-Kommunikation besonders in den führenden sozialen Netzwerken, wie Facebook, Twitter und YouTube in Deutschland, bei Trigger-Themen nachweisen. Nicht-antisemitische Postings von Medien oder Accounts von Prominenten aus Gesellschaft und Politik ziehen eine Fülle antisemitischer Kommentare nach sich, insbesondere, wenn über den Nahost-Konflikt, Terroranschläge oder George Soros berichtet wird. So finden sich etwa unter einem Posting über ein Treffen der damaligen deutschen Bundesministerin für Justiz und Verbraucherschutz, Katarina Barley, mit Soros im November 2018, in welchem die Bedeutung einer lebendigen Zivilgesellschaft für eine liberale Demokratie thematisiert wurde, auch im Jahr 2020 noch antisemitische und antijudaistische Kommentare, in denen Soros als Inkarnation des Bösen bzw. Antichristen und als Weltverschwörer dargestellt wird (Barley 2018).

Diese Beispiele für das Mainstreaming und die Normalisierung von Online-Antisemitismus sollen ebenfalls dazu dienen, einige Dynamiken für eine pädagogische Auseinandersetzung zu verdeutlichen. Eine Überlegung ist dabei leitend: Die Onlinewelt bildet einen Teil der gesellschaftlichen Sphäre und existiert nicht abgekoppelt davon. Eine disjunkte Unterscheidung von Online- und Offline-Leben lässt sich, besonders mit Blick auf jugendliches Kommunikationsverhalten, nur idealtypisch vornehmen. Zwischen beiden gesellschaftlichen Subsphären existiert darüber hinaus ein wechselseitiger Bestärkungsmechanismus: Offline-Entwicklungen haben Online-Auswirkungen, aber auch vice versa.

4. Online-Antisemitismus und Gewalt

Vor dem Hintergrund der wechselseitigen Bestärkungsmechanismen kann auch die antisemitische Gewalt der letzten Jahre in das Blickfeld gerückt werden. Zwar lassen sich keine eindeutigen Kausalbeziehungen zwischen antisemitischen Einstellungen und Handlungen, sowie zwischen Online- und Offline-Handlungen identifizieren.[2] Die Fälle radikaler antisemitischer Gewalt seit Oktober 2018 zeigen jedoch aus der Retrospektive, dass die Täter sich vornehm-

---

2   Eine Studie zweier Wirtschaftswissenschaftler der University of Warwick zum Zusammenhang vom Anstieg geflüchtetenfeindlicher Postings auf Facebook und Gewalt gegen

lich online radikalisiert haben (Amend 2018), ihre Tat dort ankündigten und zum Teil live übertrugen. Der mutmaßliche Attentäter auf Mitglieder der *Tree of Life* Synagoge in Pittsburgh, Robert Bowers, der am 27. Oktober 2018 elf Menschen tötete und sechs verletzte, nutzte das rechtsextreme Netzwerk *Gab*. Kurz vor der Tat postete er eine Nachricht, in der er seine Tat durch eine antisemitische Variante der Verschwörungserzählung des „White Genocide"/„Great Replacement" legitimierte (Bowers 2018). Darin wird Jüdinnen und Juden vorgeworfen, globale Migrationsbewegungen zu lenken, um die weiße Bevölkerung in Staaten zu vernichten, in denen jene die Mehrheit bilden.³ Bowers' gesamtes Profil auf Gab zeugt von seinen judenfeindlichen Einstellungen. Er teilte und postete antijudaistische und antisemitische Texte und Memes, in denen der Mythos der ‚jüdischen Weltverschwörung' reproduziert wurde, oder Jüdinnen und Juden, in Anlehnung an ein Bibelzitat, als „Kinder Satans" bezeichnet wurden (Bowers 2018; Quent/Rathje 2019). Exakt sechs Monate später, am 27. April 2019, tötete ein junger Mann bei einem Anschlag auf die Chabad-Synagoge im kalifornischen Poway während einer Pessach-Feier eine Jüdin und verletzte drei weitere. Der mutmaßliche Täter, John Earnest, versuchte erfolglos seine Tat auf Facebook live zu streamen, wie es bereits einen Monat zuvor der mutmaßliche Attentäter von Christchurch, Brenton Tarrant, erfolgreich getan hatte. Seinem Vorbild Tarrant folgend, veröffentlichte Earnest ein ‚Manifest' und den Link zum Livestream auf 8chan (kiwifarms.net 2019). In seinem Posting bedankt er sich bei der Community des Imageboards. Dessen Inhalte seien für ihn ein rechtsextremes Erweckungserlebnis⁴ gewesen (Earnest 2019b). In seinem vier-

---

Geflüchtete legt nahe, dass ein Anstieg von diskriminierenden Postings zu einem Anstieg von Gewalt führen kann, vgl. Müller/Schwarz (2019), kritisch Cowen (2018).

3   In Deutschland verbreitet die „Neue Rechte", besonders die *Identitäre Bewegung*, die Erzählung des „Großen Austauschs", in der die kulturelle „Überfremdung" durch Migration in der öffentlichen Kommunikation hervorgehoben wird. In internationalen Kontexten, die maßgeblich durch das „Alt-Right"-Netzwerk geprägt sind, steht der „Große Austausch" als Chiffre für die physische Vernichtung. Exemplarisch hat Brenton Tarrant, der mutmaßliche Attentäter von Christchurch im März 2019, dies in seiner Publikation „The Great Replacement" verdeutlicht: „This crisis of mass immigration and sub-replacement fertility is an assault on the European people that, if not combated, will ultimately result in the complete racial and cultural replacement of the European people. [...] This is ethnic replacement. This is cultural replacement. This is racial replacement. This is WHITE GENOCIDE." (Tarrant 2019, 3 f.)

4   Innerhalb verschiedener Online-Subkulturen wird dieser Prozess in popkultureller Anlehnung an den Film *The Matrix* „Redpilling" genannt. Der Begriff wurde Anfang der 2000er Jahre im Rahmen von Gesellschaftskritik genutzt, erfuhr dann jedoch eine ver-

seitigen „offenen Brief" huldigt Earnest seinen Vorbildern Bowers und Tarrant, und offenbart darüber hinaus die gleichen antisemitischen Weltverschwörungsvorstellungen, wie sie sich auch bei ersterem finden lassen: „I would die a thousand times over to prevent the doomed fate that the Jews have planned for my race" (Earnest 2019a, 1). Earnest bezieht sich hierbei auf den Mythos des „White Genocide". Diese antisemitischen Einstellungen zeigen sich auch in den Selbstzeugnissen des mutmaßlichen Attentäters Stephan Balliet, der am 9. Oktober 2019 – dem höchsten jüdischen Feiertag Jom Kippur – versuchte, die Synagoge in Halle zu stürmen und einen Massenmord an den anwesenden Gläubigen zu verüben. Nachdem seine Anschlagsabsicht scheiterte, tötete er auf einer anschließenden Amokfahrt zwei Menschen und verletzte mehrere. Seine Tat kündigte er auf einem kleinen, auf japanische Cartoons spezialisierten Imageboard an. Im Posting teilte er mehrere Dokumente und einen Link zum Livestream auf der auf Gaming spezialisierten Plattform *Twitch*. Ziel seiner antisemitischen Propaganda, die er bewusst auf Englisch an ein internationales Online-Publikum richtete, war es, weitere Taten zu motivieren (Meguca 2019).

Die Fälle verdeutlichen, dass eine antisemitische Online-Radikalisierung bis hin zum Terrorismus erfolgen kann. Um Radikalisierung zu verhindern, muss dem Antisemitismus heute daher auch im Internet aktiv mit pädagogischen Angeboten begegnet werden.

5. Präventionsansätze und digitale Streetwork

Unter Digital Streetwork wird der von der Amadeu Antonio Stiftung entwickelte, aufsuchende Ansatz der Jugendsozialarbeit verstanden, der die Sozialen Netzwerke als „Straße" versteht und dort tätig wird (Amadeu Antonio Stiftung 2017). Häufig handelt es sich dabei um Zielgruppen, die über Regelangebote der sozialen Arbeit schwer zu erreichen sind und einer möglichen Gefährdung wie Wohnungslosigkeit, Drogenmissbrauch oder auch der Vereinnahmung durch delinquente Jugendgruppen ausgesetzt sind (Becker 1995). Die Digital Streetwork im Modellprojekt der Amadeu Antonio Stiftung nimmt Jugendliche im Netz in den Fokus ihrer Arbeit, vor allem solche, die verstärkt extremistischen Weltbildern ausgesetzt sind sowie junge User/-innen, die online rechtsaffine

---

schwörungsideologische Wendung und wurde in diesem Sinne vor allem durch antifeministische bis misogyne Milieus popularisiert, die später einen Teil des „Alt Right"-Netzwerks bilden sollten. Vgl. Know Your Meme (2019); Ging (2017); Dittrich/Rathje (2019).

oder rechtsextreme Einstellungen teilen oder von entsprechenden Angeboten angesprochen werden.

Antisemitismus in seinen vielen verschiedenen Erscheinungsformen ist ein Bestandteil solcher Einstellungsangebote, die im Netz häufig verbreitet werden und Teil des digitalen Alltags von rechtsaffiner Jugendkultur sind. Beim Digital Streetwork werden Jugendliche online aktiv von pädagogisch geschulten Fachkräften aufgesucht. Es wird ein Interventionsangebot geschaffen, in dem das digitale Umfeld als Teil ihrer alltäglichen Lebenswelt anerkannt wird und darin pädagogisch gearbeitet, z.B. Posts in Social Media oder auch in Kommentarspalten.

Digitale Streetwork in eine sozialpädagogische Arbeit zu übertragen bedeutet für Fachkräfte, sich intensiv dem digitalen und kommunikativen Alltag der Jugendlichen online, insbesondere auf Social Media-Plattformen, auseinanderzusetzen. Dort spielen alternative Informationsangebote und Interaktionen mit gleichaltrigen Peers die entscheidende Rolle – sie sind einerseits der „Content" des digitalen alltäglichen Handelns, gehören andererseits aber zum gesellschaftlichen Rahmen, in dem sich die User/-innen zueinander in sinnhafte, soziale Beziehungen setzen. Hierbei kann sich auch delinquentes Verhalten zeigen. Adoleszente Muster finden sich z.B. darin, indem ‚getrollt' wird. Trolling ist eine kommunikative Praxis, die sich vor allem darauf konzentriert, Reaktionen anderer Gesprächsteilnehmer/-innen zu provozieren. Dies geht einher mit dem gezielten Negieren und Überschreiten kommunikativer Grenzen und Tabus. Gerade Antisemitismus bietet sich hier an, da angenommen wird, dass er gesellschaftlich einer Tabuisierung unterliegt, die zusätzlich stark moralisierend geprägt ist. Geschmacklose, antisemitische Witze über die Opfer des Holocaust führen so mit einiger Wahrscheinlichkeit zu Reaktionen der Mitlesenden. Es gehört zum pädagogischen Alltag mit dieser Art der digitalen Trollkultur umgehen zu können. Außerdem muss Digitale Streetwork auch alternative Räume schaffen, in denen eine Kommunikationskultur frei von solcherlei Provokation und Grenzüberschreitung erlebt werden kann.

Gerade in Bezug auf Online-Antisemitismus kann das von Susan Benesch entwickelte Konzept der *Dangerous Speech* hilfreich sein. Dieses beschreibt eine Form der Kommunikation, die ihrer Struktur und ihrem Inhalt nach dazu geeignet ist, Gewalt gegen Bevölkerungsgruppen zu legitimieren und die Wahrscheinlichkeit von deren Ausführung zu erhöhen. Bestimmte Ausdrucksformen des Verbal-Antisemitismus als *Dangerous Speech* einzuordnen bedeutet, diese trotz ihrer häufig inhärenten Kommunikationslatenz und Umwegkommunikation in ihrer Gefahr für jüdisches Leben ernst zu nehmen. Benesch nennt Hallmarks, die als charakteristisch für *Dangerous Speech* gelten und sich allesamt auch als zentrale Elemente des Verbalantisemitismus wiederfinden: dehumanization, accusation in a mirror[5], threats to group integrity or purity, assertions of attacks against women and girls, and questioning in-group loyalty (vgl. Leader Maynard/Benesch (2016).

Antisemitismus ist milieuübergreifend, klassische Mechanismen aus der Rechtsextremismusprävention greifen häufig nicht – selbst Online-Milieus, die dezidiert antirassistisch sind, können dennoch antisemitisch sein. Das digitale Streetwork arbeitet im Kontext eines sich wandelnden gesellschaftlichen Kommunikationsklimas, das Teil einer Transformation von digitaler Öffentlichkeit ist.

Über die letzten 20 Jahre hat sich die Präventionsarbeit – insbesondere im Bereich des Rechtsextremismus – stetig weiterentwickelt. Das klassische Präventionsstufenmodell ist bei Antisemitismus nur bedingt anwendbar. Das Modell funktioniert in 3 Stufen der Hinwendung zu rechtsextremem, geschlossenem Weltbild und leitet für jede Stufe eine unterschiedliche pädagogische Handlungsmöglichkeit ab. Der Ansatz dieser Art der Antidiskriminierungsarbeit funktioniert für den Antisemitismus nicht – da dieser nicht vorurteilsbasiert und nicht ohne weiteres in ein solches Modell zu integrieren ist. Online-Präventionsarbeit muss zielgruppenspezifisch arbeiten, um erfolgreich zu sein. Hier ist auch die jeweilige Zielgruppe leitend für den Umgang. So lassen sich Schemata der klassischen Funktionseinordnungen der Radikalisierungsgrade auch auf das Onlineverhalten übertragen:

	Funktion/Verhalten	Diskussionsverhalten
Mitläufer/-in	• unsystematische Handlungen nach Milieu-Vorgaben • vereinzelte Teilnahme an Milieu-Aktionen, ggf. Kontakte zu Aktivist/-innen	• Suche nach Orientierung • eher offenes Diskussionsverhalten
Sympathisant/-in	• passiver Konsum (Social Media lediglich Likes und Shares) • keine Handlungen nach -Milieu-Vorgaben	• offenes Diskussionsverhalten

---

5   Die ‚Anschuldigung im Spiegel' bezeichnet eine Konstellation, in der das Opfer einer Aggression beschuldigt wird, seinerseits Gewalt gleichen oder größeren Ausmaßes geplant zu haben. Durch diese Technik kann die eigene Aggression als Notwehr rationalisiert und sogleich moralisch konsolidiert werden. Das Konzept weist eine starke Ähnlichkeit mit jenem der ‚Projektion' in der Kritischen Theorie auf (z. B. in Adorno 1973, 363f).

	Funktion/Verhalten	Diskussionsverhalten
Kader	• Milieumanager/-in/ (geistig-spirituelle) Führungsperson • Entwicklung von Handlungsstrategien, Aufbau und Organisation von Strukturen • Vernetzung • regelmäßige Reden • Vortragsreisende • Autor/-in, Vlogger/-in, Blogger/-in • Anmelder/-in	• strategisch-taktisch • geschulte bzw. erfahrene Argumentation
Aktivist/-in	• Aktionsorientierte Basis • regelmäßige und aktive Teilnahme • tragende Rolle • Bereitschaft zu physischen Konflikten • Bindeglied zu Mitläufer/-innen und Sympathisant/-innen • systematische Handlungen nach VI Milieu-Vorgaben	• strategisch-taktisch

Quelle: Verein für Demokratische Kultur in Berlin e. V./Mobile Beratung gegen Rechtsextremismus in Berlin 2006, 84f (modifiziert durch Jan Rathje)

Eine Intervention im Kontext Digital Streetwork kann unter Anwendung dieses Schemas erfolgen. So ist es in der Praxis möglich, in digitalen öffentlichen Räumen wie z.B. Kommentarspalten von Postings oder Videos Mitläufer/-innen zu identifizieren und überlegt zu intervenieren. Digital Streetwork richtet sich vor allem an junge Menschen, die im Netz nach Orientierung suchen und dabei zwar auch angebotene Ideologiefragmente konsumieren, aber über (noch) kein geschlossenes Weltbild verfügen. Der Kontakt mit Antisemitismus erfolgt eher zufällig und nicht aktiv aufsuchend, die Reproduktion dementsprechend wenig zielgerichtet. User/-innen werden im Rahmen der Digital Streetwork aktiv aufgesucht und direkt angesprochen – meist in der Öffentlichkeit der Kommentarspalte, zusätzlich aber auch in Form privater Nachrichten.

Die Konfrontation erfolgt auf zweierlei Ebenen: Einerseits wird mit Fakten und Argumenten gearbeitet und falschen Behauptungen widersprochen. Grundlage hierfür können zahlreiche Online-Angebote sein, die ein *Debunking* gängiger, antisemitischer Denkmuster betreiben – so beispielsweise die Webseite nichtsgegenjuden.de der Amadeu Antonio Stiftung. Dies ist nicht nur wichtig, um der direkt angesprochenen Person entsprechende Angebote zu machen, sondern auch, sofern das Gespräch im öffentlichen Raum stattfindet, um die digitalen Bystander zu erreichen, also jene Mitlesenden, die sich vielleicht gerade zum ersten Mal überhaupt mit diesem Thema konfrontiert sehen. Andererseits darf sich die Ansprache nicht auf diese wissensbasierte Ebene beschränken, sondern muss dem Umstand Rechnung tragen, dass es sich beim Antisemitismus zwar um ein Weltbild mit einem hohen Maß an vordergründiger Rationalisierung handelt, dieses aber gleichzeitig wahnhafte und zutiefst irrationale Züge trägt, denen nicht mit Fakten und Wissensvermittlung beigekommen werden kann. Diese zweite Kommunikationsebene soll den Angesprochenen ermöglichen, eigene Denkweisen kritisch zu hinterfragen und deren Irrationalität zu erkennen. Dieser Aspekt entwickelt sich meist in mehreren Gesprächen und Interventionen über einen längeren Zeitraum und beinhaltet auch Beziehungsarbeit. Während die erste Ebene der Kommunikation vergleichsweise leicht umsetzbar ist, wird für diese zweite Ebene nicht nur umfangreiches Wissen zum Thema Antisemitismus benötigt, sondern zusätzlich auch umfangreiche sozialpädagogische und fachwissenschaftliche Kenntnisse und Fähigkeiten.

Auffällig ist auch, dass der Online-Antisemitismus, dem Jugendliche ausgesetzt sind, häufig in einem eher vorpolitischen Raum stattfindet. So kam es beispielsweise in den Kommentaren zum Video einer Beauty-Vloggerin, die ein Hummusrezept vorstellte, zu einer Diskussion darüber, ob dieses Gericht nun israelisch oder palästinensisch sei, wobei auch einige antisemitische Kommentare fielen. Sozialprofessionelle sollten hier vor allem verunsichernd-konfrontativ und fragend vorgehen: „Warum denkst Du das?", „Was heißt das für Dich persönlich?", „Hast Du schon persönliche Erfahrungen mit Jüd/-innen gemacht?" usw.

Der Digital Streetwork-Ansatz befindet sich aktuell noch in der Entwicklung und wird als reguläres Angebot und Ergänzung zu bestehenden Konzepten etabliert. Insbesondere der Online-Antisemitismus stellt für pädagogische Fachkräfte eine besondere Herausforderung dar, da er sich stärker noch als andere Formen der ‚Hate Speech', einem einfachen Common Sense-Verständnis entzieht und auf große Unsicherheit trifft. Durch eine gezielte Vorbereitung kann diese jedoch abgebaut und zielführendes Intervenieren ermöglicht werden. Wichtig hierfür ist vor allem ein Verständnis dafür zu vermitteln, in welchen Kontexten sich Antisemitismus in der digitalen Kommunikation entlädt.

6. Erwartbarkeitsdimensionen des Online-Antisemitismus

Die Möglichkeit einer Antizipation antisemitischer Aktivitäten in der Online-Kommunikation auf Social Media-Plattformen und Kommentarspalten ermöglicht eine Vorbereitung pädagogischer und administrativer Interventionen. Sie ist somit nicht nur für Digital Streetworker/-innen wichtig, sondern auch für

Social Media Manager/-innen, die demokratische Zivilgesellschaft, kritische User/-innen und nicht zuletzt auch die Plattformbetreibenden selbst. Den Verantwortlichen kann so ermöglicht werden, ihre Handlungskonzepte entlang bestimmter Zeit- und Erwartbarkeitsdimensionen auszurichten.

Einen ersten Vorschlag für eine Kategorisierung in persistente, saisonale und situationale Formen des Online-Antisemitismus stellen wir im Folgenden vor.

6.1 Persistente Formen des Online-Antisemitismus

Gemeint sind damit jene Formen, die auf keinen unmittelbaren, konkreten Auslöser angewiesen sind. Sie bilden gleichsam ein antisemitisches Grundrauschen in der digitalen Kommunikation ab. Es handelt sich um Äußerungsformen, die in Quantität und Qualität ihres Auftretens nur geringen Schwankungen unterworfen sind, sich aber umso hartnäckiger und die Zeit überdauernd halten können, beispielsweise als antisemitische Kommentare im Rahmen gewöhnlicher Berichterstattung über Israel und den Nahen Osten. Die Äußerungen weisen einen eher geringen Grad der Organisiertheit auf und erscheinen eher affektiv.

Für persistenten Online-Antisemitismus, der dauerhaft auf relativ gleichbleibendem Niveau erfolgt, müssen ebenso dauerhafte Konzepte und Gegenstrategien entwickelt, erprobt und angewandt werden. Sie bilden auch die Grundlage für die Arbeit mit saisonalen und situationalen Formen.

6.2 Saisonale Formen des Online-Antisemitismus

Diese treten regelmäßig, im Kontext konkreter, wiederkehrender Ereignisse auf. Im Vergleich zu den persistenten Formen erscheinen sie eher kampagnenartig organisiert und gut vorbereitet, regelmäßig auch durch organisierte, politische Akteure. Es handelt sich häufig um Jahrestage, wie beispielsweise den Gründungstag des israelischen Staates, der jedes Jahr sowohl offline als auch online auch für antisemitische Kampagnen zum Anlass genommen wird. Auch beim 27. Januar, der Tag des Gedenkens an die Opfer des Nationalsozialismus, handelt es sich um ein jährlich wiederkehrendes Ereignis, an dem z.B. ein Anstieg in Form von Holocaustrelativierung und sekundärem Antisemitismus beobachtet werden kann.

Diese saisonalen, wiederkehrenden Kommunikationsanlässe können als feste Ereignisse in die Jahresplanung mit aufgenommen werden und sind in ihrem zeitlichen Auftreten berechenbar. Vor allem die Jahrestage historischer Ereignisse können in gewissem Maße antizipiert werden, da runde Jahrestage wie beispielsweise ein 50. Jubiläum zumeist ausgeprägtere Kampagnen mit sich bringen als andere. Für saisonalen Online-Antisemitismus kann grundsätzlich eine zielgerichtete Vorbereitung mit zeitlichem Vorlauf erfolgen. Konzepte können jährlich aktiviert werden und müssen bei Bedarf lediglich angepasst werden.

6.3 Situationale Formen des Online-Antisemitismus

Diese treten im Kontext konkreter Ereignisse auf, die sich im Gegensatz zu den saisonalen Formen allerdings nicht wiederholen. Trigger-Ereignisse können entweder ohne Vorzeichen auftreten oder sich mit zeitlichem Vorlauf ankündigen, wovon in Konsequenz die Möglichkeit der Vorbereitung abhängt.

Eine Vorbereitung auf situationale Formen ist möglich, wenn sich die Trigger-Ereignisse im Vorfeld bereits abzeichnen. Die zur Verfügung stehende Zeit hängt davon ab, wie früh sich das Ereignis abzeichnet. Ein Beispiel für einen solchen Anlass ist die Austragung des Eurovision Song Contest in Israel im Jahr 2018. Bereits bei Bekanntwerden dieses Umstandes hätten antisemitische Reaktionen antizipiert und entsprechende Reaktionen vorbereitet werden können.

Eine Vorbereitung auf spontan auftretende Trigger-Ereignisse wie zum Beispiel Terroranschläge bzw. die durch sie ausgelösten Online-Antisemitismen, die keinen zeitlichen Vorlauf für eine Vorbereitung mit sich bringen, stellen hingegen eine große Herausforderung dar. Wichtigste Grundlage für Interventionen ist ein Grundstock mit adaptierbaren Konzepten und Handlungsmustern, wie sie beispielsweise für die Arbeit gegen persistente Formen entwickelt wurden.

7. Zusammenfassung und offene Fragen

Aufsuchende Jugendsozialarbeit im Internet in Form Digitaler Streetwork bietet zahlreiche Chancen für Interventionen gegen Online-Antisemitismus. Der Grundgedanke, User/-innen dort aufzusuchen und aktiv anzusprechen, wo sich ihre digitalen Lebenswelten befinden und ein Teil ihrer Sozialisierung stattgefunden hat, ist ohne Zweifel auf viele Formen antidemokratischer Ideologie und gruppenbezogener Menschenfeindlichkeit übertragbar, muss sich aber andererseits auch daran messen lassen, inwiefern sie in der Lage ist, die Spezifika der jeweiligen Ausdrucksformen abzubilden und aufzufangen.

Das vorhandene Potential einer digitalen Streetwork gegen Antisemitismus kann nur dann ausgeschöpft werden, wenn eine Übertragung auf diesen Gegenstandsbereich anerkennt, dass Antisemitismus sich von anderen Phänomenen, die unter dem Begriff „Hate Speech" subsumiert werden, teils fundamental unterscheidet. So wird im Antisemitismus zwar ebenfalls ein klares Feindbild entworfen und in ein Bedrohungsszenario integriert, im Gegensatz beispielsweise zu rassistischer Ideologie basiert dieses nicht auf der angenommenen Unterlegenheit des Gegenübers, sondern auf seiner Überlegenheit, die sich in Vorstellungen einer „jüdischen Weltverschwörung" ausdrückt. Bestehende Ansätze der Antidiskriminierungsarbeit und einer Erziehung zur Toleranz stoßen hier an ihre Grenzen.

Des Weiteren sollten sich Online-Interventionen gegen Antisemitismus mehr als jene gegen andere Ideologien nicht nur auf extremistische Communities beschränken. Auch wenn diese Forderung in Anbetracht knapper Ressourcen nur schwerlich in der Praxis umsetzbar ist, kann Antisemitismus als gesellschaftlichem Querschnittsphänomen, das sich entgrenzt und milieuübergreifend ausdrückt, nur mit weiteren, darüber hinausgehenden Maßnahmen sinnvoll begegnet werden. Die Wahrnehmung von Jüdinnen und Juden, dass es sich beim Internet um einen besonders bedrohlichen und unsicheren Teil der Gesellschaft handelt, bezeugt diese Notwendigkeit umso mehr.

Literatur

Adorno, Theodor W. (1973): Studien zum autoritären Charakter. Frankfurt/M.

Amadeu Antonio Stiftung (2017): Digital Streetwork. Pädagogische Interventionen im Web 2.0. Berlin. https://www.amadeu-antonio-stiftung.de/w/files/pdfs/digital_streetwork_web.pdf (Stand v. 15.4.2020)

Amend, Alex (2018): Analyzing a terrorist's social media manifesto. The Pittsburgh synagogue shooter's posts on Gab (Stand v. 3.1.2020). https://www.splcenter.org/hatewatch/2018/10/28/analyzing-terrorists-social-media-manifesto-pittsburgh-synagogue-shooters-posts-gab

Anglin, Andrew (2016): A Normie's Guide to the Alt-Right (Stand v. 1.7.2018). https://dailystormer.name/a-normies-guide-to-the-alt-right/

Anglin, Andrew (2017): PewDiePie 2024! (Stand v. 3.9.2019). https://dailystormer.name/pewdiepie-2024/

Barley, Katarina (2018): Auch bei uns in #Europa gerät die offene Gesellschaft immer stärker unter Druck (Stand v. 3.1.2020). https://twitter.com/katarinabarley/status/1065290364205056000

Becker, Gerd (1995): Handbuch aufsuchende Jugend- und Sozialarbeit. Theoretische Grundlagen, Arbeitsfelder, Praxishilfen. Weinheim.

Bergmann, Werner (Hg.) (2004): Antisemitismusforschung in den Wissenschaften. Berlin.

Bowers, Robert (2018): Social Media Account on GAB.com (Stand v. 7.12.2018). https://archive.fo/k63LE

Cowen, Tyler (2018): Is Facebook causing anti-refugee attacks in Germany? (Stand v. 3.1.2020). https://marginalrevolution.com/marginalrevolution/2018/08/facebook-causing-anti-refugee-attacks-germany.html

Deutsches Institut für Vertrauen und Sicherheit im Internet (2018): DIVSI U25-Studie. Euphorie war gestern. Die „Generation Internet" zwischen Glück und Abhängigkeit. Hamburg.

Dittrich, Miro/Rathje, Jan (2019): „The Mob is the Movement". Das Netzwerk rechter Onlinekulturen von #Gamergate zu „Alt Right". In: Antifaschistisches Infoblatt, 125/2019.

Earnest, John (2019a): An open letter (Stand v. 28.4.2019). https://pastebin.com/VXXFQMTW

Earnest, John (2019b): Screenshot Anschlagsankündigung John Earnests 8chan (Stand v. 9.1.2020). https://web.archive.org/web/20190427233144oe_/https://kiwifarms.net/attachments/155639 5116047-png.739302/

Ging, Debbie (2017): Alphas, Betas, and Incels. Theorizing the Masculinities of the Manosphere. In: Men and Masculinities, 2017, 1097184X1770640.

Hawley, George (2017): Making sense of the alt-right. New York.

Reimer, Katrin/Klose, Bianca (2006): Integrierte Handlungsstrategien zur Rechtsextremismus-Prävention und -Intervention bei Jugendlichen. In: Hintergrundwissen und Empfehlungen für Jugendarbeit, Kommunalpolitik und Verwaltung. (Hg.) Mobile Beratung gegen Rechtsextremismus. Berlin.

Jugendschutz.net (2019): Antisemitismus online 2.0. Reichweitenstark zwischen Jugendkultur, Holocaustleugnung und Verschwörungstheorien. Mainz.

kiwifarms.net (2019): Synagogue Shooting in Poway, California (Stand v. 9.1.2020). https://web.archive.org/web/20190427233142/https://kiwifarms.net/threads/synagogue-shooting-in-poway-california.55838/

Know Your Meme (2018): Happy Merchant (Stand v. 2.1.2020). https://knowyourmeme.com/memes/happy-merchant

Know Your Meme (2019): Red Pill (Stand v. 01.09.201914.01.20). https://knowyourmeme.com/memes/red-pill

Landesanstalt für Medien NRW (2019): Ergebnisbericht. forsa-Befragung zu: Hate Speech.

Leader Maynard, Jonathan/Benesch, Susan (2016): Dangerous Speech and Dangerous Ideology: An Integrated Model for Monitoring and Prevention. In: Genocide Studies and Prevention, 3/2016, S. 70–95.

Mahdawi, Arwa (2017): PewDiePie thinks ‚Death to all Jews' is a joke. Are you laughing yet? (Stand v. 3.9.2019). https://www.theguardian.com/commentisfree/2017/feb/15/youtube-pewdiepie-thinks-death-to-all-jews-joke-laughing-yet

Marx, Konstanze/Weidacher, Georg (2014): Internetlinguistik. Ein Lehr- und Arbeitsbuch (Narr-Studienbücher). Tübingen.

Medienpädagogischer Forschungsverbund Südwest (2018): JIM-Studie 2018. Jugend, Information, Medien. Stuttgart.

Meguca (2019): For all of you, who live in no fun countries. http://archive.li/FXYBh

Müller, Karsten/Schwarz, Carlo (2019): Fanning the Flames of Hate. Social Media and Hate Crime. In: SSRN Electronic Journal, 2019.

Nagle, Angela (2017): Kill all normies. The online culture wars from Tumblr and 4chan to the alt-right and Trump. Winchester, UK.

Neiwert, David (2017): Alt-America. The rise of the radical right in the age of Trump. London.

Oboler, Andre (2014): The antisemitic meme of the Jew. Caulfield.

PewDiePie YouTube Channel (2020) (Stand v. 2.1.2020). https://www.youtube.com/channel/UC-lHJZR3Gqxm24_Vd_AJ5Yw

Quent, Matthias/Rathje, Jan (2019): Von den Turner Diaries über Breivik bis zum NSU. Antisemitismus und rechter Terrorismus. In: Salzborn, Samuel (Hg.): Antisemitismus seit 9/11. Ereignisse, Debatten, Kontroversen (Interdisziplinäre Antisemitismusforschung; Bd. 11). Baden-Baden, S. 165–178.

Rat für kulturelle Bildung (2019): Jugend/YouTube/Kulturelle Bildung. Horizont 2019. Essen.

Rensmann, Lars (2005): Demokratie und Judenbild. Antisemitismus in der politischen Kultur der Bundesrepublik Deutschland. Wiesbaden.

Schwarz-Friesel, Monika (2018): Antisemitismus 2.0 und die Netzkultur des Hasses. Judenfeindschaft als kulturelle Konstante und kollektiver Gefühlswert im digitalen Zeitalter (Kurzfassung). Berlin.

Schwarz-Friesel, Monika (2019): Judenhass im Internet. Antisemitismus als kulturelle Konstante und kollektives Gefühl. Berlin.

Tarrant, Brenton (2019): The Great Replacement.

The Daily Stormer (2017): Writer's Guide v2 (Stand v. 20.11.2019). https://web.archive.org/web/20190401113224/https://www.huffpost.com/entry/daily-stormer-nazi-style-guide_n_5a2ece19e4b0ce3b344492f2

Weitzman, Mark (2001): „The Internet is our Sword". Aspects of Online Antisemitism. In: Roth, John K./Maxwell, Elisabeth (Hg.): Remembering for the future. The Holocaust in an age of genocide. Houndmills, Basingstoke, Hampshire, S. 911–925.

YouTube's biggest star PewDiePie causes controversy with ‚Death to all Jews' video (2017) (Stand v. 2.1.2020). https://www.ibtimes.co.uk/youtubes-biggest-star-pewdiepie-causes-controversy-death-all-jews-video-1600569

Zannettou, Savvas/Caulfield, Tristan/Blackburn, Jeremy/Cristofaro, Emiliano De/Sirivianos, Michael/Stringhini, Gianluca/Suarez-Tangil, Guillermo (2018): On the Origins of Memes by Means of Fringe Web Communities.

Zannettou, Savvas/Finkelstein, Joel/Bradlyn, Barry/Blackburn, Jeremy (2018): A Quantitative Approach to Understanding Online Antisemitism.

Zick, Andreas/Hövermann, Andreas/Jensen, Silke/Bernstein, Julia (2017): Jüdische Perspektiven auf Antisemitismus in Deutschland. Ein Studienbericht für den Expertenrat Antisemitismus. Bielefeld.

SUSANNA HARMS

Pädagogische Auseinandersetzungen mit Antisemitismus und Rassismus

Das intersektionale Projekt ‚Verknüpfungen'

Antisemitismus und Rassismus sind in Deutschland gleichermaßen virulent. In den letzten Jahren wurden sie mit dem Erstarken rechtspopulistischer Gruppierungen und Parteien zunehmend salonfähig gemacht. Beide Ideologien und die daraus abgeleiteten Praxen stehen in einem komplexen Beziehungsgeflecht zueinander und werden in politischen Debatten zunehmend wechselseitig instrumentalisiert. Zu solchen Instrumentalisierungen gehören sowohl ein antimuslimischer Rassismus, der vorgibt, Antisemitismus bekämpfen zu wollen, als auch ein antirassistisch argumentierender Antisemitismus, der sich auf den Staat Israel bezieht. Ersterer findet sich besonders stark – aber bei weitem nicht nur – in rechtspopulistischen Kreisen, die sich als ‚Freunde Israels' gerieren, unter diesem Deckmantel Rassismus gegenüber Muslim/-innen verbreiten und diese unterschiedslos als ‚Israel- und Judenfeinde' angreifen. Zweiterer war nach dem israelisch-arabischen Sechstagekrieg 1967 zunächst in weiten Teilen der politischen Linken anzutreffen und ist seither in die vielbeschworene ‚Mitte der Gesellschaft' gerückt. Im israelbezogenen Antisemitismus werden alte antisemitische Stereotype in modernisierten Varianten auf den Staat Israel übertragen, indem dieser aufgrund seiner Politik gegenüber ‚den Palästinenser/-innen' als besonders rassistisch, als kolonialistischer ‚Apartheidstaat' oder gleich als ‚größte Bedrohung für den Weltfrieden' dargestellt wird.

In der politischen Bildung werden Antisemitismus und Rassismus jedoch häufig getrennt von- und manchmal sogar in Konkurrenz zueinander bearbeitet. Vor diesem Hintergrund hat sich der Berliner Verein BildungsBausteine 2014 dazu entschieden, in dem fünfjährigen Bundesmodellprojekt „Verknüpfungen" systematisch das Beziehungsgeflecht von Antisemitismus und Rassismus zu bearbeiten und hierzu Konzepte, Methoden und Materialien für die schulische und außerschulische politische Bildung zu entwickeln (vgl. BildungsBausteine e.V. 2019). In diesem Beitrag sollen die Hintergründe und konzeptionellen Rahmungen sowie zentrale Erfahrungen und Ergebnisse des Projekts vorgestellt werden.[1]

1. Antisemitismus und Rassismus – gemeinsam oder getrennt bearbeiten?

Zu Beginn dieses Jahrtausends hat eine neue Welle antisemitischer Straf- und Gewalttaten sowie die zunehmende Wahrnehmbarkeit antisemitischer Äußerungen in politischen Debatten und in Alltagsdiskursen die Frage danach aufgeworfen, wie in pädagogischen Kontexten aktueller Antisemitismus angemessen bearbeitet werden kann. Bis dahin war Antisemitismus in der schulischen und außerschulischen politischen Bildung fast ausschließlich in Bezug auf die NS-Zeit thematisiert worden, während gleichzeitig dessen Entstehungsgeschichte und/oder seine Kontinuitäten mitsamt ihren Auswirkungen auf die Betroffenen meist ausgeblendet wurden. Im Rahmen von allgemeinen Konzepten der Menschenrechts- oder der – zu dieser Zeit populären – Toleranzerziehung tauchte der Antisemitismus nur als eine Diskriminierungsform bzw. Vorurteilsstruktur unter vielen auf, und in der antirassistischen Bildung sowie der zunehmend staatlich geförderten Bildungs- und Projektarbeit gegen Rechtsextremismus und Demokratiefeindlichkeit spielte er meist nur eine marginale oder rein nominelle Rolle. Schnell wurde deutlich, dass die bisherigen Ansätze der Spezifik des Antisemitismus sowie seinen aktuellen Erscheinungsformen in den unterschiedlichen gesellschaftlichen Milieus kaum gerecht werden konnte. Deshalb begannen einige Akteur/-innen aus dem Feld – darunter das Team des Vereins BildungsBausteine –, diese Leerstelle mit der Entwicklung von spezifischen Methoden und Konzepten zu füllen (vgl. Harms/Radvan 2004, 86; FBI/JBAF 2006.) Heute, fast 20 Jahre später, ist es weitgehend gelungen, eine antisemitismuskritische Bildung als eigenständiges Arbeitsfeld zu etablieren (vgl. Stender 2017). Mittlerweile existiert eine größere Zahl außerschulischer Träger sowie freier Bildungsarbeiter/-innen, die mit unterschiedlichen methodisch-didaktischen Ansätzen mit verschiedenen Zielgruppen (schwerpunktmäßig) zu Anti-

---

[1] Das Projekt ‚Verknüpfungen – Antisemitismus in der pluralen Gesellschaft' wurde vom Bundesministerium für Familie, Senioren, Frauen und Jugend im Rahmen des Bundesprogramms ‚Demokratie leben!', von der Bundeszentrale für politische Bildung, dem Landespräventionsrat Brandenburg, der Stiftung ‚Großes Waisenhaus zu Potsdam' sowie der F. C. Flick Stiftung gefördert; umgesetzt wurde es in Kooperation mit der Landeszentrale für politische Bildung Nordrhein-Westfalen.

semitismus arbeiten und hierfür spezifische Methoden und Konzepte entwickelt haben, welche sich auch in schulischen Kontexten anwenden lassen.[2] Begleitet wurde dieser Prozess jedoch stets von der Frage, wie sich die antisemitismuskritische Bildung sowohl auf der theoretischen als auch auf der praktischen Ebene zur rassismuskritischen Bildung positioniert.

Die Auseinandersetzung mit dem Verhältnis von Antisemitismus und Rassismus ist zwar nicht neu (vgl. Shooman 2015, 140 ff.), brachte aber (auch) in Deutschland in den letzten Jahren vermehrt kontroverse politische, mediale und wissenschaftliche Debatten hervor. So führte etwa in Anbetracht der immer stärkeren Wahrnehmbarkeit von einerseits – hier insbesondere israelbezogenem – Antisemitismus und andererseits antimuslimischem Rassismus die Frage nach der Vergleichbarkeit beider Phänomene (vgl. bspw. Botsch u. a. 2012) in den letzten Jahren zu mitunter heftigen und manchmal sogar mithilfe von Diffamierungen ausgetragenen Auseinandersetzungen. Eine wichtige Rolle spiel(t)en in jüngerer Zeit auch Fragen nach Gemeinsamkeiten und Unterschieden im Hinblick auf Antisemitismus und (Post-)Kolonialismus (vgl. Mendel/Uhlig 2017; Biskamp 2019; Messerschmidt 2019). Diese Kontroversen durchdringen bis heute auch das Feld der außerschulischen politischen Bildung, zumal sie Implikationen für die Pädagogik nach sich ziehen. Inmitten von wechselseitigen Vorwürfen der unterschiedlichen Disziplinen und Lager, etwa die Shoah zu relativieren oder einen eurozentristischen Blick zu reproduzieren, ist nicht selten die Gefahr deutlich geworden, damit einer – mindestens impliziten – Hierarchisierung der einzelnen Phänomene Vorschub zu leisten.

Es gibt gute Gründe, Antisemitismus gezielt und mit eigenständigen pädagogischen Konzepten zu bearbeiten. Denn der Antisemitismus hat sowohl in geschichtlicher und struktureller Hinsicht als auch in Bezug auf seine aktuellen Ausformungen wesentliche Spezifika, die ihn von Rassismus sowie anderen Ideologien und Praxen der Ungleichwertigkeit unterscheiden und die eine gesonderte Herangehensweise erforderlich machen. Hier ist insbesondere seine Funktion als verschwörungsideologische Weltanschauung zu nennen, die es ermöglicht, alle erdenklichen Probleme, Katastrophen sowie komplexen sozialen, politischen und ökonomischen Entwicklungen dieser Welt zu erklären, indem

---

2   Diese Entwicklung vollzog sich in der Bildungspraxis jedoch nicht überall gleichermaßen, was sich daran ablesen lässt, dass nach wie vor die Mehrzahl dieser Bildungsträger in Berlin ansässig ist. Kolleg/-innen aus Hamburg, Köln oder Stuttgart sind demgegenüber einem stärkeren Rechtfertigungsdruck ausgesetzt, wenn sie mit dezidiert antisemitismuskritischen Ansätzen arbeiten.

die Verantwortung dafür ‚den Juden' zugewiesen wird. Anders als im Rassismus, der seine Objekte zu unterlegenen, minderwertigen Menschen erklärt, werden Jüd/-innen bzw. alle, die dafür gehalten werden, in einem „umgekehrten Machtparadigma" (Monique Eckmann) mithilfe flexibler Feindbilder als übermächtig imaginiert, als eine verschworene Gruppe, der die restliche Welt sowie das eigene Ich angeblich ohnmächtig und hilflos ausgeliefert sind und gegen die es sich in einem quasi notwendigen Akt zu wehren gilt.

Nichtsdestotrotz weisen Theoretiker/-innen und Praktiker/-innen seit der Entstehung der antisemitismuskritischen Bildung darauf hin, dass Antisemitismus in pädagogischen Settings nicht isoliert behandelt werden soll. Dies gilt besonders im Hinblick auf Rassismus. Denn auch im (pädagogischen) Alltag treten beide Ideologien und Praxen oft nicht isoliert voneinander auf. Stattdessen ist beispielsweise mit Blick auf antimuslimischen Rassismus in pädagogischen Räumen häufig eine Gleichzeitigkeit beider Phänomene zu konstatieren (vgl. Cheema 2017). Sie drückt sich unter anderem darin aus, dass eine Entlastungsstrategie der Dominanzgesellschaft gegenüber dem Antisemitismus darin besteht, ihn allein ‚den Muslimen' zuzuschreiben, die diesen ins Land des – durch die NS-Vergangenheit geläuterten – ‚Erinnerungsweltmeisters' importiert hätten. Deshalb plädieren beispielsweise Monique Eckmann und Gottfried Kössler in einer aktuellen Expertise dafür, beide Phänomene zusammenzudenken und sie unter einem gemeinsamen Dach zu behandeln, jedoch gleichzeitig die Spezifität von Antisemitismus – aber auch die der unterschiedlichen Rassismen – zu berücksichtigen (Eckmann/Kössler 2020:24). Antisemitismuskritische Bildungsansätze sollten demnach immer auch rassismuskritisch angelegt sein – und umgekehrt. Darüber hinaus sprechen sich Expert/-innen zudem seit geraumer Zeit für eine weiterreichende Kontextualisierung der pädagogischen Auseinandersetzung mit Antisemitismus aus. So plädierte beispielsweise Barbara Schäuble, eine der Pionierinnen der Bildungsarbeit gegen aktuellen Antisemitismus, bereits 2006 in einer gemeinsam mit Albert Scherr verfassten Studie dafür, diese Arbeit in eine kritische Diversity-, Social Justice- und Menschenrechtspädagogik zu integrieren (vgl. Scherr/Schäuble 2006: 98 ff.).

2. Antisemitismus und Rassismus in ihrem Beziehungsgeflecht bearbeiten

Das BildungsBausteine-Team hatte bereits in vielen seiner (Jugend-)Bildungsmaßnahmen, die es bundesweit zum Thema Antisemitismus durchgeführt hat, Verbindungslinien zu verschiedenen Formen des Rassismus sowie anderen Ungleichwertigkeitsideologien und -praxen aufgezeigt und bearbeitet. Vor dem Hintergrund seiner bisherigen pädagogischen Erfahrungen, den jüngeren gesellschaftspolitischen Entwicklungen und den oben skizzierten Kontroversen schien es dem Verein an der Zeit zu sein, neue Wege zu beschreiten und die Verknüpfungen des Antisemitismus mit dem Rassismus systematischer in den Blick nehmen und hierzu neue pädagogische Ansätze zu entwickeln.

2.1 Das Modellprojekt

Von 2015 bis 2019 konnte das Projektteam bei der Umsetzung des Modellprojekts vielfältige Erfahrungen sammeln. Es hat didaktische Konzepte für Seminare, Projekttage und Fortbildungen entworfen sowie Ideen für unterschiedliche pädagogische Methoden, Aktivitäten und Übungen entwickelt und ausgearbeitet. Die Methoden ermöglichen eine Auseinandersetzung mit geschichtlichen, strukturellen und aktuellen Schnittmengen von Antisemitismus und Rassismus bzw. verschiedenen Rassismen sowie mit wechselseitigen Instrumentalisierungen dieser Ideologien in politischen Debatten. Gleichzeitig thematisieren sie Unterschiede zwischen Antisemitismus und beispielsweise postkolonialem Rassismus oder dem Rassismus gegen Rom/-ja und Sinti/-zze – im Hinblick auf Formen, Motive und Funktionen.

Das Projekt richtete sich insbesondere an Jugendliche, die über erschwerte Zugänge zu formaler Bildung (sogenannte Bildungsbenachteiligungen) verfügen. Denn nach wie vor besteht ein großer Mangel an Konzepten, Methoden und Materialien für die antisemitismus- und rassismuskritische Bildung mit Zielgruppen, die Schwierigkeiten mit stark kognitiven Lernmethoden und/oder mit langen, komplizierten Texten haben. Deshalb entwickelte das Projektteam inklusive methodisch-didaktische Zugänge und setzte möglichst abwechslungsreiche, vielfältige Aktivitäten mit spielerischen Elementen ein, die ohne viel Textarbeit auskommen und stattdessen häufig Kurzfilme und Videoclips nutzen. Zudem entstanden mehrere niedrigschwellige, jugendgerechte Materialien, die auch unabhängig von den ‚Verknüpfungen'-Methoden für die politische (Jugend-)Bildung genutzt werden können: ein Stop-Motion-Kurzfilm im Stil eines Computerspiels, der die Frage nach Möglichkeiten solidarischen Handelns eröffnet, acht ein- bis zweiseitige Comics zu unterschiedlichen Aspekten des Themenfelds sowie vier gemeinsam mit Jugendlichen produzierte Interviewkurzfilme mit Menschen, die auf unterschiedliche Weise von Antisemitismus und von Rassismen betroffen sind und sich dagegen engagieren.

Die entwickelten Konzepte, Methoden und Materialien wurden in siebentägigen medienpädagogischen Seminaren sowie in Projekttagen mit Schüler/-

innen der 9. und 10. Jahrgangsstufe an nichtgymnasialen Schulen in Nordrhein-Westfalen, Brandenburg und punktuell in Berlin getestet, evaluiert und sukzessive weiterentwickelt. In den Seminaren erhielten die Teilnehmer/-innen zudem die Möglichkeit, im Anschluss an eine inhaltliche Auseinandersetzung mit dem Themenfeld eigene Videoclips zu produzieren. Sie wurden anschließend an den Schulen gezeigt und diskutiert sowie auf YouTube veröffentlicht, sodass die Jugendlichen sie mit ihren Peergroups und anderen Bezugspersonen teilen konnten.

In insgesamt 208 Veranstaltungstagen konnten in den fünf Jahren 3355 Jugendliche erreicht werden. Parallel dazu wurden Lehrer/-innen der Schulen sowie andere pädagogische Fachkräfte mithilfe von Hospitationen und Fortbildungen darin unterstützt, nach Projektende weiter mit den entwickelten Methoden zu arbeiten. Als Fazit kann aus diesem Prozess gezogen werden: Der Ansatz, Antisemitismus und Rassismus verknüpft miteinander, also in ihrem geschichtlichen und aktuellen Beziehungsgeflecht, zu bearbeiten, konnte erfolgreich erprobt werden und hat sich sowohl theoretisch als auch praktisch bewährt.

2.2 Warum verknüpfen?

Für eine intersektionale Herangehensweise an die pädagogische Auseinandersetzung mit Antisemitismus und Rassismus (bzw. den unterschiedlichen Antisemitismen und Rassismen) gibt es gute Gründe: Beide Phänomene basieren auf Differenzkonstruktionen, die sich auf essentialisierende Kategorien wie Herkunft, Religion oder Kultur beziehen und die in Abgrenzung zu ‚den Anderen' eine ‚Wir'-Gruppe definieren[3], auch wenn die Zuschreibungen gegenüber Jüd/-innen andere sind als gegenüber rassistisch fremdgemachten Gruppen. Obwohl ‚die Juden' zudem im antisemitischen Denken zum bedrohlichen, zersetzenden ‚Dritten' werden (können), der jede identitätsstiftende Unterscheidung zwischen ‚uns' und ‚den Anderen' grundsätzlich in Frage stellt, bedroht und zersetzt (vgl. Holz 2005:30 ff.), so bleiben Jüd/-innen dennoch „anders als wir" (Schäuble 2012).

Zudem ist Antisemitismus nicht nur eine verschwörungsideologische Weltanschauung, sondern richtet sich gleichzeitig direkt gegen Jüd/-innen und setzt sie sowohl Hass und Gewalt als auch unterschiedlichen Formen von Diskriminierung aus. Auch wenn diese sich von rassistischen Diskriminierungen unterscheiden (können), lässt sich diese Dimension des Antisemitismus im Blick auf

---

3   Zu antisemitischen Differenzkonstruktionen vgl. Radvan 2010, Schäuble 2012 sowie Chernivsky 2019.

Gemeinsamkeiten und Unterschiede zum Rassismus (sowie zu anderen Diskriminierungsformen) bearbeiten. Denn die unterschiedlich verlaufenden geschichtlichen Entwicklungen und Begründungszusammenhänge von Antisemitismus sowie den unterschiedlichen Rassismen sind an vielen Stellen ineinander verwoben. Auch in empirischer Hinsicht sind antisemitische und rassistische Einstellungen eng miteinander verbunden, wie beispielsweise die Studien des Bielefelder Instituts für interdisziplinäre Konflikt- und Gewaltforschung zum Syndrom der Gruppenbezogenen Menschenfeindlichkeit (zuletzt Zick/Küpper/Berghan 2019) seit Jahren zeigen: Wer antisemitisch denkt, greift mit relativ hoher Wahrscheinlichkeit auch auf rassistische Denkmuster zurück, und umgekehrt.

Gleichzeitig zeigen Praxiserfahrungen aus der außerschulischen Bildung, dass eine Sensibilisierung für antisemitische Einstellungen und Verhaltensweisen die Teilnehmer/-innen nicht automatisch in die Lage versetzt, einen Transfer zu rassistischen Vorstellungen zu vollziehen. Mehrmals haben es Referent/-innen des Vereins erlebt, dass Teilnehmer/-innen, mit denen sie produktiv zum Thema Antisemitismus gearbeitet hatten, sich im Laufe einer Veranstaltung rassistisch äußerten. Gegen Ende eines Schulprojekttags in Nordrhein-Westfalen beispielsweise äußerte eine Teilnehmerin unvermittelt starke Vorbehalte gegenüber Rom/-nja und Sinti/-zze und erhielt dafür viel Zustimmung von anderen Teilnehmer/-innen. Nicht immer war es dann – insbesondere bei kürzeren Veranstaltungsformaten wie einzelnen Projekttagen – möglich, diese Haltungen umfassend zu bearbeiten und gleichzeitig (potenziell) betroffene Schüler/-innen im Umgang mit solchen Aussagen zu unterstützen. Diese Erfahrung stellte ein wichtiges Motiv für die Entwicklung des Modellprojekts dar: Derartigen Vorkommnissen wollten wir konzeptionell beggnen, indem wir Antisemitismus und Rassismus systematisch und über die gesamte Veranstaltung hinweg miteinander in Bezug setzen.

Außerdem kann durch die Bearbeitung von übergreifenden Mechanismen und Motiven beider Ideologien und Praxen der Blick leichter auf die Dominanzgesellschaft gelenkt werden, die – ob willentlich oder unbeabsichtigt – von rassistischen und antisemitischen Strukturen profitiert. Diese Vorannahme hat sich im Projekt ‚Verknüpfungen' bestätigt. Zwar kann unter anderem die Beschäftigung mit der Vielfalt jüdischen und beispielsweise muslimischen Lebens dabei helfen, antijüdische bzw. rassistische Stereotype zu irritieren. Unabdingbar ist es in einer antisemitismus- und rassismuskritischen Bildung jedoch, gemeinsam mit den Teilnehmer/-innen nach den – vergleichbaren sowie sich unterscheidenden – Funktionen von antisemitischen und rassistischen Ideologien zu fragen sowie nach ihrem Nutzen für diejenigen, die sie verbreiten und diese immer wieder aufs Neue reproduzieren.

Hierfür kann der historische Blick hilfreich sein, da er ein besseres Verständnis unserer heutigen „postkolonialen und postnationalsozialistischen Gesellschaft" (Astrid Messerschmidt) ermöglicht, das wiederum eine wichtige Voraussetzung für eigenverantwortliches gesellschaftspolitisches Handeln darstellt. Deshalb enthalten die ‚Verknüpfungen'-Methoden oft einen historisch-politischen Ansatz, der stets eine Thematisierung von Kontinuitäten und aktuellen Bezügen einschließt. In der Aktivität „Das Kreuz mit der Geschichte" (BildungsBausteine 2019:43 ff.) zum Beispiel setzen sich die Teilnehmer/-innen anhand von symbolischen Bildern mit der Entstehungsgeschichte des Antisemitismus sowie verschiedener Rassismen auseinander. Es handelt sich dabei um Darstellungen zentraler antisemitischer und rassistischer Mythen bzw. mit ihnen verbundener historischer Ereignisse wie den christlichen Kreuzzügen und der Ankunft von Kolumbus in Amerika[4]. Nachdem die Teilnehmenden die Bilder analysiert haben, arbeiten sie mithilfe von kurzen Hintergrundtexten heraus, dass diese Mythen bis heute eine solche Wirkungsmacht entfalten konnten, weil sie in der Dominanzgesellschaft bestimmte Funktionen erfüll(t)en. Gleichzeitig lernen sie zu erkennen, in welchen aktualisierten, für Fachfremde nicht immer auf den ersten Blick erkennbaren Varianten (wie zum Beispiel den „Kindermörder"-Parolen auf antiisraelischen Demonstrationen) sich die behandelten Stereotype heute wiederfinden.

Der ‚Verknüpfungen'-Ansatz ermöglicht zudem eine Annäherung an andere politische Themen wie Nationalismus und/oder soziale (Un-)Gerechtigkeit, die sich leichter analysieren und kritisieren lassen, wenn hierzu auch Antisemitismus und Rassismus miteinbezogen werden. Beispielsweise kann der Arbeitsfetisch moderner Industrienationen sowie seine Nutzung für die Produktion von Ausschlüssen besser verstanden werden, wenn sich die Teilnehmer/-innen – wie in einer unserer Aktivitäten – damit beschäftigen, wie in ihm beide Ungleichwertigkeitsideologien ineinandergreifen und sich mit Klassismus[5] verschränken. Gleichzeitig ist es in den Bildungsmaßnahmen des Projekts mithilfe der entwi-

---

4 Die Arbeit mit Primärquellen und insbesondere mit stereotypisierenden Bildern birgt die Gefahr in sich, vorhandene Stereotype zu verstärken oder sie den Teilnehmer/-innen gar neu zu vermitteln, wenn diese ihnen vorher nicht bekannt waren. Deshalb wägen wir den Einsatz solcher Darstellungen bewusst ab.

5 Dieser Begriff bezeichnet die Diskriminierung und Marginalisierung aufgrund von sozialer Herkunft oder sozialem Status.

ckelten Konzepte, Methoden und Materialien gelungen, neben Gemeinsamkeiten beider Dominanzverhältnisse zugleich Unterschiede in Denkmodellen und Funktionsweisen zu verdeutlichen. Diese dürfen in einer gemeinsamen Bearbeitung selbstverständlich nicht nivelliert werden.

Um sich mit Antisemitismus und Rassismus intensiver auseinanderzusetzen und Gemeinsamkeiten, Unterschiede sowie wechselseitige Instrumentalisierungen herausarbeiten und zudem gemeinsam Handlungsoptionen entwickeln zu können, braucht es Zeit. Je mehr Tage für diese Auseinandersetzung zur Verfügung stehen und je besser kurzzeitpädagogische Maßnahmen in einen längerfristigen pädagogischen Prozess eingebunden sind, desto wirksamer können sie werden. Und wenn in einer Gruppe gerade einzelne Formen von Antisemitismus oder Rassismus besonders virulent sind, beispielsweise Gadje-Rassismus[6] oder israelbezogener Antisemitismus, kann es natürlich sinnvoll sein, allein diese Form in den Mittelpunkt einer Bildungsmaßnahme zu stellen.

2.3 Antisemitismus und Rassismus in der Einwanderungsgesellschaft

Die (selbstdefinierte oder von anderen angenommene) Zugehörigkeit zu einer diskriminierten Gruppe schützt nicht davor, andere gesellschaftlich marginalisierte Personen und Gruppen zu stereotypisieren, sie zu ‚Anderen' zu machen und sie – ob offen oder auf subtile Weise – von Teilhabe und Macht sowie damit einhergehenden Privilegien auszuschließen.

In unserer Arbeit haben wir allerdings auch erlebt, dass von verschiedenen Rassismen und von Antisemitismus betroffene Jugendliche vor dem Hintergrund ihrer eigenen Diskriminierungserfahrungen oft leichter in der Lage sind, Empathie gegenüber anderen zu entwickeln, die ebenfalls wegen ihrer (vermeintlichen) Herkunft, ‚Kultur' und/oder Religion diskriminiert werden. Sie entdecken schnell Gemeinsamkeiten zwischen ihren Diskriminierungserfahrungen und schließen mitunter Bündnisse im Hinblick auf widerständige Handlungsmöglichkeiten. Auch um solche Prozesse zu befördern, ergab und ergibt für uns der ‚Verknüpfungen'-Ansatz Sinn. Nicht zuletzt trägt er dem Umstand

---

6   Der Begriff Gadje-Rassismus (Gadje = Bezeichnung für Nicht-Rom/-nja in vielen Romanes-Dialekten), eingeführt von Angehörigen der Minderheit, wird meist in Abgrenzung zum Begriff Antiziganismus verwendet. Dieser erscheint zwar sinnvoll, um auf strukturelle Ähnlichkeiten des Rassismus gegen Sinti/-zze und Rom/-nja mit dem Antisemitismus zu verweisen, reproduziert aber gleichzeitig die rassistische Fremdbezeichnung für diese (und weitere) Minderheitengruppen. Der Begriff Gadje-Rassismus hingegen rückt – wenn auch zunächst unterschiedslos – diejenigen in den Fokus, die diese Form des Rassismus verbreiten und von ihm profitieren (vgl. Randjelović 2019.)

Rechnung, dass Menschen von Rassismus und Antisemitismus gleichzeitig betroffen sein können.

2.4 Einsatz in heterogenen und homogenen Gruppen

Der ‚Verknüpfungen'-Ansatz eignet sich besonders gut für heterogene Gruppen, in denen vielen Jugendlichen selbst unterschiedliche Rassismen und/oder Antisemitismus widerfahren. Er bietet den Teilnehmer/-innen einen geeigneten Rahmen, sich diesem Themenfeld multiperspektivisch sowie mit wechselnden Rollen auseinanderzusetzen: Manchmal können die Teilnehmenden sich mit denjenigen identifizieren, die von Diskriminierung, Hass und Gewalt betroffen sind; manchmal gehören sie zur Gruppe derjenigen, die selbst diskriminieren oder die – direkt oder strukturell – von der Diskriminierung Anderer profitieren. Wenn dagegen monothematisch gearbeitet wird, fällt es denjenigen, die zur (jeweiligen) dominanten Gruppe gehören, meist leichter zu sagen, dass sie das Thema nicht betrifft und sie deshalb keinen Grund sehen, sich damit auseinanderzusetzen. Dies ist bei einem intersektionalen Ansatz anders. Die Teilnehmer/-innen sind offener und kommen schneller in einen Austausch, wenn sie dazu angeregt werden, sich sowohl mit der Seite der Diskriminierten als auch mit der Seite der Diskriminierenden zu beschäftigen – insbesondere wenn auch noch Verbindungen zu weiteren Diskriminierungsformen, Dominanzverhältnissen und Hassideologien hergestellt werden. Dies schließt die Auseinandersetzung mit uneindeutigen Zugehörigkeiten und mit multidimensionalen Identitäten ein (vgl. Stender 2017, 7f.). In diesem Prozess werden die Teilnehmenden manchmal selbst empowert, und manchmal erleben sie, wie andere empowert werden. Das befördert solidarisches, antidiskriminierendes Handeln – ein wichtiges Ziel des Projekts.

Aus der Perspektive der antisemitismuskritischen Bildungsarbeit ist ein weiterer Vorteil des ‚Verknüpfungen'-Ansatzes, dass in Gruppen mit unterschiedlichen Migrationsvorder- und -hintergründen jüdische Teilnehmer/-innen nicht so exponiert sind, wenn Antisemitismus und Rassismus gemeinsam in den Blick genommen werden. Außerhalb von jüdischen Institutionen und Gemeinschaften sind Jüd/-innen als zahlenmäßig kleine gesellschaftliche Gruppe mit bestimmten Erfahrungen in der Lerngruppe meist allein. Wenn es in einem von Nichtjüd/-innen dominierten pädagogischen Setting um Antisemitismus geht, laufen sie zudem Gefahr, als Anschauungsobjekte herhalten zu müssen und fortwährend als Expert/-innen für Antisemitismus und für „das Judentum" angesprochen zu werden. Geht es jedoch gleichzeitig um Rassismus und sind in der Gruppe Teilnehmer/-innen mit Rassismuserfahrungen vertreten, stehen jüdische Teilnehmende weniger stark im Mittelpunkt.

In sehr homogenen, *weiß* dominierten Gruppen kann es hilfreich sein, die Bearbeitung der Themen Rassismus und Antisemitismus um andere Zugänge und inhaltliche Schwerpunktsetzungen in Form von Verschränkungen mit anderen Differenzkonstruktionen und daraus resultierenden Diskriminierungsformen und -erfahrungen zu erweitern. Wenn keine oder nur marginale Berührungspunkte mit von Rassismus und Antisemitismus betroffenen Menschen existieren und möglicherweise generell alles abgewehrt wird, was nicht der eigenen Norm entspricht und als ‚anders', als ‚fremd' angesehen wird, kann es für Pädagog/-innen und politische Bildner/-innen schwierig sein, Jugendliche für eine empathische, (selbst-)kritische Auseinandersetzung mit Antisemitismus und Rassismus zu gewinnen. Deshalb haben wir uns im Projektverlauf dazu entschieden, das Thema Klassismus und soziale Ungleichheit stärker einzubeziehen sowie – an unseren brandenburgischen Partner/-innenschulen – expliziter Deklassierungserfahrungen im Kontext des ostdeutschen Transformationsprozesses anzusprechen und verstärkt ostdeutsche Perspektiven einzubinden.

2.5 Komplexität vs. Niedrigschwelligkeit

Eine verknüpfte Herangehensweise an Antisemitismus und Rassismus, die deren Beziehungsgeflecht in den Blick nimmt, kann sowohl zu einer Erweiterung von Wissen beitragen als auch zu einem besseren Verständnis von Komplexität, das einem eindimensionalen, dualistischen Blick auf die Welt entgegensteht. Sie fördert die Kompetenz der Teilnehmer/-innen (und von den Lernbegleiter/-innen), zu differenzieren sowie Uneindeutigkeiten und Widersprüchlichkeiten auszuhalten. Dies ist nicht zuletzt in Bezug auf antisemitische und rassistische Interpretationen des Nahostkonflikts vonnöten, für deren Bearbeitung im Projekt mehrere Methoden entwickelt wurden (vgl. BildungsBausteine 2019:50 ff.). Sie ermöglichen eine Irritation einseitiger, dualistischer Wahrnehmungen sowie gängiger Mythen über den Konflikt und bieten praktische Hilfestellung, um zwischen Kritik und Ressentiment unterscheiden zu lernen.

So hat das Projektteam beispielsweise für die Aktivität „A-L-A-R-M! – Antisemitismus und Rassismus in Debatten über den Nahostkonflikt erkennen" (ebd.: 56 f.) den nützlichen „3-D-Test" (Scharanski 2004) zur Unterscheidung von israelbezogenem Antisemitismus und ‚legitimer Kritik' am Staat Israel für Jugendliche sprachlich vereinfacht. Gleichzeitig wurden die von Scharanski vorgeschlagenen drei Kriterien (Dämonisierung, Doppelstandards und Delegitimierung) um zwei weitere ergänzt (Verwendung antisemitischer Stereotype sowie Gleichsetzung von Jüd/-innen mit Israelis). Die Teilnehmer/-innen erarbeiten sich zunächst mithilfe von erklärenden Kurztexten die insgesamt fünf

Kriterien sowie die Kategorie ‚Rassismus', zu der erläutert wird, in welcher Form der israelisch-palästinensische Konflikt als Projektionsfläche für rassistische Stereotype genutzt wird. Anschließend versuchen sie, beispielhafte Zitate und Ereignisbeschreibungen (darunter auch einzelne nicht-antisemitische und -rassistische) einer der sechs Kategorien zuzuordnen. Sie begründen ihre Zuordnung und diskutieren sie ggf. mit den anderen Jugendlichen. Die Methode erleichtert es den Teilnehmer/-innen, auf den Konflikt bezogene antisemitische sowie rassistische Äußerungen auch in Alltagssituationen als solche zu erkennen, und sie befördert die Diskussion mit und unter den Jugendlichen über problematische Interpretationen der komplexen Gemengelage im Nahen Osten. Wichtig für das Gelingen der Methode ist, dass die Teilnehmenden erst in Kleingruppen und dann im Plenum über die Beispiele diskutieren. Denn unserer Erfahrung nach sind immer Teilnehmer/-innen anwesend, die den antisemitischen oder rassistischen Gehalt der Äußerungen erkennen und als Korrektiv gegenüber anderen wirken können, welche diesen Gehalt nicht erkennen (wollen). Hilfreich ist zudem, wenn im Vorfeld bereits eine Beschäftigung mit unterschiedlichen Erscheinungsformen von Antisemitismus sowie antimuslimischem Rassismus erfolgt ist, auf die die Teilnehmenden bei der Bewertung der Beispiele zurückgreifen können.

Die Komplexität des gesamten Themenfelds hat das Projektteam jedoch wiederholt vor Herausforderungen gestellt, unter anderem durch den Anspruch, dass Methodik und Didaktik auch für Jugendliche abseits der gymnasialen Oberstufe wirksam werden sollten. Aus diesem Grund wurde der Spagat versucht, in allen Methoden und Materialien Komplexität inhaltlich und sprachlich zu reduzieren, ohne jedoch zu stark zu vereinfachen und möglicherweise durch zu verkürzte, unterkomplexe Darstellungen den behandelten Gegenständen nicht mehr gerecht zu werden.

Wiederholt sind die Projektmitarbeiter/-innen mit ihrem inklusiven Anspruch sowie dem Versuch, die Komplexität des umfangreichen Themenfelds angemessen abzubilden, an Grenzen gestoßen, insbesondere wenn wichtige Teilaspekte des Themenbereichs den Teilnehmer/-innen neu waren. Diese Schwierigkeit wurde verstärkt durch die anfängliche Entscheidung, die Auseinandersetzung mit Rassismus parallel auf drei Rassismen – (Post-)Kolonialrassismus, Gadje-Rassismus sowie antimuslimischen Rassismus – zu fokussieren, die sich zu Projektbeginn als am virulentesten darstellten.

Sollte beispielsweise verknüpfend zum Thema Erinnerungskulturen gearbeitet werden, musste häufig dem Umstand Rechnung getragen werden, dass die Mehrzahl der Jugendlichen vorher noch nicht vom deutschen Kolonialismus und seinen Verbrechen gehört hatte. Hier galt es dann, von dem Prinzip einer durchgehenden Verknüpfung der Oberthemen Antisemitismus und Rassismus abzurücken, prozessorientiert zu arbeiten und je nach konkretem Bedarf Einheiten einzuschieben, mit denen – um bei dem genannten Beispiel zu bleiben – die Referent/-innen den Teilnehmenden einen ersten Überblick über das Thema Kolonialismus ermöglichten. Wenn außerdem noch grundlegende Informationen über den Porajmos oder sogar über die Shoah vermittelt bzw. vertieft werden mussten, bevor sich die Teilnehmer/-innen – etwa am Beispiel von Gedenkorten im öffentlichen Raum im Rahmen der Methode „Denk mal!" (vgl. BildungsBausteine 2019:47 ff.) – mit dem gesellschaftspolitischen Umgang mit den drei deutschen Genoziden auseinandersetzen konnten, dann erschienen auch mehrtägige Veranstaltungen des Öfteren zu kurz. Insofern wurde im Verlauf des Projekts deutlich, dass das Anliegen, Komplexität zielgruppengerecht zu vermitteln, nur mit einem gewissen Mut zur Lücke realisierbar war.

Die verknüpfte Auseinandersetzung mit den verschiedenen Ideologien und Praxen der Ungleichwertigkeit ermöglichte es einerseits, gemeinsam mit den Teilnehmer/-innen die Funktionsweisen von Antisemitismus sowie unterschiedlichen Rassismen vergleichend zu dekonstruieren. Andererseits führte die Fülle von zu vermittelndem Wissen jedoch rückblickend betrachtet dazu, dass zumindest in kürzeren Bildungsmaßnahmen des Projekts, bei denen die Möglichkeit der Kurzfilmproduktion nicht gegeben war, die Ebene der Handlungsorientierung häufig zu wenig Raum bekam. Dem soll zukünftig in intersektional angelegten Projekten des Trägers unter anderem durch einen weniger stark historischen Zugang zum Themenfeld begegnet werden.

Nichtsdestotrotz ermöglichte die Auseinandersetzung mit den Verflechtungen, Kontinuitäten und Brüchen von Antisemitismus sowie unterschiedlichen Rassismen in Geschichte und Gegenwart den Teilnehmer/-innen einen guten Einstieg in den Themenkomplex und lieferte wertvolle Denkanstöße, an die in weiteren schulischen und außerschulischen Maßnahmen angeknüpft werden kann. Wenn jedoch nur wenig Zeit zu einer solchen intersektionalen Herangehensweise zur Verfügung steht und nicht gesichert erscheint, dass kompetente Akteur/-innen mit der jeweiligen Teilnehmendengruppe an anderer Stelle wichtige Aspekte aufgreifen und vertiefen, kann eine Konzentration auf die verknüpfte Bearbeitung von Antisemitismus sowie einer einzelnen Rassismusform sinnvoll sein, um eine mögliche „zeitliche und materielle Überforderung" (Eckmann/Kössler 2020:24) der Teilnehmer/-innen sowie ggf. auch der politischen Bildner/-innen zu vermeiden.

3. Zukünftige Bedarfe und Herausforderungen

Nach wie vor ist es notwendig, die bisher entwickelten methodisch-didaktischen Ansätze der antisemitismuskritischen und rassismuskritischen Bildung in die Breite zu tragen und sie nachhaltig in Regelstrukturen sowohl der schulischen und außerschulischen (nonformalen sowie informellen) Bildung für und mit Jugendlichen und Erwachsenen zu verankern als auch der Aus-, Fort- und Weiterbildung von (sozial-)pädagogischen Fachkräften. Zusätzlich besteht ein weiterer Bedarf an inklusiven, intersektionalen Angeboten zu (anderen) Verschränkungen von Antisemitismus und den unterschiedlichen Rassismen. Die Notwendigkeit von pädagogischen Räumen, in denen Jugendliche (und Erwachsene!) sich in heterogenen Kontexten, aber auch in geschützten Räumen entlang ihrer Zugehörigkeiten zu diskriminierten und angefeindeten Gruppen austauschen können, bleibt groß – und das ganz besonders in Zeiten, in denen antidemokratische, menschenfeindliche Strömungen in Deutschland, Europa und anderen Teilen der Welt auf dem Vormarsch sind.

Auch im Hinblick auf Verschränkungen von Antisemitismus und Rassismus mit weiteren Dominanzverhältnissen benötigt die politische Bildung einen Ausbau und eine Vertiefung bisheriger Ansätze. Welchen Einfluss hat beispielsweise die Kategorie Geschlecht auf Ausprägungen von Rassismus und Antisemitismus, wie hängen Letztere mit heteronormativen Konstruktionen von Männlichkeit und Weiblichkeit zusammen und was lässt sich daraus für Bildungskonzepte und -methoden ableiten? Besonders im Hinblick auf ostdeutsche Lerngruppen ist es zudem an der Zeit, in pädagogischen Settings die Folgen von (familiärer) DDR-Sozialisation sowie Deklassierungserfahrungen in Verbindung mit dem gesellschaftlichen Transformationsprozess seit 1989/90 intensiver zu bearbeiten. Dies scheint ersten Erfahrungen aus dem Projekt zufolge ein geeigneter Zugang zu sein, um Abwehrmechanismen insbesondere *weißer*, nichtjüdischer Teilnehmer/-innen in den östlichen Bundesländern gegen eine (selbst-)kritische Auseinandersetzung mit Rassismus und Antisemitismus zu überwinden.

Weiter zu arbeiten gilt es ebenso an der erfolgreichen Verbindung von schulischer und außerschulischer Bildung sowie von kurz- und langzeitpädagogischen Formaten. Pädagogische Arbeit zum Themenfeld kann nur dann nachhaltig sein, wenn kurzzeitpädagogische Maßnahmen, die ein intensives Arbeiten an Themen ermöglichen und wertvolle Irritationen, Denkanstöße und Einsichten liefern können, mit längerfristigen Bildungsprozessen verschränkt werden. Mindestens genauso wichtig ist es, dass gerade Schulen institutionelle Veränderungsprozesse vorantreiben. Angebote der außerschulischen Bildung, die auf

Wertschätzung, Dialog und Partizipation setzen sowie die Förderung von (Selbst-)kritischem Denken und von Engagement für eine demokratische, menschenrechtsorientierte Gesellschaft zum Ziel haben, ergänzen dann die Möglichkeiten in Schulen, wenn Lehrer/-innen diese Werte und Ziele teilen und verpflichtet sind, sie in ihren Programmen und Konzepten zu verankern sowie wirksame Instrumente für deren Operationalisierung zu implementieren. Hierfür können außerschulische Akteur/-innen wichtige Impulse liefern und ihre Fachexpertise in längerfristigen Beratungs- und Begleitungsprozesse in die Schule einbringen.

Auf dem Weg zu einer diskriminierungssensiblen Gesellschaft, die gleichzeitig antisemitischen Weltanschauungen pädagogisch entgegenwirkt, ist es bedeutsam, ausreichend Räume für die Aus- und Fortbildung der pädagogischen Fachkräfte zu schaffen, in denen sie sich kritisch (unter anderem) mit Rassismus und Antisemitismus auseinandersetzen und pädagogische Ansätze zu ihrer Bearbeitung kennenlernen. Dazu gehören auch Räume für Selbstreflexion und kollegialen Austausch – und gleichzeitig die Bereitschaft, sich (selbst-)kritisch mit eigenen Verstrickungen in Dominanzverhältnisse und mit der eigenen pädagogischen Haltung gegenüber den Adressat/-innen auseinanderzusetzen. Denn was gerade Jugendliche in außerschulischen Bildungssettings über ihre Diskriminierungserfahrungen durch Lehrkräfte erzähl(t)en, ist für die außerschulische Bildner/-innen manchmal schwer zu ertragen, und auch sie selbst erleben am Rande von Maßnahmen immer wieder, wie Lehrkräfte sich rassistisch bzw. antisemitisch über Teilnehmer/-innen (und manchmal auch über andere Lehrer/-innen oder die Referent/-innen selbst) äußern (vgl. auch Fereidooni 2016; Bernstein u.a. 2018).

Doch auch die Fachkräfte der antisemitismus- sowie der rassismuskritischen Bildung selbst sollten ihre Arbeit und ihre pädagogische Haltung immer wieder hinterfragen, sich mit Kolleg/-innen und anderen Expert/-innen fachlich darüber austauschen und offen für neue pädagogische und wissenschaftliche Ansätze sein. Dazu gehört auch eine konstruktive Auseinandersetzung mit den jeweils anderen Theorien und Bildungspraxen sowie ein wechselseitiges Voneinanderlernen (vgl. Biskamp 2019) anstelle von Hierarchisierungen, unnötigen Konkurrenzen sowie identitätspolitischen Kämpfen (vgl. Berendsen/Cheema/Mendel 2019) – und genau hier kann auch die Forschung zu Antisemitismus und zu Rassismus voneinander profitieren.

Literatur

Berendsen, Eva/Cheema, Saba-Nur/Mendel, Meron (2019): Triggerwarnung. Identitätspolitik zwischen Abwehr, Abschottung und Allianzen. Berlin.

Bernstein, Julia/Diddens, Florian/Theiss, Ricarda/Friedlender, Nathalie (2018): „Mach mal keine Judenaktion". Herausforderungen und Lösungsansätze in der professionellen Bildungs-und Sozialarbeit gegen Antisemitismus. Frankfurt/M.

BildungsBausteine e.V. (2019): Verknüpfungen. Ansätze für die antisemitismus- und rassismuskritische Bildung. Eine Methodenhandreichung. Berlin.

Biskamp, Floris (2019): Über das Verhältnis von Rassismuskritik und Antisemitismuskritik. LaG-Magazin 09/19, online verfügbar unter http://lernen-aus-der-geschichte.de/Lernen-und-Lehren/content/14636 (letzter Aufruf: 07.02.2020)

Botsch, Gideon/Glöckner, Olaf/Kopke, Christoph/Spieker, Michael (2012): Islamophobie und Antisemitismus – ein umstrittener Vergleich. Berlin.

Chernivsky, Marina (2019): Judenfeindliche Differenzkonstruktionen: Antisemitismus als Bedürfnis. In: Killguss, Hans-Peter/Meier, Marcus/Werner, Sebastian (Hg.): Bildungsarbeit gegen Antisemitismus. Grundlagen, Methoden & Übungen. Frankfurt/M.

Eckmann, Monique/Kößler, Gottfried (2020): Pädagogische Auseinandersetzung mit aktuellen Formen des Antisemitismus. Qualitätsmerkmale und Spannungsfelder mit Schwerpunkt auf israelbezogenem und sekundärem Antisemitismus. Im Auftrag des DJI.

Fereidooni, Karim (2016): Diskriminierungs- und Rassismuserfahrungen im Schulwesen. Eine Studie zu Ungleichheitspraktiken im Berufskontext. Wiesbaden.

Fritz Bauer Institut/Jugendbegegnungsstätte Anne Frank (Hg.) (FBI/JBAS 2006): Neue Judenfeindschaft? Perspektiven für den pädagogischen Umgang mit dem globalisierten Antisemitismus. Frankfurt/New York.

Harms, Susanna/Radvan, Heike (2004): Antisemitismus als Thema der außerschulischen Bildungsarbeit?! Interview mit Kirsten Döhring, Tanja Kinzel und Barbara Schäuble. In: Zentrum Demokratische Kultur (Hg.): „Vor Antisemitismus ist man nur noch auf dem Monde sicher." Antisemitismus und Antiamerikanismus in Deutschland. Leipzig, S. 85–91.

Kurth, Alexandra/Samuel Salzborn (2019): Antisemitismus in der Schule. Grundannahmen für die schulische Präventionsarbeit (Online-Text vom 25.9.2019 für die Bundeszentrale für politische Bildung, Bonn), https://www.bpb.de/politik/extremismus/antisemitismus/297570/antisemitismus-in-der-schule (letzter Aufruf: 07.02.2020)

Mendel, Meron/Uhlig, Tom David (2017): Challenging Postcolonial. Antisemitismuskritische Perspektiven auf postkoloniale Studien. In: Mendel, Meron/Messerschmidt, Astrid (Hg.): Fragiler Konsens. Antisemitismuskritische Bildung in der Migrationsgesellschaft. Frankfurt/New York.

Messerschmidt, Astrid (2019): Aufarbeitung des Kolonialismus in Auseinandersetzung mit Rassismus und Antisemitismus. In: Hafeneger, Benno/Unkelbach, Katharina/Widmaier, Benedikt:

Rassismuskritische politische Bildung. Theorien – Konzepte – Orientierungen. Frankfurt/M., S. 148–157.

Radvan, Heike (2010): Pädagogisches Handeln und Antisemitismus: eine empirische Studie zu Beobachtungs- und Interventionsformen in der offenen Jugendarbeit. Bad Heilbrunn.

Randjelović, Isidora (2019): Rassismus gegen Rom/-nja und Sinti/-zze. Online-Expertise, hrsg. vom Informations- und Dokumentationszentrum für Antirassismusarbeit e.V. (IDA). Düsseldorf; http://www.vielfalt-mediathek.de/data/expertise_randjelovic_rassismus_gegen_rom_nja_vielfalt_mediathek_1.pdf (letzter Aufruf: 07.02.2020)

Schäuble, Barbara (2012): „Anders als wir". Differenzkonstruktionen und Alltagsantisemitismus unter Jugendlichen. Anregungen für die politische Bildung. Berlin.

Scherr, Albert/Schäuble, Barbara (2006): „Ich habe nichts gegen Juden, aber …". Ausgangsbedingungen und Ansatzpunkte gesellschaftspolitischer Bildungsarbeit zur Auseinandersetzung mit Antisemitismen (Langfassung Abschlussbericht), hrsg. von der Amadeu Antonio Stiftung. Berlin.

Scharanski, Natan (2004): Anti-Semitism in 3D; https://www.aish.com/print/?contentID=48892657&section=/jw/s (letzter Aufruf: 07.02.2020)

Shooman, Yasemin (2015): Zur Debatte über das Verhältnis von Antisemitismus, Rassismus und Islamfeindlichkeit. In: Katharina Rauschenberger/Werner Konitzer (Hg.): Antisemitismus und andere Feindseligkeiten. Interaktionen von Ressentiments. Frankfurt/M.

Stender, Wolfram (2017): Aspekte antisemitismuskritischer Bildungsarbeit (Online-Text vom 24.11.2017 für die Bundeszentrale für politische Bildung, Bonn). https://www.bpb.de/politik/extremismus/antisemitismus/269202/aspekte-antisemitismuskritischer-bildungsarbeit (letzter Aufruf: 07.02.2020)

Zick, Andreas/Küpper, Beate/Berghan, Wilhelm (2019): Verlorene Mitte – Feindselige Zustände. Rechtsextreme Einstellungen in Deutschland 2018/19, hrsg. für die Friedrich-Ebert-Stiftung v. Franziska Schröter. Bonn.

KAI SCHUBERT

Israelbezogener Antisemitismus – eine Herausforderung für die Bildungsarbeit

1. Antisemitismus im 21. Jahrhundert

Antisemitismus, verstanden als „Sammelbezeichnung für alle Einstellungen und Verhaltensweisen, die den als Juden wahrgenommenen Einzelpersonen, Gruppen oder Institutionen aufgrund dieser Zugehörigkeit negative Eigenschaften unterstellen" (Bundesministerium des Innern 2017, 24), stellt eine dauerhafte und in den letzten Jahren wachsende[1] Herausforderung für Staat und Gesellschaft dar. Nach dem Ende des Zweiten Weltkrieges und der Shoah war die traditionelle Judenfeindschaft in der bundesdeutschen Öffentlichkeit tabuisiert. Die sozialwissenschaftliche Antisemitismusforschung thematisierte in der Folge eine ‚Kommunikationslatenz' des Antisemitismus: Antijüdische Ressentiments äußerten sich demnach v. a. im privaten Rahmen oder durch „Umwegkommunikation" (Bergmann/Erb 1986 sowie Kistenmacher in diesem Band). Diese bezieht sich auf (verglichen mit klassischer Judenfeindschaft) weniger oder nicht tabuisierte Themen und kann z. B. in Angriffen auf das Gedenken für die Opfer des Nationalsozialismus und in Relativierung, Leugnung oder Befürwortung von dessen Verbrechen bestehen.

Im 21. Jahrhundert wurden als eine Form der Umwegkommunikation ablehnende bis feindliche Haltungen gegenüber dem jüdischen Staat Israel besonders bedeutsam. Dieser kann als das international „wichtigste und prägnanteste Symbol für jüdisches Leben und Überleben" (Schwarz-Friesel/Reinharz 2013, 172) angesehen werden und wird regelmäßig das Ziel antisemitischer Angriffe. Dabei werden bekannte, z. B. ursprünglich christliche Judenbilder wie die Le-

---

1   2019 erreichten polizeilich erfasste antisemitische Straf- und Gewalttaten das höchste Niveau seit dem Jahr 2001 (Jansen 2020). In der jüngsten umfangreichen Studie über jüdische Erfahrungen mit Antisemitismus berichteten in Deutschland 60 Prozent der Befragten von einem starken und weitere 29 Prozent von einem leichten Anstieg des Antisemitismus in Deutschland in den damals fünf zurückliegenden Jahren (European Union Agency for fundamental Rights 2018, 19).

gende um jüdische rituelle Morde (an Kindern) und antijüdische Stereotype (z.B. Rachsucht, Blutdurst, Gier, Amoralität, Feigheit, Macht) gegen Israel gewendet und mit neueren Motiven verbunden. Dieser israelbezogene Antisemitismus findet sich als Einstellung bei einem bedeutendem Teil der deutschen Bevölkerung (Zick u.a. 2019, 82) und wirkt sich auch regelmäßig auf Diskriminierung gegenüber und Übergriffe auf Jüdinnen und Juden aus. Im Gegensatz zum klassischen Antisemitismus wird israelbezogener Antisemitismus von Teilen aller politischen und soziokulturellen Milieus vertreten.

Zu beobachten ist, dass israelbezogener Antisemitismus häufig nicht als solcher erkannt, sondern als ‚Israelkritik' verharmlost wird. In der Folge kann es eine angemessene Bearbeitung von antisemitischen Vorfällen kaum geben, die (nicht nur) an deutschen Schulen vielerorts große Herausforderungen darstellen (Bernstein u.a. 2018, 48). Negative Israelbilder sind dabei die Grundlage für Diskriminierungen jüdisch markierter Schüler/-innen und Lehrer/-innen – sowohl durch Schüler/-innen als auch durch Lehrer/-innen. Teilweise werden die Themen Israel und Nahostkonflikt bewusst durch Lehrer/-innen im Unterricht gemieden, um mögliche Konflikte und Eskalationen zu vermeiden (ebd., 100, 277, 338).

Eine gegenüber Israel negative oder feindliche Haltung korrespondiert häufig mit einem Mangel an Wissen über diesen Staat (vgl. Fava 2019; Bernstein u.a. 2018, 14, 101, 114). In der Medienberichterstattung wird zwar regelmäßig über Israels Konflikte mit den Palästinenser/-innen, arabischen Staaten, Gruppierungen wie der Hisbollah sowie dem Iran berichtet, jedoch werden die Ereignisse selten kontextualisiert und in historische Entwicklungslinien eingeordnet. Reduktionistische Israelbilder, die sich auch in Qualitätsmedien (Schubert 2019) und in Schulbüchern identifizieren lassen, sind anschlussfähig an antisemitische Deutungen dieser Konflikte.

Die Fachdiskussion über Bildung und Antisemitismus hat den Zusammenhang zwischen dem Nahostkonflikt und israelbezogenem Antisemitismus bisher noch zu wenig in den Fokus gerückt, zahlreiche praxisbezogene Fragestellung gelten als „weithin unbeantwortet" (Niehoff 2017, 15). Ein tendenzieller Konsens in der Debatte über antisemitismuskritische Bildung besteht darin, dass eine ausschließlich historische Bildung über Antisemitismus (v.a. zur Judenverfolgung im NS und der Shoah) nicht unbedingt präventiv gegen aktuelle Ausprägungen des Antisemitismus wirkt. Ein Vorteil bezüglich der Thematisierbarkeit von Judentum und Antisemitismus scheint für die Bildungsarbeit jedoch darin zu bestehen, dass das allgemeine Interesse an einer Auseinandersetzung mit dem Nahostkonflikt und israelbezogenem Antisemitismus offenbar höher ist als am allgemeinen Thema Antisemitismus (Riebe 2019, 62).

2. Das Projekt Bildungsbaustein Israel

Vor diesem Hintergrund hat das Projekt ‚Bildungsbaustein Israel'[2] (BBI) seit 2015 über 120 Bildungsveranstaltungen mit unterschiedlichen Zielgruppen im Bundesgebiet durchgeführt. Die in der Regel eintägigen Seminare sollten den Teilnehmer/-innen Grundkenntnisse des Nahostkonflikts und der Geschichte des Antisemitismus sowie die Kompetenzen zum Erkennen von aktuellem israelbezogenem Antisemitismus vermitteln. Hierbei hat sich ein Schwerpunkt auf die Zielgruppe Lehrer/-innen als sinnvoll herausgestellt. Werden diese in die Lage versetzt, einen guten, ausgewogenen Unterricht zum Nahostkonflikt durchzuführen, kann dies einen Beitrag zur Prävention von Antisemitismus darstellen (Fava 2019).

Inhaltlich gilt es, (auch) jüdische und israelische Perspektiven auf den Konflikt kennenzulernen. Die Bildungsarbeit findet also sowohl auf der Ebene des lokalen Konflikts selbst als auch auf der Meta-Ebene des „Konflikts über den Konflikt" statt (vgl. Eckmann/Kößler 2020, 12, 15). Analytisch zu unterscheiden ist die Aufklärung über die historischen Abläufe, die beteiligten Akteur/-innen und die Ursachen des Konflikts selbst sowie Friedensinitiativen einerseits und die verschiedenen Wahrnehmungen, Solidarisierungen und auch Feindbilder von nicht (direkt) am Konflikt beteiligten andererseits.

Im Folgenden sollen einige Grundlinien ausgewählter Seminarinhalte vorgestellt werden. Dabei werden zunächst das Thema und der Ablauf der Bildungseinheit zusammenfassend erläutert, anschließend ihre Chancen, Lernziele und Grenzen beschrieben sowie inhaltliche Anschlussmöglichkeiten formuliert. Betont werden muss, dass es sich um zwei beispielhafte Module handelt, andere ebenfalls für eine Thematisierung des Nahostkonflikts zentrale Hinweise werden an anderer Stelle aufgegriffen. Die beschriebenen Reflexionen basieren auf den Rückmeldungen von Teilnehmer/-innen während der Veranstaltungen, in Auswertungsbögen sowie im Nachgang. Abschließend werden einige grundsätzliche Herausforderungen in Bezug auf Bildungsarbeit über den Nahostkonflikt und zu israelbezogenem Antisemitismus skizziert.

---

2   Vgl. die Projektwebsite www.bildungsbaustein-israel.de. Die im Folgenden beschriebenen Module werden hier veröffentlicht.

3. Inhalte einer Bildung über den Nahostkonflikt I: Neuere Konfliktlagen und die israelische Demokratie[3]

3.1 Das Thema

Ein Teil der Teilnehmer/-innen verfolgt interessiert die Berichterstattung über Israel, kennt den Nahostkonflikt über v.a. jüngere Entwicklungen (z.b. das umstrittene Nationalstaatsgesetz, das im Jahr 2018 verabschiedet wurde) und will über diese diskutieren. Zwar besteht ein Ziel des BBI darin, die historische Dimension des Konflikts zu thematisieren, es wird aber auch eine jüngere Konfliktkonstellation aufgriffen: Am Anfang steht die Lektüre der anlässlich der Staatsgründung erlassenen Unabhängigkeitserklärung sowie der sogenannten Grundgesetze, deren Funktion Artikeln einer Staatsverfassung ähnelt (die es in Israel nicht gibt). Die Teilnehmer/-innen lernen so das israelische Selbstverständnis als Rechtsstaat, der gegenüber allen Bürger/-innen gleiche Rechte und Pflichten gewährleistet, sowie den Umstand, dass es eine arabische Bevölkerungsgruppe in Israel gibt, kennen.

Der Kern des Moduls ist ein Rollenspiel vor dem Hintergrund eines realen Prozesses am israelischen Obersten Gerichtshof (OGH): Ein palästinensischer Journalist aus dem Westjordanland (das Teil der zwischen Israel und den Palästinenser/-innen umstrittenen Gebiete ist) fuhr bis 2002 regelmäßig in das israelische Kernland, um Pressekonferenzen der Regierung zu besuchen. Ab diesem Zeitpunkt verlängerte das israelische Presseamt die Presseausweise aller Palästinenser/-innen, die keine israelischen Bürger/-innen sind (und nur dieser), nicht mehr. Aus journalistischer Perspektive stellte sich die Maßnahme als eine erhebliche Einschränkung der eigenen Handlungsfähigkeit und des Zugangs zu Informationen dar. Daher reichte der Journalist gemeinsam mit seinem Arbeitgeber, einer internationalen Nachrichtenagentur, Klage am OGH ein. Der Hintergrund der Maßnahme waren sicherheitspolitische Bedenken der israelischen Verwaltung aufgrund des anhaltenden palästinensischen Terrorismus während der zweiten ‚Intifada', welcher insbesondere in Form von gegen Zivilist/-innen gerichteten Selbstmordanschlägen im israelischen Kernland drohte, die Gesellschaft tiefgehend zu destabilisieren. Das Presseamt begründete seine Maßnahme damit, ein Zugang auch palästinensischer Journalist/-innen zu z.B. Pressekonferenzen des israelischen Staatspräsidenten stelle ein zu großes Risiko für

---

3 Eine didaktische Anleitung des beschriebenen Moduls wird auch im Webportal des Projekts ‚Virtueller Methodenkoffer gegen Antisemitismus' der Jüdischen Gemeinde Düsseldorf (www.sabra-jgd.de/methodenkoffer) veröffentlicht.

Anschläge dar. Ein persönlicher Kontakt der palästinensischen Journalist/-innen zu hohen Staatsbeamt/-innen müsse ausgeschlossen werden.

Im Rollenspiel lernen die Teilnehmer/-innen verschiedene Argumentationen kennen, die jeweils unterschiedliche Schwerpunkte hinsichtlich normativer Positionen in Bezug auf ein sinnvolles Verhältnis von Pressefreiheit und Sicherheitsmaßnahmen und der Bedeutung von Antidiskriminierungsschutz legen. Von den vier im Rollenspiel vorhandenen Rollen stehen zwei affirmativ und zwei kritisch zu der klageauslösenden Maßnahme des israelischen Pressebüros. Nachdem die Argumente ausgetauscht wurden, wird anhand des Originalurteils des OGH deutlich, dass das Presseamt eine diskriminierende Maßnahme vollzogen hat, indem es alle palästinensischen Journalist/-innen (die keine israelischen Staatsbürger/-innen sind) kollektiv benachteiligte (auch gegenüber anderen ausländischen Journalist/-innen). Den Klägern wird vollumfänglich Recht gegeben. Gleichzeitig formuliert der OGH die differenzierte Position, dass die gesellschaftlichen Bedarfe nach Freiheit und Sicherheit im staatlichen Handeln grundsätzlich miteinander zu vermitteln seien und hierbei der Grundsatz der Verhältnismäßigkeit (auch in gesellschaftlichen Krisenzeiten) gelte. Ein Presseausweis kann daher prinzipiell durchaus verweigert werden, wenn tatsächliche Anhaltspunkte nach individueller Überprüfung für ein signifikantes Sicherheitsrisiko sprechen.

3.2 Chancen

Die Erfahrungen mit dieser Methode waren insgesamt positiv: Den Teilnehmer/-innen wird deutlich, dass in der israelischen (und palästinensischen) Gesellschaft unterschiedliche Positionen in Bezug auf das Zusammenleben existieren (vgl. Fava 2019; Eckmann/Kößler 2020, 13). Der Staat Israel erkennt gesellschaftlichen Pluralismus offiziell an und fördert die Gleichberechtigung seiner Bürger/-innen. Damit ist über den Grad der Verwirklichung dieser Werte und Ziele allerdings noch keine Aussage getroffen. In Israel existiert strukturelle Diskriminierung gesellschaftlicher Minderheiten, v. a. der arabischen Bürger/-innen, auf symbolischer und materieller Ebene. Gleichwohl: Ein bedeutender Teil der Gesellschaft sieht die Anstrengungen mit dem Ziel einer liberaleren Gesellschaft als noch nicht ausreichend an. Demgegenüber erscheint Israel aber in der deutschen Berichterstattung nicht selten als eine politisch homogene Gesellschaft, in der militärische Prinzipien und Sicherheitsbedarfe (des Staates bzw. der jüdischen Mehrheitsgesellschaft) nicht hinterfragbar seien.

Auch ein homogenes Kollektiv der Palästinenser/-innen existiert nicht. Der Journalist aus dem Rollenspiel schreibt zwar auch für die Zeitung der Palästinensischen Autonomiebehörde (PA), versteht sich aber als politisch unabhängig. Verbindungen zur terroristischen HAMAS hat er, anders als die israelische Verwaltung zunächst noch vermutet hatte, nicht. Er sieht sich nicht in erster Linie als Teilnehmer am Konflikt zwischen Israel und palästinensischen Organisationen. Insofern dient die dargestellte Methode der Sensibilisierung für die real vorhandene Komplexität des Nahostkonflikts und zeigt eine (häufig unbekannte) Alltagsperspektive auf.

Es geht in der Bildungsarbeit zu Israel und dem Nahostkonflikt nicht darum, das Israelbild der Teilnehmer/-innen zu ‚korrigieren' bzw. zu ‚verbessern', womöglich gar die Positionen der israelischen Regierung als alternativlos zu beschreiben. Politische Bildung orientiert sich am Kontroversitätsgebot des Beutelsbacher Konsenses (vgl. Widmaier/Zorn 2016). Mithilfe der beschriebenen Methode werden die Teilnehmer/-innen befähigt, eine sachbezogene Kritik an Maßnahmen des Staates Israel und dessen pauschaler, antisemitischer Diffamierung, etwa als ‚Apartheidsstaat', der Palästinenser/-innen planmäßig, willkürlich und umfassend entrechten würde, zu unterscheiden. Derartige Behauptungen stehen im Zentrum aktueller antiisraelischer Diskurse wie der Kampagne Boycott, Divestment, Sanctions (BDS) (Biskamp 2018). Die Fähigkeit, differenziert Entwicklungen der israelischen Gesellschaft wahrzunehmen, eröffnet den Teilnehmer/-innen die Möglichkeit, dem einseitigen und pauschalisierenden Blick auf Israel entgegenzuwirken. Erst wenn die Fakten sowie die Dilemmata und Abwägungsanforderungen, die sich dem Staat Israel häufig stellen, als solche zur Kenntnis genommen werden, können die realen Probleme der Palästinenser/-innen in und mit Israel sinnvoll besprochen werden.

3.3 Grenzen

Die beschriebene Methode setzt eine gewisse Offenheit bei den Teilnehmer/-innen zum Perspektivwechsel voraus. Sie ist weniger geeignet für Gruppen, die durch sehr starke und pauschale israel- oder palästinasolidarische Positionen geprägt sind. Personen, bei denen antisemitische oder rassistische Bilder bereits stark ausgeprägt sind, weigern sich unter Umständen, die Rollen eines Palästinensers oder einer jüdischen Israelin einzunehmen. Diese sollten nicht zur Mitarbeit gedrängt werden, da dies Reaktanzen und eine Verfestigung des Feindbildes bewirken kann.

Auf einer Verständnisebene muss vor der Übung geklärt werden, was der Unterschied zwischen dem israelischen Kernland und den umstrittenen Gebieten ist, aus dem der palästinensische Journalist im Rollenspiel kommt. Nicht umstandslos vorausgesetzt werden kann, dass alle Bildungsteilnehmer/-innen wissen, dass HAMAS eine terroristische Organisation ist und dass demgegenüber die PA prinzipiell mit Israel kooperiert. Der Nachvollzug der im Rollenspiel präsenten Argumente hängt auch davon ab, ob es gelingt, die Krisensituation, in der sich der israelische Staat angesichts anhaltenden Terrors befand, sowie die daraus folgende, schwierige Rechtsgüterabwägung zu verdeutlichen. In der Übung verschränken sich zudem zwei komplexe Problematiken: Die Diskriminierung der Palästinenser/-innen durch den israelischen Staat und die Pressefreiheit in Krisenzeiten. Empfohlen wird der Einsatz daher für kognitiv leistungsstärkere Gruppen, z.B. der Sekundarstufe II.

Beim Einsatz von Rollenspielen ist zu bedenken, dass diese schüchterne Jugendliche in verunsichernde Situationen bringen können. Dem kann durch Moderation von dominanten Redner/-innen begegnet werden. Sind die Sprecher/-innen-Rollen während der Diskussion nicht starr verteilt, sondern können (z.B. im Rahmen einer Fishbowl-Diskussion) gewechselt werden, kann verhindert werden, dass bei größeren Gruppen zu viele Teilnehmer/-innen passiv bleiben. Denjenigen, die sich nicht an der Diskussion beteiligen, können Beobachtungsaufträge gegeben werden, die im Anschluss ausgewertet werden.

3.4 Anschlussmöglichkeiten

Von dieser Methode ausgehend können verschiedene Themenbereiche verknüpft werden, z.B. die militärische Besatzung des Westjordanlands durch Israel, die 1967 begann und bis heute andauert. Es gilt in diesem Zusammenhang insbesondere den Mythos zu irritieren, Israel führe Expansionskriege und betreibe Landraub. Die tatsächliche Vorgeschichte des Krieges zeigt, dass nicht Israel, sondern vor allem Ägypten die Situation im Vorfeld des Krieges massiv eskaliert und Israel mit Vernichtung gedroht hat. Jordanien verzichtete später auf seine Ansprüche auf das durch Israel eroberte Gebiet. In den 1990er Jahren entstand die Palästinensische Selbstverwaltung als Ergebnis einer Kooperation der israelischen Regierung mit der Palästinensischen Befreiungsorganisation (PLO).

4. Inhalte einer Bildung über den Nahostkonflikt II: Der Zusammenhang von Antisemitismus und Zionismus

4.1 Thema

Vielen Jugendlichen und Erwachsenen ist es unverständlich, warum sich antisemitische Mythen so hartnäckig in der Welt halten. Diese Verwunderung gründet in einer alltäglichen, unpräzisen Konzeptualisierung von Antisemitismus als Vorurteil, als bloß irrtümliche Annahme über Jüdinnen und Juden. Bildungsarbeit gegen Antisemitismus sollte diesen hingegen als ‚Gerücht über die Juden' (Adorno) begreifen. Er basiert auf verzerrten Bildern von Jüdinnen und Juden und erfüllt für das Individuum eine psychische Funktion, indem er unverstandenes vermeintlich erklärbar macht. Daher kann er nur schwer infrage gestellt werden (Brunner 2016). Dies lässt sich z.B. anhand nationalistischer Selbstbilder deutlich machen.

Ein Modul des BBI führt die Teilnehmer/-innen in die Zeit der Entstehung der meisten modernen Nationalstaaten im 19. Jahrhundert in Europa ein. Die deutsche Reichseinigung brachte 1871 den deutschen Jüdinnen und Juden die zuvor lange diskutierte formale rechtliche Gleichstellung mit der christlichen Mehrheitsgesellschaft (Emanzipation), faktisch dauerte die Diskriminierung der Jüdinnen und Juden aber in diversen gesellschaftlichen Institutionen (Militär, Hochschul- und Staatswesen etc.) an. Hinzu kam eine grundsätzliche Ablehnung der Emanzipation durch unterschiedliche gesellschaftliche Milieus. Insbesondere in nationalistischen, konservativen und antisozialistischen Kreisen war Antisemitismus ein „kultureller Code" (Volkov 2000) und bedurfte in der Regel keiner Rechtfertigung. Theodor Herzl steht exemplarisch für ein jüdisches Milieu, das große Hoffnungen in die Integrationskraft der modernen Gesellschaft hatte, sich weitgehend der nichtjüdischen Mehrheitsgesellschaft assimiliert hatte und dem religiöse Identität wenig bedeutete. Vor allem aufgrund der trotz dessen weiter andauernden Diskriminierung resignierte Herzl, verwarf den Gedanken einer Assimilation der Juden und baute die zionistische Bewegung mit dem Ziel einer – wie es im auf dem ersten zionistischen Kongress 1897 verabschiedeten Baseler Programm hieß – „öffentlich-gesicherten Heimstätte"[4] für das jüdische Volk auf (Brenner 2008). Die Gründe Herzls können seinem viel beachteten Werk ‚Der Judenstaat. Versuch einer modernen Lösung der Judenfrage'[5] entnommen werden:

„Ich glaube zu erkennen, was im Antisemitismus roher Scherz, gemeiner Brotneid, angeerbtes Vorurtheil, religiöse Unduldsamkeit – aber auch was darin vermeintliche Nothwehr ist. Ich halte die Judenfrage weder für eine sociale, noch für eine religiöse, wenn sie sich auch noch so und anders färbt.

---

4   Das Originaldokument kann unter http://sammlungen.ub.uni-frankfurt.de/download/pdf/3476257?name=29%20bis%2031%20August%201897 abgerufen werden (Zugriff: 18.03.2020).
5   Das Werk ist als Volltext online verfügbar: https://de.wikisource.org/wiki/Der_Judenstaat (Zugriff: 05.10.2019).

Sie ist eine nationale Frage, und um sie zu lösen, müssen wir sie vor Allem zu einer politischen Weltfrage machen (…). In unseren Vaterländern, in denen wir ja auch schon seit Jahrhunderten wohnen, werden wir als Fremdlinge ausgeschrieen; oft von Solchen, deren Geschlechter noch nicht im Lande waren, als unsere Väter da schon seufzten. Wer der Fremde im Lande ist, das kann die Mehrheit entscheiden; es ist eine Machtfrage, wie Alles im Völkerverkehre" (Herzl 1896, 11; Schreibweise i. Orig.).

Sehr klar sieht Herzl, welche Funktion die Diskriminierung von Jüdinnen und Juden erfüllt: Die imaginierte und angestrebte ethnische (bzw. völkische) Homogenität der Nation kann als Illusion nur durch die anhaltende Ausgrenzung von als ‚anders' markierten Gruppen aufrechterhalten werden. Diese Abgrenzung der Fremd- von der Eigengruppe geht mit einer Hierarchisierung einher. Vor diesem Hintergrund erscheinen Initiativen und Forderungen nach gleichberechtigter Teilhabe als dreiste Anmaßung und werden heftig abgewehrt. Antisemit/-innen geben zwar vor, sich am vermeintlich unangemessenen Verhalten von Jüdinnen und Juden zu stören, tatsächlich aber stellt für sie bereits die Existenz jüdischer Menschen eine Provokation dar. Dies wird in den Betrachtungen Herzls bereits kurz nach der Formierung des modernen Antisemitismus als Weltanschauung Ende des 19. Jahrhunderts deutlich. Herzl sieht einen Ausweg aus der anhaltenden Diskriminierung der Juden in Europa nur, indem für diese ein eigener Staat gegründet würde, in welchem sie die Mehrheit der Bevölkerung stellen. Seine Schrift war der Auslöser für die Entstehung der internationalen zionistischen Bewegung, die durch Diplomatie, Öffentlichkeitsarbeit sowie Landkauf und Migration in das von Großbritannien kontrollierte Mandatsgebiet Palästina auf die Etablierung einer „Heimstätte für das jüdische Volk" (ebd.) hinwirkte.

Auch wenn sich zunächst nur wenige (deutsche) Jüdinnen und Juden von der zionistischen Idee überzeugt zeigten, wurde eine Ausreise nach Palästina im Zuge der NS-Judenverfolgung und der Shoah von vielen angestrebt. Dies war jedoch aufgrund der britischen Einreisebegrenzungen kaum auf legalem Wege möglich. An dieser Stelle können mit Hilfe von Biografien jüdischer Flüchtlinge die Perspektiven der von Antisemitismus Betroffenen eingebracht werden. Hierfür eignet sich z.B. der Film ‚Von Frankfurt nach Tel Aviv. Die Geschichte von Erna Goldmann'[6] oder das im Projekt ‚Fluchtpunkte. Bewegte Lebensgeschichten zwischen Europa und Nahost' des Berliner Anne-Frank-Zentrums

---

6   https://www.youtube.com/watch?v=1z7SL_WRMR4 (Zugriff am 05.01.2019).

entwickelte Lernmodul ‚Antisemitismus als Fluchtgrund'[7], das drei jüdische Biografien vorstellt.

4.2 Chancen

Nicht selten kommt es vor, dass Menschen ihre politische Position als Antizionismus (oft als Synonym für ‚Israelkritik') in Abgrenzung zum Antisemitismus beschreiben. Es handelt sich hierbei um eine Pseudo-Differenzierung, die zum Ziel hat, antisemitische Ressentiments zu rationalisieren und zu legitimieren. Auch wenn die beiden Begriffe u.a. historisch unterschiedliche Phänomene beschreiben, muss für gegenwartsbezogene Debatten auch festgehalten werden, dass sie häufig zusammen auftreten und die antizionistische Position unter Rückgriff auf klassische judenfeindliche Bilder und Motive ausgedrückt wird oder die Ablehnung des Zionismus damit begründet wird, dass spezifisch der *jüdische* Nationalismus keine Legitimität hätte. Antizionismus, insbesondere in islamistischen, nationalsozialistischen oder auch im real existierenden Sozialismus vertretenen weltbildhaften Formen, setzt sich mit historisch oder aktuell tatsächlich existierenden Formen des Zionismus in der Regel *nicht* auseinander. Vielmehr wird ‚Zionismus' zur antisemitischen Chiffre für jüdischen, internationalen und finanzgestützten, illegitimen, intransparenten und Recht brechenden Einfluss. Dies wird bereits zu Herzls Zeiten deutlich: Die ‚Protokolle der Weisen von Zion', eine Ende des 19. Jahrhunderts entstandene, vermeintlich authentische Dokumentation jüdischer Verschwörungszirkel und einer der bis heute einflussreichsten antisemitischen Texte überhaupt, erschienen 1924 in Deutschland auch unter dem Titel ‚Die zionistischen Protokolle. Das Programm der internationalen Geheim-Regierung' (vgl. Benz 2007, 72). Auch der führende Ideologe des NS-Regimes, Alfred Rosenberg, sowie Adolf Hitler selbst hatten bereits seit den 1920er Jahren öffentlich deutlich gemacht, dass ein jüdischer Staat nicht mit ihrer antisemitischen Politik vereinbar sei, da dieser zu einer globalen Machtbasis der Verschwörung des imaginierten ‚Weltjudentums' würde (Nicosia 2012, 366f.).

Die Feindschaft gegen den Zionismus basiert auch in anderen Kontexten und auch heute noch häufig auf einem Zerrbild des realen Zionismus, das von antisemitischen Judenbildern geprägt ist. Dies ließe sich exemplarisch an der Charta der terroristischen palästinensischen und heute faktisch im Gazastreifen herrschenden Organisation und Partei HAMAS von 1988 darstellen, die sich explizit auf die ‚Protokolle der Weisen von Zion' bezieht (Pfahl-Traughber 2011).

---

7 https://www.fluchtpunkte.net/lernmodule (Zugriff am 05.01.2019).

Die Auseinandersetzung mit den geschichtlichen Entstehungszusammenhängen des Zionismus kann Nichtjuden und -jüdinnen dabei helfen, die Verbundenheit vieler Jüdinnen und Juden mit dem Staat Israel besser zu verstehen. Zwar waren meist nicht in erster Linie ideologische Gründe für die Ausreise mit dem Zielort Palästina während der Zeit des NS ausschlaggebend. Dennoch ist die Bedeutung, die die Existenz des Staates Israel für viele Jüdinnen und Juden auch in der Diaspora hat, nicht ohne den Holocaust und die historische kollektive Erfahrung der Fluchtversuche sowie die mangelnde Unterstützungsbereitschaft der internationalen Gemeinschaft zu verstehen. Der Zionismus, die Unterstützung eines jüdischen Staates, wurde „nach der Katastrophe des europäischen Judentums für nahezu alle Juden zum Symbol der Hoffnung auf ein Weiterleben" (Brenner 2008, 7). Durch die Thematisierung der obengenannten Biografien kann zudem darauf reagiert werden, dass (nicht nur) viele Jugendliche keine Verbindung zwischen Israel und sich oder Deutschland erkennen können. Dass der junge Staat Israel auch von Überlebenden der Shoah aufgebaut und zum Teil in Kriegen verteidigt wurde, verdeutlicht diesen Zusammenhang.

4.3 Grenzen

Für viele Teilnehmer/-innen sind die Begriffe ‚Juden' und ‚jüdisch' ausschließlich religiös konnotiert. Demgegenüber rückte die zionistische Bewegung historisch vor allem die in Europa länderübergreifend geteilten Erfahrungen von Ausgrenzung durch die Mehrheitsgesellschaft in den Mittelpunkt ihrer Identität, die sowohl religiöse als auch assimilierte Jüdinnen und Juden machten. Bilder vom historischen Judentum sind oft durch das Schtetl und die Orthodoxie geprägt. Es sollte versucht werden, diese durch Beispiele jüdischen Lebens wie den ‚Central-Verein deutscher Staatsbürger jüdischen Glaubens' zu erweitern.

Vorausgesetzt wurden in der Seminarpraxis des Projekts in der Vergangenheit auch Kenntnisse der Zeit des Nationalsozialismus und seiner Ideologie. In vielen Gruppen muss allerdings grundlegend geklärt werden, dass jüdische Flüchtlinge kaum eine Wahl über ihr Zielland hatten, da fast alle (auch demokratischen) Länder in Passivität verharrten und sich etwa auf der Konferenz von Évian 1938 nicht zu einer nennenswerten Unterstützung der Flüchtlinge durchringen konnten. Auch die Zentralität des „Erlösungsantisemitismus" (Saul Friedländer) für den späten Nationalsozialismus kann nicht umstandslos vorausgesetzt werden. Nicht nur für Schüler/-innen der Mittelstufe ist auch die instrumentalisierende NS-Politik gegenüber zionistischen Organisationen (vgl. Nicosia 2012) verwirrend. All dies wirft die grundsätzliche Frage auf, welcher Stellenwert der Auseinandersetzung mit dem Nationalsozialismus für eine Beschäftigung mit dem Nahostkonflikt in Deutschland zukommen sollte, die an dieser Stelle nicht geklärt werden kann.

4.4 Anschlussmöglichkeiten

An die Entstehung des Zionismus sowie die jüdische Einwanderung in das Mandatsgebiet Palästina kann auf vielfältige Weise angeknüpft werden. Auf die Besiedelung vor und während der Staatsgründung Israels sowie den unmittelbar folgenden ersten israelisch-arabischen Krieg beziehen sich eine Reihe an antisemitischen Deutungsmustern des Nahostkonflikts (Niehoff 2017, 225).

Eine Brücke zur Gegenwart stellt auch die oben beschriebene Funktion des Antisemitismus zur Aufrechterhaltung eigener nationalistischer und ethnozentrischer Selbstbilder dar, die in der Gegenwart gerade auch beim israelbezogenen Antisemitismus zu beobachten ist: Die Dämonisierung Israels durch (oft indirekte) Gleichsetzungen des jüdischen Staates mit dem nationalsozialistischen Deutschland ist in diesem Kontext zu bewerten. Sie sind eine Möglichkeit der (unbewussten) Abwehr von Schuldgefühlen durch die psychische Entlastung, die eine so vollzogene Täter-Opfer-Umkehr ermöglicht.

Eine weitere Erscheinungsform antisemitischer Ressentiments ist die Adressierung von Jüdinnen und Juden, indem sie für die Politik israelischer Regierungen in kollektive Haftung genommen und zur Rechtfertigung aufgefordert werden. Dies zeigt sich u.a. auch in schulischen Kontexten, wenn jüdische Schüler/-innen (auch durch Lehrer/-innen) zu ‚Israel-Expert/-innen' erklärt werden (Bernstein et al. 2018). Unterstellt wird hier pauschal eine Verbindung aller Jüdinnen und Juden zu Israel – ausschließlich aufgrund der Zugehörigkeit zum Judentum. Teilnehmer/-innen der BBI-Seminare berichten regelmäßig davon, ein besseres Verständnis für die Folgen von Antisemitismus erlangt zu haben, nachdem die persönlichen Schilderungen der Betroffenen über das Erleben solcher Markierungen ins Seminar eingebracht wurden.

5. Herausforderungen

Im Verlauf des Projekts erreichte das Team eine hohe Anzahl von Anfragen für Bildungsveranstaltungen im beinahe gesamten Bundesgebiet. In einigen Lerngruppen, die sich zunächst nur mit dem Nahostkonflikt selbst auseinandersetzen wollten (darunter auch Schulklassen), musste zuerst ganz grundsätzlich aufgezeigt werden, dass dieser auch etwas mit Antisemitismus zu tun haben kann. In der (Erwachsenen-)Bildung zum Nahostkonflikt sollte daher stets sorgfältig geklärt werden, welche Ziele die konkrete Maßnahme verfolgt: Soll ein politischer

Meinungsbildungsprozess der Teilnehmer/-innen unterstützt werden? Sollen professionelle Pädagog/-innen für ihre Arbeit fortgebildet werden? Betrifft dies dann die Inhalte von deren eigener Bildungsarbeit oder sollen Kompetenzen für den Umgang mit antisemitischen Vorfällen erweitert werden? Soll mit Betroffenengruppen gearbeitet werden, um ein Empowerment im Umgang mit erfahrenem Antisemitismus zu erreichen? All diese Perspektiven und Zielsetzungen sind legitim und nötig, erfordern jedoch unterschiedliche inhaltliche Schwerpunkte und Methoden.

In Fortbildungen für Lehrer/-innen erwarten diese nicht selten in erster Linie, dass ihnen Methoden zur Bewältigung einer von ihnen als Problem wahrgenommenen Situation vermittelt werden. Die im öffentlichen Diskurs artikulierte Erwartung, den Nahostkonflikt schulisch zu bearbeiten, um damit dem Antisemitismus entgegenzuarbeiten, wird von Lehrer/-innen häufig als Druck wahrgenommen. Jedoch können Fortbildungen zum Thema Antisemitismus sinnvollerweise nicht primär den Charakter von ‚Schulungen' haben, in denen quasi-kanonisiertes Wissen über den Nahostkonflikt und damit bereits eine spezifische Deutung weitergegeben wird. Zentral sollte vielmehr die Erkenntnis sein, dass die Bezugnahmen auf den Konflikt nur sehr bedingt etwas mit diesem selbst zu tun haben und vielmehr durch gesellschaftliche Debatten und soziale und emotionale Positionierungen in Deutschland beeinflusst werden. Die Teilnehmer/-innen sollten zur Reflexion insbesondere auch der eigenen Zugänge und Interessen am Themenkomplex Judentum/Israel/Antisemitismus angeregt werden. Dies geschieht eben durch das Aufzeigen neuer und weniger bekannter, auch jüdischer Perspektiven und irritiert vereindeutigende Wahrnehmungen, die für antisemitische Narrative anschlussfähig sind.

Der zeitliche Rahmen von Tagesseminaren erlaubt es nur sehr begrenzt, sowohl Grundkenntnisse über die Geschichte des Nahostkonflikts zu vermitteln als auch über die sozialpsychologischen Funktionen des Antisemitismus aufzuklären. Hier empfiehlt es sich dringend, im Vorfeld Zeit in die pädagogische Diagnose zu investieren, um die inhaltliche Ausrichtung vorab zu bestimmen. Die Teilnehmer/-innen können im Vorfeld gefragt werden, ob es bereits themenbezogene Diskussionen etwa über die internationale Kampagne BDS oder israelische Siedlungen bei ihren Schüler/-innen bzw. Bezugspersonen gibt. Gesamtdarstellungen des Nahostkonflikts, die einen Zeitraum von über 100 Jahren umfassen müssten, überfordern Lerngruppen nahezu zwangsläufig.

Die Ambiguitätstoleranz, die Bildner/-innen bei ihren Zielgruppen erzielen wollen, müssen sie allerdings selbst als Teil einer professionellen Haltung entwickeln und zeigen. Dies ist insbesondere relevant, wenn antizionistische Positionen im Lernraum geäußert werden. Diese gilt es zu problematisieren, allerdings ohne in den Moralismus vergangener Bildungspraxis zurückzufallen oder stigmatisierende Vorwürfe zu erheben. Einstellungsänderungen lassen sich nicht erzwingen, entsprechende Versuche können Reaktanzen auslösen. Vielmehr sollte gezielt zum Hinterfragen der eigenen Meinung ermutigt werden. Hierzu können Medien und Geschichten wie die oben dargestellten dienen, die Perspektiven erweitern und Einseitigkeiten irritieren. Werden Bildner/-innen explizit nach ihren eigenen Einschätzungen gefragt, dürfen diese – ohne zu überwältigen – durchaus eingebracht werden. Hier bietet sich die Chance, Selbstreflexivität zu demonstrieren, was den Aufbau einer Lernbeziehung stark erleichtert.

6. Ausblick

Israelbezogener Antisemitismus in Deutschland basiert auf verzerrten Wahrnehmungen des Nahostkonflikts und befördert diese gleichzeitig. Tatsächliche Entwicklungen des Nahostkonflikts sind nicht die Ursache antisemitischer Einstellungen, sondern Anlässe für entsprechende Handlungen (vgl. Rhein/Uhlig 2018, 20). Aus diesem Grund gehen Praktiker/-innen der antisemitismuskritischen Bildung davon aus, dass die wesentliche Auseinandersetzung in Bezug auf Antisemitismus in Deutschland auf dem Feld des Konflikts über den Konflikt geführt werden muss. Eine *ausschließliche* Bildungsarbeit zu diesem Aspekt wäre allerdings weder praktisch möglich noch sinnvoll (vgl. Eckmann/Kößler 2020, 25). Zum Verständnis des Nahostkonflikts ist es unerlässlich, die grundlegenden Entwicklungen und Akteur/-innen darzustellen. Die besondere Schwierigkeit, Antisemitismus pädagogisch zu bearbeiten, besteht aber darin, dass „fehlendes Wissen und der Mangel an Reflexionsfähigkeit offenbar miteinander [korrespondieren]" (Rhein/Uhlig 2018, 25). Die Bildungsarbeit zum Nahostkonflikt muss diese doppelte Herausforderung berücksichtigen. Ihre einseitige Auflösung ist nicht ausreichend. Es gilt, Wissen über den Nahostkonflikt als Grundlage einer politischen Urteilsfähigkeit zu vermitteln und insbesondere die Fähigkeit zur Selbstreflexion bei allen Teilnehmer/-innen (inkl. der Bildner/-innen selbst) auszubilden und zu stärken. Der Politikwissenschaftler Samuel Salzborn beschreibt Antisemitismus als die „Unfähigkeit und Unwilligkeit, abstrakt zu denken und konkret zu fühlen" (Salzbron 2018, 23). Aufgabe der politischen Bildung sollte insbesondere sein, dazu beizutragen, die Herausbildung dieser Unfähigkeit zu verhindern bzw. diese zu irritieren und abzubauen. Erkennen Menschen den ideologischen Charakter antisemitischer Bilder und Deutungen und dass diese „eigene Denk-, Erfahrungs- und Handlungsmöglichkeiten blockieren" und die

„Entwicklung rational begründbarer und moralisch vertretbarer Positionen" (Schäuble 2012, 434) be- und verhindern, wären die Voraussetzungen geschaffen für eine Bearbeitung tieferliegender Probleme, die Verunsicherung, Ohnmachts- und Schuldgefühle verursachen.

Literatur

Bergmann, Werner/Erb, Rainer (1986): Kommunikationslatenz, Moral und öffentliche Meinung. Theoretische Überlegungen zum Antisemitismus in der Bundesrepublik Deutschland. In: Kölner Zeitschrift für Soziologie und Sozialpsychologie, 2/1986, S. 223–246.

Benz, Wolfgang (2007): Die Protokolle der Weisen von Zion. Die Legende von der jüdischen Weltverschwörung. München.

Bernstein, Julia/Diddens, Florian/Theiss, Ricarda/Friedlender, Nathalie (2018): „Mach mal keine Judenaktion". Herausforderungen und Lösungsansätze in der professionellen Bildungs-und Sozialarbeit gegen Antisemitismus. Frankfurt/M.

Biskamp, Floris (2018): Mit Boykotteur_innen umgehen. Ein Leitfaden zum Umgang mit der israelfeindlichen BDS-Kampagne. Dortmund.

Brenner, Michael (³2008): Geschichte des Zionismus. München.

Brunner, Markus (2016): Vom Ressentiment zum Massenwahn. Eine Einführung in die Sozialpsychologie des Antisemitismus und die Grenzen psychoanalytischer Erkenntnis. In: Busch, Charlotte/Gehrlein, Martin/Uhlig, Tom David (Hg.): Schiefheilungen. Zeitgenössische Betrachtungen über Antisemitismus. Wiesbaden, S. 13–35.

Bundesministerium des Innern (Hg.) (2017): Antisemitismus in Deutschland – aktuelle Entwicklungen. Berlin.

Eckmann, Monique/Kößler, Gottfried (2020): Pädagogische Auseinandersetzung mit aktuellen Formen des Antisemitismus. Qualitätsmerkmale und Spannungsfelder mit Schwerpunkt auf israelbezogenem und sekundärem Antisemitismus. Genf. https://www.dji.de/fileadmin/user_up load/FGJ4/Eckmann_Koessler_2020_Antisemitismus.pdf (Abgerufen am 25.03.2020).

European Union Agency for fundamental Rights (2018): Experiences and perceptions of antisemitism. Second survey on discrimination and hate crime against Jews in the EU. Wien 2018. https://fra.europa.eu/sites/default/files/fra_uploads/fra-2018-experiences-and-perceptions-of -antisemitism-survey_en.pdf (Abgerufen am 05.03.2020).

Fava, Rosa: Lehr- und Lernmaterial zum Nahostkonflikt und Antisemitismus. https://www.anders -denken.info/informieren/lehr-und-lernmaterial-zum-nahostkonflikt-und-antisemitismus (Abgerufen am 21.12.2019).

Herzl, Theodor (1896): Der Judenstaat. Versuch einer modernen Lösung der Judenfrage. Leipzig.

Jansen, Frank (2020): Höchststand bei Straftaten von Judenhassern. In: Der Tagesspiegel. 04.03.2020. https://www.tagesspiegel.de/politik/antisemitische-kriminalitaet-hoechststand-bei-straftaten-von-judenhassern/25608278.html?fbclid=IwAR3k7HmDHB4EbTcQbNsm2Szj64E-YP3V46fmcgO0amWwGbiWq2YjHKyAO1M (Abgerufen am 05.03.2020).

Nicosia, Francis R. (2012): Zionismus und Antisemitismus im Dritten Reich. Göttingen.

Niehoff, Mirko (2017): Politische Bildung und soziale Deutungsmuster zum Nahostkonflikt. Schwalbach/Ts.

Pfahl-Traughber, Armin (2011): Antisemitismus und Antizionismus in der Charta der Hamas. Eine Fallstudie zur Judenfeindschaft im islamistischen Diskurs. http://www.bpb.de/politik/extremismus/islamismus/36358/antisemitismus-in-der-charta-der-hamas?p=all (Zugriff: 05.01.2019).

Rhein, Katharina/Uhlig, Tom David (2018): Die Sache aber ist komplizierter. Einige Notizen zur Funktionsweise von Antisemitismus für den bildungspraktischen Kontext. In: Lernen aus der Geschichte – Magazin, 23.05.2018, S. 18–28. http://lernen-aus-der-geschichte.de/sites/default/files/attach/lag-sonderausgabe_mai_2018_antisemitismus.pdf (Zugriff: 25.03.2020).

Riebe, Jan (2019): Was tun bei (israelbezogenem) Antisemitismus? Pädagogische Tipps. In: Amadeu-Antonio-Stiftung (Hg.): „Man wird ja wohl Israel noch kritisieren dürfen …"? Eine pädagogische Handreichung zum Umgang mit israelbezogenem Antisemitismus. Berlin, S. 56–62.

Salzborn, Samuel (2018): Globaler Antisemitismus. Eine Spurensuche in den Abgründen der Moderne. Weinheim.

Schäuble, Barbara (2012): „Anders als wir". Differenzkonstruktionen und Alltagsantisemitismus unter Jugendlichen. Anregungen für die politische Bildung. Berlin.

Schubert, Kai (2019): Aktueller Antisemitismus in deutschen Qualitätsmedien. In: Glöckner, Olaf/Jikeli, Günther (Hg.): Das neue Unbehagen. Antisemitismus in Deutschland heute. Hildesheim, S. 133–150.

Schwarz-Friesel, Monika/Reinharz, Jehuda (2013): Die Sprache der Judenfeindschaft im 21. Jahrhundert. Berlin.

Volkov, Shulamit (2000): Antisemitismus als kultureller Code. In: Antisemitismus als kultureller Code. Zehn Essays. München, S. 13–36.

Widmaier, Benedikt/Zorn, Peter (Hg.) (2016): Brauchen wir den Beutelsbacher Konsens? Eine Debatte der politischen Bildung. Bonn.

Zick, Andreas/Berghan, Wilhelm/Mokros, Nico (2019): Gruppenbezogene Menschenfeindlichkeit in Deutschland 2002-2018/19. In: Zick, Andreas/Küpper, Beate/Berghan, Wilhelm: Verlorene Mitte – Feindselige Zustände. Rechtsextreme Einstellungen in Deutschland 2018/19. Berlin, S. 53–116.

OLAF KISTENMACHER

Latente Formen des Antisemitismus in der Bildungsarbeit

Theoretische Zugänge und Handlungsstrategien

In der pädagogischen Arbeit gegen Antisemitismus begegnen uns seltener Menschen mit einem manifesten antisemitischen Weltbild. Häufiger haben wir es mit Jugendlichen und Erwachsenen zu tun, deren Haltung ambivalent ist, wie Barbara Schäuble und Albert Scherr 2007 in „*Ich habe nichts gegen Juden, aber ...*" ausführen. Einerseits lehnen die meisten Teilnehmer*innen der entsprechenden Bildungsangebote Judenhass ab, andererseits nehmen sie selbst „diffuse Differenzkonstruktionen" vor, die mit „einzelnen fragmentarisch verwendeten Stereotypen" verbunden sind (Schäuble/Scherr 2007, 13). Für das, was uns in der politischen Bildungsarbeit begegnet, benutzen Aktivist*innen und Wissenschaftler*innen deshalb auch den Begriff des *latenten Antisemitismus*. So bezeichnet Helen Fein in ihrer Definition, der sich unter anderem 2002/03 das European Monitoring Centre on Racism and Xenophobia anschloss, Antisemitismus als eine „persisting latent structure of hostile beliefs towards Jews as a collectivity" (Fein 1987, 67; EUMC 2003, 12). Der Begriff latent scheint auf Judenfeindschaft bezogen so wenig erklärungsbedürftig zu sein wie die Rede von einem latenten Rassismus oder einem latenten Sexismus. Bei genauerer Betrachtung stellt sich allerdings die Frage, was die Bezeichnung *latent* in den verschiedenen Kontexten genau bedeutet, auch weil die jeweilige Auslegung Auswirkungen auf die pädagogische Praxis hat.

In der Antisemitismusforschung zirkulieren drei verschiedene Bedeutungen des Begriffs latenter Antisemitismus, die sich analytisch trennen lassen, sich in der Praxis jedoch zum Teil überlagern. Mit latent werden erstens codierte antisemitische Äußerungen bezeichnet, für die auch Begriffe wie „versteckte Andeutungen", „krypto-antisemitisch", „Kommunikationslatenz" oder „indirekte Sprechakte" verwendet werden (Adorno 2002, 159; Bergmann/Erb 1986; Schwarz-Friesel/Reinharz 2012, 37). Theodor W. Adorno sprach 1961 mit Bezug auf „die rechtsradikale Presse" von Äußerungen, die man als „krypto-antisemitisch" bezeichnen könne, weil sie „durch ihre Implikationen, auch durch einen gewissen Gestus des Augenzwinkerns, den Antisemitismus nähren" (Adorno 1998, 361).

Bei der extrem rechten Presse ist davon auszugehen, dass den jeweiligen Personen ihre judenfeindliche Einstellung bewusst ist, sie sie aber aus unterschiedlichen Motiven nicht offen vertreten.

Zweitens werden als ‚latent' sogenannte unbewusste Reproduktionen antisemitischer Vorstellungen bezeichnet. Werner Bergmann und Rainer Erb benutzten 1986 in ihrem Aufsatz ‚Kommunikationslatenz, Moral und öffentliche Meinung' dafür den Begriff „Bewusstseinslatenz" und fassen darunter sowohl die Reproduktion aus „Unkenntnis" als auch Formen der Verdrängung (Bergmann/ Erb 1986, 226). Bei den ‚unbewussten' Formen der Judenfeindschaft kann man mindestens fünf Ausprägungen unterscheiden, auf die gleich genauer einzugehen sein wird.

Während sich der Begriff *latent* bei den beiden beschriebenen Bedeutungen auf Individuen oder ihre Äußerungen bezieht, wird der Begriff latenter Antisemitismus drittens zur Beschreibung von Gesellschaften verwendet, in denen judenfeindliche Vorstellungen so weit verbreitet sind, dass sie gar nicht mehr als solche auffallen. Shulamit Volkov prägte für diese Verbreitung antisemitischer Vorstellungen im Deutschen Reich des 19. und frühen 20. Jahrhunderts den Ausdruck, Judenfeindschaft sei zu einem „kulturellen Code" geworden, zu einem „Bestandteil einer ganzen Kultur", die nicht mehr hinterfragt wurde, zu einer „Selbstverständlichkeit" (Volkov 2000, 33). Jean-Luc Nancy wies mit Blick auf Frankreich zu Beginn des 21. Jahrhunderts auf die Alltäglichkeit des Antisemitismus hin, die mit einer „(relative[n]) Toleranz, die ihn umgibt", einhergehe und „sein schleichendes Eindringen ins Bewusstsein oder ins Unbewusste vieler unserer Zeitgenossen" zeige (Nancy 2018, 21–22). Marina Chernivsky vom Kompetenzzentrum für Prävention und Empowerment akzentuiert diese Alltäglichkeit anders und spricht von „Mikroaggressionen", die Jüdinnen und Juden erfahren, „lange bevor es zu manifester Diskriminierung kommt" (Chernivsky 2020, 199).

Die erste Form der latenten Judenfeindschaft – die codierten Äußerungsweisen – stellt für sich genommen kein unlösbares Problem für die pädagogische Arbeit dar. Codes lassen sich dechiffrieren. Problematisch sind sie insofern, als sie, worauf Adorno wie zitiert hingewiesen hat, von extremen Rechten absichtlich verwendet werden und insofern ein Indiz dafür sein können, dass die jeweilige Person einem manifest antisemitischen Weltbild anhängt, dem in einem klassischen kurzzeitpädagogischen Setting kaum beizukommen ist. Das vorrangige Problem ist dann nicht die Latenz des Antisemitismus, sondern dass man es als Teamer*in mit Personen zu tun hat, die diese Codes bewusst einsetzen, um ihre antisemitische Weltsicht zu verbreiten, ohne dass es ihnen nachzuweisen ist, und nicht mit Menschen, die sich auf Aufklärungsangebote einlassen würden. Die als dritte genannte Form des latenten Antisemitismus – ihre gesellschaftliche ‚Selbstverständlichkeit' – verweist hingegen auf die begrenzte Reichweite pädagogischer Angebote. Adorno schrieb bereits 1966, dass die „wesentlicheren Momente" einer Erziehung nach Auschwitz „der Erziehung weitgehend entrückt" sind (Adorno 1971 [1966], 92). In diesem gesellschaftlichen Sinn markiert die Latenz des Antisemitismus eine Grenze der bislang üblichen Formen politischer Bildungsarbeit.

Bislang trifft man in der Bildungsarbeit am häufigsten auf die verschiedenen Formen des als zweiten genannten, ‚unbewussten' Antisemitismus. Je nachdem was unbewusst in diesen Fällen bedeutet, sind verschiedene pädagogische Präventions- oder Interventionsmöglichkeiten gefragt. So verweist der Begriff unbewusster Antisemitismus bei Werner Bergmann und Rainer Erb erstens auf die Reproduktion antisemitischer Vorstellungen aus „Unkenntnis" (Bergmann/Erb 1986, 226). Vor allem in der pädagogischen Arbeit mit Kindern und Jugendlichen kann es passieren, dass diese aus Naivität wiedergeben, was sie über ‚Juden', ‚Israel' oder ‚jüdische Lobbys' irgendwo mitbekommen haben. Äußern sie diese Vorurteile wirklich aus Naivität, handelt es sich also um Vorurteile im klassischen Sinn, kann man ihnen mit klassischer Aufklärungsarbeit begegnen, indem man die falsche Auffassung berichtigt.

Zweitens bezeichnet der Begriff unbewusst in Bezug auf Antisemitismus oder Rassismus ein bestimmtes Potenzial, sich bei bestimmten Gelegenheiten offen antisemitisch oder rassistisch zu verhalten. In der Medizin dient der Begriff Latenz dazu, Erkrankungen vor den ersten sichtbaren Symptomen zu charakterisieren; dieses Bild wird gewissermaßen auf den Antisemitismus übertragen. Ein Potenzial kann unter bestimmten Bedingungen wirksam werden. Ein antisemitisches Potenzial kann z.B. durch individuelle oder auch gesellschaftliche Krisenerfahrungen bestärkt werden oder, wie in Deutschland seit 2014, dadurch, dass neue rechte Bewegungen und Parteien judenfeindliche Vorstellungen immer offener vertreten (Grigat 2017; Weiß 2017). In diesem Sinn sprach der Psychoanalytiker Charlot Strasser schon Jahrzehnte vor der Etablierung der Antisemitismusforschung in Deutschland von einem latenten Antisemitismus. 1919 schrieb er in einem Zeitschriftenbeitrag unter der Überschrift ‚Latenter Antisemitismus', es gebe außer der offenen Gewalt gegen Jüdinnen und Juden eine „latente, kleine, heimliche" Judenfeindschaft, die „in täglichen, ‚unbewußten' Gemeinheiten' zum Ausdruck kommt, ein Antisemitismus, an dem wir, Nichtjuden und Juden, alle teil haben, an dem wir Schuld tragen, wie an allen Verbrechen, die aus der zerstörten Gesellschaft herausfließen" (Strasser 1919, 106).

Statt von antisemitischem Potenzial könnte man drittens von einer antisemitisch geprägten Wahrnehmung sprechen. Im Vergleich zu einem Potenzial ist eine spezifische Wahrnehmungsweise konstant vorhanden. Sie wird allerdings erst erkennbar, wenn über bestimmte Themenkomplexe, über ‚Juden' oder ‚Israel', gesprochen wird oder wenn Menschen wissen oder ahnen, dass sie einer Jüdin*einem Juden gegenüberstehen. So wie eine latente rassistische Wahrnehmung sich in der scheinbar harmlosen Frage offenbart, wo jemand ‚denn wirklich' herkomme, werden auch Menschen, deren jüdische Identität bekannt ist, als ‚Fremde' angesprochen und zum Beispiel für ihr ‚gutes Deutsch' gelobt. Die Wahrnehmung von Jüdinnen*Juden als ‚Fremden' kann in dem Sinn unbewusst sein, als sie der betreffenden Person gar nicht als eine besondere Sichtweise erscheint. Sie wird erst als spezifische erkennbar, wenn sie einem kritischen Umfeld auffällt. Die konstante antisemitische Wahrnehmung gehört allerdings nicht nur zu dem, was als latenter Antisemitismus bezeichnet wird, sondern kann ebenso Bestandteil des manifesten Judenhasses sein. Mit Antisemit*innen kann man sich, wie Sebastian Winter schreibt, „problemlos" unterhalten. „Sie wirken und sind ‚normal' – bis man unvorsichtigerweise auf das Judentum oder Israel zu sprechen kommt" (Winter 2017, 32).

Viertens kann unbewusster Antisemitismus streng psychoanalytisch als ein unbewusstes Ressentiment verstanden werden, das das Denken und Handeln einer Person ohne deren Wissen steuert. Ein solcher unbewusster Antisemitismus markiert aus naheliegenden Gründen eine Grenze der pädagogischen Arbeit. In den üblichen Angeboten kurzfristiger Bildungsarbeit lassen sich solche unbewussten Formen kaum bearbeiten. Sie machen eine langfristige Begleitung nötig (siehe Chernivsky 2016).

Fünftens wird von einem ‚unbewussten' Antisemitismus in einem weniger strengen Sinn gesprochen, als ein verleugnetes, aber eigentlich dem Subjekt bewusstes Ressentiment. Diese Variante kann sich beispielsweise in der mittlerweile berüchtigten Formulierung ‚Ich bin kein Antisemit, aber …' zeigen, die bereits eine Ahnung davon enthält, dass nach dem ‚aber' etwas geäußert wird, das der ersten Aussage widerspricht. Die verleugnete Form manifestiert sich aktuell besonders oft in der Haltung gegenüber dem jüdischen Staat. Die zahlreichen Skandale der vergangenen Jahrzehnte, z. B. um Günter Grass' Gedicht oder Jakob Augsteins politische Kommentare, haben gezeigt, dass bei der Beurteilung der israelischen Regierung andere Maßstäbe angesetzt werden als an andere Staaten. So gibt es nur gegen den jüdischen Staat Israel eine prominente Boykottbewegung, ganz so als wäre die Politik dieses Staates schlimmer als die des türkischen Staates oder die Migrationspolitik der Europäischen Union mit ihren über zehntausend Toten pro Jahr (Haury 2019, 48–60).

1. Forschungsstand zu versteckten Formen des Antisemitismus

Einen großen Einfluss auf die deutsche Antisemitismusforschung hat der Aufsatz „Kommunikationslatenz, Moral und öffentliche Meinung" von Werner Bergmann und Rainer Erb, in dem der latente Antisemitismus als ein Phänomen verstanden wird, das nach 1945 in Reaktion auf die Shoah entstanden sei. Bergmann und Erb behaupten, sie seien mit ihrer Analyse der Kommunikations- und Bewusstseinslatenz die Ersten, die die „spezifische Form des Nachkriegsantisemitismus" in den Blick genommen hätten. Dabei lassen sie nicht nur die großen Studien zur Schuldabwehr der Kritischen Theorie außer Acht, die sich mit der spezifischen Form der Judenfeindschaft nach 1945 beschäftigt und die Max Horkheimer und Theodor W. Adorno im Vorwort zu Paul W. Massings *Vorgeschichte des politischen Antisemitismus* 1959 pointiert mit den Worten beschrieben: „Die Abwehr der Erinnerung an das Unsägliche, was geschah, bedient sich eben der Motive, welche es bereiten half." (Massing 1959, V)

Für Bergmann und Erb ist die Latenz eine Folge der Kriegsniederlage 1945 und des Wissens um die Shoah, das Verbrechen gegen die Menschheit, das im Namen der Deutschen begangen wurde. In ihrer Studie *Antisemitismus in der Bundesrepublik Deutschland* schreiben sie im Kapitel ‚Latenter Antisemitismus':

„Kein Begriff ist in der Beschreibung des Antisemitismus seit 1945 so häufig gebraucht und doch nie richtig geklärt worden wie der des ‚latenten Antisemitismus'. Er wird seit Mitte der 50er Jahre benutzt (Pross 1956) und reflektiert eine neue Erscheinungsweise des Antisemitismus, die sich von dem offenen, politisch instrumentalisierten Gebrauch der vorherigen Jahrzehnte unterscheidet." (Bergmann/Erb 1991, 275)

Damit setzten Bergmann und Erb die latenten Formen des Antisemitismus, also Codierungen wie auch das Verleugnen und das Verdrängen ins Unbewusste, mit dem Antisemitismus nach 1945 gleich, für den sich mittlerweile, in Anlehnung an Adornos Essay „Schuld und Abwehr", der Begriff „Schuldabwehr-Antisemitismus" etabliert hat (Adorno 2003 [1954]; Kistenmacher 2017; Salzborn 2010, 198; grundlegend Rensmann 1998). Dabei waren Codierungen lange vor 1945 ebenso bekannt wie das Phänomen, dass antisemitische Ressentiments verdrängt wurden. Neu am Schuldabwehr-Antisemitismus ist nicht, dass er Codierungen nutzt oder sich aus unbewussten Motiven speist, sondern dass zu den bereits bestehenden unbewussten Motiven mit der Abwehr möglicher Schuldgefühle wegen der Shoah ein neues, ungeheures Motiv hinzugekommen ist. In der jüngeren Antisemitismusforschung, insbesondere zur Judenfeindschaft von links, werden die beiden Phänomene im Anschluss an Bergmann und Erb häufig in eins gesetzt (Holz 2005, 56–57, 87–88; Stein 2011, 25–27).

In anderen Studien wird wiederum nicht zwischen dem, was Bergmann und Erb Kommunikationslatenz, und dem, was sie Bewusstseinslatenz nennen, unterschieden. So begründen Burkhard Brosig und Samuel Salzborn in ihrem Aufsatz „Latenter Antisemitismus" ihr methodisches Vorgehen damit, dass sich nur mit ihm „das Phänomen der Kommunikationslatenz in seinem letztlich zentralen Bezugsfeld zum Unbewussten entschlüsseln" lasse (Brosig/Salzborn 2007; ebenso Salzborn 2010, 223).

Es ist plausibel, dass latente Formen des Antisemitismus nach 1945 quantitativ zugenommen haben. Doch das Phänomen der Codierungen und Umweg-Kommunikation war bereits vor 1945 bekannt. Adorno beschrieb 1946 im Rückblick auf faschistische Reden in den Vereinigten Staaten von Amerika das Phänomen der „versteckten Andeutungen *[innuendo]*". Obwohl das Publikum unmittelbar verstehe, wen ein Agitator z.B. mit der Formulierung „Jene dunkle Mächte" meine, spreche er es nicht offen aus. Das tue er nicht nur, um nicht mit dem Gesetz in Konflikt zu geraten oder um nicht gesellschaftlichen Regeln zuwiderzuhandeln. Er verschweige es, so Adorno, auch, weil dadurch eine Gemeinschaft zwischen ihm und seinem Publikum hergestellt wird. Die Zuhörer*innen würden so „als eine In-Group behandelt, die schon alles weiß, was der Redner ihr sagen will, und die noch vor jeder Erklärung mit ihm übereinstimmt" (Adorno 2002, 159). Leo Löwenthal beschrieb die Wirkung der versteckten Andeutungen in seiner Studie *Falsche Propheten* 1949 mit der „Funktion eines Witzes", auf deren Pointe das Publikum „die ganze Zeit über gewartet" habe (Löwenthal 1990, 73).

Eine andere Form, an antisemitische Vorstellung anzuspielen, ohne explizit von ‚Juden' zu sprechen, besteht darin, ‚jüdische' Namen zu verwenden (Löwenthal 1990, 88–89). Diese Agitationsform war vor 1945 weithin geläufig. Nach 1945 musste sie erst mühsam entschlüsselt werden. Die Agitation mit Namen macht noch einen weiteren Vorteil des latenten Antisemitismus deutlich: Mit Andeutungen, Anspielungen, Codes können sich neue Anhänger*innen gewinnen lassen, die möglicherweise durch einen manifesten Antisemitismus abgeschreckt würden. In dem von Dietz Bering analysierten Fall des Berliner Vizepolizeipräsidenten Bernhard Weiß, den die NSDAP während der Weimarer Republik wiederholt wider besseren Wissens ‚Isidor Weiß' nannte, um ihn als ‚Juden' zu markieren, wird das daran deutlich, dass sich der falsche Name in das Bewusstsein der Zeitgenoss'*innen einschlich und sogar in parteioffiziellen Papieren der SPD fand (Bering 1992, 261).

Nicht nur das Phänomen, auch der Begriff ‚latenter Antisemitismus' war, wie bereits zitiert, lange vor 1945 geläufig. Der Philosoph Constantin Brunner, der während der 1920er Jahre mehrere Studien über den Judenhass veröffentlichte, benutzte ihn zur Beschreibung der Gesellschaft während der Weimarer Republik (Krah 2016, 193). Selbst die Floskel „Ich bin kein Antisemit, aber ..." diente schon am Ende des 19. Jahrhunderts als Erkennungszeichen für Antisemit*innen (Krah 2017, 190). Löwenthal griff 1949 zur Beschreibung dieses Stilmittels auf die rhetorische Figur der Apophase zurück, bei der man etwas erwähnt, „indem man die Absicht bestreitet, es zu erwähnen" (Löwenthal 1990, 79). Anspielungen, indirekte Redeweisen kommen im Übrigen nicht nur in der politischen Kommunikation vor, sondern gehören wie die Ironie oder Codierungen zur Alltagskommunikation. Flirten verlöre ohne Anspielungen seinen Reiz. Bei der sogenannten Jugendsprache, die Älteren wie eine Geheimsprache erscheint, ist die Verwendung von Codes quasi ein Wesensmerkmal.

Das Phänomen der Andeutungen wurde vor dem Zweiten Weltkrieg nicht nur in der wissenschaftlichen Literatur analysiert, sondern zu dieser Zeit auch in Romanen beschrieben (Kistenmacher 2019). In Robert Musils Klassiker *Mann ohne Eigenschaften*, dessen erste Teile 1930 und 1932 erschienen, gibt es außer einem „christgermanischen Kreis junger Leute", die sich nicht als „Rassenantisemiten" verstünden, sondern als „Gegner der ‚jüdischen Gesinnung'", Romanfiguren, die sich für gänzlich frei von antisemitischen Vorstellungen halten. Graf Leinsdorf eröffnet seine Ausführungen gegenüber der Hauptfigur Ulrich mit den Worten, er habe „gar nichts gegen die Juden", beendet aber seinen langen Monolog mit einer Idee, wie die „ganze sogenannte Judenfrage [...] aus der Welt geschafft" werden könne (Musil 1987 [1932], 312–313, 843–844).

2. Unbewusster und verleugneter Antisemitismus vor und nach 1945

Nach Barbara Schäubles Analyse sind „Differenzkonstruktionen" bei vielen Jugendlichen vorhanden. Diese Konstruktionen bilden zugleich die Grundlage, auf der überhaupt andere Topoi wie die Vorstellung „jüdischen Reichtums" oder „jüdischer Macht" aufbauen können (Schäuble 2012, 402–403). Da diese Differenzkonstruktionen jedoch dem eigentlichen Selbstverständnis von vielen Jugendlichen widersprechen, ist davon auszugehen, dass es einer solchen Person unangenehm ist, wenn man sie auf die Implikation ihrer Unterscheidung von ‚wir' und ‚die' hinweise. Allerdings handelt es sich nur um einen Aspekt des antisemitischen Weltbilds, und eine selbstkritische Reflexion an einem Punkt bedeutet nicht automatisch, dass andere, unbewusst reproduzierte Stereotype damit auch überwunden wären. Erschwert wird eine entsprechende selbstkritische Reflexion, dass die Differenzkonstruktion auch durch die pädagogische Arbeit in KZ-Gedenkstätten reproduziert werden kann, bei der Guides ‚den Nazis' oder ‚den Deutschen' ‚die Juden' gegenüberstellen. Selbst in der wissenschaftlichen Literatur zum Nationalsozialismus können Studien mit Titeln wie *Warum die Deutschen? Warum die Juden?* den Eindruck erwecken oder bestätigen, ‚Juden' wären keine ‚Deutsche' (Aly 2012). Bei ihrem Verfasser, dem Historiker Götz Aly, ist davon auszugehen, dass er dies für ein Missverständnis halten würde. Aber die jeweilige Intention ändert nichts an dem Effekt, den diese Gegenüberstellung von ‚Juden' und ‚Deutschen' haben kann.

Da viele Jugendliche ebenso wie viele Erwachsene nach eigener Aussage keine Jüdinnen*Juden kennen – durchaus auch weil jüdische Mitschüler*innen oder Kolleg*innen diesen Teil ihrer Identität aus verschiedenen Gründen nicht mitteilen –, ist umso effektiver, in welchem Bedeutungsfeld die Begriffe ‚Jude' oder ‚jüdisch' in ihrer Lebenswelt vorkommen. An Schulen oder in Fußballstadien wird ‚Jude' als Schimpfwort verwendet. In Schulbüchern wird der jüdischen Geschichte „zum Teil sehr wenig Platz eingeräumt", sodass sie häufig „auf die Shoah reduziert" werde (vgl. Beer im vorliegenden Band). Bei meiner Arbeit in der KZ-Gedenkstätte Neuengamme ist es mir einige Male passiert, dass Jugendliche statt von ‚KZ-Häftlinge' von ‚Juden' sprachen, sogar nachdem ich sie darüber aufgeklärt habe, dass die Zahl der als ‚jüdisch' markierten Häftlinge im KZ Neuengamme unter 15 Prozent lag. Sie nahmen diese Gleichsetzung aus Unkenntnis vor, ohne erkennbare böse Absicht. Zugleich war die Identifikation so tief in ihrem Sprachgebrauch verankert, dass sie es sich im wahrsten Sinn des Wortes abtrainieren mussten. Sie hätten möglicherweise ihre Sprechweise früher überdacht oder wären gehemmter gewesen, wenn sie mich als jüdisch wahrgenommen hätten.

Schwerer als mit solchen tief verankerten Sprechweisen aus Unkenntnis ist es in der pädagogischen Arbeit mit verdrängten oder verleugneten Formen des Ressentiments umzugehen. Wie gezeigt, wurden antisemitische Ressentiments schon immer verleugnet, weil sich die jeweiligen Personen für vorurteilsfrei halten oder weil sie mit gesellschaftlichen Tabus nicht in Konflikt geraten möchten. Es kann allerdings davon ausgegangen werden, dass die Tabuisierung des Antisemitismus nach der Shoah deutlich zugenommen hat. Entsprechend wollen sich auch Menschen, die wissen oder zumindest ahnen, dass sie antisemitische Vorstellungen hegen, vergewissern, dass sie davon frei seien. Öffentliche Veranstaltungen zur Aufklärung über Antisemitismus werden nach meiner Erfahrung regelmäßig von Erwachsenen aufgesucht, die bestätigt haben wollen, dass ihre Meinung über das Denkmal für die ermordeten Juden Europas, ihre Ansicht über das ‚Ostküstenkapital' oder ihre ‚Kritik an Israel' nicht antisemitisch sei.

Bei der verdrängten oder verleugneten Judenfeindschaft spielt die unterstellte oder tatsächliche Identität der Teamer*in eine große Rolle. Hat sich eine Teamer*in als Jüdin vorgestellt oder wird sie*er als jüdisch gelesen, wird das die verleugneten, verdrängten Vorstellungen wecken. An diesem Punkt greifen ein latenter, verdrängter Antisemitismus bei Einzelnen und die gesellschaftliche Verdrängung des Problems ineinander. So wie Einzelne sich als frei von Ressentiments sehen wollen, will es auch die nichtjüdische Dominanzgesellschaft. So ist zu erklären, warum es bei antisemitischen Äußerungen einer Person anderen wichtig ist, diese Äußerung von dem Vorwurf freisprechen wollen, antisemitisch zu sein, selbst wenn sie der kritisierten Position nicht beipflichten. Da es zum Selbstverständnis der deutschen Gesellschaft gehört, mit der Geschichte des Nationalsozialismus gebrochen zu haben, muss jeder Hinweis, dass es Judenfeindschaft weiterhin gibt, abgewehrt werden. Unterstützung erfährt diese Haltung sogar durch eine wissenschaftliche Literatur, die den „Antisemitismusvorwurf" für ein ebenso großes Problem hält wie den Antisemitismus selbst. Diese Perspektive offenbart bereits der Titel von Michael Kohlstrucks und Peter Ullrichs Bericht, *Antisemitismus als Problem und Symbol* (Kohlstruck/Ullrich 2015).

In einer solchen gesellschaftlichen Stimmung kann eine Partei wie die Alternative für Deutschland (AfD) gedeihen, die sich nicht nur als frei von Antisemitismus wähnt, sondern meint, sie würde von allen Parteien Judenhass am effektivsten bekämpfen. Dabei testet die AfD in extremer Form das aus, was in der deutschen Gesellschaft seit Langem umstritten ist: Was als sagbar gilt und was nicht, weil es unter das Antisemitismustabu fällt, oder anders ausgedrückt: Was als latenter Antisemitismus gilt, der auch in der Mitte der Gesellschaft toleriert werde, und was als unakzeptabler manifester Judenhass. Führende AfD-Mitglieder wie Alexander Gauland und Björn Höcke versuchen den Bereich des gesellschaftlich Tolerierbaren auszudehnen, indem etwa Gauland beansprucht, auf den Vernichtungskrieg der Wehrmacht in Polen und der Sowjetunion und die Taten der Waffen-SS „stolz" sein zu dürfen, oder Höcke eine „erinnerungspolitische Wende um 180 Grad" fordert.[1] Diese Versuche, die Grenzen des Sagba-

---

1 Gauland fordert Recht, stolz zu sein auf „Leistungen" in beiden Weltkriegen, in: *Welt*, 14. September 2017. Online unter: https://www.welt.de/politik/deutschland/article 168663338/Gauland-fordert-Recht-stolz-zu-sein-auf-Leistungen-in-beiden-Weltkrie gen.html [12.3.2019]; Die Höcke-Rede von Dresden in Wortlaut-Auszügen. Dokumen-

ren auszudehnen, betreffen nicht nur das Verhältnis zur deutschen Geschichte, das die AfD sogar in ihrem Parteiprogramm neu bestimmen will. AfD-Mitglieder probieren regelmäßig aus, wie weit antisemitische oder rassistische Beleidigungen oder Ausdrücke der extremen Rechten hingenommen werden, etwa wenn der bayerische AfD-Abgeordnete Andreas Winhart in Gegenwart von Alice Weidel von einer „Soros-Flotte mit den ganzen Rettungsbooten im Mittelmeer" spricht, die er „versenken" möchte (Schindler 2018), oder der Berliner AfD-Abgeordnete Thorsten Weiß auf seiner Facebook-Seite behauptet: „Regierung plant den Volkstod!" (Jansen 2019). Der US-amerikanische Milliardär George Soros, der aus einer jüdischen Familie stammt, dient der extremen Rechten als angeblicher Beleg für ihre antisemitische Weltsicht, die Adolf Hitler bereits 1925 in *Mein Kampf* ausformulierte, wonach ‚der Jude' die Migration steuere, um durch die „dadurch zwangsläufig eintretende Bastardisierung die ihnen verhaßte weiße Rasse zu zerstören" (Hitler 1925, zitiert nach Fava 2010). Die politische Entwicklung seit 2014 erinnert grundsätzlich daran, dass die Begriffe ‚latenter' und ‚manifester Antisemitismus' keine ahistorischen Begrifflichkeiten sind, sondern ihre Bedeutung verschoben werden kann.

3. Aufklärung über oder Pädagogik gegen latenten Antisemitismus

Der latente Antisemitismus ist für die pädagogische Arbeit ein vielschichtiges und komplexes Problem, dem sich die politische Bildungsarbeit stellen muss. Drei Möglichkeiten und Problemlagen sollen abschließend benannt werden. Zunächst einmal kann man *über* die Erscheinungsformen der latenten Judenfeindschaft aufklären. Während vielen Erwachsenen und Jugendlichen bewusst ist, dass es neben extremen Formen des Rassismus oder Sexismus auch unterschwellig vorhandene Ressentiments und Vorurteile gibt, ist das bei Antisemitismus oft nicht der Fall. Judenfeindschaft wird in Deutschland nach wie vor häufig mit der extremsten Variante, dem nationalsozialistischen Vernichtungsantisemitismus, gleichgesetzt. Das liegt auch an den bundesdeutschen Debatten der vergangenen Jahrzehnte. Auf die Kritik, dass eine Aussage oder eine politische Position antisemitisch sei, wird regelmäßig mit dem vermeintlichen Gegenargument reagiert, die betreffende Person sei ‚doch kein Nazi'. Im Rahmen eines von mir mit geleiteten Workshops zeigte sich eine Oberstufenschülerin dankbar, mit dem Ausdruck Alltagsantisemitismus einen Begriff zu haben, mit dem sie

tation, in: *Die Zeit*, 18. Januar 2017. Online unter: https://www.zeit.de/news/2017-01/18/parteien-die-hoecke-rede-von-dresden-in-wortlaut-auszuegen-18171207 [12.3.2019].

das, was sie seit Langem spüre, aber bislang nicht begrifflich fassen konnte, endlich bezeichnen könne.

Eine Methode, mit der sich latenter Antisemitismus thematisieren und über ihn aufklären lässt, hat die Initiative BildungsBausteine gegen Antisemitismus auf der Basis eines realen Vorfalls entwickelt, der sich 2003 in Berlin zutrug: Dieter T., ein Jude und Inhaber eines kleinen Lebensmittelladens, wandelt diesen nach einigen Jahren in ein koscheres Geschäft um, schmückte die Fensterscheibe mit Davidsternen und hängte die israelische Fahne über die Ladentür. Nach kurzer Zeit wurde er bedroht: von Neonazis, die morgens vorfuhren und den Hitlergruß zeigten, und von, wie er sagte, ‚arabischen Jugendlichen', die mutmaßlich für einen Steinwurf in die Fensterscheibe und andere Beschädigungen des Ladens verantwortlich waren. Ein Fernsehbeitrag dazu beschäftigt sich nur am Rande mit dieser Bedrohung, sondern konzentriert sich auf die Reaktionen aus der Nachbarschaft. Ein Anwohner sagt, seitdem an Dieter T.s Geschäft ein „Judenstern, so eine Flagge" hänge, sei „da keiner mehr hingegangen". Eine Nachbarin äußert vor laufender Kamera, die Leute in dem Viertel seien „keine Ausländerfeinde oder sowas, aber wenn der auf einmal eine Judenfahne raushängt", dann „fassen wir uns an den Kopf und fragen: Was ist denn jetzt los?" (zitiert nach: Dehne 2003) Sie benutzt dabei die fast klassische Formulierung, mit der sich seit dem ausgehenden 19. Jahrhundert Antisemit*innen versichern, ‚nichts gegen' bestimmte Gruppen von Menschen zu haben. Bei der Bezirksbürgermeisterin, die in dem Film zu Wort kommt, muss man zweimal hinhören, damit auffällt, dass sie in ihrem kurzen Statement das Adjektiv ‚deutsch' mehr als einmal benutzt:

„Meine Mitarbeiter waren hier und haben kontrolliert, und er hat sich leider nicht an deutsche Gesetze gehalten. Und wenn er dann koschere Ware anbietet, das ist ganz richtig, so muss er sie aber nach dem deutschen Wirtschaftsgesetz auch deutsch deklarieren." (zitiert nach: Dehne 2003)

Sie beruft sich zwar auf ein Gesetz, das festlegt, dass auf Nahrungsmitteln im Handel die Zutaten auf Deutsch genannt werden müssen. Aber durch die dreimalige Verwendung von ‚deutsch' reproduziert ihre Aussage die Vorstellung, Dieter T., der in Berlin geboren wurde und aufgewachsen ist, sei fremd in der deutschen Gesellschaft. Mit solchen Formen der latenten Judenfeindschaft haben wir es in der pädagogischen Arbeit bislang am häufigsten zu tun. Es ist eine offene Frage, ob sich das in den kommenden Jahren, mit der Zunahme der Neuen und alten Rechten, ändert und ob offene Judenfeindschaft ‚alltäglicher' wird.

Grundsätzlich ist es noch wichtiger, nicht nur *über* den latenten Antisemitismus aufzuklären und die Wahrnehmung für entsprechende Sprach- und Verhaltensformen zu schärfen, sondern bei den Teilnehmenden eine selbstkritische Auseinandersetzung anzustoßen, inwieweit sie selbst zu solchen latenten Vorstellungsweisen neigen, um sich dann von ihnen zu emanzipieren. Wichtiger als eine Pädagogik über wäre eine pädagogische Praxis *gegen* den latenten Antisemitismus. Dabei befindet sich die pädagogische Arbeit jedoch in einem Dilemma: Sie wirkt einerseits darauf hin, dass die Teilnehmenden sich ihrer eigenen latent vorhandenen Einstellungsmuster bewusst machen, sie artikulieren, um sie andererseits im nächsten Schritt zu hinterfragen, zu dekonstruieren oder zu überwinden.

Dies kann auch mit Methoden geschehen, die zwar die Grundlagen des modernen Antisemitismus behandeln, aber in denen von ‚Juden' gar nicht die Rede ist. Ein Beispiel ist die von der Kreuzberger Initiative gegen Antisemitismus entwickelte Methode „Die verbrannte Leiche von Ocarina Island", bei der die Teilnehmenden gebeten werden, einen fiktiven Kriminalfall zu lösen. Der Fall selbst hat mit Antisemitismus gar nichts zu tun. Aber die Geschichte kann dabei helfen zu verstehen, warum es bei ökonomischen Krisen nicht notwendigerweise Schuldige gibt, die sie verursacht haben, und warum Menschen trotzdem unbedingt nach Schuldigen suchen. Letztlich stellt diese Methode, wie Mehmet Can schreibt, auch die Grundlage antisemitischer Verschwörungsideologien infrage (Can 2012, 103).

Allerdings steht, selbst wenn man als Teamer*in es vermeidet, Bilder von Jüdinnen*Juden zu reproduzieren, das Thema Antisemitismus bei entsprechenden Bildungsmaßnahmen im Raum, ganz gleich ob Teamer*innen jüdisch sind oder nicht. Auch deswegen können entsprechende pädagogische Angebote auf einen gewissen latenten Widerstand stoßen. Wie man mit ihm umgeht, hat damit zu tun, wie man situativ das Verhalten oder die Äußerungen einschätzt: als Unbefangenheit, als Unwissenheit oder als latente Abwehr gegen die Themenstellung, als latentes Ressentiment, das sich noch erschüttern lässt oder nicht. Für diese situative Einordnung und die entsprechende Reaktionsweise gibt es keine Methode. Dafür braucht es, was pädagogische Praxis auszeichnet: Erfahrung, Einfühlungsvermögen, Fingerspitzengefühl.

Literatur

Adorno Theodor W. (1971 [1966]): Erziehung nach Auschwitz. In: Ders.: Erziehung zur Mündigkeit. Vorträge und Gespräche mit Hellmut Becker 1959–1969, Frankfurt/M.

Adorno, Theodor W. (1998 [1961]): Zur Bekämpfung des Antisemitismus heute. In: Ders.: Vermischte Schriften I (Gesammelte Schriften 20.I). Darmstadt, S. 360–383.

Adorno, Theodor W. (2002 [1946]): Antisemitismus und faschistische Propaganda. In: Simmel, Ernst (Hg.): Antisemitismus. Aus dem Englischen von Heidemarie Fehlhaber u.a., Frankfurt/M., S. 148–161.

Adorno, Theodor W. (2003 [1954]): Schuld und Abwehr. In: Ders.: Soziologische Schriften II. Band 2, Frankfurt/M., S. 121–324.

Aly, Götz (2012): Warum die Deutschen? Warum die Juden? Gleichheit, Neid und Rassenhass 1800–1933, Frankfurt/M.

Bergmann, Werner/Erb, Rainer (1986): Kommunikationslatenz, Moral und öffentliche Meinung. Theoretische Überlegungen zum Antisemitismus in der Bundesrepublik Deutschland. In: Kölner Zeitschrift für Soziologie und Sozialpsychologie 38. S. 223–246.

Bergmann, Werner/Erb, Rainer (1991): Antisemitismus in der Bundesrepublik Deutschland. Ergebnisse der empirischen Forschung von 1946–1989, Opladen.

Bering, Dietz (1992): Kampf um Namen. Bernhard Weiß gegen Joseph Goebbels, Stuttgart, zweite Auflage.

Brosig, Burkhard/Salzborn, Samuel (2007): Latenter Antisemitismus, in: Psychoanalyse – Texte zur Sozialforschung 2.

Can, Mehmet (2012): Antisemitismus im Kontext von Ökonomiekritik. Eine Unterrichtseinheit der Kreuzberger Initiative gegen Antisemitismus. In: Gebhardt, Richard/Klein, Anne/Meier, Marcus (Hg.): Antisemitismus in der Einwanderungsgesellschaft. Beiträge zur kritischen Bildungsarbeit, Weinheim/Basel, S. 93–105.

Chernivsky, Marina (2016): Zwischen Generationen: Wirkungsgeschichte des Nationalsozialismus und familienbiographische Reflexion der Enkel*innen-Generation in Form einer mehrjährigen Intervisionsgruppe. In: Dies/Scheuring, Jana (Hg.): Gefühlserbschaften im Umbruch. Perspektiven, Kontroversen, Gegenwartsfragen, Frankfurt/M., S. 150–163.

Chernivsky, Marina (2020): Antisemitische Diskriminierung im Bildungswesen. In: Killguss, Hans-Peter/Meier, Marcus/Werner, Sebastian (Hg.): Bildungsarbeit gegen Antisemitismus. Grundlagen, Methoden & Übungen, Frankfurt/M., S. 199–213.

Dehne, Anja (2003): Bespuckt, beleidigt, boykottiert: Ein deutscher Jude gibt auf. Filmskript unter: http://www.hagalil.com/antisemitismus/deutschland/berlin.htm [27.11.2018].

European Monitoring Centre on Racism and Xenophobia (2003): Manifestations of Antisemitism in the EU 2002–2003. Based on information by the National Focal Points of the EUMC – RAXEN Information Network, Wien.

Fava, Rosa (2010): Leben und Überleben von Schwarzen im Nationalsozialismus. In: Lernen aus der Geschichte. Unter: http://lernen-aus-der-geschichte.de/Lernen-und-Lehren/content/8247/2010-05-12-Leben-und-Ueberleben-von-Schwarzen-im [19.02.2020].

Fein, Helen (1987): Dimensions of Antisemitism: Attitudes, Collective Accusations and Actions. In: Dies (Hg.): The Persisting Question. Sociological Perspectives and Social Contexts of Modern Antisemitism, Berlin, New York.

Grigat, Stephan (2017, Hg.): AfD & FPÖ. Antisemitismus, völkischer Nationalismus und Geschlechterbilder, Baden-Baden.

Haury, Thomas (2019): Antisemitismus von Links. Facetten der Judenfeindschaft, Berlin.

Holz, Klaus (2005): Die Gegenwart des Antisemitismus. Islamistische, demokratische und antizionistische Judenfeindschaft, Hamburg.

Horkheimer, Max/Adorno, Theodor W. (1992 [1947]): Dialektik der Aufklärung. Philosophische Fragmente, Frankfurt/M.

Jansen, Frank (2019): Berlin prüft Beobachtung des AfD-Landesverbands, in: *Tagesspiegel*, 18. Januar. Online unter: https://www.tagesspiegel.de/politik/nach-bfv-gutachten-berlin-prueft-beobachtung-des-afd-landesverbands/23884286.html [12. März 2019]

Kistenmacher, Olaf (2017): Schuldabwehr-Antisemitismus als Herausforderung für die Pädagogik gegen Judenfeindschaft. In: Mendel, Meron/Messerschmidt, Astrid (Hg.): Fragiler Konsens. Antisemitismuskritische Bildung in der Migrationsgesellschaft, Frankfurt/M., S. 189–209.

Kistenmacher, Olaf (2019): Latente Erinnerung – latenter Antisemitismus. In: Ders./Hahn, Hans-Joachim (Hg.): Beschreibungsversuche der Judenfeindschaft II, Berlin, S. 161–194.

Kohlstruck, Michael/Ullrich, Peter (2015): Antisemitismus als Problem und Symbol. Phänomene und Interventionen in Berlin, Berlin, zweite Auflage.

Krah, Franziska (2016): „Ein Ungeheuer, das wenigstens theoretisch besiegt sein muß". Pioniere der Antisemitismusforschung in Deutschland, Frankfurt/M.

Krah, Franziska (2017): Anti-Antisemitismus in der Weimarer Republik und in der Gegenwart. Probleme und Grenzen von Strategien gegen Antisemitismus, in: Grigat, Stephan (Hg.): AfD & FPÖ. Antisemitismus, völkischer Nationalismus und Geschlechterbilder, Baden-Baden, S. 183–199.

Löwenthal, Leo (1990 [1949]): Falsche Propheten. Studien zum Autoritarismus. Aus dem Englischen von Susanne Hoppmann-Löwenthal. In: Ders.: Falsche Propheten. Studien zum Autoritarismus. Schriften 3, Frankfurt/M., S. 9–159.

Massing, Paul W. (1959): Vorgeschichte des politischen Antisemitismus. Aus dem Amerikanischen von Felix J. Weil, Frankfurt/M.

Musil, Robert (1987 [1932]): Der Mann ohne Eigenschaften I, Reinbek bei Hamburg.

Nancy, Jean-Luc (2018): Der ausgeschlossene Jude in uns. Aus dem Französischen von Thomas Laugstein, Zürich.

Rensmann, Lars (1998): Kritische Theorie über den Antisemitismus. Studien zu Struktur, Erklärungspotential und Aktualität, Hamburg.

Salzborn, Samuel (2010): Antisemitismus als negative Leitidee der Moderne. Sozialwissenschaftliche Theorien im Vergleich, Frankfurt/M.

Schäuble, Barbara (2012): „Anders als wir". Differenzkonstruktionen und Alltagsantisemitismus unter Jugendlichen. Anregungen für die politische Bildung, Berlin.

Schäuble, Barbara/Scherr, Albert (2007): „Ich habe nichts gegen Juden, aber …" Ausgangsbedingungen und Perspektiven gesellschaftspolitischer Bildungsarbeit, Berlin.

Schindler, Frederik (2018): AfD-Landtagsfraktion in Bayern. Rechtsradikale im Landtag, in: *tageszeitung*, 18. Oktober. Online unter: http://www.taz.de/!5544143/ [12. März 2019]

Schwarz-Friesel, Monika/Reinharz, Jehuda (2012): Die Sprache der Judenfeindschaft im 21. Jahrhundert, Berlin.

Stein, Timo (2011): Zwischen Antisemitismus und Israelkritik. Antizionismus in der deutschen Linken, Wiesbaden.

Strasser, Charlot (1919): Latenter Antisemitismus. In: Esra. Monatszeitschrift des jüdischen Akademikers 4, S. 97–107.

Volkov, Shulamit (2000 [1978]): Antisemitismus als kultureller Code. Übersetzt von Holger Fliessbach. In: Dies.: Antisemitismus als kultureller Code. Zehn Essays, München, S. 13–36.

Weiß, Volker (2017): Die autoritäre Revolte. Die Neue Rechte und der Untergang des Abendlandes, Stuttgart.

Winter, Sebastian (2017): (Un-)Ausgesprochen: Antisemitische Artikulation in der Alltagskommunikation. In: Mendel, Meron/Messerschmidt, Astrid (Hg.): Fragiler Konsens. Antisemitismuskritische Bildung in der Migrationsgesellschaft, Frankfurt/M./New York, S. 27–42.

ELKE RAJAL

Möglichkeiten und Grenzen antisemitismuskritischer Pädagogik

Anregungen für die Bildungsarbeit

1. Einleitung

Ausgehend von Überlegungen zu den Zusammenhängen von Bildung und Antisemitismus wird im Folgenden der Frage nachgegangen, ob schulische Bildung eine präventive Wirkung haben kann. Dazu werden zunächst verschiedene Fallstricke einer Bildungsarbeit zum Antisemitismus zusammengefasst, um nachfolgend zu einer normativen Bestimmung von antisemitismuskritischer Bildungsarbeit zu gelangen. Vor dem Hintergrund von Erkenntnissen aus der theoriegeleiteten Antisemitismusforschung werden schließlich einige Anregungen für die Praxis ausgeführt. Dabei wird auch die Frage behandelt, wie Schüler/-innen pluraler Herkunftsbiografien angesprochen werden können, ohne sie auf eine (vermeintliche) Identität festzuschreiben oder ‚fremd' zu machen.

2. Antisemitismus – ein ‚Bildungsproblem'?

Zunächst stellt sich die Frage, ob Antisemitismus überhaupt mit Bildung beizukommen bzw. wie das Verhältnis zwischen Antisemitismus und Bildung einzuschätzen ist. Antisemitismus wurde über Jahrhunderte von Gelehrten, Priestern, Dichtern und Denkern vorangetrieben. Gerade der moderne Antisemitismus wurde von meinungsbildenden, anerkannten, gebildeten Persönlichkeiten entwickelt, artikuliert und getragen (Schwarz-Friesel 2015a, 30). Das Ausmaß des Antisemitismus war bis Mitte des 20. Jahrhunderts unter den Gebildeten größer als unter den weniger Gebildeten (ebd.). So war es auch das universitäre Milieu, das in der Zwischenkriegszeit in Deutschland und vor allem in Österreich durch Antisemitismus und antijüdische Gewalt gekennzeichnet war. Die Rufe nach Diskriminierung von Juden und Jüdinnen kamen insbesondere in Österreich aus dem akademischen Milieu, aus Studentenverbindungen und von antisemitischen Professoren (Fritz u. a. 2016). Der Antisemitismus wäre wahrscheinlich nicht derart erfolgreich gewesen ohne ‚wissenschaftliche' Untermauerung. Getragen und organisiert wurde auch das spätere Vernichtungswerk vielfach von Gebildeten. Warum sollte also gerade Bildung gegen Antisemitismus ‚immunisieren'?

Eine mehrere europäische Länder[1] vergleichende Studie zu gruppenbezogener Menschenfeindlichkeit (GMF) zeigt deutlich, dass die Tendenz, andere Menschen abzuwerten, abnimmt, je höher das Bildungsniveau der Befragten ist (Zick u. a. 2011, 95). Wenn man nach der jeweiligen Artikulationsform differenziert, sieht das Bild jedoch, wenn auch nur geringfügig, anders aus. So zeigt beispielsweise die Studie von Zick u. a. auch, dass Rassismus mit zunehmender Bildung stärker abnimmt als etwa Antisemitismus (ebd., 96).

Der Bildungseffekt in Bezug auf die Ausprägung des Antisemitismus, den Zick u. a. (2011) sowie Zick (2015) in ihren GMF- und Europastudien feststellen, nimmt weiter ab, wenn man den sekundären Antisemitismus[2] stärker berücksichtigt: Hier unterscheiden sich Personen mit niedriger und mit mittlerer Bildung kaum voneinander. Die Differenzen zur höher gebildeten Gruppe werden noch kleiner, wenn der auf Israel bezogene Antisemitismus betrachtet wird (Zick 2015, 43–44).

Die Aussagekraft des Bildungseffekts muss zudem kontextualisiert werden. Zum einen kann Bildung nicht unabhängig von der sozialen Lage betrachtet werden. Zum anderen ist es umstritten, ob es nicht eigentlich das Wissen über das ‚noch zulässig Sagbare' ist, das mit formaler Bildung zu- bzw. abnimmt. Die unterschiedliche Ausprägung des Bildungseffekts auf verschiedene Formen des Antisemitismus legt nahe, dass ‚klassische' Formen von Antisemitismus mit höherer Bildung eher erkannt werden, subtilere Formen jedoch weniger, was hieße, dass nicht die Neigung zu Antisemitismus durch Bildung sinkt, sondern dass sich lediglich die Form, in der er sich äußert, ändert. Dieser These stimmt auch Zick zu, wenn er konstatiert, dass „höher gebildete Menschen aus besser situierten sozialen Gruppen einer Gesellschaft die Erkennbarkeit ihrer antisemitischen Meinungen umgehen, indem sie ‚Umwege' gehen oder Antisemitismus subtil

---

1 Untersucht wurden Deutschland, Frankreich, Großbritannien, Italien, Polen, Portugal und Ungarn (Zick u. a. 2011, 57).
2 ‚Sekundärer Antisemitismus' bezeichnet Formen des Antisemitismus nach der Shoah, die sich aus einer Abwehr der eigenen (persönlichen aber auch gesellschaftlichen) Schuld ergeben, weshalb auch von ‚Schuldabwehrantisemitismus' gesprochen wird. Darunter fallen beispielsweise die Relativierung der Shoah, Forderungen nach einem Schlussstrich oder das Unterstellen eines wirtschaftlichen Interesses von Juden und Jüdinnen am Gedenken an die Shoah. Siehe z. B. Schönbach (1961), Adorno (1997a–c), Rensmann (1998).

äußern" (Zick 2015, 42). Diese ‚Umwegkommunikation' ist in Bezug auf den Antisemitismus gut erforscht.

Bildung als Allheilmittel gegen Antisemitismus funktioniert also nicht per se, als „Halbbildung" begünstigt sie ihn sogar (Horkheimer/Adorno 1988, 205). Bildung und vor allem die Verweildauer in einer Bildungseinrichtung sowie die damit verbundene längere Freiheit von den Zwängen und vom Druck des Lohnarbeitsmarkts haben jedoch einen Einfluss auf menschenfeindliche, oder spezifischer, antisemitische Einstellungen. Gleichzeitig sind die Umfrageergebnisse aber durch den Effekt sozialer Erwünschtheit verzerrt. Wie auch die an den Beginn dieses Kapitels gestellten historischen Schlaglichter zeigen, kann Bildung in Bezug auf Antisemitismus demnach als ambivalent bezeichnet werden: Sie verändert die Ausdrucksweisen von Antisemitismus; sie kann Antisemitismus verringern, aber auch erst erzeugen, etwa wenn antisemitische Stereotype im Lehrmaterial enthalten sind oder das Lehrpersonal bewusst oder unbewusst Antisemitismus vermittelt (Zick 2015, 49). Letztlich hängt der Bildungseffekt davon ab, in welchem Kontext Bildung stattfindet und wie Antisemitismus konkret aufgegriffen bzw. behandelt wird.

3. Fallstricke einer Bildungsarbeit gegen Antisemitismus

Für die Bildungsarbeit zum Antisemitismus lassen sich mehrere folgenreiche Fallstricke aufzeigen, die hier, bezogen auf den Lernort Schule, komprimiert erörtert werden sollen.

Die häufig festzustellende Beschränkung der Beschäftigung mit Antisemitismus auf den Nationalsozialismus[3] hat zur Folge, dass der Eindruck entstehen kann, Antisemitismus habe es vorher nicht gegeben und er habe heute keine Relevanz mehr. Rasch ist dann Einigkeit über die Verurteilung der NS-Vernichtungspolitik hergestellt, die Kompetenz, Antisemitismus auch dann zu erkennen, wenn er ohne Nazi-Beiwerk oder als Antizionismus daherkommt, wird jedoch nicht gefördert.

Wird der Antisemitismus im Mittelalter behandelt, so zeigen sich nach Ansicht des langjährigen Lehrers Wolfgang Geiger (2012a) ebenfalls Fallstricke, die er seinen Analysen von Schulbüchern entnimmt: Häufig wird das christliche Zinsverbot und das Abdrängen von Juden in die Position der Zinsnehmer kontextlos, ohne Einbettung in die sozioökonomische Gesamtsituation, sowie als Alleinerklärung dargestellt. Meist unerwähnt bleiben andere von Juden und Jüdinnen ausge-

---

3   Auf Österreich bezogen konstatieren dies Markom und Weinhäupl (2007), auf Deutschland bezogen etwa Geiger (2012b).

übte Berufe (z.B. Trödler/-innen, Kleinhändler/-innen), die ärmlichen Verhältnisse innerhalb der mittelalterlichen Ghettos, die vielen Umgehungen des Zinsverbotes auf Seiten der Christ/-innen usw. Es wird dabei nicht nur der mythische Zusammenhang von Juden/Jüdinnen und Geld/Macht scheinbar bestätigt. Letztlich können die Pogrome für viele Jugendliche dann als verständliche, wenn nicht gar zwangsläufige Reaktion auf den ‚jüdischen Wucher' erscheinen. Die „reduktive Erklärung des sozialen Antijudaismus mit der Zins- und Verschuldungsproblematik" sowie die Argumentationskette „Juden/Jüdinnen – Geld/Macht – Abneigung" durchziehe die Schulbücher, so Geiger (2012a, 52). Der letztgenannte Dreischritt findet sich nach seinen Beobachtungen auch in der Thematisierung der Weltwirtschaftskrise in den 1920er-Jahren und dient hier wiederum als monokausale Erklärung für den erstarkenden Antisemitismus (Geiger 2012a).

Ähnlich problematisch ist es, wenn in wohlmeinender Absicht antisemitische Vorurteile referiert werden, um sie dann (in meist unzureichender Zeit) zu widerlegen. Was hängen bleibt, sind häufig die Stereotype selbst, ein Umstand, auf den bereits Marie Jahoda (1994) verwies. Geiger hebt dieses Problem hervor, wenn er feststellt, dass „Vorurteile zwar verurteilt, aber kaum durch Urteile im Sinne einer adäquaten historischen Beurteilung ersetzt" (Geiger 2012a, 118) werden.

Problematisch ist zudem der Raum, den der Nahostkonflikt im pädagogischen Feld einnimmt – nicht nur in der Diskussion mit den Jugendlichen, sondern auch und vor allem in den Fortbildungen von Lehrer/-innen, wie Dreier (o.J.) für den österreichischen Kontext skizziert. Immer wieder sei die Beobachtung zu machen, so der langjährige Lehrer/-innenfortbildner, dass umgehend die (verzerrt wahrgenommene) israelische Politik ins Treffen geführt werde, wenn Shoah, Schuld und Verantwortung im Kontext des Nationalsozialismus oder gegenwärtiger Antisemitismus thematisiert werden, was den Verdacht nährt, dass dies vor allem der Abwehr dient (Rajal/Schiedel 2016, 108–109, bezugnehmend auf Dreier o.J.).[4]

Zusammenfassend kann festgehalten werden, dass die Thematisierung von Antisemitismus – in unzureichender Form – die Gefahr problematischer Pseudoerklärungen birgt, in welchen den Opfern eine (Mit-)Schuld an ihrer Verfolgung gegeben wird. Vor solcher ‚Kausaltäuschung', wie sie auch der Alltagsverstand nahelegt, sind gerade Pädagog/-innen nicht gefeit, die sich und ihren Schüler/-in-

---

4   Da an Pädagog/-innen ein viel größerer Anspruch, nicht antisemitisch zu sein, gestellt wird, kann vermutet werden, dass sie mehr noch als ihre Schüler/-innen zu Abwehr und Umwegkommunikation neigen. Dieser These folgend wäre in der Lehrer/-innenfortbildung besonders der sekundäre und israelbezogene Antisemitismus zu behandeln.

nen die Mühen intensiverer Auseinandersetzung sparen möchten. Antisemitismus bzw. eine Verfestigung antisemitischer Stereotype kann entsprechend auch aus der pädagogischen Praxis selbst entstehen – zumal, wenn diese unter ungünstigen Bedingungen (fehlende Zeit und Ressourcen usw.) stattfindet.

Zudem werden häufig zu große Erwartungen in die Vermittlung von jüdischer Geschichte und in Holocaust Education für die Prävention von Antisemitismus gesetzt. Aber da Antisemitismus keine realen Begegnungen mit Jüdinnen und Juden, sondern kommunikative Erfahrungen mit Bildern von ‚Juden' zur Grundlage hat, ist die Annahme falsch, wonach er in der Unkenntnis des Judentums begründet sei.[5] Falsch ist dementsprechend auch die daran geknüpfte Hoffnung, dass eine Aufklärung über die Objekte des Ressentiments automatisch eine Immunisierung bewirke (Adorno 1970a, 90). Die Vermittlung von jüdischer Geschichte stellt einen Wert für sich dar und kann der weit verbreiteten Fixierung auf das Bild von Jüdinnen und Juden als Opfer vorbauen, schützt jedoch nicht per se vor Antisemitismus. Gleiches gilt für die Holocaust Education: Das Wissen über das Menschheitsverbrechen reicht allein nicht aus, um aktuelle Erscheinungsformen des Antisemitismus zu erkennen und zurückweisen zu können. Vorstellbar sind auch Formen zeitgeschichtlicher Vermittlung, die sogar Abwehraggressionen[6] hervorrufen können, die sich zu (sekundär) antisemitischen Ressentiments verhärten, wenn sie nicht reflexiv bearbeitet werden.

4. Antisemitismuskritische Bildungsarbeit[7]

Antisemitismuskritische[8] Bildungsarbeit – in einer normativen Definition – ist darum mehr und anderes als die Vermittlung von jüdischer Geschichte und Holocaust Education. Sie
- thematisiert Antisemitismus und seine jeweiligen Funktionen im historischen Längsschnitt;

---

5   Auch Weyand (2016, 20) betont, dass eine brauchbare Theorie des Antisemitismus dessen Subjekte zum Gegenstand hat. Antisemitismus ist „keine Folge der Konflikterfahrung, sondern deren Voraussetzung".
6   Zum Zusammenhang von Antisemitismus und Abwehraggressionen siehe bspw. Rensmann (1998) oder Quindeau (2006).
7   Die im Folgenden vorgestellte Definition findet sich auch bei Rajal (2018).
8   Die Verwendung des Begriffs ‚antisemitismuskritisch' anstatt ‚anti-antisemitisch' verweist auf die Unmöglichkeit, eine Position gänzlich außerhalb antisemitischer Diskurse einzunehmen, da wir alle in diese verstrickt sind. Für pädagogische Prozesse erscheint es mir besonders wichtig, dies stets auch zu reflektieren.

- differenziert verschiedene Formen von Antisemitismus;
- konzentriert sich einerseits auf individuell-psychische Dispositionen zum Antisemitismus (individueller Zugang);
- thematisiert andererseits Antisemitismus als soziales und strukturelles Phänomen, also als gesellschaftliches Machtverhältnis (struktureller Zugang).

Als Voraussetzungen für einen erfolgreichen antisemitismuskritischen Zugang sind die Entwicklung einer demokratischen und kooperativen Schulkultur, in der Antisemitismus entschieden entgegengetreten wird, sowie entsprechend aus-/fortgebildetes Personal zu nennen.

Antisemitismuskritische Bildungsarbeit ist zudem abzugrenzen von einem allgemeinen Begriff von Präventionsarbeit gegen Antisemitismus, denn diese müsste bereits in der frühen Kindheit erfolgen (Horkheimer/Adorno 2003, 373), etwa „in der Förderung der Fähigkeit zu abstraktem Denken und konkretem Fühlen und damit der Stärkung authentischer und situationsadäquater Artikulation eigener Bedürfnisse und Interessen", wie Salzborn (2010, 335) bezugnehmend auf Brainin (1986, 107) festhält. Dieses Präventionsverständnis entstammt den Einsichten verschiedener Theorien über den Antisemitismus, die diesen als eine „Unfähigkeit wie Unwilligkeit, abstrakt zu denken und konkret zu fühlen", fassen (Salzborn 2010, 334). Freilich können abstraktes Denken und das Zulassen von Gefühlen auch in der Schule gefördert werden, dafür ist aber keine unmittelbare Thematisierung von Antisemitismus vonnöten, weshalb diese äußerst wichtige Ebene der Prävention im Folgenden ausgeblendet wird.

5. Anregungen für die Praxis

Wie kann nun also antisemitismuskritische Bildungsarbeit aussehen, die das Verständnis von Antisemitismus ermöglicht, ohne wiederum Antisemitismus zu reproduzieren? Beim Versuch, diese Frage zu beantworten, finden, dem Theoriehintergrund der Autorin entsprechend, jene Ansätze, die in der Tradition der Kritischen Theorie stehen, besondere Berücksichtigung.

Vielfach wurde betont, dass es sich beim Antisemitismus um eine spezifische Form der Personifikation (anonymer) gesellschaftlicher Prozesse und Strukturen handelt, die sich leicht zu einem Verschwörungsmythos verdichten kann (Haury 2002, 106). Wird der Antisemitismus als eine (personifizierende) „Welterklärung"[9] (Rensmann 1998, 91) verstanden, kann in einem breiten Ver-

---

9 Der Umstand, dass Antisemitismus im Unterschied zum Rassismus als eine ‚Welterklärung' dient, alle wesentlichen Übel der Welt also auf die ‚Juden' zurückgeführt bzw. mit

ständnis (im Sinne eines strukturellen Zugangs) jede Vermittlungsarbeit, die das Wissen über die Funktionsweisen einer Gesellschaft vergrößert, präventiv gegen Antisemitismus wirken. Antisemitismuskritische Bildungsarbeit ist demnach eng mit (kritischer) politischer Bildung im Allgemeinen verzahnt. In der antisemitischen Weltsicht wird die Einheit von Produktion und Zirkulation in eine ‚gute', am Gebrauchswert orientierte Sphäre ‚ehrlicher' Wertschöpfung durch Industriekapital und Arbeit und eine ‚böse', am Tauschwert orientierte Sphäre des Finanzkapitals und des Zinsnehmens gespalten.[10] Diese Spaltung zeigt sich etwa in den antisemitischen Gegensatzpaaren ‚deutsche Arbeit' versus ‚jüdische Nicht-Arbeit' oder ‚schaffendes' versus ‚raffendes' Kapital. Antisemitismuskritische Bildungsarbeit thematisiert den Kapitalismus als ökonomisches und gesellschaftliches System, das permanent Entfremdungserfahrungen produziert, und problematisiert dabei insbesondere verkürzte Erklärungen. Dies bedeutet auch, zu vermitteln, dass gesellschaftliche Widersprüche nicht so einfach aufgelöst werden können, wie es der Antisemitismus verspricht. Der dem Antisemitismus inhärente Manichäismus – ein Mechanismus, der zu einer Unterscheidung in eindeutig ‚gut' und eindeutig ‚böse' führt und sich etwa in den oben erwähnten Spaltungen zeigt (Haury 2002, 109) – sollte im Zuge antisemitismuskritischer Bildungsarbeit ebenfalls thematisiert werden, ebenso wie angestrebt werden sollte, Ambivalenzen auszuhalten. In der Praxis bedeutet das, Räume zu öffnen, die es erlauben, den verarmenden und damit selbstschädigenden Charakter der manichäistischen Einteilung der Welt in das Bewusstsein zu holen.

Den Erkenntnissen kritischer Antisemitismusforschung folgend, ergibt sich eine Erklärung des Antisemitismus aus den Bedürfnissen der Antisemit/-innen heraus, statt aus den Eigenschaften der als Juden und Jüdinnen konstruierten Gruppe. Adorno sprach in diesem Zusammenhang von einer „Wendung aufs Subjekt" (Adorno 1970b, 27). Die Inhalte vieler Ressentiments lassen sich als Projektionen verleugneter Wünsche analysieren. So lässt sich auch die Behar-

---

ihnen erklärt werden können, könnte auch ein Grund dafür sein, dass zumindest subtilere Formen des Antisemitismus unter Intellektuellen nicht im gleichen Ausmaß zurückgehen wie die Artikulation von Rassismus: Der Anspruch, die Welt erklären zu wollen bzw. zu sollen, trifft doch gerade die Gebildeten mehr als jene, die über weniger formale Bildung verfügen.

10 Horkheimer und Adorno (1988, 183) beschrieben das alleinige Verantwortlich-Machen der Zirkulationssphäre für die Ausbeutung innerhalb des kapitalistischen Systems als gesellschaftlich notwendigen Schein. Für die Ausbeutung verantwortlich gemacht wurden sodann Juden und Jüdinnen, die mit der Zirkulationssphäre identifiziert wurden und mithin noch werden.

rungskraft dieser Vorstellungen gegenüber der Konfrontation mit der Wirklichkeit erklären. Das Ressentiment lässt sich von der Aufklärung über seine Objekte nicht beeindrucken, weil es keine Folge mangelnder oder falscher Information ist. Es ist auch eine Reaktion auf die Zumutung an das Subjekt, sich als funktionierender Bestandteil gegebener kapitalistischer Realitäten zu entwerfen – und es ist in dieser Hinsicht doppelt funktional: Ressentiments sichern das Selbstverständnis des Subjekts zum einen ‚nach innen' gegen bedrohliche Bedürfnisse, Wünsche und Sehnsüchte ab, zum anderen ‚nach außen', indem sie bestehende Machtverhältnisse legitimieren und stabilisieren. Der reflexive Auftrag einer ‚Wendung aufs Subjekt' ist in einem umfassenden Sinn zu verstehen. Er umfasst die jeweilige (Bildungs-)Situation und alle daran Beteiligten ebenso wie das Nachdenken über Rahmenbedingungen und gesellschaftliche Strukturen, die Subjekte (mit-)formen. Das bedeutet aber nicht, eine Bildungssituation mit einer psychoanalytischen/psychotherapeutischen Sitzung zu verwechseln. Die Thematisierung von subjektiven Funktionen heißt nicht zwangsläufig, dass diese immer auf der subjektiven Ebene verhandelt werden müssen, was insbesondere in der Schule problematisch sein kann, sondern, dass gesellschaftliche Verhältnisse analysiert werden, die vielen Menschen derartige Bedürfnisse als Identitätsstützen erst aufnötigen: „Menschen zu befähigen, äußere Zumutungen und innere Ambivalenzen und Konflikte in einer Weise zu bearbeiten, die ohne Projektion auf andere und [ein] Verfolgen des Projizierten an diesen auskommt" (Mayer/Weidinger 2016, 69), bildet so gesehen ein Kernanliegen von Bildungsinitiativen gegen Antisemitismus. Am Anfang antisemitismuskritischer Bildungsarbeit steht daher nicht das Sprechen über ‚Juden', sondern eigene Vorstellungen von einem schönen Leben. Hieraus lässt sich im Umkehrschluss leicht herausarbeiten, welche Wünsche als derartig utopisch ggf. verdrängt werden, so dass sie (häufig) auf Juden und Jüdinnen projiziert werden. Anstatt die antisemitischen Bilder des arbeitsscheuen/faulen Juden zu reproduzieren, kann den eigenen Sehnsüchten nach Orten, die frei sind vom Leistungsdruck und vom Lohnarbeitszwang, Artikulationsmöglichkeit gegeben werden. Erleichtert werden kann dadurch auch, den ‚Schmarotzer' als Projektionsfläche der eigenen (verdrängten) Wünsche nach Faulheit und Versorgung zu erkennen.

Nicht nur die stabilisierende Bedeutung des Antisemitismus für das Subjekt, sondern auch die Sensibilisierung für antisemitische Vorurteile bzw. die Befähigung, Antisemitismus und seine Funktionsweisen – trotz seiner Wandlungsfähigkeit – zu erkennen, bilden wesentliche Bestandteile antisemitismuskritischer Bildungsarbeit. Bedeutsam in diesem Zusammenhang ist die bereits angeführte Vermittlung der Geschichte des Antisemitismus im historischen Längsschnitt.

Dabei sollte jedoch nicht der Eindruck einer Zwangsläufigkeit von Antisemitismus erweckt werden. Ohne diese überzubetonen, wäre auch auf die Phasen friedlicher Koexistenz zwischen Christ/-innen, Muslim/-innen und Juden und Jüdinnen hinzuweisen. Neben Etappen der Entwicklung des Antijudaismus/ Antisemitismus von der Antike bis heute können so auch verschiedene Formen des Antisemitismus differenziert werden: die antike Judenfeindschaft, der christliche Antisemitismus, der nationale/politische Antisemitismus im Zuge der gesellschaftlichen Modernisierung, der rassistische Antisemitismus, der sich im Gefolge der ‚Gründerkrise' der 1870er-Jahre[11] ausbreitete, der nationalsozialistische Erlösungs- oder Vernichtungsantisemitismus, der sekundäre Antisemitismus als Schuldabwehraggression sowie der sogenannte neue Antisemitismus, der sich häufig als Antizionismus ausgibt. Auch der linke Antisemitismus in Form einer verkürzten Kapitalismuskritik und islamisierte Formen des Antisemitismus wären zu behandeln. Ein Beispiel für diesen Zugang ist etwa die Übung „Antisemitismus hat viele Gesichter", entwickelt von BildungsBausteine e.V., in der – nach einem Input über verschiedene Erscheinungsformen von Antisemitismus – Zitate, die größtenteils bei Führungen im Jüdischen Museum Berlin gesammelt wurden, von den Teilnehmer/-innen Kategorien zugeordnet werden. Darauf folgt eine Diskussion über die Zuordnungen zu den Formen, aber auch die Funktionen des Antisemitismus (vgl. Bundeszentrale für politische Bildung 2016, 17–18).

Um die Fähigkeit zu stärken, Antisemitismus zu erkennen, kann allgemein an der Kompetenz angesetzt werden, Verzerrungen, Simplifizierungen und Verschwörungserzählungen zu erkennen. Dies bedeutet auch, Quellen- und Methodenkompetenz zusammen mit Jugendlichen zu erarbeiten, etwa durch die kritisch-dekonstruktivistische Arbeit mit Text-, Bild- oder Kartenmaterial. Aber auch diverse spielerische Zugänge ermöglichen solche Bildungserfahrungen für die kritische Einschätzung von Quellen und die Dekonstruktion von Verschwörungsmythen, etwa das Basteln eigener ‚Verschwörungstheorien' (siehe z.B. Stadlbauer/JUKUS 2017, 34–35).

Der Einsicht folgend, dass gegenwärtiger Antisemitismus häufig mit Strategien der Abwehr von Verantwortung bzw. mangelnder Auseinandersetzung

---

11 Als ‚Gründerkrise' wird die auf den Börsenkrach von 1873 folgende Deflationsphase bezeichnet. Der Einbruch der Finanzmärkte betraf damals insbesondere Österreich-Ungarn und Deutschland, aber auch weitere europäische Länder. Später wurde dafür der Begriff ‚Große Depression' geprägt.

mit der Schuld der Täter/-innengeneration[12] zusammenhängt, kann antisemitismuskritische Bildungsarbeit genau diese Mechanismen der Schuldabwehr zum Thema machen. Dies fällt leichter, wenn die Abwehr anhand von Beispielen aus dem medialen und politischen Diskurs zum Nationalsozialismus und seinen Verbrechen analysiert wird. Aus dem Vergleich mit den entsprechenden Diskursen in den Nachbarländern oder in ehemals alliierten Staaten ließe sich ebenfalls Erkenntnis gewinnen. Bei der Diskussion der jeweiligen (familiären) Geschichtsbilder bewährt sich in einer (Migrations-)Gesellschaft, in der es verschiedenste Hintergründe und Positionen gibt, ein multiperspektivischer Zugang – ein Pluralismus, der als Chance gesehen werden kann (Sternfeld 2013).

Neben Strategien der Schuldabwehr bilden einen weiteren Schwerpunkt die Thematisierungen von Abwehrstrategien, auch gegen das Bewusst-Werden eigener antisemitischer Vorurteile. Dazu zählen beispielsweise das Leugnen, Banalisieren oder Verharmlosen von Antisemitismus. Auch die Empörung gegenüber unbewusst, nicht bösartig geäußerten antisemitischen Vorurteilen kann als Versuch verstanden werden, sich der eigenen moralischen Überlegenheit zu versichern und die Einsicht in das unausweichlich eigene Verstrickt-Sein (Mecheril 2004, 200–201; Messerschmidt 2012) in solch universellen Vorurteilsstrukturen abzuwehren. Gängige Abwehrstrategien stellen z. B. Dislokation („Das mag es ja woanders geben, aber hier nicht") oder Historisierung („Das hat es zwar gegeben, aber gibt es heute nicht mehr") dar. Auch die Schuldumkehr („Das, was Juden und Jüdinnen heute in Israel tun, ist – mindestens – genauso schlimm") ist in diesem Zusammenhang zu nennen (Schwarz-Friesel 2015b). Den genannten Abwehrstrategien ist zunächst mit einem Aufspüren eigener Abwehrmechanismen zu begegnen, also damit, sich die eigene Verstrickung in die antisemitische Vorurteilsstruktur bewusst zu machen und zu reflektieren. Zu dieser Selbstreflexion, die zuerst von den Vermittler/-innen selbst zu leisten ist, ehe sie mit Schüler/-innen erarbeitet werden kann, zählt auch, sich die eigenen Geschichtsbilder und die darin enthaltenen Bilder von Juden und Jüdinnen bewusst zu machen. Antisemitismuskritische Bildungsarbeit kann dann Formate schaffen, um diese erlernten Vorurteile und Bilder ins Bewusstsein zu holen, um sie in weite-

---

12 Die Abwehr von Verantwortung bzw. mangelnde Auseinandersetzung der Täter/-innengeneration mit ihrer Schuld hat zu Verdrängungen geführt. Durch einen Prozess transgenerationaler Weitergabe wurde die Auseinandersetzung an nachfolgende Generationen delegiert, was teils zu einem auch bei jüngeren Generationen tiefsitzendem, unbewusstem Schuldgefühl geführt hat. Dies kann einerseits zu einer Leugnung und damit Abwehr der Verstrickung in diese Schulddynamik führen oder zu einer Anerkennung der Schuld, die nach Entlastung sucht (Quindeau 2006).

rer Folge bearbeiten zu können. Anregungen dafür bietet etwa der Ansatz der kollektiven Erinnerungsarbeit (Haug 2001). Voraussetzung für eine gelingende antisemitismuskritische Bildungsarbeit ist in diesem Zusammenhang ein nicht beschämender Umgang mit den Abwehrstrategien der Jugendlichen. Dafür braucht es eine vertrauensvolle Atmosphäre, in der sie sich ohne Angst vor Empörung und Beschämung äußern dürfen. Werden antisemitische Vorurteile affirmierend aufgebracht, so sind jedoch potenziell Betroffene zu schützen und zu stärken. Aus diesem Grund muss auch versteckter Antisemitismus wahr- und ernst genommen sowie thematisiert werden. Handelt es sich – und davon ist immer auszugehen – um unbewusst-antisemitische Argumentationen, so bietet sich an, diese bewusst zu machen, den Schüler/-innen Argumente zu geben und sie zum Widerspruch anzuregen. So können antisemitismuskritische Haltungen und Argumentationen aufgebaut bzw. gestärkt werden. Werden Fragmente antisemitischer Argumentationen (bewusst) vorgebracht, so sollten eine Täter/-innenfixierung vermieden und allen Teilnehmenden Angebote für nicht antisemitische (Welt-)Erklärungen gemacht werden. Gefestigten antisemitischen Meinungen ist auf einer argumentativen Ebene kaum zu begegnen. Ein derartiger Schlagabtausch ist selten produktiv, geht man davon aus, dass der Antisemitismus mehr als ein argumentativer Irrweg ist und subjektive Funktionen erfüllt (Adorno 1973, 108). Hier empfiehlt es sich vielmehr, zunächst auf einer allgemeinen Ebene über Strukturen des Verschwörungsdenkens zu sprechen und erst dann ggf. Parallelen zu ziehen. Wiederum steht im Vordergrund, eine Fixierung auf jene zu vermeiden, die einen gefestigten Antisemitismus vertreten, und Betroffene zu schützen, auch indem vor einer Benennung von Antisemitismus nicht zurückgeschreckt wird (Bildungsstätte Anne Frank 2013, 13).

Eine andere Problematik besteht in einer Externalisierung und Engführung des Antisemitismus auf (ausschließlich) neonazistische oder muslimische Personen, häufig festgemacht an männlichen Jugendlichen (Rajal/Schiedel 2016, 112). Pädagog/-innen benötigen dazu sozialwissenschaftliches Wissen, um Antisemitismus zu erkennen und benennen zu können. Die Externalisierung des Antisemitismus auf die meist muslimisch markierten ‚Anderen' kann auch eine Abwehrstrategie darstellen. Dies sollte jedoch nicht zur Folge haben im Umkehrschluss den islamisierten Antisemitismus zu unterschätzen, auszublenden oder nicht zu thematisieren. Dieser ist aber nicht nur kultur- bzw. religionsspezifisch zu erklären, sondern auch mit der Realität der jeweiligen Migrationsgesellschaften. Der Antisemitismus von sich als Muslim/-innen definierenden Jugendlichen kann auch als „konformistisch-rebellische Verarbeitungsform der eigenen

Marginalisierung zu Lasten derer, die ebenfalls ‚fremd' sind, aber angeblich besser wegkommen" dienen (Rajal/Schiedel 2016, 114). Um eine Projektion der eigenen Opfererfahrungen z. B. auf den Nahostkonflikt zu verhindern, sind diese Unterscheidungen ebenso relevant wie folgenreich. Zudem werden dadurch die Diskriminierungserfahrungen muslimischer Jugendlicher nicht relativiert.

Soll der Nahostkonflikt zum Thema gemacht werden, so sind ausreichend Faktenkenntnis und ein differenziertes Verständnis vonnöten. Kritik an der israelischen Politik muss dabei von antisemitischen Ressentiments unterschieden werden können.[13] Islamisierter Antisemitismus kann dann „so thematisiert werden, dass die gesamtgesellschaftliche Bedeutung des gegenwärtigen Antisemitismus und seiner antizionistischen Varianten als allgemeine Problematik erkennbar bleibt" (Messerschmidt 2014, o. S.).

Abschließend möchte ich festhalten, dass Jugendliche – egal welcher Herkunft – ein Recht auf Wissen über die ideologisch-kulturellen Grundlagen der Gesellschaft, in welcher sie teilhaben, zukommt. Die dem Antisemitismus zugrunde liegenden verabsolutierenden Differenz- und Fremdheitskonstruktionen, die Juden und Jüdinnen als ‚Andere' markieren und aus einem nationalen ‚Wir' ausschließen, gehören zu diesen Grundlagen. In antisemitismuskritischer Bildung werden darum auch Prozesse angestoßen werden, in denen dichotome Differenzannahmen aufgebrochen werden – anstatt sie durch essentialisierende Ansätze interkultureller Pädagogik noch festzuschreiben (Scherr 2013, 274 f.).

6. Fazit

Im vorliegenden Beitrag versuchte ich zu zeigen, dass Bildung als Allheilmittel gegen Antisemitismus nicht funktioniert und dass das Verhältnis zwischen Bildung und Antisemitismus ambivalent ist: Bildung per se lässt Antisemitismus nicht verschwinden, wenn sie ihn auch verringert; vielmehr ändern sich Ausdrucksweisen des Antisemitismus. Antisemitismus kann zudem auch erst im pä-

---

13 Natan Sharansky (2004) schlug für die Unterscheidung zwischen Israelkritik und Antisemitismus den sogenannten 3D-Test vor: Man solle die sogenannte Israelkritik im Hinblick auf die Kategorien ‚demonization', ‚double standards' und ‚delegitimization' überprüfen. Diese Vorgehensweise für die Beurteilung vermeintlicher oder tatsächlicher Kritik an Israel kann auch mit den Teilnehmer/-innen an Bildungsveranstaltungen geübt werden. Des Weiteren möchte ich zum Umgang mit israelbezogenem Antisemitismus sowie zur Thematisierung des Nahostkonflikts (sowie darüber hinaus) auf folgende Publikationen hinweisen: Bildungsstätte Anne Frank (2013), KIGA (2013), Amadeu Antonio Stiftung (2014), KIGA (2017).

dagogischen Feld entstehen, wenn in der Praxis (unfreiwillig) antisemitische Stereotype reproduziert werden. Aus pädagogischen Praxen und Materialien lassen sich einige Fallstricke zeigen, etwa eine Beschränkung der Thematisierung von Antisemitismus auf die Zeit des Nationalsozialismus oder eine Reproduktion des antisemitischen Vorwurfs des ‚Wuchers' in der Behandlung des mittelalterlichen Zinsverbots. Zudem wird Antisemitismus-Prävention häufig verkürzt mit Holocaust Education oder jüdischer Geschichte gleichgesetzt. Antisemitismuskritische Bildungsarbeit kann hingegen als eigenständiger Zugang betrachtet werden, der versucht, Antisemitismus im historischen Längsschnitt, verschiedene Formen differenzierend, als soziales und strukturelles Phänomen, aber auch in seinen subjektiven Funktionsweisen zu behandeln. Sie hat zur Aufgabe, das Wissen über die Funktionsweisen der Gesellschaft zu vergrößern, um den Antisemitismus als ‚Welterklärung' weniger attraktiv zu machen. Sie ist in diesem Sinne politische und sozialwissenschaftliche Bildung. Im Sinne einer „Wendung aufs Subjekt" (Adorno 1970b, 27) kann der Antisemitismus nicht aus den Eigenschaften von Juden und Jüdinnen heraus erklärt werden, sondern aus den Bedürfnissen jener, die antisemitisch denken und handeln. Auf einer allgemeinen Ebene zielt antisemitismuskritische Bildungsarbeit zudem auf eine Stärkung der Methoden- und Quellenkompetenz von Jugendlichen ab, thematisiert und dekonstruiert Verschwörungsdenken. Desweiteren bildet die Thematisierung und Bearbeitung der Abwehr von Verantwortung und Erinnerung einen wichtigen Baustein. In diesem Kontext getätigte antisemitische Äußerungen dürfen nicht ignoriert, sondern müssen wahr- und ernst genommen werden, um sie einer Bearbeitung zuführen zu können. Hier empfiehlt sich, nicht moralisierend und beschämend zu reagieren, sondern, sich an alle wendend, antisemitismuskritische Haltungen und nicht-antisemitische Argumentationsstrukturen zu stärken. Alleine muslimische Schüler/-innen als potenzielle ‚Problemfälle' zu adressieren, verkennt die gesamtgesellschaftliche Bedeutung des historischen und gegenwärtigen Antisemitismus.

Bedeutsam dabei bleibt, dass Antisemitismus nicht bloß falsches, korrigierbares Wissen, sondern auch in gesellschaftlichen Strukturen verankert und mitunter für das Selbstverständnis seiner Träger/-innen von erheblicher Bedeutung ist. Diese subjektive Funktionalität bedeutet, dass die antisemitismuskritische Bildungsarbeit zwar für Antisemitismus sensibilisieren kann, indem sie diesen zum Thema macht, darüber hinaus jedoch breitere Bemühungen um gesellschaftliche Verhältnisse erforderlich sind, in denen „man ohne Angst verschieden sein kann" (Adorno 1951, 116).

Literatur

Adorno, Theodor W. (1951): Minima Moralia. Reflexionen aus dem beschädigten Leben. Frankfurt/M.

Ders. (1970a): Erziehung nach Auschwitz. In: Kadelbach, Gerd (Hg.) Theodor W. Adorno. Erziehung zur Mündigkeit. Frankfurt/M., S. 88–104.

Ders. (1970b): Was bedeutet: Aufarbeitung der Vergangenheit. In: Kadelbach, Gerd (Hg.) Theodor W. Adorno. Erziehung zur Mündigkeit. Frankfurt/M., S. 10–28.

Ders. (1973): Studien zum autoritären Charakter. Frankfurt/M.

Ders. (1997a): Schuld und Abwehr. Eine qualitative Analyse zum Gruppenexperiment. In: Tiedemann, Rolf (Hg.) Theodor W. Adorno. Gesammelte Schriften, Bd. 9.2. Frankfurt/M., S. 121–324.

Ders. (1997b): Was bedeutet Aufarbeitung der Vergangenheit? In: Tiedemann, Rolf (Hg.) Theodor W. Adorno. Gesammelte Schriften, Bd. 10.2. Frankfurt/M., S. 555–572.

Ders. (1997c): Zur Bekämpfung des Antisemitismus heute. In: Tiedemann, Rolf (Hg.) Theodor W. Adorno. Gesammelte Schriften, Bd. 20.1. Frankfurt/M., S. 360–383.

Brainin, Elisabeth (1986): Psychoanalyse des Antisemitismus nach 1945. In: Silbermann, Alphons/Schoeps, Julius H. (Hg.) Antisemitismus nach dem Holocaust. Bestandsaufnahmen und Erscheinungsformen in deutschsprachigen Ländern. Köln, S. 105–113.

Bundeszentrale für politische Bildung (Hg.) (2016): Kritische Auseinandersetzung mit Antisemitismus. 11 Aktivitäten für die schulische und außerschulische politische Jugend- und Erwachsenenbildung. Bonn.

Fritz, Regina u.a. (Hg.) (2016): Alma Mater Antisemitica. Akademisches Milieu, Juden und Antisemitismus an den Universitäten Europas zwischen 1918 und 1939. Wien.

Geiger, Wolfgang (2012): Zwischen Urteil und Vorurteil. Jüdische und deutsche Geschichte in der kollektiven Erinnerung. Frankfurt/M.

Haug, Frigga (2001): Erinnerungsarbeit. Hamburg.

Haury, Thomas (2002): Antisemitismus von links. Kommunistische Ideologie, Nationalismus und Antizionismus in der frühen DDR. Hamburg.

Horkheimer, Max/Adorno, Theodor W. (1988): Dialektik der Aufklärung. Philosophische Fragmente. Frankfurt/M.

Dies. (2003): Vorurteil und Charakter. In: Adorno, Theodor W. Soziologische Schriften II.2. Gesammelte Schriften Bd. 9.2, Frankfurt, S. 360–373.

Jahoda, Marie (1994): Vorurteile und Vermeidung. Wen erreicht Propaganda, die Vorurteile bekämpfen will? In: Dies.: Sozialpsychologie der Politik und Kultur. Ausgewählte Schriften, hg. von Christian Fleck. Graz, S. 197–207.

Markom, Christa/Weinhäupl, Heidi (2007): Die Anderen im Schulbuch. Rassismen, Exotismen, Sexismen und Antisemitismus in österreichischen Schulbüchern. Wien.

Mayer, Stefanie/Weidinger, Bernhard (2016): Pädagogik gegen Rechts: ein Kampf gegen Windmühlen? Gesellschaftliche Beschränkungen politischer Bildungs- und Präventionsarbeit. In: Forschungsgruppe Ideologien und Politiken der Ungleichheit (Hg.) Rechtsextremismus. Bd. 2: Prävention und politische Bildung. Wien, S. 57–75.

Mecheril, Paul (2004): Einführung in die Migrationspädagogik. Weinheim.

Messerschmidt, Astrid (2012): Bildungsarbeit im Kontext des sekundären Antisemitismus und antimuslimischer Tendenzen. In: Gebhardt, Richard u. a. (Hg.) Antisemitismus in der Einwanderungsgesellschaft. Beiträge zur kritischen Bildungsarbeit. Weinheim, S. 44–56.

Quindeau, Ilka (2006): Schuldabwehr und nationale Identität. Psychologische Funktionen des Antisemitismus. In: Brosch, Matthias/Elm, Michael (Hg.) Exklusive Solidarität. Linker Antisemitismus in Deutschland. Vom Idealismus zur Antiglobalisierungsbewegung. Berlin, S. 157–164.

Rajal, Elke (2018): Mit Bildung gegen Antisemitismus? Möglichkeiten und Grenzen antisemitismuskritischer Bildungsarbeit. In: SWS-Rundschau (58. Jg.), Heft 2/2018, S. 132–152.

Rajal, Elke/Schiedel, Heribert (2016): Rechtsextremismusprävention in der Schule: Ein ambitioniertes Programm. In: Forschungsgruppe Ideologien und Politiken der Ungleichheit (HgIn) Rechtsextremismus. Bd. 2: Prävention und politische Bildung. Wien, S. 85–136.

Rensmann, Lars (1998): Kritische Theorie über den Antisemitismus. Studien zu Struktur, Erklärungspotential und Aktualität. Berlin.

Salzborn, Samuel (2010): Antisemitismus als negative Leitidee der Moderne. Sozialwissenschaftliche Theorien im Vergleich. Frankfurt/M.

Scherr, Albert (2013): Ausgangsbedingungen und Perspektiven der Bildungsarbeit gegen Antisemitismus. In: Der Bürger im Staat 4: Antisemitismus heute, S. 270–277.

Schönbach, Peter (1961): Reaktionen auf die antisemitische Welle im Winter 1959/60. Frankfurt/M.

Schwarz-Friesel, Monika (2015a): Gebildeter Antisemitismus, seine kulturelle Verankerung und historische Kontinuität: Semper idem cum mutatione. In: Dies. (Hg.) Gebildeter Antisemitismus. Eine Herausforderung für Politik und Zivilgesellschaft. Baden-Baden, S. 13–34.

Schwarz-Friesel, Monika (2015b): Antisemitismus-Leugnung: Diskursive Strategien der Abwehr und die emotionale Dimension von aktueller Judenfeindschaft. In: Dies. (Hg.) Gebildeter Antisemitismus. Eine Herausforderung für Politik und Zivilgesellschaft. Baden-Baden, S. 293–312.

Sharansky, Natan (2004): 3D test of Anti-Semitism. Demonization, Double Standards, Deligitimization. In: Jewish Political Studies Review, Nr. 16, S. 3–4.

Sternfeld, Nora (2013): Kontaktzonen der Geschichtsvermittlung. Transnationales Lernen über den Holocaust in der postnazistischen Migrationsgesellschaft. Wien.

Weyand, Jan (2016): Historische Wissenssoziologie des modernen Antisemitismus. Göttingen.

Zick, Andreas (2015): Dumpfer Hass oder gebildeter Antisemitismus? Bildungseffekte auf klassische und moderne Facetten des Antisemitismus. In: Schwarz-Friesel, Monika (Hg.) Gebildeter Antisemitismus. Eine Herausforderung für Politik und Zivilgesellschaft. Baden-Baden, S. 35–52.

Internetquellen

Amadeu Antonio Stiftung (2014): Kritik oder Antisemitismus? Eine pädagogische Handreichung zum Umgang mit israelbezogenem Antisemitismus, verfügbar unter: https://www.amadeu-antonio-stiftung.de/w/files/pdfs/handreichung_antisemitismus_internet.pdf, 24.1.2020

Bildungsstätte Anne Frank (2013): Weltbild Antisemitismus. Didaktische und methodische Empfehlungen für die pädagogische Arbeit in der Migrationsgesellschaft, verfügbar unter: http://www.bs-anne-frank.de/fileadmin/user_upload/Slider/Publikationen/Broschuere_Weltbild_Antisemitismus.pdf, 24.1.2020.

Dreier, Werner (o. J.): „Die Tirolerin, die ich bin, und die Antizionistin, die ich wurde …". Antisemitismus, Schule und Öffentlichkeit, verfügbar unter: http://www.erinnern.at/bundeslaender/oesterreich/e_bibliothek/antisemitismus-1/649_Dreier,%20Antisemitismus-Schule-Offentlichkeit.pdf/view, 24.1.2020.

Geiger, Wolfgang (2012b): Judenhass und Pogrome im Mittelalter und ihre Erklärung in heutigen Schulbüchern. Vortrag im Rahmen der Vortragsreihe der Fachschaft Geschichte am 19. 6. 2012, verfügbar unter: http://www.uni-jena.de/unijenamedia/-p-57087.pdf%3Frewrite_engine%3Did, 24.1.2020.

KIGA (Kreuzberger Initiative gegen Antisemitismus) (2013): Widerspruchstoleranz. Ein Theorie-Praxis-Handbuch zu Antisemitismuskritik und Bildungsarbeit, verfügbar unter: http://www.kiga-berlin.org/uploads/KIgA_Widerspruchstoleranz_2013.pdf, 24.1.2020.

KIGA (Kreuzberger Initiative gegen Antisemitismus) (2017): Widerspruchstoleranz. Ein Methodenhandbuch zu antisemitismuskritischer Bildungsarbeit, verfügbar unter: http://www.kiga-berlin.org/uploads/Widerspruchstoleranz_2_Ansicht.pdf, 24.1.2020.

Messerschmidt, Astrid (2014): Bildungsarbeit in der Auseinandersetzung mit gegenwärtigem Antisemitismus, verfügbar unter: http://www.bpb.de/apuz/187421/bildungsarbeit-inder-auseinandersetzung-mit-gegenwaertigem-antisemitismus?p=all, 24.1.2020.

Stadlbauer, Johanna/JUKUS (Verein zur Förderung von Jugend, Kultur und Sport) (Hg.) (2017): Jugend, Migration und Antisemitismus. Präventive Arbeit zu menschenfeindlichen Haltungen, verfügbar unter: https://www.jukus.at/vorurteile_ueberwinden, 24.1.2020.

Zick, Andreas u. a. (2011): Die Abwertung der Anderen. Eine europäische Zustandsbeschreibung zu Intoleranz, Vorurteilen und Diskriminierung, verfügbar unter: http://library.fes.de/pdf-files/do/07905-20110311.pdf, 24.1.2020.

MARC GRIMM

Qualitätskriterien von Unterrichtsmaterialien für die Bildung gegen Antisemitismus

Die Thematisierung von Emotionen

Man darf sich darüber wundern, dass es gerade in Deutschland keine über Jahrzehnte geführte fachwissenschaftliche und öffentliche Debatte über die Gelingensbedingungen von Bildung gegen Antisemitismus gibt. Obgleich die Zentralität des Antisemitismus für die nationalsozialistische Ideologie und dessen Unterschiede zu anderen Ideologien der Abwertung unbestritten sind, wurden zum einen der Gedenkstättenpädagogik eine imprägnierende Wirkung gegen Antisemitismus bescheinigt, zum anderen wurde die Auseinandersetzung mit Antisemitismus der pädagogischen Auseinandersetzung mit Rechtsextremismus subsumiert. Eine im engeren Sinne fachwissenschaftliche Diskussion, die die Bedingungen gelingender Bildung gegen die diversen Antisemitismen in den Blick rückt, lässt sich erst seit 2005 identifizieren (Stender 2011, 36 f.).

Die Hoffnung, dass Antisemitismus mit historischer Bildung über den Holocaust vorgebeugt werden kann, hat sich nicht bestätigt. Gedenkstättenpädagogische Bildung kann ein Bewusstsein für Formen des Antisemitismus sowie die persönlich-emotionale Involviertheit in die (familiäre) Vergangenheit schaffen, sie ist jedoch in Deutschland meist auf historische Bildung über den Nationalsozialismus und den Holocaust und damit auf klassische Ausprägungen des Antisemitismus fokussiert. Antisemitismen, die ihren Ausdruck aber etwa in der Feindschaft gegen Israel und im Schuldabwehr-Antisemitismus finden, verbleiben dabei zumeist unberücksichtigt. Neben der thematischen Erweiterung bedarf es einer fachinternen Verständigung über die an didaktische Methoden, Lehrmaterialien und Lehrpersonal gestellten Anforderungen. Die Förderpraxis des Bundes forciert diese Entwicklung. An den im Bundesprogramm *Demokratie leben* (2015–2019) geförderten Projekten im Themenfeld ‚Aktuelle Formen des Antisemitismus' lassen sich die aktuellen Schwerpunkte aufzeigen: diese liegen bei (mehrheitlich schulischen) Bildungsprogrammen für junge Menschen, sowie bei Fortbildungen für Pädagog/-innen (vgl. Johann und Greuel in diesem Band). Im Zuge dieser schrittweisen Professionalisierung der Bildung gegen und über Antisemitismus werden die Qualitätsmerkmale der Bildungsanstrengungen diskutiert. Monique Eckmann und Gottfried Kößler (2020) formulieren einen Kriterienkatalog, der die „Qualitätsmerkmale antisemitismuskritischer Bildungsarbeit (Eckmann/Kößler 2020: 2) an fünf Dimensionen ausweist. Hier ist „die methodische Dimension (...) auf die grundsätzliche pädagogische Haltung der [pädagogisch Handelnden] bezogen" (Eckmann/Kößler 2020: 17).

Im Folgenden schlage ich vor, die Qualitätskriterien von Unterrichtsmaterialien für die Bildungsarbeit gegen Antisemitismus auch auf die Materialien sowie die didaktischen Überlegungen, die sich in Materialien verdichten, zu erweitern. Gleichwohl der Fokus dabei auf den Unterrichtsmaterialien (und -medien) liegt, werde ich mich kursorisch auf die Anforderungen an Pädagog/-innen und die Adressaten der Bildungsmaßnahmen, sowie die kontextuellen Bedingungen gelingender Bildung beziehen. Ich gehe dabei davon aus, dass keine dieser drei Aspekte einen Erfolg der Bildungsmaßnahmen garantieren kann, sondern dass dieser vom (mehr oder weniger) erfolgreichen Zusammenspiel dieser Dimensionen abhängt. Dieser Hinweis ist wichtig, weil sowohl aus praktischen, didaktischen und theoretischen Erwägungen Bildungsmaterialien alleine keine Garantie bieten können (vgl. dazu Müller im vorliegenden Band).

Im ersten Abschnitt wird die Notwendigkeit einer spezifischen Bildungsarbeit gegen Antisemitismus und die Zentralität der Thematisierung affektiver Anteile des Antisemitismus begründet. Im zweiten Abschnitt werden im Anschluss an Wolfgang Sander und Anja Besand Qualitätskriterien von Unterrichtsmaterialien vorgestellt, die für die Diskussion über die Standards von Bildungsmaterialien in der Auseinandersetzung mit Antisemitismus tragfähig sind. Zudem wird der Vorschlag unterbreitet und begründet, den etablierten Kriterienkatalog um eine Dimension zu erweitern und Emotionen, die in der Auseinandersetzung mit Antisemitismus eine Rolle spielen, auch bei der Beurteilung und Konzeption von Bildungsmaterialien in besonderem Maße zu berücksichtigen. Im dritten Schritt werden an einem Beispiel eines Bildungsmoduls Möglichkeiten der Thematisierung von Emotionen diskutiert.[1]

---

1   Die Begriffe Emotion und Affekt werden hier weitgehend synonym verwendet. Während jedoch die Fähigkeit Empathie zu empfinden im Bereich der Emotionen verortet werden kann, klingt im Affekt das Reflexhafte und der Kontrollverlust an.

Notwendigkeit einer spezifischen Bildungsarbeit gegen Antisemitismus

Angesichts einer anhaltenden Fachdiskussion über die Qualitätsstandards für Unterrichtsmaterialien für die politische Bildung muss gefragt werden, ob es einer gesonderten Diskussion im Bereich der Bildung gegen Antisemitismus überhaupt bedarf. Die Antwort ist eindeutig: es bedarf einer spezifischen Bildung gegen Antisemitismus und einer Diskussion der Qualitätskriterien, weil sich die Erkenntnisse aus der politischen Bildung oder der Bildungsarbeit gegen Rassismus im Speziellen nicht ohne weiteres auf die Auseinandersetzung mit Antisemitismus übertragen lassen. Die antisemitischen Topoi jüdischer Kontrolle und Einflussnahme über Geldwirtschaft und Medien etwa lassen sich mit den Methoden und Konzepten antirassistischer Bildung kaum bearbeiten. Während im Rassismus eine Identifikation der Rassifizierten mit der äußeren und inneren Natur stattfindet, diesen Faulheit, die Unfähigkeit zur Triebkontrolle und Unzivilisiertheit bescheinigt wird, identifiziert das antisemitische „Bild des Juden" diese auch mit Macht, Herrschaft und Manipulation. Zugleich neiden die Antisemiten dem Juden, was ihn vermeintlich in solche Machtposition bringt: Gemeinschafts- und Familiensinn, Eloquenz sowie geistige und ökonomische Klugheit (Löwenthal 1949, 95). Dem antisemitischen Hass geht demnach die Bewunderung des „Bild des Juden" voraus (Grimm 2016, 6). Der US-amerikanische Historiker David Nirenberg hat in ‚Anti-Judaismus – Eine andere Geschichte des westlichen Denkens' aufgezeigt, dass die Art, wie in unterschiedlichen Gesellschaften über Juden geschrieben und gedacht wurde, mit realen Juden wenig zu tun hatte. Vielmehr bezogen sich Nichtjuden auf Juden, um ihr Verhältnis zu anderen Gruppen zu rechtfertigen und sich selbst ins Recht zu setzen. Nirenberg verweist auf den instrumentellen und zugleich verselbständigen Gehalt antisemitischer Weltdeutungserzählungen: „Ideas about Jews and Judaism become tools with which a culture makes sense of the world" (Nirenberg 2013, 14). Antisemitismus ist demnach nicht nur eine Frage nichtvorhandenen oder falschen Wissens, sondern es handelt sich um tradierte, unbewusste Denk- und Wahrnehmungsmuster, die dem kulturellen Gedächtnis von Gesellschaften eingeschrieben sind. Damit rückt konjunktives, also nicht-reflektiertes, implizites Wissen in den Mittelpunkt von Bildungsbemühungen. Hier muss davon ausgegangen werden, dass bei allen generationellen Unterschieden, sowohl bei den Adressat/-innen als auch bei den Pädagog/-innen antisemitische Denk- und Wahrnehmungsschemata und – wie im nächsten Schritt zu ergänzen ist – Gefühlsschemata vorhanden sind. In den Bezügen auf Juden und Jüdinnen verschränken sich Kognition und Affekt. Der Bezug auf das Bild des Juden kann bewundernd und neidvoll sein, er kann seinen Ausdruck in Form von Hass oder Wut und von dort in Handlung finden. Er kann empathielos sein, gleichgültig hingegen ist er selten. In den Nachfolgestaaten des Dritten Reiches kommt hinzu, dass trotz der seit den 1970er-Jahren verstärkten Auseinandersetzung mit dem Nationalsozialismus und der Vernichtung der europäischen Jüdinnen und Juden, die Involviertheit der eigenen Familie in die Vernichtungspraxis weithin ein Tabuthema ist. Sowohl Horst-Alfred Heinrichs Studie *Kollektive Erinnerungen der Deutschen* (Heinrich 2002), als auch die breit rezipierte Studie *Opa war kein Nazi* von Harald Welzer, Sabine Moller und Karoline Tschuggnall (2002) kommen früh zu dem Ergebnis, dass in Bezug auf die Erinnerung der Deutschen zwischen individueller und institutionalisierter Erinnerung zu trennen ist. So betont Heinrich, dass der Holocaust medial stark präsent ist, für die individuelle Erinnerung aber kaum eine Rolle spielt. Diese sei maßgeblich von Erinnerung an deutsche Opfer und deren Schicksal „geprägt" (vgl. Heinrich 2002, 185 f). Die Erinnerung der Deutschen zerfalle, wie bei anderen Nationen, in offizielle Erinnerungspolitik und kollektive Erinnerung. Die deutsche Besonderheit aber bestehe darin, dass die Deutschen die Riten und Tabus der institutionalisierten Erinnerung kennen, die kollektive Erinnerung diese aber auf eigentümliche Weise nicht integriert, sondern an der klassischen Schuldabwehr festhalten (vgl. Heinrich 2002, 207 ff). Die neuere Forschung spricht in diesem Kontext von nicht aufgearbeiteten „Gefühlserbschaften" (Lohl 2010), die eine emotionale Belastung darstellen. Häufig allerdings, so der Unabhängige Expertenkreis Antisemitismus, „bleibt in pädagogischen Kontexten kein Raum für den Umgang mit diesen Emotionen. So wird stattdessen auf entlastende Erklärungsmuster zurückgegriffen, um komplexe Sachverhalte zu erklären und die eigene Familie, Bezugsgruppe oder die ganze Gesellschaft zu entschulden. Dazu gehört auch, den Grund für Verfolgung und Ermordung bei ‚den Juden' zu suchen oder festzuhalten, ‚die Juden' nutzten ihre Verfolgungsgeschichte ‚zu ihrem Vorteil' und beteiligten sich heute selbst an vergleichbaren Verbrechen im Kontext des Nahostkonflikts" (2017, 207).

Ein Plädoyer für die Berücksichtigung der affektiven Komponente des Antisemitismus in der Bildungsarbeit lässt sich auch auf eine breitere Basis stellen. Die affektive Dimension der Entwicklung des Individuums ist ein interdisziplinär abgesicherter Bereich der Sozialisationsforschung. Die bestehende Forschung und Forschungsliteratur zeigen die konstitutive Bedeutung von Emotionen in der Entwicklung von Dispositionen an. Der entwicklungspsychologisch verfahrende Forschungsstrang zur Moralentwicklung zeigt die Verschränkung von Kognition und Emotionen, u.a. bei der Ausbildung von Empathie, Schuld, Scham oder Empörung an, denen eine besondere Bedeutung für Solidaritätsfähigkeit zugeschrieben werden (vgl. Keller 2007).

Unabhängig von diesen Einbettungen ergeben sich aus der stark affektiven Dimension des Antisemitismus Konsequenzen für die Bildungsarbeit.

1. Emotionen gehen Einstellungen, Haltungen und Dispositionen entweder voraus oder mit diesen einher (vgl. Müller 2019, 6). Hinzu kommt bei jungen Menschen, dass Sozialisation und Identitätsbildung, in denen das Selbstverständnis- und Selbstbild konstituiert wird, häufig bereits stark affektiv besetzt sind. Antisemitische Topoi sind hier häufig anschlussfähig, sie bieten u.a. Möglichkeiten der Identifikation mit pseudo-rebellischen Positionen. Bildung muss demnach nicht nur die kognitive Ebene adressieren, sondern auch die affektive mit einbeziehen.

2. Albert Scherr und Barbara Schäuble zeigen in einer Studie, dass Antisemitismus bei jungen Menschen selten als geschlossenes Weltbild auftritt (Scherr/Schäuble 2006). „Typischer sind (…) antisemitische Fragmente, die in der Alltagskommunikation verwendet werden" (Scherr 2013, 272), die sich uneindeutig neben anti-antisemitischen und dem Thema gegenüber gleichgültigen Aussagen finden. Diese Ausgangsvoraussetzung bringt Probleme, aber auch Möglichkeiten für die Bildung mit sich. Die Möglichkeiten bestehen darin, dass Jugendliche erreicht werden können, die dem Selbstverständnis nach Antisemitismus ablehnen, zugleich jedoch Juden und Jüdinnen als das differente Andere (implizit) wahrnehmen. Hier können Reflexions- und Bildungsprozesse ansetzen. Für die Pädagog/-innen stellt sich die Frage des Umgangs mit antisemitischen Aussagen. Denn auch die Auseinandersetzung mit Antisemitismus ist eine affektive Herausforderung – für jene, die diesen grundlegend ablehnen, sowie insbesondere für Jüdinnen und Juden.

Was also ist eine adäquate Reaktion auf antisemitische Äußerungen? Es lassen sich hier analytisch zwei Positionen identifizieren. Die eine (1) geht davon aus, „dass Antisemitismus in der Schule immer, eindeutig, konsequent und unmissverständlich widersprochen wird, um Worte nicht zu Taten werden zu lassen" (Salzborn/Kurth 2019, 6). Hinzu kommt, dass in Bildungskontexten immer noch davon ausgegangen wird, dass keine Juden und Jüdinnen anwesend sind und antisemitische Äußerungen zunächst scheinbar niemandem schaden. Stattdessen wäre hier der Imperativ wünschenswert, dass immer so gesprochen wird, als wären Juden und Jüdinnen anwesend. In jedem Fall aber ist eine eindeutige Positionierung von Lehrkräften notwendig, auch um Juden und Jüdinnen vor antisemitischen Aussagen zu schützen. Gleichzeitig (2) besteht im pädagogischen Kontext in der Schule auch die Herausforderung, an bestehende Denk-, Handlungs- und Urteilsmöglichkeiten anzusetzen, um diese reflektieren, fundieren und erweitern zu können (vgl. Müller 2018, 87). Denn die *politische* Auseinandersetzung mit Antisemitismus, die immer eindeutig sein muss, sollte nicht mit der *pädagogischen* Auseinandersetzung mit Antisemitismus in eins gesetzt werden (vgl. Scherr 2013, 270). Wenn antisemitischen Aussagen, die von Sprecher/-innen und Zuhörer/-innen nicht als solche erkannt werden, in Bildungskontexten unmittelbar und belehrend widersprochen wird, bewirkt dies kein Lernen über Antisemitismus. Vielmehr lernen Schüler/-innen, wie sie sich öffentlich zum Thema äußern können. Sie üben Sprechakte ein, die tatsächlichen Anschauungen und die damit verbundenen Emotionen aber bleiben unangetastet, eventuell wird der Widerspruch durch Lehrer/-innen als Verbote des offenen Redens über das Thema, und damit antisemitisch gedeutet.

Um dies zu verhindern, muss davon ausgegangen werden, dass antisemitische, nicht-antisemitische und anti-antisemitische Anschauungen nebeneinander bestehen und ausgehend von diesen muss pädagogisch gearbeitet werden. Die Bildungsarbeit ist daher darauf verwiesen, dialogisch mit antisemitischen Äußerungen umzugehen, ohne das Ressentiment als ,Meinung' anzuerkennen. Eine Unterscheidung zwischen der Person und ihren Äußerungen zu machen, ist hier hilfreich (vgl. kritisch dazu Deborah Hartmann in diesem Band). Pädagogische Räume schaffen Kommunikationsmöglichkeiten über die Thematik. Erst dann können diese Äußerungen, Einstellungen und Erfahrungen und die damit verbundenen Emotionen aufgegriffen und reflektiert werden (Scherr 2013, 273).

3. Das Ziel von Bildung gegen Antisemitismus ist im ersten Schritt, sowohl Antisemitismus als auch die Gründe, die Antisemitismus als Ideologie und Weltdeutungssystem attraktiv macht, zu erkennen. Damit ist zugleich gesagt, dass es weder um eine moralische Erziehung, noch primär um die Vermittlung von Wissen geht. Vielmehr muss die Fähigkeit gestärkt werden, gesellschaftliche Widersprüche und Ambiguitäten auszuhalten. Antisemitisches Denken zeichnet sich auch dadurch aus, dass es mit dem Unwägbaren, dem Nichtintendierten und der Differenz nicht umgehen und diese nicht auszuhalten vermag. Das Nichtintendierte wird dann, wie es u.a. für Verschwörungsdenken charakteristisch ist, durch das Handeln dunkler Mächte erklärt, die im Hintergrund die Fäden ziehen. Vor diesem Hintergrund kann das Ziel antisemitismuspräventiver Bildung auf der *kognitiven Ebene* eindeutig benannt werden: Politische Bildung zielt darauf ab, Menschen zu befähigen, Gesellschaft zu verstehen und gestalten zu können. Dazu gehört auch die Ergebnisoffenheit von Prozessen und die Kontingenz nicht-intendierter Folgen gesellschaftlichen Handels zu berücksichti-

gen. Es geht hierbei also weniger um die Vermittlung konkreter Informationen (um die es immer auch geht), sondern um die Förderung von Kompetenzen wie der Reflexion des eigenen Denkens und Handelns und der Fähigkeit, Widersprüche und Ambivalenzen als solche anzuerkennen und dann auszuhalten, ohne auf Identität, Eindeutigkeit und Kontrolle zu dringen. Eine solche Fähigkeit kann dann auch als Widerspruchs- oder Ambiguitätstoleranz bezeichnet werden (vgl. KIgA 2013, 2017, 2019).

Diese Fähigkeit ist auf das Engste verbunden mit dem was antisemitismuspräventive Arbeit auf der *sozial-emotionalen Ebene* zu leisten hat. Hier gilt es die etablierten Grundsätze der Bildungsarbeit zu berücksichtigen, die Aussagen von Personen, nicht aber die Personen selbst zu kritisieren. Albert Scherr und Barbara Schäuble haben hier als Ziel benannt, dass Jugendliche dabei unterstützt werden müssen „ihr Interesse, nicht antisemitisch sein zu wollen, realisieren zu können" (Schäuble/Scherr 2009, 283). Dialogische Bildung erlaubt es, Jugendlichen „Möglichkeiten anzubieten, ihre politischen und moralischen Überzeugungen in einer Weise zu überprüfen und gegebenenfalls zu verändern, die als subjektiv zugängliche und anstrebenswerte Chance erlebt werden kann" (Scheer/Schäuble 2006, 94). In der Auseinandersetzung mit Rechtsextremismus und Antisemitismus wird häufig auf die Attraktivität der damit verbundenen Denk- und Deutungsmuster, sowie die mit verschwörungstheoretischem Denken einhergehende Selbstaufwertung verwiesen. Dem kann entgegengehalten werden, dass eine Kritik solcher Denkmuster und Verschwörungstheorien für Jugendliche sehr viel attraktiver sein kann. Die Fähigkeit, in und durch Bildung, Kritik an Verschwörungstheorien fundiert zu äußern, ist attraktiver als die Denkschablonen von Verschwörungsideolog/-innen blind zu übernehmen. Zudem kann mit einer informiert kritischen Haltung dann eine reale Erweiterung von Denk-, Handlungs- und Urteilsmöglichkeiten verbunden werden, die auch die emotionale Ebene in zweifacher Hinsicht mit einbeziehen. Einmal kann thematisiert werden, was Antisemitismus sozial-psychologisch attraktiv macht. Das erlaubt es, den emotionalen Gewinn etwa in Form einer Selbstaufwertung durch die Zugehörigkeit zu abstrakten Gemeinschaften zu thematisieren und damit eine Denkmöglichkeit zu eröffnen, die Antisemitismus nicht nur als Vorurteil begreift, sondern auch erlaubt, die Affekte zu erklären, die mit antisemitischen Äußerungen verbunden sind. Zum anderen können Bildungsangebote Möglichkeiten herstellen, Empathie mit den Betroffenen von Antisemitismus zu schaffen, oder aber negative Emotionen, die mit der Thematisierung des Antisemitismus zusammenhängen, zu äußern, damit dann perspektivisch mit diesen gearbeitet werden kann. So zielt eine Auseinandersetzung mit Antisemitismus auch darauf ab, Jugendliche zu befähigen, Empathie mit Anderen zu empfinden und Emotionen, die in der Auseinandersetzung mit Antisemitismus auftreten, als solche bei sich selbst wahrzunehmen, um diese dann perspektivisch kommunizier- und reflektierbar zu machen, um sich selbst in ein Verhältnis zu den eigenen Emotionen setzen zu können. Ein solche Befähigung zur Reflexion von Gesellschaft *und* dem eigenen Wissen, Nicht-Wissen und den eigenen Emotionen, ist ein anspruchsvolles Unterfangen.

Diese Überlegungen bilden den Hintergrund für die folgende Diskussion über die Qualitätsstandards von Bildungsmaterialien in einer Bildungsarbeit über und gegen Antisemitismus.

Kriterien für die Beurteilung von Bildungsmaterialien

Es wurde deutlich, dass Bildung gegen Antisemitismus kognitive, verhaltensbezogene und soziale-emotionale Aspekte beinhaltet. In der Schule bieten eine Reihe von Schulfächern Möglichkeiten, antisemitismuspräventiv zu arbeiten, ohne dass jüdisches Leben oder Antisemitismus dabei explizit angesprochen werden, indem z.B. Verständnis für gesellschaftliche Strukturen und demokratische Prozesse vermittelt wird. Damit wir der Personifizierung abstrakter gesellschaftlicher Prozesse vorgebeugt, die sich häufig in einer personalisierenden Kapitalismuskritik finden. Hinzu kommt, dass Maßnahmen, die Schüler/-innen erlauben Demokratie zu leben und sich selbst als Teilnehmer/-innen am demokratischen Prozess erfahren, einen im normativen Sinn positiven Einfluss auf die politische Sozialisation von Schüler/-innen haben (vgl. hierzu Berghan in diesem Band). Solche Maßnahmen können als implizite Antisemitismusprävention bezeichnet werden. Davon zu unterscheiden sind Bildungsinhalte, die Antisemitismus direkt thematisieren.

Um Zweitgenannte wird es nun gehen. Die folgende Diskussion von Qualitätskriterien von Unterrichtsmaterialien für die Bildungsarbeit gegen Antisemitismus soll die Professionalisierung einer Bildung gegen Antisemitismus stützen. Um die Genese der Qualitätskriterien in Grundzügen aufzunehmen, setze ich mit dem Beutelsbacher Konsens an und ziehe dann die von Wolfgang Sander (u.a. 2007) und von Anja Besand (u.a. 2011) aus der didaktischen Fachdiskussion und bildungspolitischen Forderungen versammelten Prüfkriterien in die Diskussion mit ein. Ich erweitere diese um die emotionale Dimension, um der besonderen Herausforderung im Bereich der Antisemitismusprävention gerecht zu werden.

Mit dem *Beutelsbacher Konsens* liegen für Deutschland Kriterien für die Beurteilung von Bildungsmaterialien vor. Das Protokoll der Tagung, organisiert von der Landeszentrale für politische Bildung in Baden-Württemberg im Jahre 1976, verweist auf Spannungsfelder, die bis heute prägend sind.[2]

Für die Beurteilung von Unterrichtsmaterialien lassen sich aus dem Beutelsbacher Konsens drei Schlussfolgerungen ziehen:

1. Unterrichtsmaterialien müssen so aufgebaut und ausgewählt sein, dass sie verschiedene Perspektiven auf den Gegenstand eröffnen. Die Materialien müssen Informationen bereitstellen, um Schüler/-innen zu erlauben, sich ein eigenes, begründetes Urteil über den Gegenstand zu machen. Damit ist zugleich verbunden, dass Materialien nicht nur auf die Reproduktion von Informationen setzten können.
2. Unterrichtsmaterialien müssen durch die verschiedenen Perspektiven, die sie auf den Gegenstand eröffnen, auch deren Kontroversität, die potentielle Unvereinbarkeit sowie die potentiellen Möglichkeiten diese zu vermitteln, aufzeigen und es möglich machen, dass Schüler/-innen in der Auseinandersetzung eine eigene, begründete Position entwickeln.
3. „Unterrichtsmaterialien und -medien sollten sich an den Wahrnehmungsgewohnheiten der Zielgruppe orientieren" (Besand 2011, 134). Die Materialien sollten den Gegenstand auf die Lebenswelt der Zielgruppe beziehen und darüber die Relevanz für die Zielgruppe selbst deutlich machen.

Wolfgang Sander hat diese didaktischen Prinzipien weiterentwickelt und systematisiert (u.a. 2007, 191 ff.). Im Anschluss an Sander hat Anja Besand (2011) Qualitätskriterien für die Beurteilung von Unterrichtsmaterialien formuliert. Schaubild A ist an Besands Schaubild (2011, 135) orientiert. Die oben beschriebenen affektiven Anteile des Antisemitismus werden hier nun in die Diskussion aufgenommen und das Schaubild wurde um eine prozessbezogene Dimension erweitert.

Hinsichtlich der subjektbezogenen Standards ist in der Auseinandersetzung mit Antisemitismus unerlässlich, den sozial-psychologischen Gewinn und überindividuelle Sinnstiftungs- und Legitimationsmuster, wie sie für unterschiedliche Antisemitismen charakteristisch sind, zu beschreiben. Dies erlaubt den Adressat/-innen ein Verständnis der sozio-emotionalen Anteile des Antisemitismus und gibt ihnen diese als kognitives Wissen an die Hand. Da diese Dimension des Antisemitismus in der Fachdiskussion unstrittig ist, sollten Bildungsmaterialien diesen Aspekt mit abdecken (vgl. Wissenschaftsorientierung im Schaubild A Punkt 2.3 der inhaltsbezogenen Standards). Komplementär zur

---

2 Volltext auf der Internetseite der Landeszentrale für politische Bildung Baden-Württemberg: https://www.lpb-bw.de/beutelsbacher-konsens/

Qualitätskriterien von Unterrichtsmaterialien 207

1. Qualität des Gegenstandes (Subjektbezogene Standards)
1.1 Repräsentation Entspricht die Vielfalt der medialen Repräsentation des Gegenstandes im Bildungsprozess der Vielfalt der medialen Repräsentation des Gegenstandes in der Gesellschaft?
1.2 Rezeption/Schülerorientierung Orientieren sich die Unterrichtsmaterialien an den Wahrnehmungsgewohnheiten der Zielgruppe? Erlauben die Materialien eine Erweiterung und Reflexion der eigenen Wahrnehmungsgewohnheiten?
2. Qualität der Inhalte (Inhaltsbezogene Standards)
2.1 Exemplarisches Lernen Sind die Unterrichtsmaterialien so strukturiert, dass aus den repräsentierten Beispielen und Problemen verallgemeinerbare Erkenntnisse gewonnen werden?
2.2 Problemorientierung Wird der Problemgehalt und Kontroversität der repräsentierten Fragestellung sichtbar?
2.3 Wissenschaftsorientierung Sind die Inhalte fachlich bzw. sachlich angemessen repräsentiert?
3. Qualität der Lern- und Unterrichtsprozesse (Prozessbezogene Standards)
3.1 Kontroversität Zeigen die Unterrichtsmaterialien den Gegenstand so kontrovers, wie dieser gesellschaftlich diskutiert wird? Wird eine kontroverse Auseinandersetzung mit dem Gegenstand initiiert?
3.2 Handlungsorientierung Halten die Unterrichtsmaterialien verschieden Möglichkeiten des aktiv-handelnden Umgangs mit ihnen und den in ihnen repräsentierten Fragestellungen und Problemen bereit?
3.3 Diagnostische Dimension Sind Vorwissen, Vorstellungen und (Vor-)Einstellungen von Bildungsteilnehmer/-innen erfasst?
3.4 Emotionale Dimension Schaffen die Materialien Möglichkeiten, Emotionen einzubeziehen und zu äußern, die auf Seite der Adressaten beim Thema Antisemitismus entstehen?
4. Qualität der Ziele (Outcomebezogene Standards)
4.1 Politische Urteilskompetenz Sind Aufgaben oder Problemstellungen enthalten, die geeignet sind, Kompetenzen zu entwickeln, die der politischen Urteilsfähigkeit zugeordnet werden können?
4.2 Handlungskompetenz Bieten die Materialien die Möglichkeit, politische Handlungsfähigkeit in dem diskutierten Feld aufzuzeigen?
4.3 Methodische Fähigkeit Wird die Entwicklung methodischer Fähigkeiten unterstützt?

Schaubild A: Qualitätskriterien von Unterrichtsmaterialien für die Bildung gegen Antisemitismus

Notwendigkeit, die sozialpsychologische Dimension des Antisemitismus kognitiv zu erfassen, sollten Bildungsmaterialen zur Auseinandersetzung mit Antisemitismus den Adressat/-innen zudem ermöglichen, Emotionen, die das Thema bei ihnen auslösen, zu thematisieren und damit in die Reflexion mit aufzunehmen (3.4 im Schaubild). Zu denken ist hier an Unwohlsein bei der Thematisierung von Antisemitismus, das diffuse und unbehagliche Gefühl, ständig mit diesem Thema konfrontiert zu werden oder eine Unsicherheit bei Themen, die Juden und Jüdinnen oder Judentum betreffen. Um diesen Affekten begegnen zu können, ist es unterstützend, die affektive Dimension des Antisemitismus vorher bereits deskriptiv beschrieben zu haben.

Die Thematisierung von Emotionen in der Bildungsarbeit gegen Antisemitismus: „Dalias doppelte Reise"

Ein Beispiel wie eine solche Beschäftigung aussehen könnte, wird im Anschluss an die vom Autor für das Medieninstitut der Länder (FWU) entwickelten Bildungsmaterialien „Antisemitismus in Deutschland" für die Mittel- und Oberstufe (vgl. Grimm 2019) diskutiert.[3] Ein Interview aus dem Themenbereich „Antisemitismus unter Muslimen" wird als Beispiel herangezogen – auch weil es sich beim Thema Antisemitismus unter Muslim/-innen um ein gesellschaftspolitisch umstrittenes Thema handelt, da Muslim/-innen eine diskriminierte Minderheit und zugleich eine Gruppe sind, in der Antisemitismus ausgeprägt ist, was diesen wiederum für rechtspopulistische Akteure zu einem attraktiven Agitationsfeld macht (vgl. Grimm/Kahmann 2017). Das auf dem Arbeitsblatt in voller Länge aufgenommene Interview „Dalias doppelte Reise" führte Andreas Wiebel für den Blog der Zeitung *Freitag* mit der aus Syrien geflüchteten und zum Zeitpunkt des Interviews 17-jährigen Dalia. In dem im Internet frei verfügbaren Interview[4], das hier in Auszügen wiedergegeben wird, führt Dalia aus, wie sich ihre Einstellungen zu Juden und Jüdinnen und Israel geändert haben.

„Ich erinnere mich nicht mehr ganz genau an die Worte, aber dass die Juden unsere Feinde sind, das habe ich in der Schule gelernt. In den Schulbüchern steht: Die Juden sind gehässig und unser einziger Feind und natürlich die USA,

---

3   Der Autor dankt Florian Beer für wertvolle Anregungen und Kritik zu den Unterrichtsmaterialien.
4   Dalias doppelte Reise, Interview von Andreas Wiebel mit Dalia auf der Internetseite des Freitag vom 29.01.2017, https://www.freitag.de/autoren/andreas-wiebel/dalias-doppelte-reise, 25.05.2020.

denn die schützen die Juden", so Dalia. Diese antisemitische Sichtweise prägte Dalia nachhaltig: „Nach meiner Flucht lebte ich zunächst sieben Monate bei einer deutschen Familie, die sehr gebildet war und ich habe zu Beginn gesagt, dass ich die Juden hasse und Hitler liebe – wie peinlich (...) weil ich nicht wusste, dass die Deutschen Hitler hassen. Und ich habe meine Gastmutter sogar gefragt, warum Hitler nicht alle Juden umgebracht hat. Daraufhin bekam ich zur Antwort: Die Juden sind auch Menschen, wie wir. Aber in meinem Herzen habe ich das damals nicht geglaubt." Dalia liest Art Spiegelmans Comic *Maus*, beschäftigt sich mit dem Holocaust und lässt zu, dass ihr etabliertes Wissen irritiert wird: „Da war auch eine Freundin, die schon einmal in Israel gewesen ist und mir erzählt hat, dass Israelis und Palästinenser in vielen Teilen des Landes Freunde sind. Ich war fassungslos. Wir haben in Syrien die ganze Zeit in einer Lüge gelebt". Die Auseinandersetzung mit dem Holocaust macht Dalia traurig und Wiebel fragt: „Du sprichst von Trauer, die diese Geschichte von der Geschichte in dir ausgelöst hat. Macht sie dich auch wütend? Es gab ja nicht nur Opfer, sondern auch Täter", woraufhin Dalia antwortet: „Stimmt. Seit einem Monat bin ich nicht mehr so glücklich wie am Anfang. Eher sauer darauf in Deutschland zu leben. Obwohl dieses Wort *sauer* eigentlich nicht richtig passt. Ich kann das alles nicht verstehen. Vor 60 Jahren haben die Deutschen sechs Millionen Juden getötet und jetzt haben sie eine Million Flüchtlinge aufgenommen. Wie passt das zusammen? Irgendwie fühle ich mich seit einiger Zeit wie eine Jüdin. Verstehst du?"

Das Interview mit Dalia kann als eine Geschichte der Selbstreflexion gelesen werden, die von der Entmenschlichung von Jüdinnen und Juden bis hin zum Gefühl reicht, selbst Jüdin zu sein – was in diesem Kontext als Empathie mit dem Schicksal von Jüdinnen und Juden im Holocaust gelesen werden kann, das aber auch Momente der Überidentifikation sichtbar werden lässt. Es handelt sich nicht gleichsam um bruchloses Material, das einen linearen Prozess einer Aufklärung nahelegt, sondern das In- und Miteinander von Gefühlsregungen und kognitiven Wissensbeständen auch in aller fragmentarischen Zerrissenheit zu diskutieren erlaubt. Im Sinne der oben beschrieben Zentralität der Bearbeitung von Affekten in diesem Themenfeld erlaubt das Interview eine Auseinandersetzung mit Dalias Gefühlen. „Wie beschreibt Dalia ihre Gefühle, wenn sie über Juden spricht?", könnte ein Arbeitsauftrag lauten. Im Anschluss daran könnten mögliche Gründe für Dalias Gefühle diskutiert werden. Insbesondere der Abschnitt, in dem Dalia erläutert, dass sie nicht mehr so glücklich ist, in Deutschland zu leben, rückt Dalias Antisemitismus nahe an die Schüler/-innen heran. Insbesondere für muslimische Schüler/-innen eröffnet das Interview Anschlüsse: Dalia ist Muslima (wie man dem Interview entnehmen kann), aber sie selbst sieht den Koran nicht als Quelle des Antisemitismus, sondern sie betont dessen politischen Nutzen: „Im Koran steht die Kritik an den Juden nur indirekt. Ich glaube inzwischen, es ist mehr Politik. Die Diktatoren brauchen einen äußeren Feind, also Israel, damit man vergisst, dass sie Diktatoren sind. Assad wollte von seinen eigenen Fehlern ablenken." Dalia gibt eine Möglichkeit vor, wie eine Auseinandersetzung mit historischen oder politischen Fakten aussehen kann, obwohl und weil es sich um gesellschaftspolitisch umstrittene Thematiken handelt. Ihre Ausführungen zeigen, wie Emotionen und Fakten in einem Mit-, In- und Gegeneinander auftreten können, an die für Bildungserfahrungen unterschiedlich angeschlossen werden kann. Dalias Unsicherheit und Unverständnis, das in ihrer Aussage „ich kann das alles nicht verstehen" zum Ausdruck kommt, bietet für Schüler/-innen auch einen Raum für die Thematisierung von Unklarheiten und Unsicherheiten. Die Schüler/-innen können so eigenes Wissen, fehlendes Wissen und Unsicherheiten in der Interpretation der Wissensbestände thematisieren. Genau „[d]as ermöglicht (…) die (kritische) Überprüfung der eigenen Präkonzepte" (Müller 2020). Bildungsmaterialien sollen Möglichkeiten der selbstständigen und multiperspektivischen Erschließung des Gegenstandes anbieten. Dazu gehört auch, dass Unsicherheiten und Unklarheiten, die hier an Dalias Reflexion über ihre Erfahrungen deutlich werden, nicht ignoriert werden, sondern, dass zur Auseinandersetzung mit diesen und den eigenen Unsicherheiten angeregt wird. Zudem zeigt sich an Dalias Beispiel, dass die Auseinandersetzung mit dem Holocaust für sie emotional belastend ist – nicht wegen, auch nicht trotz ihrer Migrationsgeschichte, sondern weil sie als Mensch für die Unmenschlichkeiten, die Jüdinnen und Juden angetan wurden, empfänglich ist. An die Thematisierung von Dalias Emotionen können Fragen nach den eigenen Emotionen anschließen, die für eine heterogene Schüler/-innenschaft anschlussfähig sind. Sowohl die Traurigkeit, die Dalia in der Auseinandersetzung mit dem Holocaust erfährt, als auch ihre Wut darüber, über die Fakten belogen worden zu sein, bis hin zu ihrem Unwohlsein, in einem Land zu leben, dessen Bevölkerung den Holocaust begangen hat, erlauben es, unterschiedliche Ebenen von Emotionen zu thematisieren. Aber auch das Interview mit Dalia kann keinen Lernerfolg garantieren. Es kann auch anders als vom Autor hier angeboten, z. B. in rechtspopulistische Diskurse eingebettet und interpretiert werden. Dalias Unwohlsein im Land der Täter/-innen zu leben, könnte auch mit der Aufforderung quittiert werden, dass sie dann besser nicht in Deutschland leben sollte. Gerade weil der Antisemitismus starke Affekte mobilisiert und die Auseinandersetzung mit dem Nationalsozialismus eine potentiell konflikthafte Inbezugsetzung bedeuten kann, muss bei diesem Thema mit Abwehr gerechnet werden. Der Einbezug von Emotionen ist demnach weder vorbehaltlos positiv oder negativ zu beurteilen. Die Möglichkeit erfolgreichen Lernens über den Antisemitismus besteht in der – immer notwendig ergebnisoffenen und damit potentiell scheiternden – Bereitstellung von Perspektiven. Dazu sind Materialien hilfreich, die Möglichkeiten der eigenständigen, multiperspektivischen Erarbeitung bieten. Diese umfassen auch die Affekte, die das Thema provoziert. Dann können diese zum Gegenstand gemacht und zugleich mögliche emotionale Positionierungen zum Gegenstand aufgezeigt werden, ohne dabei ausschließlich eine (vermeintlich richtige) emotionale Positionierung anzubieten oder diese gar aufzuzwingen. Das Ziel ist eine mündigkeitsorientierte Ausgestaltung der Förderung von Denk-, Handlungs- und Urteilsmöglichkeiten, und damit auch die Befähigung von Schüler/-innen, die eigenen Emotionen zu reflektieren.

Literatur

Besand, Anja (2011): Zum kompetenzorientierten Umgang mit Unterrichtsmaterialien und -medien. In: Autorengruppe Fachdidaktik (Hg.): Konzepte der politischen Bildung. Schwalbach: Wochenschau Verlag.

Eckmann Monique und und Kößler, Gottfried (2020): Pädagogische Auseinandersetzung mit aktuellen Formen des Antisemitismus Qualitätsmerkmale und Spannungsfelder mit Schwerpunkt auf israelbezogenem und sekundärem Antisemitismus. Deutsches Jugendinstitut. Online (10.06.2020): https://www.dji.de/fileadmin/user_upload/FGJ4/Eckmann_Koessler_2020_Antisemitismus.pdf

Grimm, Marc (2016): „Erwünschte Vorzüge im Existenzkampf des Individuums": Die sozialpsychologischen Elemente der Kritischen Theorie des Antisemitismus. In: Bittlingmayer, Uwe/Demirovic, Alex/Freytag, Tatjana: Handbuch Kritische Theorie, Wiesbaden: VS.

Grimm, Marc (2019): Schulische Arbeitsmaterialien für Mittel- und Oberstufe zum Film Antisemitismus in Deutschland, FWU – Medieninstitut der Bundesländer, München. Online (10.06.2020): https://www.fwu-shop.de/antisemitismus-in-deutschland.html

Grimm, Marc/Kahmann, Bodo (2017): AfD und Judenbild. Eine Partei im Spannungsfeld von Antisemitismus, Schuldabwehr und instrumenteller Israelsolidarität. In: Stephan Grigat (Hg.): AfD & FPÖ. Antisemitismus, völkischer Nationalismus und Geschlechterbilder. Baden-Baden: Nomos, S. 41–60.

Heinrich, Horst-Alfred (2002): Kollektive Erinnerungen der Deutschen. Theoretische Konzepte und empirische Befunde zum sozialen Gedächtnis. Weinheim/München: Beltz-Juventa.

Keller, Monika (2005): Moralentwicklung und moralische Sozialisation. In: Horster, D. und Oelkers, J. (Hg.): Pädagogik und Ethik. Wiesbaden: Verlag für Sozialwissenschaften, S. 149–172.

KIgA (Kreuzberger Initiative gegen Antisemitismus) e.V. (Hg.): Widerspruchstoleranz. Ein Theorie-Praxis-Handbuch zu Antisemitismuskritik und Bildungsarbeit. Berlin 2013.

KIgA e.V. (Hg.): Widerspruchstoleranz 2. Ein Methodenhandbuch zu antisemitismuskritischer Bildungsarbeit. Berlin 2017.

KIgA e.V. (Hg.): Widerspruchstoleranz 3. Ein Methodenhandbuch zu antisemitismuskritischer Bildungsarbeit. Berlin 2019.

Lohl, Jan (2010): Gefühlserbschaft und Rechtsextremismus. Eine sozialpsychologische Studie zur Generationengeschichte des Nationalsozialismus. Gießen: Psychosozial-Verlag.

Löwenthal, Leo (1990 [1949]): Falsche Propheten. Studien zur faschistischen Agitation. In: GS 3, S. 76–98.

Müller, Jochen (2019): Radikaler Respekt? Überlegungen zu Emotionen in Pädagogik und politischer Bildung am Beispiel von antimuslimischem Rassismus und Antisemitismus. In: Bundesarbeitsgemeinschaft religiös begründeter Extremismus e.V. (Hg.): „Für Volk und Glaube?" Die extreme Rechte und religiös begründeter Extremismus. Online (10.06.2020): https://www.bag-relex.de/wp-content/uploads/2020/01/BAG-RelEx_Ligante2_2019_online.pdf

Müller, Stefan (2018): Der Doppelcharakter von Subjektivität. Fachdidaktische Prinzipien zwischen Förderung und Untergrabung von Subjektivität im sozialwissenschaftlichen Unterricht. In: Zeitschrift der Didaktik der Gesellschaftswissenschaften Ausgabe 2018/2, S. 87–107.

Müller, Stefan (2020): Antisemitismusprävention in der schulischen Politischen Bildung. In: Oberle, Monika/Stamer, Märthe (Hg.): Politische Bildung in internationaler Perspektive. Frankfurt: Wochenschau-Verlag.

Nirenberg, David (2013): Anti-Judaism. A History of a Way of Thinking. Head of Zeus.

Salzborn, Samuel/Kurth, Alexandra (2019): Antisemitismus in der Schule. Erkenntnisstand und Handlungsperspektiven. Online (10.06.2020): https://www.tu-berlin.de/fileadmin/i65/Dokumente/Antisemitismus-Schule.pdf

Sander, Wolfgang (2007): Politik entdecken – Freiheit leben. Schwalbach: Wochenschau Verlag.

Schäuble, Barbara/Scheer, Albert (2009): Politische Bildungsarbeit und Antisemitismus bei Jugendlichen. In: Scharathow, Wiebke und Leiprecht, Rudorf (Hg.): Rassismuskritik Band 2: Rassismuskritische Bildungsarbeit. Schwalbach: Wochenschau Verlag.

Scherr, Albert (2013): Ausgangsbedingungen und Perspektiven der Bildungsarbeit gegen Antisemitismus. In: Landeszentrale für politische Bildung Baden-Württemberg (Hg.): Bürger im Staat, Ausgabe 4/2013, S. 270–277.

Scherr, Albert/Schäuble, Barbara (2006): „Ich habe nichts gegen Juden, aber ..." Ausgangsbedingungen und Ansatzpunkte gesellschaftspolitischer Bildungsarbeit zur Auseinandersetzung mit Antisemitismen. Online (10.06.2020): https://www.amadeu-antonio-stiftung.de/w/files/pdfs/schauebleScherrichhabenichtslangversion.pdf

Stender, Wolfram (2011): Antisemitismuskritische Bildungsarbeit. Forschungsstand und Perspektiven. In: Benz, Wolfgang (Hg.): Jahrbuch für Antisemitismusforschung Band 20, S. 36–54.

Unabhängiger Expertenkreis Antisemitismus (2017): Antisemitismus in Deutschland. Aktuelle Entwicklungen, 08.06.2017. Online (10.06.2020): https://www.bmi.bund.de/SharedDocs/down loads/DE/publikationen/themen/heimat-integration/expertenkreis-antisemitismus/experten bericht-antisemitismus-in-deutschland.pdf;jsessionid=692D77B61D79E1EAE1D8152AC59 D0D37.2_cid287?__blob=publicationFile&v=7

Welzer, Harald/Moller, Sabine/Tschuggnall, Karoline (2002): Opa war kein Nazi: Nationalsozialismus und Holocaust im Familiengedächtnis. Frankfurt/M.

STEFAN MÜLLER

Antisemitismusprävention als Bildungserfahrung: Wenn Wissen und Reflexion vor Ressentiments schützen sollen

1. Einleitung

Oft gesucht und schmerzlich vermisst wird der Königsweg der Antisemitismusprävention. Die Versprechungen sind auch allzu verlockend: Die Aufklärung und die Zurückdrängung eines jahrtausendealten und scheinbar unverwüstlichen Ressentiments wäre damit verbunden. Allein: Es scheint diesen Königsweg nicht zu geben. Aber warum eigentlich?

Die Antwort ist ebenso banal wie weitreichend: Weil weder Wissen noch Bildung automatisch vor Ressentiments schützen – zumindest nicht aus einer mündigkeitsorientierten Perspektive. Eine Lösungsfigur in institutionellen Kontexten der Bildung setzt genau an dieser Stelle an und verweist auf die Bedeutung von (Selbst-)Reflexion. Spätestens in der Praxis zeigt sich dann, dass auch dieser kein Automatismus zukommt. Auch die umsichtig und differenziert geplanten Lernumgebungen mit multiperspektivischen Materialien und adressatenorientierten Methoden zur Unterstützung und Förderung kritischer (Selbst-) Reflexion können keinen automatischen Schutz vor antisemitischen Ressentiments garantieren – und dennoch ist der Zusammenhang von Wissen und (Selbst-)Reflexion für eine Antisemitismusprävention unverzichtbar.

Diese Überlegungen nehme ich im Folgenden zum Anlass, um Rahmenbedingungen und Anforderungen einer Antisemitismusprävention in Kontexten institutioneller Bildung zu diskutieren. Eine folgenreiche Voraussetzung besteht darin, dass unter strukturell *fremdbestimmten Bedingungen eigenständige Bildungserfahrungen* ermöglicht werden sollen. Das Ziel der folgenden Ausführungen ist es, die strukturellen Rahmenbedingungen in der Organisation von institutionellen Bildungsprozessen und Reflexionserfahrungen in Erinnerung zu rufen und sie im Blick auf die damit verbundenen Herausforderungen einer mündigkeitsorientierten Antisemitismusprävention zu diskutieren.

Diskutiert werden so auch Voraussetzungen und Herausforderungen für Bildungserfahrungen, die eine Antisemitismusprävention in institutionellen

Kontexten (nicht) unterstützen. Vor diesem Hintergrund wird auch die Antwort auf die eingangs gestellte Frage genauer ausgeführt: Aus der Perspektive von mündigkeitsorientierten Bildungserfahrungen *kann* es keine Garantien oder Sicherheiten geben, weil substantielle Bildungserfahrungen an die Eigenständigkeit, die Autonomie der Bildungsteilnehmer/-innen gekoppelt sind. Bildungsangebote in institutionellen Kontexten können angenommen, abgelehnt, unterlaufen, verkürzt, sogar aktiv und aggressiv abgewehrt werden – und noch viel mehr. In der Praxis lassen sich vor allem Mischformen nachzeichnen, in denen unterschiedliche Wissensformen gleichzeitig nebeneinander stehen, auch solche, die sich auf einer rationalen Ebene wiedersprechen können.

Die Umstellung, die im Folgenden vorgeschlagen wird, zielt darauf ab, deterministische Bildungs- und Machbarkeitsvorstellungen zu problematisieren, weil sie einer offenen Konzeption von Mündigkeit in der institutionellen Organisation von Bildungs- und Reflexionserfahrungen entgegenstehen. Problematisiert werden mit dieser Umstellung auch die pädagogischen Versprechen, die allein mit einem ‚guten' Unterrichtsmaterial, einer ‚gelungenen' Methode oder einer ‚guten' Vorbereitung darauf vertrauen, dass ein Schutz vor einem jahrtausendealten Ressentiment möglich ist. Deterministische Hoffnungen und Vorstellungen in einem orthodox kausalanalytischen Sinne von ‚wenn x, dann y', – in Kontexten der institutionellen Bildung: ‚wenn Material/Schulbuch/Methode x, *dann* antisemitismusresistent' – scheitern in der Organisation von mündigkeitsorientierten Bildungsprozessen. Das mag zuweilen als Ärgernis erscheinen, jedoch liegt genau in dieser Eigenständigkeit die Lösung, weil sie die Autonomie der Bildungsteilnehmer/-innen anerkennt.

Es geht im Folgenden um den Zusammenhang und die Organisation von *Wissen und Reflexion als Bildungserfahrung in Kontexten institutioneller Bildung* (vgl. dazu auch Müller 2020b). Nach einer kurzen Skizzierung der institutionellen Rahmenbedingungen von Schule (Kapitel 2) wird ein Arbeitsblatt analysiert, das auf die Thematisierung von Antisemitismus abzielt (Kapitel 3). Die Analyse kennzeichnet zentrale Anforderungen einer mündigkeitsorientierten Antisemitismusprävention (Kapitel 4). Die Konzeptualisierung einer gegenseitigen Unterstützung, Befragung und Korrektur von Wissen und Reflexion schließlich lotet die Möglichkeiten aus, Antisemitismusprävention als Bildungserfahrung zu gestalten (Kapitel 5). Abschließend werden diese Überlegungen in der Umstellung von deterministischen auf mündigkeitsorientierte Ansätze in der Antisemitismusprävention zusammengeführt.

2. Rahmenbedingungen

In institutionellen Kontexten werden Bildungserfahrungen vor dem Hintergrund struktureller Rahmenbedingungen organisiert. Erstens finden Bildungserfahrungen in der Schule unter Bedingungen von Benotung und Bewertung statt. Bildungsteilnehmer/-innen in institutionellen Kontexten sind auf eine Bewertung angewiesen, die zumeist auch über den weiteren Bildungsgang entscheidet. Das prägt Bildungserfahrungen in besonderer Art und Weise und so auch eine Antisemitismusprävention: „PädagogInnen sollten darauf achten, dass sich Abgrenzungen und Konflikte zwischen LehrerInnen und Schülern nicht gerade an dieser Thematik entfalten und aufladen. Dies kann etwa dann geschehen, wenn der Eindruck entsteht, dass die Bewertung der eigenen Person und die Schulnote von der Übernahme der moralischen Maßstäbe jeweiliger PädagogInnen abhängen oder eigene Diskriminierungserfahrungen von SchülerInnen abgewertet oder ignoriert werden." (Scherr/Schäuble 2006, 106)

Zweitens sind institutionelle Bildungskontexte dadurch geprägt, dass nicht umstandslos von einer freiwilligen Anwesenheit aller Beteiligten ausgegangen werden kann. Es handelt sich auch um die Organisation von Bildungserfahrungen unter Bedingungen der Lohnarbeit für die einen und unter Bedingungen der Schulpflicht für die anderen.

Drittens kann von Lehrer/-innen nicht ohne Weiteres erwartet werden, dass sie die entsprechenden Kenntnisse zur Auseinandersetzung mit den unterschiedlichen Formen und Erscheinungsweisen antisemitischer Ressentiments, sowohl den traditionellen als auch den aktuellen, einbringen können, zumal genau hier in der Lehramtsausbildung eine gravierende und folgenreiche Leerstelle ausgemacht werden kann (Unabhängiger Expertenkreis Antisemitismus 2017, 217).

Zudem werden diese drei Voraussetzungen von einem Spannungsfeld durchzogen, das zwischen *deterministischen* und *mündigkeitsorientierten* Bildungsmodellen oszilliert. Deterministische Hoffnungen und Vorstellungen zeigen sich u.a. in den stillschweigenden Annahmen, die zum Erreichen der pädagogischen Absichten, zum Funktionieren der Bildungsmaterialien und zur didaktischen Planung angenommen werden. Für mündigkeitsorientierte Bildungserfahrungen steht ein anderer Bezugspunkt im Mittelpunkt, der ebenso als Voraussetzung wie als Ziel fungiert: Die Unterstützung und Förderung der Autonomie von Bildungsteilnehmer/-innen (Müller 2019). Aus dieser Perspektive von Mündigkeit kann dann diskutiert werden, inwiefern die Materialien, die Methoden und die didaktische Gestaltung der Lernumgebungen zu welchen Formen von Antisemitismusprävention beitragen.

3. Die Thematisierung von Antisemitismus in Bildungsmaterialien

Diese Hinweise diskutiere ich im Folgenden an einem Arbeitsblatt, das auf eine Auseinandersetzung mit Antisemitismen abzielt.

Die *Themenblätter im Unterricht ‚Antisemitismus'* (Bundeszentrale für politische Bildung 2014) bieten mehrere didaktische Umsetzungsmöglichkeiten. Die Aufgaben können individuell, in Klein- und/oder in Großgruppen bearbeitet werden. Lehrer/-innen können zielgruppen- und adressatenorientiert einzelne Fragenkomplexe und Thematiken auswählen oder vertiefen. Der Lernstand der Bildungsteilnehmer/-innen kann entsprechend berücksichtigt werden. Zudem kann das Arbeitsblatt in verschiedenen Schulfächern Anwendung finden. So können im Geschichts- oder im Religionsunterricht, in der politischen Bildung oder im Ethikunterricht jeweils spezifische Aufgaben ausgewählt werden. Auch in der außerschulischen politischen Bildung ist eine breite Verwendung möglich.

Das Arbeitsblatt ist mehrstufig aufgebaut und nach der Abfrage von Vorwissen in der ersten Aufgabe (vgl. dazu Müller 2020a), der Thematisierung von Judenfeindlichkeit im Mittelalter und der Neuzeit in der zweiten, können in der dritten Aufgabe Daten zur Verbreitung des Antisemitismus heute erarbeitet werden. In der vierten Aufgabe werden aktuelle Erscheinungsformen von Antisemitismen verdeutlicht. In der fünften und letzten Aufgabe, die im Folgenden im Mittelpunkt steht, werden unter der Überschrift ‚Antisemitisch oder nicht? Deine Meinung ist gefragt' acht Aussagen zusammengestellt, deren (nicht-)antisemitischen Gehalt die Schüler-/innen bewerten sollen. Es handelt sich um Aussagen, die der politischen und gesellschaftlichen Kommunikation entnommen sind, wie etwa nicht gekennzeichnete Zitate von Politikern, die antisemitische ebenso wie harmlose Annahmen umfassen. Für die eigenständige Verortung werden drei Antwortmöglichkeiten zur Verfügung gestellt, die eine Bewertung als „eindeutig antisemitisch", „unklar" oder „nicht antisemitisch" ermöglichen. Hinzugefügt ist die Aufforderung: „Begründe deine Meinung."

Das Ziel dieser Aufgabe wird in der für Lehrer/-innen beigefügten Erläuterung folgendermaßen beschrieben:

„Abschließend sollen die Schüler/-innen eine eigene Bewertung vornehmen – nicht nur, um zu überprüfen, ob sie ihr Wissen transferieren können, sondern auch, um noch einmal einen Meinungsaustausch anzuregen und die eigene Einstellung zu hinterfragen." (Bundeszentrale für politische Bildung 2014)

Die Wissensvermittlung wird – so die Idee des Arbeitsblattes – stetig angereichert, vertieft und ausgebaut, auch und gerade in Aufgabenkonstruktionen, die *das eigene (Nicht-)Wissen mit (selbst-)reflexiven Anteilen in Verbindung* setzen, um eine Beschäftigung und Auseinandersetzung mit der Thematik anzuregen. Das Arbeitsblatt berücksichtigt den engen Zusammenhang zwischen Präkonzepten, dem Vorwissen der Bildungsteilnehmer/-innen und der Vertiefung in und durch Wissensvermittlung bei gleichzeitiger Verbundenheit von (selbst-)reflexiven Erfahrungen, die das eigene (Nicht-)Wissen zu thematisieren und zu bearbeiten gestatten. Insbesondere in der fünften und abschließenden Aufgabe soll das angeeignete Wissen angewendet, überprüft und begründet werden, um so darauf reflektieren zu können. So gesehen handelt es sich vor dem Hintergrund von theoretischen, didaktischen und praktischen Erwägungen um ein ebenso umsichtig wie differenziert geplantes Arbeitsblatt.

Das ist die geplante, beabsichtigte Variante. Eine mündigkeitsorientierte politische Bildung kann diese aus systematischen Gründen allerdings nicht garantieren. Das mag zunächst verwundern, zielt aber auf den Kern von Bildungserfahrungen ab, weil die Eigenständigkeit, die Autonomie von Bildungsteilnehmer/-innen stets auf unterschiedliche Aneignungsmöglichkeiten verweist, die auch in ungeplanten Nebenfolgen und nicht-intendierten Effekten bestehen können. Zudem sind Bildungserfahrungen unter institutionellen Bedingungen strukturell mit Momenten der Fremdbestimmung durchsetzt, so dass oppositionelle Strategien auch eine Variante darstellen, „um eine Dominanzgesellschaft zu provozieren, zu deren Konsens es zu gehören scheint, gegen Antisemitismus zu sein." (Messerschmidt 2014, 39)

Mit unbeabsichtigten Nebenfolgen und nicht-intendierten Effekten *müssen* alle Versuche institutionell organisierter Bildung also rechnen, weil oppositionelle Strategien und Rebellionen ebenso wie die intendierten Ziele eine eigenständige, je individuelle Aneignung Bildungserfahrungen unter fremdbestimmten Rahmenbedingungen prägen können. Bildungsangebote in institutionellen Kontexten können unterlaufen, ignoriert, abgewehrt und auch instrumentell angenommen, umgedeutet und als äußerlich verbleibende Wissensform sozial adäquat wiedergegeben werden – als Wissensform, die in der Schule für die Gratifikationen in Klausuren und Prüfungen benötigt wird, aber darüber hinaus kaum weitere Bedeutung einnimmt. Das prägt die Organisation von mündigkeitsorientierten Bildungserfahrungen und in besonderem Maße eine Antisemitismusprävention unter institutionellen Bedingungen.

Die erste Aussage, die in der fünften Aufgabe im Arbeitsblatt zur Bewertung angeboten wird, lautet: „Israel führt in den Palästinensergebieten einen hemmungslosen Vernichtungskrieg", die als „eindeutig antisemitisch" gekennzeichnet wird. Das Lehrerblatt erläutert dazu: „,Vernichtungskrieg' ist Nazi-

Jargon. [...] Die Gleichsetzung Israels mit dem Dritten Reich [ist] damit eine Täter-Opfer-Umkehr – die Opfer von einst sollen heute die Täter sein, was der Entlastung Deutschlands von der Bürde seiner Geschichte dienen soll." (Bundeszentrale für politische Bildung 2014)

Die Antwortmöglichkeit „unklar" bietet zunächst eine Möglichkeit, bestehende Unsicherheiten im Themenfeld anzuerkennen und/oder eigenes Unwissen zu erkennen. Konzeptuell berücksichtigt ist so, dass eine selbständige Verortung nicht immer leicht und eindimensional erfolgen kann. Hier zeichnet sich bereits ab, dass die mit der Aufgabenstellung verbundenen Bildungserfahrungen auf kompetente Rückmeldungen von Lehrer/-innen angewiesen sind, um bestehende Wissenslücken, aber auch Unsicherheiten und eventuelles Unbehagen in einem pädagogischen Raum bearbeiten zu können. Ohne Bearbeitungsmöglichkeiten, die ein fundiertes Wissen über Funktionen und Mechanismen von Antisemitismen für alle Beteiligten subjektiv nachvollziehbar zur Verfügung stellen, kann ein Wissen hängenbleiben, in dem die Aneinanderreihung von ‚Israel, Palästinensergebiete, Vernichtung' vorkommt – und eventuell sogar reproduziert wird. Vorstellbar sind auch Schüler/-innen, denen die zu bewertende Aussage bislang nicht bekannt war und die nun mit einer Aussage konfrontiert sind, die scheinbar eine zulässige und diskussionswürdige Position neben anderen Meinungen darstellt. Zugespitzt verweist das auf „das Problem einer potenziellen Verstärkung antisemitischer Stereotype über Rahmenlehrpläne und Schulbücher. Antisemitische Einstellungen können durch die unzulängliche und unangemessene Beschäftigung mit jüdischer Geschichte, dem Judentum oder Israel entstehen oder verstärkt werden." (Unabhängiger Expertenkreis Antisemitismus 2017, 216)

Darüber hinaus ist vorstellbar, dass Schüler/-innen auch die Antwortmöglichkeit „nicht-antisemitisch" wählen und dies mit Verweis auf die eigene Meinung ‚begründet' wird. An dieser Stelle werden mehrere Herausforderungen im Anschluss an das Arbeitsblatt deutlich:

‚Begründungen' allein reichen zur erfolgreichen Bearbeitung der Aufgabe – und darüber hinaus für die Antisemitismusprävention – nicht aus. Eine ‚Begründung' kann auch den gesellschaftlich kursierenden Annahmen entnommen werden, die den antisemitischen Gehalt nicht erkennen. Weiterführend in pädagogischen Kontexten ist hier eine Orientierung, die Scherr und Schäuble betonen: Eine kritische Reflexion auf die eigenen und die gesellschaftlich kursierenden Perspektiven kann in Bildungskontexten erheblich unterstützt werden, wenn nicht nur ‚gegen' Antisemitismen argumentiert wird, sondern auch Wissen ‚über' die Funktion und Mechanismen von antisemitischen Ressentiments zur Verfügung gestellt wird (Scherr/Schäuble 2006, 121). Damit wird sowohl Alltagswissen als auch eine Meta-Ebene einbezogen, die beide als Möglichkeiten der gegenseitigen Befragung und Distanzierung Bildungsräume für eigenständige Positionierungen unterstützen.

Eine weitere Herausforderung besteht darin, dass allein mit der Mitteilung der ‚richtigen' Lösung noch kein Erkennen antisemitischer Aussagen, Mechanismen und Funktionen verbunden sein muss. Dadurch kann auch die Problematisierung, die Zurückdrängung und die Kritik antisemitischer Ressentiments unterbestimmt verbleiben. Dies verweist auf eine elementare Ebene in der Antisemitismusprävention: Bedeutsam ist, dass Wissensformen zur Verfügung stehen, die allen Beteiligten die Problematisierung und Kritik antisemitischer Aussagen – oder Fragmente, die anschlussfähig daran sind – ermöglichen. Für eine erfolgreiche Bearbeitung des Arbeitsblattes nimmt daher ein anschließendes Unterrichtsgespräch eine hervorgehobene Bedeutung ein, um das Ziel des Arbeitsblattes und der Aufgabe nicht diametral zu unterlaufen.

In Bildungskontexten kommt der Annahme, dass ‚gute Materialien' und ‚gute Arbeitsblätter' eng mit den erwünschten und erhofften Ergebnissen gekoppelt sind, eine weithin akzeptierte und folgenreiche Bedeutung zu. Dieser Zusammenhang lässt sich deterministisch nicht begründen. Praktisch zeigt sich der angenommene Zusammenhang als kontingent: kann sein, muss aber nicht. Für eine Antisemitismusprävention, die darauf abzielt, die Funktionen und Mechanismen antisemitischer Wissensbestände und Motive erkennen und eigenständig problematisieren zu können, sind Materialien allein kaum ausreichend: Es geht in Bildungserfahrungen vielmehr um die Ermöglichung einer distanzierten gegenseitigen Befragung von Präkonzepten mit weiteren Wissensformen.

Das dazu benötigte Wissen ist theoretisch ebenso voraussetzungsvoll wie gesellschaftspolitisch umstritten, wie beispielsweise in der gesellschaftlich wirkmächtigen Erzählung einer antisemitisch grundierten Täter-Opfer-Umkehr. Eine gelungene Bearbeitung der Aufgabe ist damit untrennbar verbunden und wird sich erst darin zeigen, ob für alle Beteiligten der Mechanismus der Täter-Opfer-Umkehr subjektiv nachvollziehbar ist. Sichtbar wird: Nicht allein das Ankreuzen der ‚richtigen' Antwort und auch nicht die Wiedergabe der sozial adäquaten Terminologie wird eine Antisemitismusprävention als Bildungserfahrung stützen können. Nachhaltig Funktionen und Mechanismen antisemitischer Aussagen eigenständig beurteilen und begegnen zu können, wird ohne intrinsische Auseinandersetzung nicht möglich sein. Zugespitzt formuliert kann das richtige Ankreuzen auch Wissensformen absichern, die den für Bildungserfahrungen bedeutsamen Schritt einer ebenso zeit- wie reflexionsintensiven Auseinandersetzung in den Hintergrund rücken. Produziert werden dann Wissensformen, die sozial adäquate Formeln bereitstellen, was (nicht) gesagt werden darf. Mit dem Ankreuzen der richtigen Antwort muss noch nicht notwendigerweise die gesellschaftliche und individuelle Bedeutung einer Täter-Opfer-Umkehr von allen Beteiligten aus ihrer je individuellen Perspektive und ihren je individuellen Zugangsweisen in ihren Bearbeitungsmöglichkeiten nachvollziehbar und problematisierbar sein – genau das ist aber eine Voraussetzung, um den antisemitischen Gehalt der Aussage erkennen zu können.

Es werden also sozialwissenschaftlich anspruchsvolle Wissensformen benötigt, die kategoriale Annahmen, Wahrnehmungen und Zuschreibungen kritisch-reflexiv benennen, begründet darstellen und zurückweisen können. Das verlangt nicht nur pädagogischen Raum und Zeit, sondern auch umfangreiches Wissen auf Seiten der Lehrer/-innen.

Ein zweites Beispiel: Die Aussage „Mir ist es egal, ob jemand Jude ist oder nicht" wird im beigefügten Lehrerblatt folgendermaßen erläutert: „An dieser Aussage ist nichts Antisemitisches. Ob man sich für etwas interessiert oder nicht, bleibt jedem selbst überlassen." Hier wird eine universalistisch orientierte Überzeugung hervorgehoben, die auch die Grundlage für die Anerkennung und das Aushalten anderer Identitäten und Perspektiven kennzeichnet. Auch hier zeigt sich, dass ohne diskursive Auseinandersetzung, die den Gehalt und die Reichweite der Aussage eigenständig und intrinsisch nachzuvollziehen erlaubt, äußerlich verbleibendes Wissen zurückbleiben kann. Ein sicherlich nicht intendierter Lerneffekt könnte nämlich an dieser Stelle auch darin bestehen, dass diese Aussage an allen Orten zu allen Zeiten, unabhängig vom Kontext stets als „nicht-antisemitisch" und daher als unproblematisch gelten kann. Das verkennt allerdings eine Ebene in der Antisemitismusprävention, die darauf angewiesen ist, Funktionen und Mechanismen, Annahmen und Folgen kontextual zu erkennen – auch jenseits der Wortwahl! Eine manifeste Variante findet sich beispielsweise dann, wenn die im Arbeitsblatt zitierte Aussage „Mir ist es egal, ob jemand Jude ist oder nicht" mit dem berühmt-berüchtigten ‚aber …' weitergeführt wird. Im alleinigen Vertrauen auf das Wort (Müller 2020b, 8) dominieren wieder die pädagogischen Hoffnungen bei gleichzeitig möglichen nicht-intendierten Effekten. Verlassen wird sich dann auf eine Sortierung in „eindeutig antisemitisch", „unklar" oder „nicht-antisemitisch", die sich mit der Wiedergabe von richtigen Wörtern und Terminologien begnügt. Erst im eigenständigen Erkennen und Benennen antisemitischer Wissensbestände und Motive eröffnen sich die Begründungsmöglichkeiten und Reflexionsräume, die eine Antisemitismusprävention benötigt. Die Intentionen des Arbeitsblattes können im Extremfall sogar in das genaue Gegenteil verkehrt werden – auch im Rückgriff auf gesellschaftliche, mediale, alltägliche und wissenschaftliche Begründungen.

Das stellt die Organisation von Bildungserfahrungen vor besondere Herausforderungen, auf die eine mündigkeitsorientierte Antisemitismusprävention als Bildungserfahrung reagieren kann.

4. Anforderungen an die Antisemitismusprävention

Die Diskussion der Arbeitsmaterialien verdeutlicht Herausforderungen in der Antisemitismusprävention in Kontexten institutioneller Bildung, die auf zwei Anforderungen verweisen:

(1) Für eine gelungene Bearbeitung der Aufgaben des Arbeitsblattes wird vorausgesetzt, dass Lehrer/-innen einen pädagogischen Raum bieten können, der sowohl Nachfragen, Unklarheiten und Unsicherheiten zu bearbeiten ermöglicht als auch für alle Beteiligten die Zugangsmöglichkeiten eröffnet, um die Mechanismen und Funktionen von Antisemitismen erkennen, benennen und begründet zurückweisen zu können. So wird eine Voraussetzung der Antisemitismusprävention darin sichtbar, dass Lehrer/-innen bzw. politische Bildner/-innen den unterschiedlichen Erscheinungsformen von Antisemitismen angemessen begegnen, d.h. auf Wissen zurückgreifen können, das die Funktionen und Mechanismen von Antisemitismen in den Mittelpunkt einer pädagogischen Bearbeitung rückt. Dem entspricht die Annahme, dass Wissen auf Seiten der Lehrer/-innen und Nicht-Wissen auf Seiten der Schüler/-innen verortet werden kann. Diese Voraussetzung stößt in der Antisemitismusprävention an Grenzen:

„Während es in pädagogischen Studiengängen und Fortbildungen meist um die Lernprozesse der potenziellen Teilnehmenden geht, verlangt eine antisemitismuskritische Bildungsarbeit, die Perspektive auch auf die Lehrenden zu verschieben. Denn es kann nicht davon ausgegangen werden, dass sich Pädagoginnen und Pädagogen jenseits antisemitischer Auffassungen und Bilder befinden, also auf der Seite derer, die mit einem kritischen Bewusstsein für die Problematik ausgestattet sind." (Messerschmidt 2014, 44)

Darauf verweisen sowohl die Lücken in der schulischen Antisemitismusprävention (American Jewish Committee Berlin 2017; Bernstein 2018, 182; Wetzel 2019, 36; Salzborn/Kurth 2019) als auch die empirischen Hinweise auf die erheblichen Ambivalenzen von (angehenden) Lehrer/-innen (Scherr/Schäuble 2006, 113). Eine erste Anforderung ist vor diesem Hintergrund darin auszumachen, dass eine Antisemitismusprävention als Bildungserfahrung in institutionellen Kontexten Schüler/-innen und (angehende) Lehrer/-innen umfasst:

„Vielfach kann selbst bei engagierten Schülerinnen und Schülern oder Lehrkräften beobachtet werden, dass sie Aussagen, die dem sekundären oder dem israelbezogenen Antisemitismus zuzuordnen sind, zwar als in hohem Maße problematisch einstufen, mit den genannten Kategorien jedoch nichts anfangen können." (Unabhängiger Expertenkreis Antisemitismus 2017, 216)

(2) Mit einer spezifischen Lesart des Arbeitsblattes geht zudem die Voraussetzung einher, dass eine gelungene Bearbeitung der Aufgabe durch die Bildungsteilnehmer/-innen mit der ‚richtigen' Lösung verbunden ist. Hier zeigen sich Fallstricke in den unterschiedlichen Wissensformen in Kontexten institutioneller Bildung, denn die ‚richtige' Lösung kann unterbestimmt verbleiben. Für Bildungserfahrungen in der Antisemitismusprävention bedeutsam ist jedoch vielmehr, dass die Funktionen und Mechanismen von Antisemitismen von allen Beteiligten nachvollzogen und begründet problematisiert werden können. Das verschiebt die Perspektive auf den pädagogischen Umgang mit der Bewertung der Aussagen: Die richtigen Antworten sind ebenso wie die unzureichenden, falschen oder antisemitischen darauf angewiesen, dass die Hintergründe und Begründungsmuster, warum und wie diese (nicht) antisemitisch anschlussfähig sind, für alle subjektiv nachvollziehbar werden. Eine zweite aktuelle Anforderung an die Antisemitismusprävention zeichnet sich somit darin ab, dass eine Wissensvermittlung reflexiv mit dem Verstehen der Funktionen und Mechanismen von Antisemitismus gekoppelt werden, um Begründungsmöglichkeiten für alle Beteiligten zur Verfügung zu stellen, die das Ressentiment erkennen und problematisieren können. Auf diese Anforderungen ziele ich im Folgenden mit dem Zusammenhang von Wissen *und* (Selbst-)Reflexion als Bildungserfahrung ab.

5. Wissen und (Selbst-)Reflexion in der Antisemitismusprävention

5.1 Wissen allein genügt nicht

Deutlich wurde, dass kein geradliniger Weg von einer Wissensvermittlung zum Schutz vor Ressentiments führt und führen kann. Eine Lösungsmöglichkeit, die Reflexion und damit auch Aufklärung über ein ebenso weit zurückreichendes wie zählebiges Ressentiment (allein) über Wissensvermittlung ermöglichen will, wird allzu rasch mit den „Grenzen der Aufklärung" (Horkheimer/Adorno 2003, 177 ff.) konfrontiert sein:

„Auf Widersprüche im Denken der Schüler/-innen hinzuweisen, kann einen Aufklärungserfolg darstellen, wenn Schüler/-innen in der Lage sind, Widersprüche in ihrem Denken zu reflektieren. Antisemitische Ressentiments und Weltbilder hebeln dieses Reflexionsvermögen aus. Antisemitismus ist irrational, dichtet gegen Erfahrung und Fakten ab und bringt immer genau die Welterklärung hervor, die sich im Judenhass bestätigt sieht. Deshalb ist es von wesentlicher Bedeutung, antisemitische Äußerungen nicht ausschließlich über Wissensvermittlung zu widerlegen zu versuchen." (Bernstein 2018, 275)

Im Falle der Auseinandersetzung mit Antisemitismen kommt noch ein charakteristisches Moment hinzu, das durch eine sozio-emotionale Bindung von Antisemitismen charakterisiert werden kann. „Sofern es sich beim Antisemitismus um eine angsteindämmende und Kontrollverlust verhindernde Weltanschauung handelt, ist er auch emotional tief verankert und – das ist die Logik paranoider Konstrukte – gegen kognitive Widerlegungen zunächst immun." (Brumlik 2016, 647)

Antisemitismusprävention rückt also die affektiv-emotionale Besetzung und Funktion des Ressentiments zu stark in den Hintergrund, wenn sie allein auf Wissensvermittlung setzt (vgl. dazu auch Schwarz-Friesel 2019, 402; Mendel 2020, 41). Jedoch greift auch der umgekehrte Fall zu kurz, wenn Reflexion allein als affektiv-emotionale Introspektion verstanden wird und damit rationale Orientierungen an Daten, Fakten und Empirie drohen, in den Hintergrund zu geraten. In beiden Fällen kann es sich, streng besehen, auch um Formen der Abwehr einer herausfordernden Thematik handeln.

5.2 Unterschiedliche Wissensformen

Das Erkennen, Benennen und Zurückweisen vergangener und aktueller Erscheinungsweisen von Antisemitismen ist überaus voraussetzungsvoll. Es beinhaltet unterschiedliche Wissensformen, die aufeinander angewiesen sind. Es geht mir mit der folgenden idealtypischen Unterscheidung nicht darum, diese Wissensformen gegeneinander auszuspielen, sondern ihre jeweiligen Stärken und Grenzen genauer auszuloten, die jeweils zu einer Antisemitismusprävention als Bildungserfahrung beitragen können, weil pädagogische Bearbeitungsmöglichkeiten der Erscheinungsformen von Antisemitismen auf unterschiedliche Wissensformen in Kontexten institutioneller Bildung angewiesen sind.

Das oben problematisierte Ankreuzen richtiger Antworten kann einem *Wiedergabewissen* verhaftet bleiben. In der Wiedergabe von Wissen ist die gegenseitige Befragung und Kritik in und durch die verschiedenen Wissensformen verstellt. Das so Gelernte verbleibt den Bildungsteilnehmer/-innen äußerlich. Das spiegelt sich in Erfahrungen mit Prüfungsleistungen, in denen die Wörter richtig wiedergegeben werden können, unter Umständen sogar erfolgreich und mit entsprechenden Gratifikationen, der Inhalt jedoch – trotz richtiger Wiedergabe der Worte – bleibt weitestgehend unverstanden.

Auch *historisches Wissen* über die Vernichtung der europäischen Jüdinnen und Juden schützt keineswegs automatisch oder zwangsläufig vor Antisemitismus: „Antisemitismus und historische Kenntnisse über den Holocaust müssen sich nicht gegenseitig ausschließen, sondern können parallel zueinander bestehen" (OSCE/Yad Vashem 2007, 6). Begründet vermutet werden kann, dass sich hier auch Effekte der Post-Holocaust-Education einer verbalen, sozial adäquaten Distanzierung von NS-Verbrechen zeigen, die bei gleichzeitiger Unkenntnis der (aktuellen) Funktionen und Mechanismen von Antisemismen bestehen kann.

Bildungserfahrungen zeichnen sich dadurch aus, dass über die bereits bestehenden Denk-, Handlungs- und Urteilsmöglichkeiten hinausgegangen werden kann – sei es in einem Auf- und Ausbau, sei es in einer Vertiefung und Erweiterung (Müller 2018b, 132). In struktureller und in inhaltlicher Hinsicht handelt es sich hierbei um eine prozesshafte *gegenseitige Befragung von bestehenden (Prä-) Konzepten mit ‚neuem' Wissen*. Diese Differenz bildet den Raum für eigenständige Bildungserfahrungen – sofern sie ausgehalten und nicht vorschnell eindimensional auf die eine oder andere Seite hin aufgelöst wird. Eine Antisemitismusprävention als Bildungserfahrung ist auf eine gegenseitigen Befragung bestehender Annahmen mit weiteren Wissensformen in struktureller und in inhaltlicher Hinsicht angewiesen: strukturell, weil dadurch Räume der eigenständigen Auseinandersetzung offen gehalten werden; inhaltlich, weil damit eigene und gesellschaftlich verfügbare (Prä-)Konzepte pädagogisch bearbeitbar werden. Damit werden zudem deterministische Annahmen erweitert, weil dann die diskursive Auseinandersetzung über die Funktionen und Mechanismen antisemitischer Ressentiments in den Mittelpunkt gerückt werden kann.

Sozialwissenschaftliche Wissensformen ermöglichen solche reflexiven Perspektiven, um Wissen auch zu kontextualisieren und um Annahmen und Folgen für die soziale Legitimation von kategorialen Wahrnehmungen zu erkennen – sowohl für Bildende als auch für die Zu-Bildenden. Eine Antisemitismusprävention als Bildungserfahrung entscheidet sich so gesehen auch an der Frage, welche sozialwissenschaftlichen Wissensformen zur Verfügung gestellt, verkürzt oder vorenthalten werden (vgl. dazu auch Müller 2020c). UNESCO und OSCE empfehlen 2018 in ihrem Leitfaden *Mit Bildungsarbeit gegen Antisemitismus* eine „Förderung des kritischen Denkens der Lernenden und Stärkung ihrer Fähigkeit, über sich selbst zu reflektieren sowie komplexe Themen anzusprechen und zu bearbeiten" (UNESCO/OSCE 2018, 28).

Eine Folgerung für die Organisation von Bildungserfahrungen unter institutionellen Bedingungen kann so auch dem In-, Mit- und Gegeneinander von unterschiedlichen Wissensformen entnommen werden. Gesellschaftlich verfügbares Wissen reflexiv in Verbindung mit eigenen Präkonzepten zu setzen, beide gegeneinander abzuwägen und differenziert beurteilen zu können, verweist auch auf eine idealtypische Unterscheidung zwischen Wissen und Reflexion. Beide sind aufeinander verwiesen und miteinander verbunden: Ohne Wissen keine Reflexionserfahrungen und ohne Reflexion kein Wissen. Gerade die gegenseitige Befragung und Angewiesenheit von Wissen und Reflexion öffnet die Räume für Bildungserfahrungen, die eine Voraussetzung für eine eigenständige Auseinandersetzung mit Antisemitismen bieten.

5.3 (Selbst-)Reflexion und Begründung

Damit rückt die Bedeutung der eigenen Auseinandersetzung, der Selbstreflexion in den Mittelpunkt, sowohl die der Lehrer/-innen als auch die der Schüler/-innen. Die im Aufgabenblatt benannten Fragen bieten Diskussionsbedarf, der für eine pädagogische Bearbeitung unerlässlich ist – sei es aus Interesse, aus Unkenntnis oder auch aufgrund von Abwehrhaltungen.

„Politische Bildung ist aufgefordert, antisemitische Vorurteile nicht nur als solche zu benennen, sondern ihre Adressaten zu befähigen, sich sachhaltig mit den Vorurteilen zu befassen und zu durchschauen, was an diesen falsch ist, warum sie aber gleichwohl verbreitet sind. Dies stellt […] eine anspruchsvolle Aufgabe dar, die nicht durch eine moralische Tabuisierung antisemitischer Aussagen ersetzt werden kann." (Scherr 2013, 275)

Eine Annahme der oben diskutierten Aufgabe im Arbeitsblatt besteht darin, dass die Bildungsteilnehmer/-innen nach dem Ankreuzen der richtigen Antwort ein Wissen zur Verfügung haben bzw. zur Verfügung gestellt bekommen, das auf eine eigenständige Begründung und Einordung der Aussagen abzielt. Hier rückt der Zusammenhang von Wissen und Reflexion als Bildungserfahrung in den Vordergrund: In und durch die Auseinandersetzung mit gesellschaftlich wirkmächtigen und kursierenden Aussagen wird auf eine *eigenständige Begründung* abgezielt, die (nicht) antisemitische Aussagen erkennen soll. Ohne eigenständige Auseinandersetzung aller Beteiligten drohen halbverstandene, unklare, diffuse oder im Extremfall sogar Haltungen, die die Problematik reproduzieren. Allein die ‚richtigen' Antworten können keine Garantie bieten, die notwendigerweise den Schutz vor dem Ressentiment sicherstellen. Dieser Schutz, sofern es ihn gibt, wird nur in und durch die Ermöglichung von eigenständigen Auseinandersetzungen erhalten werden. Antisemitismusprävention als Bildungserfahrung zielt somit darauf ab, über äußerlich verbleibende sozial adäquate Formeln hinauszugehen zu können.

5.4 Anerkennung oder Instrumentalisierung von Bildungsteilnehmer/-innen

Mündigkeitsorientierte Bildungserfahrungen können nicht verordnet werden, sofern sie ihren eigenen Anspruch nicht fundamental unterlaufen wollen. Sie können aber besser und schlechter organisiert werden. „Die Idee der Bildung ist seit jeher mit der Vorstellung von der Bildsamkeit von Menschen verknüpft. Bildsamkeit heißt aber bis zu einem gewissen Grad Unverfügbarkeit für andere Menschen" (Sander 2020, 21).

Daran anschließend kann eine problematische Linie in der Organisation von Bildungserfahrungen darin ausgemacht werden, wenn zum Zwecke der hehren, ehrenwerten Ziele die Unverfügbarkeit der Bildungsteilnehmer/-innen ignoriert, missachtet und instrumentell eingebunden wird. Mündigkeitsorientierte Bildungserfahrungen erweisen sich in der Bewahrung und Unterstützung der Selbstbestimmung, also der Autonomie von Bildungsteilnehmer/-innen.

Die Chancen, die für eine Antisemitismusprävention als Bildungserfahrung damit verbunden sind, werden in deterministischen Vorstellungen, Annahmen und Begründungslogiken kaum annähernd ausgeschöpft, in mündigkeitsorientierten Konzeptionen substantiell unterstützt. Zentral dabei ist der intrinsische Zusammenhang von Bildungserfahrungen mit der Eigenständigkeit von Bildungsteilnehmer/-innen. Bildung und Autonomie bauen nicht lediglich additiv aufeinander auf, sondern sie sind intrinsisch miteinander verwoben. Sie sind so aufeinander bezogen, dass sie sich gegenseitig bedingen, unterstützen und hervorbringen können (vgl. dazu Scherr 2010; Rosa/Endres 2016; Müller 2018a).

Antisemitismusprävention als Bildungserfahrung zeichnet sich demnach dadurch aus, dass sie die Eigenständigkeit von Bildungsteilnehmer/-innen nicht als (implizites) Problem annimmt, dem möglichst geschickt zu begegnen ist. Vielmehr werden in der Unterstützung, Förderung und Anerkennung der Eigenständigkeit erst mündigkeitsorientierte Bildungserfahrungen sichtbar.

5.5 Bildung: Die Vermittlung von Wissen und (Selbst-)Reflexion

Bildung kann auswendig gelernte Floskeln erkennen, benennen und begründet zurückweisen. Bildungserfahrungen berühren die Subjekte, gehen in diese ein und verändern Perspektiven, mithin Denk-, Handlungs- und Urteilsmöglichkeiten. Bildungserfahrungen zielen daher auch stets darauf ab, über äußerlich verbleibende Wissensformen hinauszugehen, indem intrinsische Bearbeitungs- und Begründungsmöglichkeiten eröffnet werden (Müller 2018a). Es geht dann darum, Wissen in seinen Vorannahmen und Voraussetzungen und zudem in seinen Folgen und Effekten für alle Beteiligten kontextual und diskursiv diskutieren zu können. Mündigkeitsorientierte Bildungserfahrungen sind konstitutiv auf Multiperspektivität angewiesen, auch und gerade auf entgegenstehende Überlegungen, um diese *eigenständig* abwägen und differenzieren zu können. Bildung in diesem Sinne ist fundamental geprägt von Wissen und (Selbst-) Reflexion.

Im gelungenen Fall einer Antisemitismusprävention als Bildungserfahrung unterstützen sich die beiden Momente der Wissensaneignung und der (Selbst-) Reflexion gegenseitig als Bildungserfahrung. Sie können sich gegenseitig korrigieren und sogar hervorbringen.

6. Ausblick

Die Notwendigkeit und der Bedarf einer Antisemitismusprävention in institutionellen Kontexten von Bildung ist weitestgehend unbestritten. Die dazu zur Verfügung stehenden pädagogischen Bearbeitungsmöglichkeiten können zwischen deterministischen und mündigkeitsorientierten Modellen changieren. Sichtbar werden diese vor allem an den jeweils zugrundeliegenden Annahmen von Subjektivität, Wissen, Bildung und (Selbst-)Reflexion. Die Wirkung einer Antisemitismusprävention kann ebenfalls vorausgesetzt werden – nur wie und mit welchen Effekten?

Dass es sich dabei ausnahmslos um erwünschte Effekte handelt, darf und kann bezweifelt werden. In einer mündigkeitsorientierten Gestaltung von Bildungserfahrungen können weder der Didaktik noch den Arbeitsmaterialien Garantien entnommen werden. Gleichwohl gibt es Rahmenbedingungen, die eine eigenständige Auseinandersetzung unterstützen, indem Bildungserfahrungen aus der Perspektive der Autonomie von Bildungsteilnehmer/-innen konzipiert werden. Gerade in und durch institutionelle Bildung könn(t)en Bildungsteilnehmer/-innen die Möglichkeiten erhalten, sich mit gesellschaftlich verfügbaren kategorialen Annahmen, Differenzkonstruktionen und mit einem abgeschlossenen „Weltdeutungs- und Glaubenssystem" (Schwarz-Friesel 2015) auseinanderzusetzen, um diese erkennen, benennen und begründet problematisieren und zurückweisen zu können. Das für Bildungserfahrungen bedeutsame Verhältnis von Wissensvermittlung und (Selbst-)Reflexion nimmt in der Antisemitismusprävention für alle Beteiligten eine hervorgehobene Bedeutung ein.

Wissen und (Selbst-)Reflexion allein können keine Antisemitismusprävention garantieren, weil mündigkeitsorientierte Bildungserfahrungen nicht allein einer ‚wenn-dann'-Logik folgen. Vorstellbar ist zwar, dass die intendierten und erwünschten Effekte in Kontexten institutioneller Bildung entstehen, aber auch, dass unbeabsichtigte Nebenfolgen, möglicherweise sogar die Reproduktion der Problematik eintreten. Darauf muss und kann eine Antisemitismusprävention als Bildungserfahrung reagieren. Eine Fokussierung auf eine Wissensaneignung allein wird kaum genügen, um eigene kategoriale Wahrnehmungen und gesellschaftlich verfügbare Deutungsmuster, Ressentiments und die unterschiedlichen Antisemitismen erkennen zu können. Ebenso wird eine (kontemplativ verstandene) Reflexion ohne Daten und Fakten kaum die ausreichenden Möglichkeiten bereitstellen können, Antisemitismen begründet zu begegnen.

Folgenreich ist die Umstellung auf mündigkeitsorientierte Perspektiven für didaktische Überlegungen und Konzepte, weil damit auch die Bemühungen um die ‚richtigen' Materialien, Schulbücher, Filme und digitalen Medien relativiert werden. Aus einer solchen Perspektive werden Bildungserfahrungen an die Eigenständigkeit der Bildungsteilnehmer/-innen gekoppelt (Müller 2020d). Sie sind angewiesen auf eine eigenständige Auseinandersetzung und Begründung. Ebenso wie deterministische Modelle können sie misslingen.

Es gibt keinen Königsweg und keinen Algorithmus, der sich nachhaltig bewährt, um ein jahrtausendealtes Ressentiment zu erkennen, zu problematisieren und zurückzudrängen. Antisemitismusprävention wird ohne eigenständige Auseinandersetzung von Bildner/-innen und Zu-Bildenden nicht möglich sein. Eine Antisemitismusprävention als Bildungserfahrung wird sich in Kontexten institutionell organisierter Bildung daran bewähren, ob Raum, Zeit und das sozialwissenschaftliche Wissen zur Verfügung stehen, damit sich Bildner/-innen und Zu-Bildende eine intrinsische Auseinandersetzung um vergangene und aktuelle Formen und Erscheinungsweisen von Antisemitismen (selbst-)reflexiv aneignen können. Dann können antisemitische Wissensbestände und Motive eigenständig erkannt, benannt und problematisiert werden. Damit zeichnen sich ebenso voraussetzungsreiche wie anspruchsvolle Bildungserfahrungen ab, von deren Gelingensbedingungen noch viel zu wenig bekannt ist.

Literatur

American Jewish Committee Berlin (2017): Salafismus und Antisemitismus an Berliner Schulen: Erfahrungsberichte aus dem Schulalltag. Berlin (Stand v. 28.10.2019). https://ajcberlin.org/sites/default/files/downloads/ajcstimmungsbildsalafismusantisemitismus.pdf

Bernstein, Julia (2018): „Mach mal keine Judenaktion!" Herausforderungen und Lösungsansätze in der professionellen Bildungs- und Sozialarbeit gegen Antisemitismus. Frankfurt/M. (Stand v. 15.4.2019). https://www.frankfurt-university.de/antisemitismus-2017/

Brumlik, Micha (2016): Pädagogische Reaktionen auf Antisemitismus. In: Braun, Stephan/Geisler, Alexander/Gerster, Martin (Hg.): Strategien der extremen Rechten. Hintergründe – Analysen – Antworten. Wiesbaden, S. 639–650.

Bundeszentrale für politische Bildung (BpB) (2014): Themenblätter im Unterricht Nr. 93 ‚Antisemitismus' (Stand v. 27.7.2018). http://www.bpb.de/shop/lernen/themenblaetter/126535/anti semitismus

Horkheimer, Max/Adorno, Theodor W. (2003): Dialektik der Aufklärung. Philosophische Fragmente. Limitierte Sonderausgabe. Frankfurt/M.

Mendel, Meron (2020): Weil nicht sein kann, was nicht sein darf. Herausforderungen antisemitismuskritischer Bildungsarbeit. In: Aus Politik und Zeitgeschichte (APuZ): Antisemitismus, 26–27/2020, S. 36–41.

Messerschmidt, Astrid (2014): Bildungsarbeit in der Auseinandersetzung mit gegenwärtigem Antisemitismus. In: Aus Politik und Zeitgeschichte (APuZ), 28–30/2014, S. 38–44.

Müller, Stefan (2018a): Der Doppelcharakter von Subjektivität. Fachdidaktische Prinzipien zwischen Förderung und Untergrabung von Subjektivität im sozialwissenschaftlichen Unterricht. In: Zeitschrift für Didaktik der Gesellschaftswissenschaften, Jg. 9, Heft 2, S. 87–107.

Müller, Stefan (2018b): Rechthaberei und Reflexion. Sozialwissenschaftliche Modelle und Möglichkeiten von Kritik. In: Zeitschrift für Didaktik der Gesellschaftswissenschaften, Jg. 9, Heft 1, S. 116–134.

Müller, Stefan (2019): Mündigkeit. Zwei Argumente für eine reflexive, nicht-dichotome Perspektive. In: Pohl, Kerstin/Lotz, Matthias (Hg.): Gesellschaft im Wandel – Neue Aufgaben für die politische Bildung und ihre Didaktik!? Frankfurt/M., S. 86–93.

Müller, Stefan (2020a): Antisemitismusprävention in der schulischen politischen Bildung. In: Oberle, Monika/Stamer, Märthe-Maria (Hg.): Politische Bildung in internationaler Perspektive. Frankfurt/M.

Müller, Stefan (2020b): Das Versprechen vom Bessermachen. Reflexion und Kritik im Kontext institutioneller Bildung. www.itdb.ch/index.php/itdb/article/view/24

Müller, Stefan (2020c): Antisemitismus: Theoretische Beschreibungen und ihre praktischen Folgen. In: Zeitschrift für Didaktik der Gesellschaftswissenschaften, Jg. 11, Heft 2, S. 166–170.

Müller, Stefan (2020d): Reflexivität in der politischen Bildung. Untersuchungen zur sozialwissenschaftlichen Fachdidaktik, Frankfurt/M.

OSCE/Yad Vashem (2007): Antisemitismus thematisieren: Warum und wie? Leitfaden für Pädagoginnen und Pädagogen (Stand v. 28.10.2019). https://www.osce.org/de/odihr/29892?download=true

Rosa, Hartmut/Endres, Wolfgang (2016): Resonanzpädagogik. Wenn es im Klassenzimmer knistert. Weinheim.

Salzborn, Samuel/Kurth, Alexandra (2019): Antisemitismus in der Schule. Erkenntnisstand und Handlungsperspektiven. Berlin, Gießen. https://www.tu-berlin.de/fileadmin/i65/Dokumente/Antisemitismus-Schule.pdf

Sander, Wolfgang (2020): Bildung. Zur Aktualität einer traditionsreichen Leitidee. In: Aus Politik und Zeitgeschichte (APuZ), 14–15/2020, S. 16–21.

Scherr, Albert (2010): Subjektivität als Schlüsselbegriff kritischer politischer Bildung. In: Lösch, Bettina/Thimmel, Andreas (Hg.): Kritische politische Bildung. Ein Handbuch. Schwalbach/Ts., S. 303–314.

Scherr, Albert (2013): Ausgangsbedingungen und Perspektiven der Bildungsarbeit gegen Antisemitismus. In: Der Bürger im Staat, 4/2013, S. 270–277.

Scherr, Albert/Schäuble, Barbara (2006): „Ich habe nichts gegen Juden, aber …". Ausgangsbedingungen und Ansatzpunkte gesellschaftspolitischer Bildungsarbeit zur Auseinandersetzung mit Antisemitismen. Langfassung Abschlussbericht. Berlin. https://www.amadeu-antonio-stiftung.de/w/files/pdfs/schaueblescherrichhabenichtslangversion.pdf

Schwarz-Friesel, Monika (2015): Aktueller Antisemitismus. Konzeptuelle und verbale Charakteristika (Stand v. 29.7.2018). http://www.bpb.de/politik/extremismus/antisemitismus/211516/aktueller-antisemitismus

Schwarz-Friesel, Monika (2019): Judenhass 2.0: Das Chamäleon Antisemitismus im digitalen Zeitalter. In: Heilbronn, Christian/Rabinovici, Doron/Sznaider, Natan (Hg.): Neuer Antisemitismus? Fortsetzung einer globalen Debatte. Berlin, S. 385–417.

Unabhängiger Expertenkreis Antisemitismus (2017): Antisemitismus in Deutschland – aktuelle Entwicklungen. Zweiter Bericht des unabhängigen Expertenkreises Antisemitismus. https://www.bmi.bund.de/SharedDocs/downloads/DE/publikationen/themen/gesellschaft-integration/expertenkreis-antisemitismus/expertenbericht-antisemitismus-in-deutschland.html

UNESCO/OSCE (2018): Addressing Anti-Semitism through Education. Guidelines for Policymakers (Stand v. 28.10.2019). https://www.osce.org/odihr/383089?download=true

Wetzel, Juliane (2019): Antisemitismus als Herausforderung für die schulische und außerschulische Bildung. In: Theo-Web. Zeitschrift für Religionspädagogik, Jg. 18, Heft 1, S. 35–49.

DEBORAH HARTMANN

Antisemitismus und Shoah in der Bildungsarbeit: Problemfelder, Herausforderungen und Chancen

1. Einleitung

„Die Forderung, dass Auschwitz nicht noch einmal sei, ist die allererste an Erziehung." (Adorno 1971) Auch wenn viele Pädagog/-innen sich womöglich nur wenig mit Adorno oder der Kritischen Theorie beschäftigt haben, so haben sie doch diesen einen Aufsatz gelesen: „Erziehung nach Auschwitz", in dem Adorno seinen Eindruck aus den 1960er Jahren beschreibt, dass sich bislang kaum jemand mit dieser doch so simplen und selbstverständlichen Forderung auseinandergesetzt habe. Dem würde heute wahrscheinlich widersprochen werden. Mittlerweile ist das Postulat einer „Erziehung nach Auschwitz" zum Paradigma für die historisch-politische Bildungsarbeit schlechthin geworden.

Für die einen bedeutet Erziehung nach Auschwitz eine ‚Erziehung über Auschwitz'. Den Lernenden soll vermittelt werden was die Shoah überhaupt gewesen ist, und welche ideologische Weltanschauung zur Verfolgung und Vernichtung der Jüdinnen und Juden geführt hat. Teil eines solchen Lehransatzes ist auch die Verdeutlichung des nationalsozialistischen Antisemitismus. Der Versuch einer empathischen Annäherung an das Leid der Opfer soll für Antisemitismus in der Gegenwart sensibilisieren, ohne ihn als solches in das Zentrum der Auseinandersetzung zu rücken. Ein problematischer Effekt dieses historisierenden Zugangs ist jedoch, dass damit Auschwitz zur Norm für Antisemitismus wird. Der nationalsozialistische Vernichtungsantisemitismus, der Resultat einer exzeptionellen Radikalisierung ist, wird zum Maßstab, an dem antisemitische Haltungen und Handlungen gemessen werden. Das bedeutet unter Umständen dann auch, die Gefahren des aktuellen Antisemitismus zu minimieren. Dieser erscheint im Vergleich zur systematischen Judenvernichtung im Zweiten Weltkrieg als relativ ungefährlich, solange er sich nicht als eliminatorischer Antisemitismus verwirklicht. In Verbindung mit der zum Teil vorherrschenden erinnerungskulturellen Auffassung, man habe die Vergangenheit ‚erfolgreich' aufgearbeitet, scheint der „pädagogische Umgang mit dem Nationalsozialismus kaum einen Beitrag zur Sensibilisierung mit den Erscheinungsformen von [aktuellem]

Antisemitismus zu leisten" (Mendel 2020, 38). Im Gegenteil, Vertreter der antisemitismuskritischen Bildungsarbeit berichten davon, dass solcherlei Selbstverständnis dazu führen kann, Antisemitismus gleichzeitig zu de-thematisieren und externalisieren (ebd., 38).

Für die anderen bedeutet Erziehung nach Auschwitz, den Blick von der nationalsozialistischen Vergangenheit in die Zukunft zu richten und in erster Linie universelle Werte im Sinne einer Demokratie- und Menschenrechtserziehung zu vermitteln. Die konkreten historischen Ereignisse der 1930er und 40er Jahre werden dafür im Namen einer vermeintlichen Diversität oft ins Unkenntliche universalisiert: Jeder soll sich mitsamt seiner eigenen Lebensgeschichte und seines eigenen Identitätsentwurfes in der Geschichte verorten können, auch um den Preis, das Spezifische an der Shoah ausblenden zu müssen. Die Folge kann im Extremfall ein „moralisierender Diskurs über unterschiedslose Opferschaft" sein, der so Dan Diner „in letzter Konsequenz vor einer Dekonstruktion des Gedächtnisses an den Zweiten Weltkrieg ebenso wenig Halt machen [wird] wie vor der Geltung und Bedeutung des Holocaust." (Diner 2007, 9 f.)

Das Lehren und Lernen über die Shoah könnte somit ein Mittel zum Zweck werden. Eine tiefergehende Auseinandersetzung mit der Shoah findet genauso wenig statt wie mit Antisemitismus, der oft unter allgemeine Vorurteilsstrukturen, Gruppenbezogene Menschenfeindlichkeit, Rassismus etc. subsumiert wird. Dadurch aber werden sowohl seine spezifischen Mechanismen, Funktionsweisen und Ausprägungen als auch die Perspektive der von antisemitischen Handlungen und Haltungen Betroffenen ausgeblendet (Chernivsky/Wiegemann 2017, 5).

Im vorliegenden Beitrag werde ich untersuchen, welche Rolle die Reflexion des Antisemitismus in der Bildungsarbeit der israelischen Gedenkstätte Yad Vashem spielt, und welchen Raum das Nachdenken über die Shoah und ihr Nachwirken in ausgewählten Bildungsangeboten über Antisemitismus einnehmen.[1]

---

1 Diese Überlegungen basieren auf einer 2018 durchgeführten und im Rahmen verschiedener Vorträge vorgestellten qualitativ ausgewerteten Stichprobe ausgewählter Bildungsmaterialien. Daher erhebt die folgende Darstellung weder den Anspruch auf Vollständigkeit noch auf Aktualität. In den letzten zwei Jahren gab es zahlreiche neue Initiativen auf dem Gebiet der antisemitismuskritischen Bildungsarbeit. Viele der hier analysierten Materialien liegen mittlerweile in überarbeiteter Form vor. Dennoch spielen die hier aufgeworfenen Untersuchungsfragen trotz der gewachsenen öffentlichen Aufmerksamkeit noch immer eine eher marginale Rolle. Systematische empirisch gestützte Studien über das Zusammenspiel von Holocaust Education und antisemitismuskritischer Bildungsarbeit stehen noch immer aus.

In einem ersten Schritt diskutiere ich die Herausforderungen, Schwierigkeiten und das Potential der Verbindung von Holocaust Education[2] und Bildungsangeboten, die aktuellen Formen des Antisemitismus entgegen wirken sollen. Danach werde ich ausgewählte pädagogische Publikationen auf deren Verständnis von Antisemitismus und die Frage, wie diese historisches Lernen über die Shoah und Lernen über Antisemitismus verbinden, untersuchen. Die folgende Analyse basiert auf dem Studium der entsprechenden Veröffentlichungen und möchte Problemstellungen und Herausforderungen, die sich bei der Übertragung – insbesondere in der schulischen Bildung – ergeben könnten, ins Zentrum der Auseinandersetzung rücken. Die folgenden Überlegungen berücksichtigen nicht, wie die einzelnen Bildungsträger diese Ansätze konkret umsetzen. Es geht daher nicht um eine abschließende Bewertung, sondern um eine kritische Reflexion der pädagogischen Angebote.

2. Problemstellung

Sowohl Gedenkstätten, die sich mit den Verbrechen der Nationalsozialisten auseinandersetzen, als auch Einrichtungen, die historische und politische Bildungsarbeit zur Shoah durchführen, sehen sich immer wieder mit gegenwärtigen Formen von latenten oder manifesten antisemitischen Denkfiguren konfrontiert.

Wenn sich Pädagog/-innen heute dem Thema Shoah annähern, wird oft zunächst nach der Relevanz der historischen Ereignisse für die Gegenwart gefragt. Viele Unterrichtssettings konfrontieren Lernende daher auch mit der übergeordneten Fragestellung: ‚Was geht mich die Geschichte an, warum muss ich mich heute noch mit dieser Geschichte auseinandersetzen?' Man setzt in der Gegenwart der Jugendlichen an, bevor die Vergangenheit zum Gegenstand der Auseinandersetzung wird, um letzten Endes wieder in die Gegenwart zurückzufinden und sich auf diese Weise auch mit der Lebenswelt junger Menschen heute auseinanderzusetzen. Kein leichtes Unterfangen, wenn die Erfahrungen der

---

2 Ich verwende in diesem Aufsatz bewusst den englischen Begriff „Holocaust Education", da es trotz der vielfältigen Ansätze und der mittlerweile fast in allen Bundesländern in den Lehrplänen verankerten schulischen Beschäftigung mit der Shoah keinen angemessenen deutschsprachigen Begriff für dieses Feld gibt. Ich beziehe mich im Kontext dieser Untersuchung auf alle Formen institutionalisierten Lehrens und Lernens über die Shoah, die auf Grundlage von Bildungsmaterialien und Lehrbüchern stattfinden. Ausgeklammert bleibt dabei der Bereich der (massen-) medialen Vermittlung der Shoah. Vergleiche auch Peham, Andreas/Rajal, Elke: Erziehung wozu? Holocaust und Rechtsextremismus in der Schule, https://www.doew.at/cms/download/c7gv5/peham_jb10.pdf, S. 40.

Ermordeten und Überlebenden nicht bloßes Mittel zum Zweck und die Shoah in ihrer Spezifik als präzedenzlose Katastrophe vermittelt werden sollen (Bauer 2001, 19). Kommen antisemitische Vorurteile, Stereotype, Bilder oder Projektionen dazu, die der heutigen Lebensrealität entstammen, stehen viele Pädagog/-innen vor der schwierigen Frage was nun eigentlich wie thematisiert werden soll – oder vielleicht besser auch nicht. Dies führt zu der Situation, sich entweder in der Geschichte zu verlieren und diese nicht mehr auf die Gegenwart beziehen zu können, oder eine politische Diskussion zu beginnen, die letzten Endes die Beschäftigung mit der Shoah in den Hintergrund rückt.

In der israelischen Gedenkstättenlandschaft stellt sich die Frage nach dem Umgang mit aktuellem Antisemitismus in besonderer Weise. Als nationale israelische Gedenkstätte wird Yad Vashem immer wieder mit distanzierter Skepsis konfrontiert, inwieweit man die nötige ‚Objektivität' aufbringe, um über die Shoah oder gar den Antisemitismus zu sprechen, gerade weil man als jüdische Gedenkstätte die Geschichte der Shoah aus jüdischer Perspektive und mit besonderem Blick auf die Erinnerung an die Überlebenden und Ermordeten thematisiert. Die Institution wird einerseits von einigen aufgrund der jüdischen (oder vermuteten zionistischen) Perspektive auf die Shoah kritisch beäugt. Andererseits tut man sich selbst aufgrund der von außen herangetragenen Vorbehalte schwer damit, aktuellen Antisemitismus zum Gegenstand pädagogischer Arbeit zu machen.

Seit Jahren wird daher auch in Yad Vashem die Frage diskutiert, inwiefern historisch-politische Bildungsarbeit und antisemitismuskritische Ansätze zusammen gehen, welchen Herausforderungen man dabei gegenübersteht und was für Möglichkeiten sich daraus ergeben könnten. Viele Mitarbeitende sehen sich angesichts der Aufgabe, Antisemitismus in den Lehrer/-innenfortbildungen mit europäischen Multiplikator/-innen zu thematisieren, mit zwei Schwierigkeiten konfrontiert. Zum einen liegt deren Expertise eindeutig auf dem Gebiet der historisch-politischen Bildungsarbeit über die Shoah. Daraus resultiert die Sorge, nicht genug über gängige antisemitische Topoi zu wissen, um dieses Thema angemessen und mit der nötigen Tiefe zu behandeln. Zum anderen besteht die Angst, die Thematisierung von Antisemitismus nach der Shoah, insbesondere von israelbezogenem Antisemitismus, könne zu politisch motivierten Diskussionen über die Situation in Israel und den palästinensischen Gebieten führen. Hier besteht für eine staatlich geförderte Einrichtung wie Yad Vashem das besondere Problem, oft als Repräsentant des Staates Israel und seiner Regierungspolitik angesehen und somit Adressat durchaus problematischer Zuschreibungen und Projektionen zu werden. Diese beiden Faktoren machen es schwerer, angemessen auf mögliche Konflikte zu reagieren, eben weil Antisemitismus primär als historisches Phänomen bearbeitet wurde und teilweise noch wird. In dem vor einigen Jahren entwickelten Onlinekurs wird zwar auch aktueller Antisemitismus thematisiert, allerdings primär basierend auf dem Wissen externer Expert/-innen.³

Yad Vashem hat 1953 von der Knesset das historische Mandat übertragen bekommen, die Geschichten der Ermordeten und Überlebenden zu bewahren und für die Nachwelt Zeugnis abzulegen, und es ist diesem historischen Mandat viele Jahrzehnte gegenüber treu geblieben. Sehr selten nimmt Yad Vashem zu aktuellen politischen Diskussionen und Konflikten Stellung. In den vergangenen Jahren betraf dies beispielsweise die Zurückweisung von Analogien zwischen der Shoah und der Situation in Gaza, den Umgang mit Geflüchteten in Israel sowie den rassistischen Mord an George Floyd und den zunehmenden Antisemitismus in Zeiten von Covid-19. Meist beschränken sich solche Stellungnahmen auf aktuelle Ereignisse, die entweder direkt die Erinnerung an die Shoah betreffen, oder in der öffentlichen Diskussion mit diesem in Verbindung gebracht werden (Shalev 2018; Yad Vashem 2018; Yad Vashem 2020).

In den letzten 15 Jahren besuchen zunehmend nicht-jüdische Gruppen Yad Vashem, darunter Lehrkräfte und Multiplikator/-innen u.a. aus Europa. Sie nehmen an einer ein bis zweiwöchigen Fortbildung an der *International School for Holocaust Studies* teil, um über die Shoah zu lernen und pädagogische Ansätze aus Israel kennenzulernen. Gleichzeitig kommen mittlerweile viele europäische Schüler/-innengruppen (im Rahmen eines Schulaustauschs) nach Israel und somit, meist für einen Studientag, auch nach Yad Vashem. All dies hat dazu geführt, dass gesellschaftspolitische Diskurse in der pädagogischen Arbeit stärker in den Vordergrund gerückt sind. Multiplikator/-innen und Lehrkräfte haben oftmals Schwierigkeiten, Antisemitismus bzw. antisemitische Einstellungen und Positionen als solche zu erkennen. Gleichzeitig erwarten sie praktische Hilfestellungen für den Unterricht.

Dies führte vermehrt zu Diskussionen, inwiefern aktuelle Formen von Antisemitismus in die Vermittlungsarbeit miteinbezogen werden müssen, und vor allem wie. Jüdische Institutionen und Bildungsträger in Europa und Israel, insbesondere jene, denen noch dazu das Label ‚israelisch-staatlich' zugeschrieben wird, stehen daher vor besonders schwierigen Herausforderungen, wenn es um das Thema Antisemitismus heute geht.

Für die deutschsprachige Bildungsabteilung in Yad Vashem stellt sich primär die Frage, wie die anvisierten Lernziele, nämlich die Förderung von Empa-

---

3   https://www.yadvashem.org/education/online-courses/antisemitism.html.

thie, Ich-Stärke und Urteilskraft, ausgehend von den Ereignissen der Shoah auf den Umgang mit heutigem Antisemitismus übertragen werden können. Wo und an welchem Punkt kann gerade die Auseinandersetzung mit der Shoah ein Bewusstsein für gegenwärtige Formen verbaler und physischer Artikulation von Antisemitismus schaffen? Und an welcher Stelle verhindert Holocaust Education – in der Form, in der sie aktuell stattfindet – eine sinnvolle Auseinandersetzung mit Antisemitismus und warum?

3. Holocaust Education und Antisemitismus

Zunächst stellt sich die Frage, inwiefern Holocaust Education und Antisemitismus in Beziehung zueinander stehen. Auf einer historisch-politischen Ebene lässt sich feststellen, dass nach Auschwitz die geschichtliche Realität der Shoah zu einem elementaren Bestandteil und/oder Referenzpunkt für sämtliche Formen des Antisemitismus geworden ist. Zum einen hat sich ein Sekundärer Antisemitismus nach Auschwitz als Abwehr gegen die Erinnerung an die Verbrechen gebildet.[4] Zum anderen ist sowohl als Teil dieser Abwehr als auch im israelbezogenen Antisemitismus die Verkehrung der historischen Positionen von Täter/-innen und Opfern zu einem zentralen Bestandteil geworden (Salzborn 2018). Entweder kann man – wie es einmal zugespitzt formuliert wurde – „den Juden Auschwitz nicht verzeihen" (Gessler 2006), oder Jüdinnen und Juden werden zu den Täter/-innen von heute gemacht.

Um einen Eindruck davon zu gewinnen, wie im Bildungsbereich sowohl in der Holocaust Education als auch von Bildungsinitiativen, die sich kritisch mit Antisemitismus beschäftigen, der Antisemitismus thematisiert und pädagogisch bearbeitet wird, werde ich im Folgenden Beobachtungen vorstellen, die bei der Sichtung und Analyse verschiedener pädagogischer Publikationen zutage getreten sind. Im Zentrum der Untersuchung stand der Vergleich der diesen Veröffentlichungen zugrundeliegenden Verständnisse des Antisemitismus, sowie die Bedeutung, die Bezüge zur Shoah in den pädagogischen Konzepten haben.

Um Antisemitismus und Lernen über die Shoah sinnvoll miteinander zu verknüpfen muss erst einmal geklärt werden, was mit Antisemitismus überhaupt

---

4 Siehe dazu im Rückgriff auf die antisemitismuskritischen Arbeiten der Frankfurter Schule Lars Rensmanns Studie: Kritische Theorie über den Antisemitismus. Studien zu Struktur, Erklärungspotential und Aktualität. Berlin/Hamburg 1998. Aktuell dazu auch Samuel Salzborn: Kollektive Unschuld. Die Abwehr der Shoah im deutschen Erinnern. Berlin 2020.

gemeint ist. In den von mir untersuchten Publikationen und Bildungsangeboten[5] (aus dem deutschsprachigen Raum) findet sich allerdings keine einheitliche Definition. Manche Publikationen subsumieren Antisemitismus unter Rassismus, obwohl er, wie meist gleich darauf hervorgehoben wird, auf eigenständige Weise funktioniere. Problematisch an dieser Annahme bleibt jedoch, dass das konstitutive Moment der Ambivalenz, nämlich Jüdinnen und Juden sowohl im rassistischen Sinne abzuwerten als auch ihnen eine besondere Machtfülle zuzuschreiben, in dieser Darstellung nicht ausreichend berücksichtigt wird.

Als ein neuerer Trend lässt sich feststellen, dass Antisemitismus zunehmend als besondere Form der Gruppenbezogenen Menschenfeindlichkeit (GMF) gesehen wird. Dieses Konzept hat sich als Rahmenbegriff deshalb durchgesetzt, weil so die innere Verflechtung verschiedener Diskriminierungsformen hervorgehoben werden kann. Positiv hervorzuheben ist, dass GMF nicht davon absieht, dass auch Opfer von Diskriminierungserfahrungen selbst xenophobe Einstellungen haben können. Problematisch an dem Ansatz ist aber – und das wird auch von einigen Bildungsträgern reflektiert – dass Diskriminierung zu einer individuellen Einstellung wird, und dabei gesellschaftliche Strukturen aus dem Blick geraten können.

In manchen Publikationen entsteht der Eindruck, dass Antisemitismusdefinitionen in jedem Fall mit anderen Diskriminierungsformen verbunden werden *müssen*. Dies kann aber unter Umständen auch zur impliziten Entschuldigung antisemitischer Einstellungen führen. ‚Jude' als Schimpfwort zu verwenden, so eine Einheit, entspringe keinesfalls einem geschlossenen Weltbild und sei nicht bewusst gegen ‚Die Juden' gerichtet (Baetz u.a. 2010). Außerdem gebe es auch andere Schimpfworte bzw. Bezeichnungen mit abfälliger Konnotation wie etwa ‚Die Muslime' oder ‚Der Türke' (ebd.). Die Folge ist eine bewusste oder unbewusste Relativierung des Antisemitismus als gesellschaftliches Problem. Indem negative Assoziationen mit Jüdinnen und Juden als individuelle Fehltritte markiert werden, die nicht mit antisemitischen Einstellungen korrelieren und stattdessen mit anderen Negativzuschreibungen in Beziehung gebracht werden, kann die Durchdringung der Alltagskultur mit antisemitischen Elementen nicht angemessen erfasst werden. Eine sich verbaler Stereotype bedienender und teilweise auch durch physische Gewalt angereicherte antisemitische Sub- und Schulkultur wird so weiter verharmlost.

---

5 Herangezogen wurden 11 Publikationen der außerschulischen Bildungsarbeit im Zeitraum von 2010 bis 2020 in Deutschland und Österreich, die hier im Blick auf ausgewählte Problemebenen diskutiert werden.

Schwierigkeiten zeigen sich insbesondere wenn es darum geht, den sogenannten ‚neuen Antisemitismus' zu definieren. In einer Broschüre der Kreuzberger Initiative gegen Antisemitismus (KIgA) beispielsweise heißt es: „Mittlerweile herrscht weitgehend Übereinstimmung darüber, dass es weder einen neuen noch einen spezifisch muslimischen Antisemitismus gibt" (KIgA 2013, 19). Gleichzeitig versucht die Publikation aber muslimischen Antisemitismus zu erklären, indem darauf verwiesen wird, dass dieser meistens aufgrund von eigenen Diskriminierungserfahrungen und einer damit verbundenen Opferkonkurrenz einhergehe und im Umkehrschluss erst durch die anti-muslimischen Ressentiments der Mehrheitsgesellschaft hervorgerufen werde (Galert 2019, 37). Dadurch wird aber die Verantwortung für diese Einstellungen von den Individuen und ihrem Sozialisationskontext auf die Mehrheitsgesellschaft verschoben, die Muslime stigmatisiere und den eigenen Antisemitismus ausblende. Problematisch wird dies vor allem dann, wenn für die Stigmatisierung von Muslimen – und damit letztlich die Entstehung von Antisemitismus – die Opfer von Antisemitismus selbst (mit-) verantwortlich gemacht werden. So betont Juliane Wetzel in einer durchaus berechtigten Kritik an der einseitigen Fokussierung auf Antisemitismus unter Muslim/-innen und Geflüchteten dennoch überraschend verkürzt und unvermittelt: „Zu befürchten ist, dass die inzwischen in Teilen der jüdischen Community geäußerten Ängste vor Antisemitismus in den Reihen der Flüchtlinge Wasser auf die Mühlen derer sind, die gegen Muslime hetzen" (Wetzel 2016, 24). Dies unterstellt die Sorgen von Jüdinnen und Juden beförderten rechtspopulistische und rechtsextreme Ressentiments und läuft damit der Feststellung des von der Bundesregierung eingesetzten Unabhängigen Expertenkreises Antisemitismus, dem Wetzel selbst angehört, entgegen, welcher eine deutliche Wahrnehmungsdiskrepanz zwischen Jüdinnen und Juden, die Antisemitismus als zentrales Problem empfinden, und einer nur wenig sensibilisierten Mehrheitsbevölkerung konstatiert (Unabhängiger Expertenkreis 2016, 13).

Eine weitere Schwierigkeit besteht in der Unsicherheit darüber, wo legitime Kritik an Israel geübt wird und wo antisemitische Denkmuster in Bezug auf Israel und den Nahostkonflikt ins Spiel gebracht werden. Der Unabhängige Expertenkreis spricht hier von „Grauzonen" und merkt an, dass man kritische oder antisemitische Äußerungen in Bezug auf Israel nicht eindeutig zuordnen könne. „Stattdessen", so der Bericht des Expertenkreises, „sollte das Bewusstsein im Zentrum stehen, dass kritische Äußerungen zu Israel unter Umständen sowohl als kritische Positionierung als auch als Antisemitismus verstanden werden können. Es kommt daher darauf an, wer, was, wann sagt und ob die Kritik ohne Zuschreibungen an ein unterstelltes jüdisches Kollektiv erfolgt oder ob im Sinne einer ‚Umwegkommunikation' Israel nur an die Stelle ‚der Juden' quasi als Legitimierung antisemitischer Einstellungen tritt." (ebd., 27f). An dieser Stelle widerspricht sich die Definition selbst, denn einerseits wird betont, man könne israelbezogenen Antisemitismus nicht eindeutig erkennen, gleichzeitig werden aber mit dem Hinweis auf Zuschreibungen, Unterstellungen und vor allem Formen der ‚Umwegkommunikation' durchaus Kriterien benannt, um antisemitische von nicht-antisemitischen Äußerungen zu unterscheiden. Diese Widersprüchlichkeiten spiegeln sich auch in vielen pädagogischen Handreichungen wider.

Um das Thema Antisemitismus sinnvoll zu bearbeiten, egal ob historische oder gegenwärtige Formen, muss aber nicht nur in der Theorie, sondern auch in der pädagogischen Praxis klarer verdeutlicht werden, was als Antisemitismus – gerade auch in Bezug auf Israel – zu verstehen ist und was nicht. In diesem Zusammenhang von Grauzonen zu sprechen, erscheint fragwürdig und lässt zu vieles offen. Problematisch wäre es, wenn die Rede von Grauzonen den Versuch ersetzt, genauer zu bestimmen, durch welche Zuschreibungen, Vergleiche, rhetorischen Figuren und Argumentationsmuster sich israelbezogener Antisemitismus auszeichnet und folglich von Lehrkräften und Vermittler/-innen auch als solcher erkannt und benannt werden kann. Selbstverständlich handelt es sich dabei um dynamische Definitionsansätze, die gesellschaftspolitischen Entwicklungen und neuen wissenschaftlichen Erkenntnissen Rechnung tragen müssen, gerade aber im Bildungsbereich sollten diffuse Kategorisierungen vermieden werden. Damit nämlich wird die im Antisemitismus zentrale Kommunikationsform der „kalkulierten Ambivalenz" (Wodak 2016) letztlich reproduziert, die dazu dient, antisemitische Aussagen zu subjektivieren und letztlich zu relativieren. Dagegen sollte in pädagogischen Kontexten die Bewusstmachung eben dieser Ambivalenzen das Ziel sein.

4. Pädagogische Ansätze

Viele der in den letzten Jahren entwickelten Bildungsangebote für die Auseinandersetzung mit Antisemitismus, betonen die Reflexion eigener Denkmuster und Emotionen und zielen, im Sinne Adornos, auf eine Wendung auf das Subjekt ab. Sowohl Lehrende als auch Lernende sollen ein Bewusstsein über die eigene Involvierung und Beziehung in Bezug auf antisemitische Denkmuster entwickeln. Durch Fortbildungsmaßnahmen und entsprechende Materialien sollen Lehrende zudem in die Lage versetzt werden, antisemitische Äußerungen ihrer Schüler/-innen und in ihrer Umgebung zu erkennen. Auch in Yad Vashem wurde ein Bildungsbaustein konzipiert, der sich zunächst einmal nur an die Multiplikator/-innen selbst wendet und diese zu mehr Selbstsicherheit im Umgang mit Antisemitismus befähigen soll. Das Ziel dieses Moduls ist es, für Antisemitismus und seine Wirkungsweisen im eigenen Umfeld zu sensibilisieren, und damit, die eigene Urteilskraft in Bezug auf Antisemitismus zu schärfen. Das impliziert einerseits, antisemitische Kommunikation zu erkennen, andererseits aber auch, die eigene Wahrnehmung und mitunter fehlende Sensibilität kritisch zu reflektieren.

Die verschiedenen Bildungseinrichtungen verweisen zudem immer wieder auf die Notwendigkeit, (potentiell) Betroffene – die im Lernsetting durchaus anwesend sein können – unmittelbar zu schützen und insgesamt die Perspektive von Jüdinnen und Juden in die antisemitismuskritische Bildungsarbeit zu integrieren. Hier findet zunehmend ein Perspektivwechsel statt, der eine Entwicklung in der pädagogischen Auseinandersetzung mit der Shoah nachvollzieht. Zur entpersonalisierten Struktur beziehungsweise der persönlichen Motivation der Täter, kommt nun die Erfahrung der (potentiell) Betroffenen hinzu.

In Bezug auf die konkreten Lernsituationen fordern viele Publikationen die Pädagog/-innen dazu auf, „grenzüberschreitende Kommentare, die andere abwerten, diskriminieren oder historische Tatsachen wie den Holocaust infrage stellen" (KIgA 2017, 20) zu unterbinden, beziehungsweise, wie es an anderer Stelle heißt, „nicht-tolerablen Aussagen" (Krieg 2013) Grenzen zu setzen. Gleichzeitig wird aber immer wieder betont, dass die Grenzsetzung nur bestimmten Handlungen und nicht den Menschen gilt. Diese Überlegungen berücksichtigen jedoch nicht, dass von Antisemitismus betroffene Personen nur selten die Aussage einer Person und den Menschen, der sie äußert, voneinander trennen können. Unklar bleibt außerdem, wie eine angemessene Intervention in solchen Momenten aussehen kann.

An dieser Stelle befinden sich viele Ansätze in einem ungelösten Dilemma und bleiben in der konkreten pädagogischen Umsetzung uneindeutig. Will man Urteilsbildung und Selbstbestimmung stärken, gehört dazu auch ein Bewusstsein über eigene Haltungen. Dies schließt ein, in der Lage sein zu können bzw. zu lernen, Verantwortung für die eigenen Worte und Handlungen zu übernehmen.

Zuschreibungen und subjektive Bewertungen, ob jemand oder etwas antisemitisch sei, sollten in der pädagogischen Auseinandersetzung möglichst vermieden werden, um Antisemitismus als strukturelles Problem verstehen zu lernen. Allzu leicht wird der Antisemitismus durch die distanzierte Position des (Be-)Urteilens abgespalten und zum Problem ‚der anderen' gemacht. Außerdem macht es innerhalb eines pädagogischen Settings durchaus Sinn, keine Urteile über einzelne Personen vorzunehmen, und allen im Lernprozess Beteiligten die Möglichkeit zu geben, über Gesagtes und/oder Gemachtes nachzudenken und zu reflektieren (Kaletsch/Ensinger 2013). Dennoch müssen antisemitische Denkmuster und Konstruktionen als solche erkannt und benannt werden, oder wie es in der Broschüre „Weltbild Antisemitismus" heißt: „Wichtig ist dabei, dass es um ein Analysieren, Decodieren und Kontextualisieren von antisemitischen Beispielen geht, und nicht um deren (skalierende) Bewertung" (Kaletsch/ Ensinger 2013). Dies ist insbesondere notwendig, weil Mehrdeutigkeit (wie im Fall der oben angesprochenen kalkulierten Ambivalenz) konstitutiver Bestandteil antisemitischer Diskurse ist. Gerade im Hinblick auf codierte Formen des sekundären Antisemitismus, können Shoah und Erinnerungskultur hierbei, insbesondere im deutschen Kontext, einen durchaus relevanten Bezugsrahmen bilden.

Anders als im oft skandalisierenden öffentlichen Diskurs über Antisemitismus, ginge es in pädagogischen Settings also weniger um bewertende als vielmehr um selbstreflexiv-analytische Zugänge, ohne damit einer kompletten Entpersonalisierung (im Sinne eines Antisemitismus ohne Antisemiten) Vorschub zu leisten.

Schwierig im direkten Umgang mit antisemitischen Äußerungen ist insbesondere, dass den Lehrenden kaum Werkzeug mitgegeben wird, wie nicht-tolerable Aussagen zu unterbinden sind. Interessant ist, dass zu den nicht tolerablen Aussagen insbesondere Aussagen und Haltungen in Bezug auf die Shoah gehören, was wiederum auf die Relevanz einer sinnvollen Verbindung von Lehren und Lernen über den Holocaust und Antisemitismus verweist.

In den Bildungsangeboten von Gedenkstätten in Deutschland und Österreich finden sich so gut wie keine Angebote, die eigenständig aktuellen Antisemitismus thematisieren, obwohl der Expertenkreis Antisemitismus explizit auf eine besondere Rolle der Gedenkstätten hinweist (Unabhängiger Expertenkreis 2016, 27 f., 211). Antisemitismus wird in diversen Führungen und Seminaren vor allem im Zusammenhang mit Rechtsextremismus, Rassismus, Fremdenfeindlichkeit, Ausgrenzung und Ungleichheit diskutiert oder aber in den Themenkomplex Diktatur vs. Demokratie und Menschenrechte eingebunden.

Umgekehrt taucht die Shoah in der antisemitismuskritischen Bildungsarbeit an verschiedenen Stellen nur kurz auf, ohne aber auf ihre Geschichte im konkreten einzugehen. So taucht beispielsweise in diversen Publikationen im Rahmen der Auseinandersetzung mit jüdischem Leben und Identität heute, immer wieder die – nicht weiterverfolgte – Frage auf, welche Auswirkung die Shoah auf die Identität von Jüdinnen und Juden heute noch hat (Erinnern.at

2012). In anderen Materialien finden sich im Zuge der Auseinandersetzung mit gängigen Verschwörungstheorien Versatzstücke aus der NS-Zeit, wie etwa Karikaturen aus den 1930er Jahren (KIgA 2017, 44 f.; KIgA 2019, 75 ff.). Außerdem kommt die Shoah im Kontext der Thematisierung von sekundärem Antisemitismus und der darin enthaltenden Täter/-innen-Opfer-Umkehr vor. Die daran anknüpfenden Fragen nach Erinnerung und Verantwortung dienen dabei als Ausgangspunkt für die Sensibilisierung für den Umgang mit der Shoah (KIgA 2017). Wie in den Beispielen zuvor wird jedoch der spezifische Kontext der Shoah nicht weiter thematisiert. Auch der Ansatz, in der antisemitismuskritischen Bildungsarbeit „Gefühlserbschaften" in den Blick zu nehmen, den das Kompetenzzentrum für Prävention und Empowerment praktiziert, geht nicht näher auf den historischen Kontext von Nationalsozialismus und Holocaust ein, reflektiert jedoch deren Nachleben in der familialen Tradierung als zentrales Element der individuellen und gesellschaftlichen Prägung. Die Berührungspunkte zwischen aktuellem Antisemitismus und die Erfahrungen der Shoah und nationalsozialistischer Täterschaft, welche ein „emotionale[s] Erbe" konstituieren, können auf diese Weise durch transgenerationelle Beziehungen reflektiert werden (Chernivsky 2016, 13 ff.). Dagegen versuchen sowohl die meisten Ansätze antisemitismuskritischer Bildungsarbeit als auch Einrichtungen, die sich primär mit der Shoah beschäftigen, eine Verbindung zwischen Antisemitismus heute und damals durch biografisches Arbeiten herzustellen. Die Beschäftigung mit jüdischem Leben heute oder/und in der Vergangenheit soll kognitive Empathie und offene Lernhaltung fördern, um in weiterer Folge Kontinuitäten antisemitischer Gewalt sichtbar zu machen und sich eigener antisemitischer Projektionen bewusst zu werden.

Unter dem Aspekt von Multiperspektivität werden oft verschiedene Opfergruppen (nicht nur Jüdinnen und Juden) aus der Zeit des Nationalsozialismus behandelt, um vielfältige Bezüge herzustellen und auf Opferkonkurrenz basierenden antisemitischen Projektionen entgegenzuwirken. Natürlich spricht nichts dagegen, andere Opfergruppen zum Gegenstand der Auseinandersetzung zu machen. Allerdings sollte hinterfragt werden, ob daraus Identifikationsangebote – im Sinne von wir-waren-und-sind-alle-Betroffene-und-Opfer – entstehen, die eher verhindern, Antisemitismus erfolgreich entgegenzuwirken. Hinzu kommt, dass die Kompetenzen, die Lehrende mitbringen müssen, um dies angemessen zu moderieren, sehr voraussetzungsvoll sind.

Einen weiteren Zugang, um einen Transfer von der Gegenwart in die Vergangenheit herzustellen, bietet die Thematisierung von Handlungsspielräumen und Zivilcourage. Schwierig wird es aber dann, wenn in der Betrachtung von

Handlungsspielräumen auch das Handeln der (potentiell) Betroffenen miteinander verglichen wird (Siegele 2016, 33). Die auf den ersten Blick vielleicht naheliegende Feststellung, dass es in heutigen demokratischen Gesellschaften leichter sei, sich gegen Antisemitismus zur Wehr zu setzen, könnte unbeabsichtigt den Eindruck reproduzieren, heutiger Antisemitismus sei im Vergleich zur damaligen systematischen Judenverfolgung ein weniger bedrohliches Phänomen. Dies würde dann aber letztlich zum Gegenteil von Bildung historischer Urteilskraft und Selbstreflexion führen.

5. Zusammenfassung und Ausblick

Was folgt nun aus dieser Analyse? Zunächst sollten Lehrende, die über die Shoah bzw. gegenwärtigen Antisemitismus unterrichten, sich bewusst sein, dass beide Bereiche eng miteinander verbunden sind. Außerdem ist es notwendig, explizit zu benennen und zu definieren, worum es geht. Des Weiteren wäre das Ziel, Antisemitismus zu konfrontieren und nicht zu versuchen, antisemitische Einstellungen pädagogisch zu zähmen. Dies betrifft auch und vielleicht sogar besonders den israelbezogenen Antisemitismus. Teil dieser Konfrontation ist es auch, differenziertes Urteilen zu fördern und ein Bewusstsein über historische Besonderheiten zu vermitteln. Biographische Zugänge sowie die Auseinandersetzung mit gegenwärtigen jüdischen Perspektiven und Reaktionen auf Antisemitismus sind dabei zentral.

Besonders wichtig zur Konfrontation von Antisemitismus ist aber schließlich das Vermögen zur Selbstreflexion. Dies gilt nicht nur für die Lernenden, sondern ebenso für die Lehrenden und die Bildungsinstitutionen. Sie sollten ihre eigenen Mechanismen der Exklusion und Ansätze der Verharmlosung des gegenwärtigen Antisemitismus in all seinen verschiedenen Formen selbstkritisch untersuchen. Dies betrifft auch besorgniserregende Tendenzen einer Indifferenz gegenüber jüdischen Initiativen und Interventionen oder gar direkte Vorwürfe einer Voreingenommenheit von Jüdinnen und Juden beim Thema Antisemitismus.

Problematisch sind allerdings auch Versuche, gegenwärtigen Antisemitismus und die Geschichte der Shoah in eine scheinbar ungebrochene Kontinuitätslinie zu stellen bzw. das Lernen über die Shoah als exklusives Mittel zur Bekämpfung antisemitischer oder sogar generell rassistischer und xenophober Einstellungen zu proklamieren.

Genau deshalb sind neue inklusive Bildungsstrategien notwendig, die das Lehren und Lernen über die Shoah mit der Auseinandersetzung über gegenwärtige Formen von Antisemitismus verknüpfen, sowie Ansätze, Israel, seine Geschichte, soziale Realität und die Geschichte und Gegenwart des israelisch-palästinensischen Konflikts sinnvoll und vorurteilsfrei in die Bildungsarbeit zu integrieren.

Literatur

Adorno, Theodor W. (1971): Erziehung nach Auschwitz. In: ders. Erziehung nach Auschwitz. Frankfurt/M.

Baetz, Michaela/Bennewitz, Nadja/Herzog, Heike/Weigel, Stefanie (2010): Wenn Mokkatassen sprechen. Mit Mausklick gegen Antisemitismus und Augrenzung, Nürnberg, in: Imedana (Hg.): Pädagogische Handreichung.

Bauer, Yehuda (2001): Die dunkle Seite der Geschichte. Die Shoah in historischer Sicht. Interpretationen und Re-Interpretationen. Frankfurt/M.

Bildungsstätte Anne Frank e.V. (Hg.) (2013): Weltbild Antisemitismus. Didaktische und methodische Empfehlungen für die pädagogische Arbeit in der Migrationsgesellschaft. Frankfurt/M.

Chernivsky, Marina/Wiegemann, Romina (2017): Antisemitismus als individuelle Erfahrung und soziales Phänomen – Zwischen Bildung, Beratung und Empowerment. In: Medaon – Magazin für jüdisches Leben in Forschung und Bildung, 11 (2017), 21. Online unter http://www.medaon.de/pdf/Medaon_21_Chernivsky_Wiegemann.pdf.

Chernivsky, Marina (2016): Einführung und Begriffsentwirrung. In: Chernivsky, Marina/Scheuring, Jana/Zentralwohlfahrtsstelle der Juden in Deutschland e.V. (Hg.): Gefühlserbschaften im Umbruch. Perspektiven, Kontroversen, Gegenwartsfragen. Online unter https://static1.squarespace.com/static/555e035fe4b0d64b51005b8e/t/59d4dcfc914e6baaf46450f2/1507122477224/PWP_GE_06.pdf.

Demirel, Aycan./Hizarci, Derviş (Hg.; i.A. KIgA e.V.) (2016): Commitment without Borders. Ein deutsch-türkisches Handbuch zu Antisemitismusprävention und Holocaust Education. Berlin.

Diner, Dan (2007): Gegenläufige Gedächtnisse: Über Geltung und Wirkung des Holocaust. Göttingen.

erinnern.at (Hg.) (2012): „Ein Mensch ist ein Mensch" Rassismus, Antisemitismus und sonst noch was .... Online unter http://www.erinnern.at/bundeslaender/oesterreich/lernmaterial-unterricht/antisemitismus/ein-mensch-ist-ein-mensch/Ein%20Mensch%20ist%20ein%20Mensch.pdf.

Galert, Désirée (2019): Opferkonkurrenz und Anerkennungskämpfe. In: KIgA (Hg.): KIgA. Berlin. Online unter https://www.kiga-berlin.org/uploads/190625_KIgA_Jubilaeum_SCREEN.pdf

Gessler, Philip (2006): Sekundärer Antisemitismus. In: Bundeszentrale für politische Bildung. Online unter https://www.bpb.de/politik/extremismus/antisemitismus/37962/sekundaerer-antisemitismus.

JUKUS (Hg.) (2017): Jugend, Migration und Antisemitismus. Präventive Arbeit zu menschenfeindlichen Haltungen- Online unter http://jukus.at/sites/default/files/uploads/broschuere_web.pdf.

Kaletsch, Christa/Ensinger, Tami (2013): Subjektorientierte Lernangebote oder Hinweise. Empfehlungen zu antisemitismuskritischen Bildungsansätzen. In: Bildungsstätte Anne Frank e.V. (Hg.): Weltbild Antisemitismus. Didaktische und methodische Empfehlungen für die pädagogische Arbeit in der Migrationsgesellschaft. Frankfurt.

Kompetenzzentrum für Prävention und Empowerment/Zentralwohlfahrtsstelle der Juden in Deutschland e.V. (Hg.) (2015): Antisemitismus und Empowerment. Perspektiven, Ansätze, Projektideen. Online unter https://zwst-kompetenzzentrum.de/wp-content/uploads/2019/03/KoZe_Imagebroschüre_web.pdf.

Kreuzberger Initiative gegen Antisemitismus (KIgA e.V.) (2013): Widerspruchstoleranz. Ein Theorie-Praxis-Handbuch zu Antisemitismuskritik und Bildungsarbeit. Berlin.

Kreuzberger Initiative gegen Antisemitismus (KIgA e.V.) (2017): Widerspruchstoleranz 2. Ein Methodenhandbuch zu antisemitismuskritischer Bildungsarbeit. Berlin.

Kreuzberger Initiative gegen Antisemitismus (KIgA e.V.) (2019): Widerspruchstoleranz 3. Ein Methodenhandbuch zu antisemitismuskritischer Bildungsarbeit. Berlin.

Krieg, Deborah (2013): Argumentationshilfe zur Intervention: Wertschätzung in der pädagogischen Arbeit. In: Bildungsstätte Anne Frank e.V. (Hg.): Weltbild Antisemitismus. Didaktische und methodische Empfehlungen für die pädagogische Arbeit in der Migrationsgesellschaft. Frankfurt.

Meron, Mendel (2020): Herausforderungen antisemitismuskritischer Bildungsarbeit. In: Bundeszentrale für politische Bildung (Hg.): Aus Politik und Zeitgeschichte: Antisemitismus, 70. Jahrgang, 26–27/2020.

Peham, Andreas/Rajal, Elke (2010): Erziehung wozu? Holocaust und Rechtsextremismus in der Schule. Online unter https://www.doew.at/cms/download/c7gv5/peham_jb10.pdf, S. 40.

Rensmanns, Lars (1998): Kritische Theorie über den Antisemitismus. Studien zu Struktur, Erklärungspotential und Aktualität. Berlin/Hamburg.

Salzborn, Samuel (2018): Globaler Antisemitismus. Eine Spurensuche in den Abgründen der Moderne. Weinheim.

Samuel Salzborn (2020): Kollektive Unschuld. Die Abwehr der Shoah im deutschen Erinnern. Berlin.

Senatsverwaltung für Bildung, Jugend und Familie (Hg.), Anne Frank Zentrum Berlin (2020): Umgang mit Antisemitismus in der Grundschule. Alltag von Jüdinnen und Juden in Berlin, Auseinandersetzung mit antisemitischen Vorurteilen, Thematisierung der Holocaust. Online unter https://www.annefrank.de/fileadmin/Redaktion/Themenfelder/Antisemitismus_entgegenwirken/Dokumente/AFZ_BRO_Antisemitismus-Grundschulen_A4_hoch_Online.pdf.

Shalev, Avner (2018): If Everything is Genocide, Online unter https://www.yadvashem.org/pressroom/articles-avner-shalev/if-everything-is-genocide.html.

Siegele, Patrick (2016): Chancen und Grenzen historisch-politischer Bildungsarbeit in der Auseinandersetzung mit Antisemitismus. In: Kreuzberger Initiative gegen Antisemitismus (Hg.): Commitment without Borders. Ein deutsch-türkisches Handbuch zu Antisemitismusprävention und Holocaust Education. Berlin.

Yad Vashem (2018): Yad Vashem Chairman Avner Shalev and Yad Vashem Council Chairman Rabbi Israel Meir Lau Relate to the Issue of Residency Seekers in Israel. Online unter https://www.yadvashem.org/press-release/25-january-2018-13-33.html.

Yad Vashem (2020): Yad Vashem Condems all Forms of Bigotry, Racism and Hatred. Online unter https://www.yadvashem.org/press-release/03-june-2020-12-43.html.

Unabhängiger Expertenkreis Antisemitismus (2016): Antisemitismus in Deutschland – aktuelle Entwicklungen.

Wetzel, Juliane (2016): Wie alltäglich ist Antisemitismus heute. In: KIgA (Hg.): Commitment without Borders. Ein deutsch-türkisches Handbuch zu Antisemitismusprävention und Holocaust Education. Berlin.

Wodak, Ruth (2016): Politik mit der Angst. Zur Wirkung rechtspopulistischer Diskurse. Wien.

FLORIAN BEER

Was macht ein gutes Schulbuch aus?

Prüfsteine für einen antisemitismuskritischen Geschichtsunterricht

1. Einleitung

Der historisch-politischen Bildung wird in der öffentlichen Debatte ein hoher Stellenwert zugesprochen, wenn es um die Bekämpfung des Antisemitismus geht. Wird Antisemitismus öffentlich thematisiert, werden meist unverzüglich Stimmen laut, die eine verstärkte Auseinandersetzung mit dem Thema im Geschichtsunterricht fordern. Hierbei wird oft ein besonderer Fokus auf die Darstellung des Themas in Schulbüchern gelegt, denen eine zentrale Bedeutung für die antisemitismuskritische Bildung zugesprochen wird. So bezeichnen Samuel Salzborn und Alexandra Kurth Schulbücher etwa als „das zentrale Moment als Autorität in der schulischen Bildung" und „das zentrale Bindeglied zwischen allen Akteurs- und Strukturdimensionen" (Salzborn/Kurth 2019, 32).

Die dahinter stehende Hoffnung, wie sie etwa von Harig und Halili wiedergegeben wird, ist, „dass die Teilnehmenden über das Lernen von Fakten und über die Analyse der gesellschaftlichen Zusammenhänge hinaus auch für gegenwärtige Ideologien der Ungleichwertigkeit sensibilisiert werden können." Harig und Halili warnen jedoch im gleichen Atemzug vor allzu großem Optimismus, indem sie darauf hinweisen, „dass etwa in Schulklassen durchaus Empathie und Mitgefühl für die jüdischen Opfer des Nationalsozialismus bzw. für Zeitzeugen/innen gezeigt wird, während gleichzeitig Ressentiments aus dem Repertoire des sekundären oder des israelbezogenen Antisemitismus geäußert werden" (Harig/Halili o.J., o. S.).

Dabei ist die Erkenntnis, dass es naiv wäre zu glauben, eine Beschäftigung mit der Vergangenheit könne an sich schon gegen antisemitische Einstellungen der Gegenwart immunisieren, keineswegs neu. Theodor W. Adorno fragte bereits 1959 „wie weit es geraten sei, bei Versuchen zu öffentlicher Aufklärung aufs Vergangene einzugehen, und ob nicht gerade die Insistenz darauf trotzigen Widerstand und das Gegenteil dessen bewirke, was sie bewirken soll" und folgerte: „Es kommt wohl wesentlich darauf an, in welcher Weise das Vergangene vergegenwärtigt wird" (Adorno 1977, 569).

2. Prüfsteine

Dieser Frage, „in welcher Weise das Vergangene vergegenwärtigt" werden sollte, damit der Geschichtsunterricht den ihm zugewiesenen Beitrag zu einer antisemitismuskritischen Bildung leisten kann, geht der vorliegende Artikel nach. Hierzu werden Fragen entwickelt, die als Prüfsteine zur Analyse von Lehrwerken und weiteren Materialien, aber auch von Unterrichtsreihen und Curricula herangezogen werden können.

2.1 Wird vermieden, die jüdische Geschichte auf die Shoah zu reduzieren?

Die Thematisierung der Shoah nimmt in Geschichtsschulbüchern durchweg breiten Raum ein. Das ist zu begrüßen, gleichzeitig fällt jedoch auf, dass der übrigen jüdischen Geschichte sehr wenig Platz eingeräumt wird (Liepach/Geiger 2015, 7f.). Das kann zur Folge haben, dass jüdische Geschichte auf die Geschichte der Shoah reduziert wird. Wünschenswert wären Darstellungen, die es ermöglichen, auch die jüdische Geschichte in Europa vor und nach der Shoah zu thematisieren – und zwar nicht nur als reine Opfergeschichte. Zwar ist es unabdingbar, dass Schulbücher zeigen, dass die jüdische Geschichte auch eine Geschichte der Verfolgung und Ausgrenzung ist. Das darf aber nicht dazu führen, dass die jüdische Geschichte mit der Geschichte des Antisemitismus in eins gesetzt wird. Auf diese Weise würde der gerade auch für die antisemitismuskritische Arbeit gewinnbringend zu thematisierende Aspekt überdeckt, dass die jüdische Geschichte immer auch eine Geschichte der Verflochtenheit und des Miteinanders war. Auf eine weitere mit dem Opfernarrativ verbundene Gefahr weisen Philipp Lenhard u.a. hin: „[E]s scheint mitunter, dass Juden in diesem Narrativ einzig als Opfer eine Berechtigung hätten, zur Kenntnis genommen zu werden. Zugespitzt formuliert, gerinnt ‚Europa' in der skizzierten Geschichtspolitik zu einem per definitionem nichtjüdischen bzw. postjüdischen Raum, in dem Juden keinen Platz mehr haben – es sei denn als Tote, die der Selbstvergewisserung eines europäischen Bewusstseins dienen." (Lenhard u.a. 2015, 12f.).

2.2 Bietet die Darstellung eine Definition von Antisemitismus?

Kaum eine Schulbuchdarstellung bietet eine aktuelle Definition von Antisemitismus, wie sie etwa die IHRA vorgelegt hat (Strangmann 2014, 120). Das verwundert, wäre es doch für das Thematisieren auch von aktuellem Antisemitismus im Unterricht hilfreich, wenn Schüler/-innen sich zunächst einen Begriff von der Sache machen könnten. Nahezu alle Schulbücher enthalten jedoch Ausführungen zur historischen Entwicklung des Antisemitismus, wobei aber, so Strangmann, „die Entwicklung der Ideologie generell recht verkürzt dargestellt wird." Meist konzentrierten sich die Darstellungen auf das späte 19. Jahrhundert und den „auf die sozialdarwinistische Rassenlehre rekurrierenden Rassenantisemitismus" (Strangmann 2014, 119).

Wenn die Darstellung der Geschichte des Antisemitismus aber mit 1945 endet bzw. wenn die Thematisierung von Antisemitismus sich weitgehend auf die Shoah beschränkt, besteht die Gefahr, dass Schulbücher einer Historisierung des Antisemitismus Vorschub leisten, indem die Schüler/-innen den Eindruck gewinnen können, mit dem Nationalsozialismus sei auch der Antisemitismus verschwunden. Strangmann merkt an, dass dieses Problem besonders dann bestehe, wenn, was häufig der Fall ist, Darstellungen des Antisemitismus vor allem „auf Reden und schriftlichen Abhandlungen Hitlers oder anderer prominenter NS-Ideologen" basierten. Wenn der „Rassenantisemitismus [...] ausschließlich der Gedankenwelt Hitlers zugeschrieben" werde, bliebe unklar, „[d]ass die Nationalsozialisten an einen nicht nur in Deutschland, sondern vielen europäischen Gesellschaften geläufigen und etablierten „salonfähigen" Diskurs anknüpften" (Strangmann 2014, 120). Unklar bleibt damit auch, wie es um die Verbreitung antisemitischer Einstellungen in der Bevölkerung bestellt war und woher diese Verbreitung rührte. Fatal wäre jedenfalls, wenn Schüler/-innen den Eindruck gewinnen könnten, Ursache des Antisemitismus sei ‚Mein Kampf' gewesen und Antisemitismus sei, so wie er mit Hitler gekommen wäre, mit ihm auch wieder verschwunden. Wünschenswert wäre, dass Unterrichtsmaterialien nicht nur Protagonisten abseits der NS-Prominenz in den Blick nehmen, sondern im Sinne eines Gegenwartsbezuges auch aktuelle Formen von Antisemitismus definieren und thematisieren.

2.3 Wird vermieden, die Shoah unter rein deutscher oder westeuropäischer Perspektive zu betrachten?

Die Gefahr, dass Antisemitismus „als ausschließlich deutsches bzw. durch die Nationalsozialisten generiertes Phänomen" (Strangmann 2014, 137) erscheint, ergibt sich auch, wenn versäumt wird, die europäische Dimension der Shoah zu berücksichtigen. Die Verengung auf eine deutsche oder westeuropäische Perspektive kann dazu führen, dass bestimmte Opfergruppen in der Darstellung unberücksichtigt bleiben.

Die Empfehlungen der Deutsch-Israelischen Schulbuchkommission bemängeln, dass die „Behandlung des Holocaust [...] nahezu ausschließlich aus einer dezidiert deutschen Perspektive" geschieht. „Repressalien, die Juden in West- und Südeuropa, vor allem aber auch Juden in Osteuropa erdulden mussten", würden nicht dargestellt. Die „der Lebensweise der Juden westeuropäischer Gesellschaften diametral entgegen gesetzte Lebenswelt des Shtetls und die vollständige Zerstörung dieser Welt durch die Nationalsozialisten" finde in keinem von der Kommission untersuchten Bücher Erwähnung (DIS 2017, 44). Auch Strangmann stellt fest, dass die „Erinnerung in deutschen Schulbüchern [...] in erster Linie aus einer deutschen bzw. westlichen Perspektive heraus [geschieht], die weder die Sichtweisen und spezifischen Situationen der Opfer in den einzelnen europäischen Ländern integriert, noch Täter und Mehrheitsgesellschaft in anderen Ländern abbildet." Ein Großteil der Opfer bleibe in den Schulbüchern unsichtbar, „da lediglich auf die Situation der in Deutschland lebenden Juden verwiesen" werde (Strangmann 2014, 136).

Begrüßenswert wäre, würden Schulbuchdarstellung das Schicksal der Juden in Nordafrika im Kontext des Zweiten Weltkriegs erwähnen. Die oft bemühte Formel von der ‚Verfolgung und Ermordung der europäischen Juden' ist insofern irreführend und problematisch, als sie die maghrebinischen Juden ausblendet, die auch unter deutscher (und italienischer) Besatzung und Verfolgung litten.

2.4 Werden Handlungsträger/-innen benannt?

Problematisch an vielen Schulbuchdarstellungen ist, dass Handlungsträger/-innen nicht klar benannt werden und so ein Blick auf die Strukturen und die Verbreitung des nationalsozialistischen Vernichtungsantisemitismus verstellt bleibt. Die meisten der mir vorliegenden Schulbücher fokussieren in ihrer Darstellung auf Hitler und die NS-Führungsriege, was laut deutsch-israelischer Schulbuchkommission nicht nur „die übrigen Täter als unideologische Befehlsempfänger" entlaste, sondern auch „zu einer Auffassung von den Tätern als relativ isolierte, pathologische Ausnahmefiguren der Geschichte und zu einer daraus abgeleiteten Abstraktion ihrer Taten" führe. Die Verwendung von Passivkonstruktionen würde „sprachlich die Taten von den Tätern lösen". In den Hintergrund gerückt werde dabei das „generelle menschliche Potential für Unmenschlichkeit und die historischen Strukturen, in denen dieses freigesetzt werden konnte" (DIS 2017, 43).

Auch Strangmann konstatiert, dass die „Konzentration auf die prominenten Täter als diabolische Ausnahmecharaktere [...] den Blick auf die Komplexität der Täterschaft verstellt." In Schulbüchern fokussiere die „Darstellung der Täter

[…] auf Funktionseinheiten wie die SA, die SS, seltener die Wehrmacht und die Einsatzgruppen, und nimmt kaum die Täter als eigenständige Subjekte in den Blick. Dies führt dazu, dass die Täter als reine Befehlsempfänger ohne Handlungs- und Möglichkeitsspielraum erscheinen". „Weitgehend undiskutiert" bliebe hingegen, „welches Gewicht der antisemitischen Ideologie in Bezug auf Einstellung und Handeln der Bevölkerung zukam" (Strangmann 2014, 128 f.).

An dieser Stelle zeigen sich prägnant die Anschlussmöglichkeiten für einen antisemitismuskritischen Geschichtsunterricht: Durch die Thematisierung von ‚menschlichem Potential', ‚historischen Strukturen' und ‚Handlungs- und Möglichkeitsspielräumen' kann die Verbreitung und Attraktivität des damaligen Antisemitismus mit den Schüler/-innen erarbeitet und diskutiert werden. Zudem bietet sich hier die Chance, einen Gegenwartsbezug zur aktuellen Verbreitung antisemitischer Einstellungen herzustellen.

2.5 Wird eine Zentrierung auf die Täterperspektive vermieden?

So begrüßenswert es demnach wäre, wenn Schulbücher es ermöglichten, die Perspektiven von Handlungsträger/-innen zu erarbeiten, so wenig sollte die Darstellung der Shoah jedoch insgesamt der Täterperspektive verhaftet bleiben. Das ist bei genauerer Prüfung aktuell jedoch noch viel zu häufig der Fall. So moniert die Deutsch-Israelische Schulbuchkommission, dass „Quellentexte und Fotos […] oft durch die Täterperspektive bestimmt" seien. Es bedürfe aber einer „ergänzende[n] Schilderung aus dem Erfahrungshorizont der von den Bestimmungen und Maßnahmen Betroffenen", ohne die „die tatsächliche Bedeutung der praktischen Umsetzung der Ideologie – die absolute Entmenschlichung – für die Rezipienten schwerlich (empathisch) nachvollziehbar" werde (DIS 2017, 41 f.).

Strangmann weist deutlich darauf hin, dass immer dann „die Gefahr einer Übernahme der Sichtweisen der Täter auf die Opfer" bestehe, „wenn die degradierenden Beschreibungen und Darstellungen der Täter kein Gegengewicht in einer Selbstbeschreibung der Jüdinnen und Juden finden." Sie weist auch darauf hin, dass Autorentexte „Versatzstücke der Sprach- und Vorstellungswelt der Nationalsozialisten" tradierten, wenn etwa das Begriffspaar ‚arisch-jüdisch' nicht in Anführungszeichen gesetzt werde (Strangmann 2014, 122 ff.).

Auch die oft zu rein illustrativen Zwecken eingesetzten Bildquellen bergen die Gefahr, einer Tradierung der Täterperspektive Vorschub zu leisten. Dementsprechend weisen die deutsch-israelischen Schulbuchempfehlungen darauf hin, dass die „Verwendung von Bildquellen ohne erklärenden, kontextualisierenden Autorentext oder entsprechende Arbeitsaufträge" die „Gefahr der Übernahme visueller Klischees" (DIS 2017, 43) berge. Das ist etwa der Fall, wenn in Schulbüchern das Plakat zur NS-Propagandaausstellung „Der ewige Jude" ohne Kontextualisierung abgedruckt wird (Strangmann 2014, 136).

2.6 Findet die Perspektive der Opfer Berücksichtigung?

Eng damit zusammen hängt ein weiterer Prüfstein für einen antisemitismuskritischen Geschichtsunterricht. Hier rückt die zentrale Frage in den Mittelpunkt, ob in der Darstellung nicht nur die Täter-, sondern auch die Opferperspektive berücksichtigt wird und ob sie darüber hinaus „Jüdinnen und Juden nicht in einer statischen Opferrolle verharren lässt, sondern Raum bietet für Darstellungen von Reflexion und Reaktion, Bewusstsein und Selbstbeschreibung" (Strangmann 2014, 123). Solche Selbstzeugnisse können im Bereich der schriftlichen Quellen etwa Tagebucheinträge oder Memoiren sein.

Ein besonderes Dilemma ergibt sich bei Fotografien, die die Opfer in entwürdigenden Situationen abbilden. Zwar ist es unabdingbar, die grausamen Folgen der antisemitischen Politik für die Betroffenen darzustellen, allerdings sollte man sich immer die Frage stellen, ob der Einsatz bestimmter Bilder im Unterricht der Würde der Opfer gerecht wird. Hierzu gibt es unterschiedliche Auffassungen: Während auf der einen Seite kritisiert wird, dass Fotografien der Opfer diese meist aus Täterperspektive und in entwürdigender Weise zeigen, argumentiert die andere Seite, dass die Opfer ein Recht darauf haben, dass das Leid, welches ihnen angetan wurde, auch dargestellt wird. Eine Möglichkeit, dieses Dilemma im Unterricht aufzugreifen, bietet sich, wenn den Fotografien aus Täterperspektive solche Aufnahmen gegenübergestellt werden, die zeigen, wie jüdische Menschen sich selbst sahen, etwa aus den privaten Fotoalben jüdischer Familien. Das erfordert nicht nur eine umsichtige Beschäftigung von Geschichtslehrer/-innen mit diesen Herausforderungen, sondern kann – im gelungenen Fall – auch zu Bildungserfahrungen für Schüler/-innen führen, wenn genau dieses Dilemma den Schüler/-innen nicht vorenthalten wird, sondern die fachwissenschaftliche Kontroverse angemessen aufbereitet wird, so dass selbstständig eine begründete Positionierung und Urteilsbildung von den Beteiligten erarbeitet werden kann.

2.7 Vermeidet die Darstellung Mittel der „Leichenbergpädagogik"?

Eine weitere Problematik ergibt sich daraus, dass der pädagogische Nutzen von Darstellungen der NS-Verbrechen keineswegs gesichert ist.

Manfred Treml weist in seinen ‚Überlegungen zur Historischen Bildkunde' unter Bezug auf Susan Sontag darauf hin, „dass Schock, Entsetzen und Grauen gefährliche Lehrmeister sind, die ängstliche Abwendung oder gar Verdrängung hervorrufen können" (Treml 1997, 291).[1]

Susanne Popp stellt im Zusammenhang mit Überlegungen zur Gedenkstättenpädagogik fest, dass emotionale Überwältigung schon deshalb nicht das Mittel der Wahl sein dürfe, da, „eine emotionale Erschütterung allein [...] nicht von selbst zu einem vertieften Verständnis und zu kritischer Reflexion" (Popp 2003) führe: „Historisch-politisches Lernen kann vielmehr nur dann einsetzen, wenn man begreift, dass die Massenverbrechen des Nationalsozialismus ‚in der Geschichte' und nicht außerhalb stattgefunden haben, in ein bestimmtes politisches System eingebunden und zugleich eng mit einer Normalität des Alltags verbunden waren" (Popp 2002, o. S.).

Eine Zentrierung auf die Täter/-innen „als beispiellose und ‚unerklärliche' 'Monster" führe zu Pauschaldistanzierungen und schaffe eine „Barriere zwischen der Gegenwart und der Vergangenheit", was „die Einsicht in die Komplexität der NS-Wirklichkeit wie auch die Herstellung von Bezügen, die Vergangenheit und Gegenwart sowie das historische Geschehen und die eigene Lebenswelt verbinden" erschwere. Mit einer „ausschließlichen Identifikation mit den Opfern" laufe man ebenfalls rasch Gefahr, „sich von den potenziellen Täter-Anteilen in der eigenen Person (z.B. stereotype Feindbilder) zu distanzieren" (Popp 2002, o. S.). Auch Cornelia Brink wendet sich gegen eine „Leichenbergpädagogik" und weist auf die Gefahr hin, dass das Betrachten der schrecklichen Bilder des Mordes und der Ermordeten zur Reproduktion des voyeuristischen und entwürdigenden Blicks der Täter führen könne (Brink 1998, 204 f.).

Besser geeignet ist das Verfahren des Perspektivenwechsels, „der z.B. mit Hilfe von Texten (auch (auto-)biographischer und literarischer Art), und Bildquellen, die unterschiedlichen Blickrichtungen von Opfern und TäterInnen, ZuschauerInnen und RetterInnen erschließt" (Popp 2002, o. S.). Popp nennt eine Reihe von mit einem Perspektivwechsel verbundenen Fragen, mittels derer die „Bereitschaft zur persönlichen Stellungnahme [...] gefördert werden" kann: „Wie mögen diejenigen, die das Lager nicht überlebt haben, sich möglicherweise gewünscht haben, dass man ihrer gedenkt? Was bedeutet ihr Tod, wenn sie vergessen werden? Soll man der Opfer nur als „Opfer" und damit in dem Zustand gedenken, in den die Täter (und Täterinnen) sie gezwungen haben? Darf oder soll man die Täter ausblenden und wen soll man gegebenenfalls als Täter

---

1   Sontag konstatierte bereits in den 1970er Jahren: „In den letzten Jahrzehnten hat die ‚anteilnehmende' Fotografie mindestens ebensoviel dazu getan, unser Gewissen abzutöten, wie dazu, es aufzurütteln." (Sontag 2002 [1978], 25)

betrachten: die Vollstrecker vor Ort, die Befehlsgeber, denen jene sich zur Verfügung gestellt haben, oder gar alle, die nichts gegen die Verbrechen unternommen haben? Wie mögen die Angehörigen sich ein Gedenken wünschen, wie die Nachfahren?" (Popp 2003, 12).

Ermöglicht werden können dadurch im Anschluss auch Fragen, die einen Gegenwartsbezug gewährleisten und damit auch der Gefahr einer Ausblendung durch Historisierung von Antisemitismus entgegenwirken.

2.8 Gibt es Darstellungen jüdischer Selbstbehauptung und jüdischen Widerstandes?

Auf die „häufig vernachlässigte Perspektive der Opfer" (DIS 2017, 42) einzugehen, bedeutet auch, jüdischen Widerstand zu thematisieren. Hierzu heißt es in den Deutsch-Israelischen Schulbuchempfehlungen: „Die Darstellung von Formen jüdischer Selbstbehauptung und jüdischen Widerstands ist essentiell, um dem Bild einer passiven Manövriermasse ohne Gesicht und Handlungsbewusstsein, dem Eindruck von „Lämmern", die sich willig „zur Schlachtbank führen lassen", entgegenzuwirken." Dabei sei jedoch wichtig, „die erzwungene Passivität, die Ausweglosigkeit der Opfer innerhalb des Systems der Vernichtung zu betonen und somit die Möglichkeiten für aktives Handeln in einem realistischen Verhältnis darzustellen" (DIS 2017, 42). In aktuellen Schulbüchern finden sich solche Darstellungen allerdings kaum. Liepach und Geiger stellen fest, dass „jüdischer Widerstand" „nur in einem einzigen Werk" von 74 von ihnen untersuchten erwähnt wird (Liepach/Geiger 2015, 11 u. 99). Strangmann resümiert, dass dies „im Hinblick auf ein multiperspektivisches Nachvollziehen der Ereignisse ein erhebliches Defizit darstellt" (Strangmann 2014, 126).

2.9 Stellt das Buch Retter und Helfer vor?

Eine „Orientierungshilfe" zur deutsch-jüdischen Geschichte im Unterricht des Leo Baeck Instituts empfiehlt, „nicht mit dem Völkermord zu enden, sondern abschließend Retter von Juden und ihre Entscheidung zu thematisieren als Beispiel für Handlungsmöglichkeiten und Widerstand in einer Diktatur" (Leo Baeck Institut 2015, 24). Strangmann kommt in ihrer Untersuchung zu dem Ergebnis, dass Schulbücher „[d]ieser pädagogisch nachvollziehbaren Forderung [...] nur zum Teil" nachkommen. Die Thematisierung individueller Helfer-Geschichten sei generell unterrepräsentiert. Sie folgert: „Der Frage, warum trotz Gleichschaltung, Konformitätsdruck und etabliertem Antisemitismus Menschen sich z. T. unter existentieller Bedrohung entschlossen, verfolgten Juden zu helfen, könnte auch im Hinblick auf die zivilisatorische Dimension des Ereignisses noch mehr Aufmerksamkeit zukommen" (Strangmann 2014, 134). Die Frage, so ließe sich ergänzen, könnte im Sinne einer antisemitismuskritischen Bildungsarbeit ebenfalls nutzbar gemacht werden, um im Unterricht der Frage nachzugehen, was heutzutage gelungene Strategien und Argumente gegen Antisemitismus sein können.

2.10 Lässt sich ein Gegenwartsbezug herstellen? Wird Antisemitismus nach 1945 thematisiert? Wird jüdisches Leben nach 1945 dargestellt?

Kritisch muss hinterfragt werden, ob das Lernen über historischen Antisemitismus gegen gegenwärtigen hilft (Bernstein u. a. 2018, 199). Damit Antisemitismus nicht historisiert wird, sollten Darstellungen einen Gegenwartsbezug ermöglichen – und zwar zu gegenwärtig verbreiteten antisemitischen Denkmustern aller Couleur. Denkbar wäre beispielsweise, auf die heutige Situation jüdischer Schüler/-innen hinzuweisen, die oftmals Anfeindungen ausgesetzt sind, wenn sie ihren Glauben offen leben und sich daher vielfach gezwungen sehen, von öffentlichen auf jüdische Schulen zu wechseln, an denen Unterricht nur unter massiven Sicherheitsvorkehrungen möglich ist. Ein Gegenwartsbezug ist auch deswegen unabdingbar, weil damit der problematischen Tendenz etwas entgegengesetzt würde, durch die Auseinandersetzung mit historischem Antisemitismus gegenwärtige Blindstellen zu überdecken. Das ist beispielsweise dann der Fall, wenn als Reaktion auf antisemitische Vorfälle öffentlichkeitswirksam Gedenkstättenbesuche eingefordert werden, nicht aber eine Beschäftigung mit aktuellen Formen etwa des sekundären oder israelbezogenen Antisemitismus. Um einer problematischen Historisierung vorzubeugen ist es ebenfalls notwendig, dass jüdisches Leben nach 1945 dargestellt wird.

2.11 Wird jüdisches Leben nach 1945 in Deutschland thematisiert?

Es ist gerade auch im Sinne schulischer Bildungsanstrengungen gegen Antisemitismus aus verschiedenen Gründen wichtig, jüdisches Leben in Deutschland zu thematisieren:
(a) Jüdische Geschichte sollte nicht auf die Shoah reduziert werden, Antisemitismus nicht auf die NS-Zeit,
(b) Jüdische Menschen sollten nicht allein als Opfer erscheinen, dazu gehört auch, auf jüdisches Leben in Deutschland nach 1945 einzugehen,
(c) ein Verständnis der Entwicklung jüdischen Lebens nach 1945 trägt zu einem Verständnis der heutigen Situation jüdischer Menschen in Deutschland bei und kann damit auch präventiv wirken (Leo Baeck Institut 2015, 5 ff.).

Aktuelle Schulbücher weisen im Blick auf diese Punkte auffällige Leerstellen auf. Liepach und Geiger stellen fest: „Jüdische Geschichte nach 1945 wird in den Schulbüchern stiefmütterlich behandelt. Nur zwei Werke räumen diesem Thema ein eigenständiges Kapitel von jeweils 2 Seiten ein [...]. Ansonsten sind die Hinweise eher spärlich und versprengt" (Liepach/Geiger 2015, 120).

Falk Pingel kommt zu dem Ergebnis: „Bis auf wenige Ausnahmen wird jüdisches Leben in Deutschland nach 1945 in den Geschichtsbüchern nicht angesprochen. Damit fehlt auch der inhaltliche Aufhänger, auf fortbestehende oder neue Formen von Antisemitismus einzugehen" (Pingel 2017, o. S.). Wenn, wie Pingel weiter schreibt, aber „selbst in Geschichtsbüchern, die auf Rechtsradikalismus in der Bundesrepublik eingehen, Antisemitismus oft nicht vorkommt" (Pingel 2017, o. S.), überrascht es nicht, dass sich in Schulbüchern noch weniger Anknüpfungspunkte finden, um etwa israelbezogenen Antisemitismus im Unterricht zu thematisieren – dabei besteht hierin eine der aktuell drängendsten Aufgaben der schulischen Bildungsarbeit gegen Antisemitismus (Rensmann 2018, 158 f.).

2.12 Wird vermieden, einer Schlussstrichmentalität Vorschub zu leisten?

Wenn aktueller Antisemitismus nicht thematisiert wird, besteht auch die Gefahr, einer gefährlichen Schlussstrichmentalität Vorschub zu leisten, indem Schüler/-innen den Eindruck gewinnen können, Antisemitismus sei ein mehr oder weniger historisches Phänomen (vgl. Unabhängiger Expertenkreis Antisemitismus 2017, 216).

In diesem Zusammenhang ist es ebenfalls problematisch, wenn Schulbücher die Erinnerung an die Shoah in den größeren Kontext der Erinnerung an das Leid des Krieges schlechthin zu rücken und etwa die Opfer der Shoah in der Darstellung ganz allgemein unter den Opfern des Zweiten Weltkriegs subsumieren oder sie gar anderen Opfergruppen gegenüberstellen. Liepach und Geiger geben eine besonders verunglückte Darstellung wieder:

„Weil jedoch viele ehemalige Häftlinge transportunfähig waren, blieben sie weiter in den Lagern oder die Besatzungstruppen beschlagnahmten komplette Siedlungen für sie. Innerhalb kürzester Zeit hatten die Menschen dort ihre Wohnungen zu räumen. So wurden z. B. in Heidenheim/Brenz ab Oktober 1945 KZ-Häftlinge, vor allem polnische Juden einquartiert, bis diese 1948 endlich in Palästina [sic!] einreisen durften." (Liepach/Geiger 2015, 121 f.) Hierzu bietet das Buch den Arbeitsauftrag: „Versetzt euch in Familien, die den Befehl erhalten hatten, innerhalb von zwei Stunden ihr Haus zu verlassen. Was dachten wohl die Einquartierten? Entwerft Dialoge" (Liepach/Geiger 2015, 121 f.). Liepach und Geiger folgern: „Dieser vermutlich von dem Gedanken der Multiperspektivität inspirierte Arbeitsauftrag kann nur zu einem problematischen Aufrechnen führen, weil die Opfer hier auf deutscher Seite wahrgenommen werden: Vertreibung auf alliierten Befehl zugunsten von Holocaustüberlebenden!" (Liepach/Geiger 2015, 121 f.).

Problematische Darstellungen wie diese lenken nicht nur von der Schuldfrage ab und befördern damit die genannte Schlussstrichmentalität, sondern bergen letztendlich auch die Gefahr, einer Relativierung der Shoa Vorschub zu leisten.

Schlussstrichforderungen speisen sich aber auch aus einem ‚Aufarbeitungsstolz', der auf einer als vorbildlich wahrgenommen ‚Vergangenheitsbewältigung' beruht. Bernstein u.a. stellen fest, dass hier „die Erinnerung an die Shoah dem Bedürfnis und dem instrumentellen Interesse [folgt], sich als geläutert zu gerieren. Daraus werden oftmals Schlussstrichforderungen abgeleitet, denn die ‚Aufarbeitung' sei erfolgreich vollzogen worden" (Bernstein u.a. 2018, 201).

Inwieweit Schulbücher diese Problematik aufgreifen, problematisieren oder sogar verstärken, müsste genauer untersucht werden. Im populären Unterrichtswerk ‚Geschichte und Geschehen'" finden sich Passagen, mittels derer dieser Aspekt der Erinnerung im Unterricht thematisiert werden kann, wenn einerseits aus einer Rede des Bundestagsabgeordneten Ernst Benda zitiert wird („Das Geheimnis der Erlösung heißt Erinnerung"), andererseits aber eine Rede des Bundespräsidenten Johannes Rau zum Holocaustmahnmal in Berlin abgedruckt ist, in der es heißt: „Niemals darf es dazu kommen, dass die Errichtung eines Mahnmals etwa gar als symbolische Form der Entschuldigung fehlverstanden wird" (Bender u.a. 2005, 260 f.).

2.13 Wird jüdisches Leben nach 1945 in Israel thematisiert?

Schlussstrichforderungen, die darauf abzielen, „die Erinnerung an die Shoah für obsolet zu erklären und damit die eigene Person oder das nationale Kollektiv von einer Schuld zu entlasten" (Bernstein u.a. 2018, 200) stützen sich oft auch auf eine Kritik an der Politik des jüdischen Staates, die der angesprochenen Logik der Gegenüberstellung bzw. Aufrechnung von Opfern folgt. Von israelbezogenem Schuldabwehrantisemitismus kann gesprochen werden, wenn diese Kritik eine Dämonisierung, Doppelstandards oder die Delegitimierung des Staates Israel umfasst (Scharanski 2004).

Auch weil sich Jörg Rensmann zufolge „nach übereinstimmender Expertenmeinung der gegenwartsbezogene Antisemitismus vor allem am Staat Israel entzündet", „[a]ntiisraelische Vorbehalte auch vor dem Hintergrund einer erstaunlichen Unkenntnis über die komplexe historisch-politische Konfliktstruktur zwischen Israel und den Palästinensern formuliert" werden und „[a]ntisemitisch motivierter Antiisraelismus [...] in der politischen Kultur über eine größere soziale Akzeptanz [verfügt] als offen antisemitische Äußerungen" (Rensmann 2018, 158 f.), käme einer ausgewogenen Darstellung Israels in deutschen Schulbüchern besondere Bedeutung zu.

Darstellungen der israelischen Geschichte fehlen in aktuellen Schulgeschichtsbüchern jedoch oft oder sind, wenn es sie denn gibt, von Verzerrungen und Verurteilungen Israels geprägt (Bernstein u. a. 2018, 6).

2.14 Wird vermieden, die Geschichte Israels auf den Nahost-Konflikt zu reduzieren? Ist die Darstellung geeignet, israelbezogenem Antisemitismus entgegenzuwirken?

Aktuelle Veröffentlichungen kritisieren einhellig die Darstellung Israels in deutschen Schulbüchern. So stellen die Deutsch-Israelische Schulbuchempfehlungen (2017) unter anderem fest: „Für deutsche Geschichts-, Geographie- und Sozialkundeschulbücher kritisiert die jetzige Schulbuchkommission – wie schon ihre Vorgängerin 1985 – die lehrplanbedingte Verengung der Israeldarstellung auf den Nahostkonflikt mit den daraus resultierenden, in den Befunden im einzelnen benannten Mängeln." Israel erscheine „primär als kriegführender Krisenstaat im Nahen Osten. Die historische Entwicklung der israelischen Gesellschaft, die Errungenschaften des jüdischen Staates auf sozialem, wirtschaftlichem und kulturellem Gebiet und die Besonderheit Israels als liberale Demokratie in einem nicht demokratisch geprägten regionalen Umfeld werden in der Regel ausgeblendet" (DIS 2017, 29).

Bis auf eine Ausnahme gingen „die untersuchten Darstellungen nicht auf die Diskriminierung von Juden in arabischen Ländern und ihre Migration nach Israel nach 1948 ein", teilweise täten sich Autoren „schwer, Gewalthandlungen der Palästinenser gegen israelische Zivilisten eindeutig als Terrorhandlungen zu benennen." Vielmehr ließen sich „Tendenzen erkennen, Gewalthandlungen von arabischer Seite allein mit vorangegangenen Diskriminierungs- und Deprivationserfahrungen zu begründen, so dass hier der Eindruck eines gerechtfertigten Handelns entsteht." Durch die „unreflektierte Verwendung von polarisierenden und emotionalisierenden Fotos aus dem aktuellen Konfliktgeschehen" liefen „die Schulbuchautoren Gefahr, das sogenannte ‚Überwältigungsverbot' zu verletzen" (DIS 2017, 27 ff.).

Zum Ergebnis „Dringend reformbedürftig: das Israelbild in deutschen Schulbüchern" kommt auch Jörg Rensmann, der „Verkürzungen, Verzerrungen und offene Falschaussagen in Bezug auf Israel und den israelisch-arabischen

Konflikt" bemängelt und davon ausgeht, „dass, sofern dieses didaktische Material nicht nachhaltig verbessert bzw. verändert wird, es keinen Beitrag zum Urteilsvermögen junger Menschen leistet." Schulbücher würden „Geschichte an wesentlichen Punkten einseitig zu Lasten Israels grob verzerrt darstellen und palästinensischen Terror rationalisieren und verharmlosen" (Rensmann 2018, 158f.).

Eine Analyse der Deutsch-Israelischen Gesellschaft und Scholars for Peace in the Middle East fasst die Darstellung Israels in deutschen Schulbüchern folgendermaßen zusammen: „[W]ährend die jüdische Geschichte in den Schulbüchern ausschließlich eine Opfergeschichte ist, ist die israelische ebenso ausschließlich eine Tätergeschichte. Mit ihren falschen, unzureichenden und tendenziösen Darstellungen des Nahostkonfliktes tragen Schulbuchverlage mit ihren Büchern, Schulen, die diese verwenden und Kultusminister, die diese zu verantworten haben, eine erhebliche Mitschuld daran, dass es erhebliche und wachsende Vorurteile und Ressentiments gegenüber Israel in der jungen deutschen Generation gibt" (Deutsch-Israelische Gesellschaft und Scholars for Peace in the Middle East 2015, 10).

Es käme also nicht nur darauf an, israelische Geschichte in Schulbüchern überhaupt zu thematisieren, sondern dies auf eine Weise zu tun, die israelbezogenen Antisemitismus nicht bestärkt, sondern ihm wirksam entgegenwirken kann – freilich unter Beachtung des Überwältigungsverbotes und ohne dabei gegen das Gebot von Kontroversität und Multiperspektivität zu verstoßen. Unter dem Titel ‚Das Historische Narrativ des Anderen kennen lernen. Palästinenser und Israelis' hat das Peace Research Institute in the Middle East unter Leitung des Psychologen Dan Bar-On einen gelungenen Versuch vorgelegt, in einem Schulbuch sowohl die israelische wie die palästinensische Perspektive auf den Konflikt darzustellen, ohne dabei einseitig Stellung zu beziehen (Peace Research Institute in the Middle East 2009). Neben den oben bereits genannten Hinweisen sei auf den von Jörg Rensmann unter Rückgriff auf die Ergebnisse der deutsch-israelischen Schulbuchkommission entwickelten Kriterienkatalog zur Darstellung Israels verwiesen (Rensmann 2018, 159f.).

3. Die Fragen im Überblick

Wird vermieden, die jüdische Geschichte auf die Shoah zu reduzieren?
Bietet die Darstellung eine Definition von Antisemitismus?
Wird vermieden, die Shoah unter rein deutscher oder westeuropäischer Perspektive zu betrachten?
Werden Handlungsträger/-innen benannt?
Wird eine Zentrierung auf die Täterperspektive vermieden?
Findet die Perspektive der Opfer Berücksichtigung?
Vermeidet die Darstellung Mittel der „Leichenbergpädagogik"?
Gibt es Darstellungen jüdischer Selbstbehauptung und jüdischen Widerstandes?
Stellt das Buch Retter und Helfer vor?
Lässt sich ein Gegenwartsbezug herstellen? Wird jüdisches Leben nach 1945 dargestellt?
Wird jüdisches Leben nach 1945 in Deutschland thematisiert?
Wird vermieden, einer Schlussstrichmentalität Vorschub zu leisten?
Wird jüdisches Leben nach 1945 in Israel thematisiert?
Wir vermieden, die Geschichte Israels auf den Nahost-Konflikt zu reduzieren?
Ist die Darstellung geeignet, israelbezogenem Antisemitismus entgegenzuwirken?

4. Ausblick und Folgerungen

Die hier – weitestgehend kursorisch – zusammengestellten Prüfsteine für einen antisemitismuskritischen Geschichtsunterricht geben einen Ein- und Überblick, vor welchen Herausforderungen die schulische Bildung gegen Antisemitismus nach wie vor steht. Die hier entwickelten und vorgestellten Fragen können den aktuellen Diskussionen um einen antisemitismuskritischen Geschichtsunterricht entnommen werden. Sie können dabei jedoch keinen abschließenden Fragenkatalog bilden, der, einmal abgearbeitet, künftig vor einseitigen oder gar relativierenden Darstellungen in Schulbüchern schützt. Es handelt sich vielmehr um ausgewählte Prüfsteine, an die angesichts aktueller Herausforderungen im Rahmen eines antisemitismuskritischen Geschichtsunterrichts angeknüpft werden kann.

Literatur

Adorno, Theodor W. (1977): Was bedeutet: Aufarbeitung der Vergangenheit [1959]. In: Ders.: Gesammelte Schriften, Bd. 10.2. Frankfurt/M., S. 555–572.

Bender, Daniela u.a. (2005): Geschichte und Geschehen Sekundarstufe I. Band 4. Leipzig.

Bernstein, Julia u.a. (2018): „Mach mal keine Judenaktion." Herausforderungen und Lösungsansätze in der professionellen Bildungs- und Sozialarbeit gegen Antisemitismus. Frankfurt/M. URL: http://www.frankfurt-university.de/antisemitismus-schule (letzter Abruf 28.08.2019).

Brink, Cornelia (1998): Ikonen der Vernichtung. Öffentlicher Gebrauch von Fotografien aus nationalsozialistischen Konzentrationslagern nach 1945. Berlin.

Deutsch-Israelische Gesellschaft und Scholars for Peace in the Middle East, Germany e.V. (Hg.) (2015): Pädagogik des Ressentiments. Das Israelbild in deutschen Schulen und Schulbüchern. URL: http://www.deutsch-israelische-gesellschaft.de/mediafile/dig_broschuere_schulbuecher_web.pdf (letzter Abruf 28.08.2019).

DIS/Deutsch-Israelische Schulbuchkommission (Hg.) (2017): Deutsch-israelische Schulbuchempfehlungen. 2., veränderte Auflage. Göttingen. URL: http://www.gei.de/fileadmin/gei.de/pdf/publikationen/Expertise/fulltext/9783847104384_Laessig_Schulbuchempfehlungen_Fulltext_deutsch.pdf (letzter Abruf 24.12.2019).

Harig, Jan/Halili, Inva (o.J.): Historisch-politische Bildung zum Nationalsozialismus. URL: https://www.anders-denken.info/informieren/historisch-politische-bildung-zum-nationalsozialismus (letzter Abruf 23.12.2019).

Lenhard, Philipp u.a. (2015): Von der Sondergeschichte zur integrierten Geschichte. Jüdische Geschichte im Schulunterricht. In: Münchner Beiträge zur Jüdischen Geschichte und Kultur 1/2015, S. 11–26. URL: https://www.jgk.geschichte.uni-muenchen.de/muenchner-beitraege/2015-1/2015_1.pdf (letzter Abruf 03.03.2020).

Leo Baeck Institut (Hg.) (2015): Deutsch-jüdische Geschichte im Unterricht. Eine Orientierungshilfe für Schule und Erwachsenenbildung. 3. Auflage. Frankfurt/M.

Liepach, Martin/Geiger, Wolfgang (2015): Fragen an die jüdische Geschichte. Darstellungen und didaktische Herausforderungen, Bonn.

Liepach, Martin/Sadowski, Dirk (Hg.) (2014): Jüdische Geschichte im Schulbuch. Eine Bestandsaufnahme anhand aktueller Lehrwerke, Göttingen. URL: https://repository.gei.de/bitstream/handle/11428/167/9783847103714_Liepach_Schulbuch_WZ.pdf?sequence=1&isAllowed=y (letzter Abruf 23.12.2019).

Peace Research Institute in the Middle East (Hg:)(2009): Das Historische Narrativ des Anderen kennen lernen. Palästinenser und Israelis. März 2003. Deutsche Übersetzung 2009. Beit Jallah.

Pingel, Falk (2017): Zur Darstellung des Antisemitismus in deutschen Schulbüchern. Eckert. Dossiers 9. URL: http://repository.gei.de/bitstream/handle/11428/218/ED9_Pingel_Antisemitismus.pdf?sequence=1 (letzter Abruf 28.08.2019).

Popp, Susanne (2002): Gedenkstättenbesuch. Ein Beitrag zur historisch-politischen Bildung. Sowi-Online-Methodenlexikon. URL: https://www.sowi-online.de/praxis/methode/gedenkstaetten besuch_ein_beitrag_zur_historisch_politischen_bildung.html (letzter Abruf 28.08.2019).

Popp, Susanne (2003): Geschichtsdidaktische Überlegungen zum Gedenkstättenbesuch mit Schulklassen. In: Historische Sozialkunde: Geschichte, Fachdidaktik, politische Bildung 4/2003, S. 10–16. URL: http://www.erinnern.at/bundeslaender/oesterreich/e_bibliothek/gedenkstat ten/537_Popp%2C%20Geschichtsdidaktische%20Uberlegungen.pdf (letzter Abruf 03.03. 2020).

Rensmann, Jörg (2018): „Dringend reformbedürftig: das Israelbild in deutschen Schulbüchern". In: Salzborn, Samuel/Kurth, Alexandra: Antisemitismus in der Schule Erkenntnisstand und Handlungsperspektiven (2019). Wissenschaftliches Gutachten. Berlin. URL: https://www.tu -berlin.de/fileadmin/i65/Dokumente/Antisemitismus-Schule.pdf (letzter Abruf 23.12.2019).

Scharanski, Natan (2004): Anti-Semitism in 3D. Differentiating legitimate criticism of Israel from the so-called new anti-Semitism. URL: https://www.aish.com/jw/s/48892657.html (letzter Abruf am 31.08.2019).

Sontag, Susan (2002): Über Fotografie [1978]. München.

Strangmann, Sinja (2014): Entrechtung, Verfolgung und Vernichtung (1933–1945). In: Liepach, Martin/Sadowski, Dirk (Hg.): Jüdische Geschichte im Schulbuch. Eine Bestandsaufnahme anhand aktueller Lehrwerke. Göttingen. URL: https://repository.gei.de/bitstream/handle/11428/ 167/9783847103714_Liepach_Schulbuch_WZ.pdf (letzter Abruf 03.03.2020).

Treml, Manfred (1997): „Schreckensbilder". Überlegungen zur Historischen Bildkunde. In: GWU 48/1997, S. 279–294.

Unabhängiger Expertenkreises Antisemitismus (2017): Antisemitismus in Deutschland – aktuelle Entwicklungen. URL: https://www.bmi.bund.de/SharedDocs/downloads/DE/publikationen/ themen/heimat-integration/expertenkreis-antisemitismus/expertenbericht-antisemitismus-in -deutschland.pdf?__blob=publicationFile&v=4 (letzter Abruf 29.12.2019).

Autorinnen und Autoren

ULLRICH BAUER, Professor für Sozialisationsforschung an der Universität Bielefeld, Leiter des dortigen Zentrums für Prävention und Intervention im Kindes- und Jugendalter (ZPI). Schwerpunkte seiner Tätigkeit umfassen vor allem Sozialisations- und Entwicklungsprozesse von Kindern und Jugendlichen. Veröffentlichungen: Shoah und Porajmos – Eine relationale Perspektive, in: Grimm, Marc/Kahmann, Bodo (Hrsg.) (2018): Antisemitismus im 21. Jahrhundert. Virulenz einer alten Feindschaft in Zeiten von Islamismus und Terror, De Gruyter, Europäisch-jüdische Studien Beiträge 36, 87–110; Einführung in die Sozialisationstheorie: Das Modell der produktiven Realitätsverarbeitung. 13. Auflage (2019) (zusammen mit Klaus Hurrelmann).

TILMAN BECHTHOLD-HENGELHAUPT, Dr., Redakteur beim Landesbildungsserver Baden-Württemberg (u. a. Medienportal: www.medienbildung-bw.de), Lehrer (Deutsch, Latein, Ethik, Seminarkurs Medien), Mitarbeiter beim Institut für Bildungsanalysen Baden-Württemberg (IBBW, Stuttgart), Fachberater für Latein beim Zentrum für Schulqualität und Lehrerbildung Tübingen. Veröffentlichungen im Bereich der Radikalisierungsprävention Mediendidaktik (Liste der Publikationen unter www.hengelhaupt.de/publikationen).

MATTHIAS J. BECKER, Dr., Postdoc Research Fellow am Zentrum für Antisemitismusforschung (TU Berlin), am Vidal Sassoon Center (Hebrew University) sowie bei CENTRIC (SHU, UK). Arbeitsschwerpunkte: (Pragma)Linguistik, Antisemitismus- und Vorurteilsforschung, Internet Studies. Letzte Veröffentlichungen: Antisemitism on the Internet: An Underestimated Challenge Requiring Research-Based Action, in: Justice (64, 2020) Projections of National Guilt as a Form of Antisemitism in German and British Centre-Left Milieus, in: EJCLI (02, 2019).

FLORIAN BEER ist Oberstudienrat für Geschichte/Sozialwissenschaften und Erziehungswissenschaft am Weiterbildungskolleg Emscher-Lippe in Gelsenkirchen und pädagogischer Mitarbeiter der Servicestelle für Antidiskriminierungsarbeit Beratung bei Rassismus und Antisemitismus (SABRA) der Jüdischen Gemeinde Düsseldorf. Er arbeitet als Dozent in der antisemitismuskritischen

Lehrer/-innenbildung und ist unter anderem Mitglied der Materialentwicklungskommission Geschichte/Sozialwissenschaften für den Lehrgang abitur-online.nrw bei der Qualitäts- und UnterstützungsAgentur – Landesinstitut für Schule des Landes Nordrhein-Westfalen. Zuletzt hat er die Herausgeber des digitalen Schulbuchs „mBook. Geschichte für die Zukunft" zur antisemitismuskritischen Unterrichtsarbeit beraten.

WILHELM BERGHAN, Erziehungswissenschaftler am Institut für interdisziplinäre Konflikt- und Gewaltforschung und der Arbeitsgruppe Sozialisation der Fakultät für Erziehungswissenschaft, Universität Bielefeld. Forschungsschwerpunkte: Vorurteile, Diskriminierung und zivilgesellschaftliche bzw. politische Bildung. Letzte Veröffentlichung: Zick A., Küpper B., & Berghan W. (Hrsg.) (2019): Verlorene Mitte – Feindselige Zustände. Rechtsextreme Einstellungen in Deutschland 2018/19, Bonn.

CHRISTINA DINAR, Studium der Sozialen Arbeit sowie Theologie, Kulturwissenschaften und Gender Studies in Berlin/Jerusalem. Tätigkeiten in politischer Bildungsarbeit für verschiedene Stiftungen und im Communitybereich für Wikimedia Deutschland. Ab 2015 Entwicklung eines Online-Präventionsansatz „digital Streetwork" gegen die Verbreitung von Hatespeech für die Amadeu Antonio Stiftung. Anschließend Leitung des Bereichs Digitaler Projekte der Stiftung mit Schwerpunkt: Transfer von analogen Ansätzen der Antidiskriminierungsarbeit in eine digitale Umwelt. Seit 2018 stellvertretende Leitung des Center for Internet and Human Rights (CIHR) mit Forschungen zum Thema Meinungsfreiheit im Netz und ihre menschenrechtlichen Aspekte.

FLORIAN EISHEUER, Referent des Ernst Ludwig Ehrlich Studienwerkes. Arbeitsschwerpunkte: Zivilgesellschaftliche und pädagogische Interventionen gegen Online-Antisemitismus und Verschwörungsideologie; Letzte Veröffentlichungen: Politische Bildungsarbeit für eine ‚Gesellschaft der Mündigen', in: psychosozial, Jahrgang 43 (2020), Heft 1 (gemeinsam mit Melanie Hermann und Jan Rathje).

FRANK GREUEL, Dipl.-Pädagoge, Dr. rer. pol., seit 2009 wissenschaftlicher Referent am Deutschen Jugendinstitut (DJI) an der Außenstelle Halle/Saale. Arbeitet in der wissenschaftlichen Begleitung und Programmevaluation des Bundesprogramms „Demokratie leben!". Arbeitsschwerpunkte: Evaluationsforschung zu Demokratieförderung und zur pädagogischen Prävention von Radikalisierung, politische Sozialisation von jungen Menschen, Normativität und Ethik in der Pädagogik. Letzte Veröffentlichung: Greuel, Frank/König, Frank (2019): Mit Vorsicht zu genießen?! Präventivpädagogik ‚gegen Rechts' im Spannungsfeld zwischen Pädagogik und Prävention, in: Der Pädagogische Blick. 27 Jg., H. 1, S. 28–38.

MARC GRIMM, Dr., wissenschaftlicher Mitarbeiter am Zentrum für Prävention und Intervention im Kindes- und Jugendalter der Universität Bielefeld, langjährige Tätigkeit am Max-Mannheimer Studienzentrum in Dachau; Forschung zu Fragen der schulischen Inklusion, Entwicklungen des parteilichen und jugendkulturellen Antisemitismus und Möglichkeiten der Antisemitismusprävention; Mitherausgeber der Reihe „Antisemitismus und Bildung" im Wochenschau Verlag; laufende Forschungsprojekte: „Die Suszeptibilität von Jugendlichen für Antisemitismus im Gangsta Rap und Möglichkeiten der Prävention" (finanziert von der Antisemitismusbeauftragten des Landes Nordrhein-Westfalen), BMBF-Projekt „Die Genese populistischer Dispositionen in Jugendmilieus" am Bielefelder Standort des Forschungsinstituts gesellschaftlicher Zusammenhalt.

SUSANNA HARMS ist Diplom-Politologin und seit 2001 in der Bildungs- und Projektarbeit zu den Themen Antisemitismus, Rassismus, Rechtsextremismus und Demokratieentwicklung tätig. Von 2015 bis 2019 leitete sie das überregionale Bundesmodellprojekt „Verknüpfungen – Antisemitismus in der pluralen Gesellschaft" des Berliner Vereins BildungsBausteine e. V., dessen Mitbegründerin sie ist. Seit April 2020 ist sie dort für das Projekt „Bewegte Vielfalt in Berlin – Deutsch-deutsche Perspektiven auf Antisemitismus, Rassismus und sozioökonomische Deklassierung" verantwortlich.

DEBORAH HARTMANN (M.A.), pädagogische Mitarbeiterin an der International School for Holocaust Studies der israelischen Gedenkstätte Yad Vashem (2007–2014), seit 2015 Leiterin der deutschsprachigen Bildungsabteilung. Arbeitsschwerpunkte: Holocaust Education, transnationale Erinnerungskultur zwischen Partikularismus und Universalismus, alte und neue Formen des Antisemitismus, jüdische Positionen in Bezug auf die Erinnerung an den Holocaust im 21. Jahrhundert und den Antisemitismus.

MONIKA HÜBSCHER, Doktorandin und Fellow am Haifa Center for German and European Studies und der Fondation pour la Mémoire de la Shoah. Arbeitsschwerpunkte: Antisemitismus in den sozialen Medien, Hate Speech und Desinformation in den sozialen Medien, Social Media Literacy. Letzte Veröffentlichung: Likes for Antisemitism: The Alternative für Deutschland and its posts on Facebook, in: Journal for Contemporary Antisemitism, Vol. 3, No 1, 2020.

TOBIAS JOHANN, M.A. Soziologie, seit 2018 wissenschaftlicher Referent am Deutschen Jugendinstitut (DJI) an der Außenstelle Halle/Saale. Arbeitet in der wissenschaftlichen Begleitung und Programmevaluation des Bundesprogramms „Demokratie leben!". Arbeitsschwerpunkte: Modellprojekte zu aktuellen Formen von Antisemitismus und Islam- und Muslimfeindlichkeit. Seit 2020 in der wissenschaftlichen Begleitung des Handlungsfelds „Demokratieförderung" tätig.

OLAF KISTENMACHER, freiberuflicher Bildungsreferent für Arbeit und Leben Hamburg und Guide in der KZ-Gedenkstätte Neuengamme. Arbeitsschwerpunkte: Geschichte des Kommunismus, Antisemitismus und Rassismus. Letzte Veröffentlichungen: Facetten des Antisemitismus. Zu den verschiedenen Motiven und Motivationen der Judenfeindschaft im 21. Jahrhundert, in: Hans-Peter Killguss/Marcus Meier/Sebastian Werner (Hrsg.) (2020): Antisemitismus in der politischen Bildungsarbeit. Formen, Debatten, Methoden, Frankfurt am Main; Beschreibungsversuche der Judenfeindschaft: Zur Geschichte der Antisemitismusforschung vor 1944, de Gruyter (hrsg. zusammen mit Hans-Joachim Hahn).

STEFAN MÜLLER, Soziologe, Dr. phil., Privatdozent für Didaktik der Sozialwissenschaften an der Justus-Liebig-Universität Gießen. Arbeits- und Forschungsschwerpunkte: Sozialwissenschaftliche Grundlagen Politischer Bildung, reflexive Lehrer/-innenbildung und Antisemitismusprävention. Mitherausgeber der Buchreihen „Antisemitismus und Bildung" (Wochenschau Verlag) und „Gesellschaftsforschung und Kritik" (Beltz-Juventa). Veröffentlichungen: Reflexivität in der Politischen Bildung. Untersuchungen zur sozialwissenschaftlichen Fachdidaktik, Frankfurt, 2020; Adorno und Luhmann: Negative Dialektik und die Beobachtung zweiter Ordnung, in: Albert Scherr (Hrsg.) (2020): Systemtheorie und Differenzierungstheorie als Kritik. Perspektiven in Anschluss an Niklas Luhmann, Weinheim; Das Versprechen vom Bessermachen. Reflexion und Kritik im Kontext institutioneller Bildung, in: Inter- und transdisziplinäre Bildung (itdb), Jg. 2, Heft 2, 2020, Online unter https://www.itdb.ch/index.php/itdb/article/view/24/32

ELKE RAJAL, wissenschaftliche Mitarbeiterin am Lehrstuhl für Soziologie der Universität Passau. Arbeitsschwerpunkte: Antisemitismustheorie, Nationalsozialismus (insbesondere Stigmatisierung und Verfolgung von sogenannten ‚Asozialen'), Erinnerungskultur, historisch-politische Bildungsarbeit, Rechtsextremismus- und Antisemitismusprävention. Aktuelle Veröffentlichung: Stigma asozial. Geschlechtsspezifische Zuschreibungen, behördliche Routinen und Orte der Verfolgung im Nationalsozialismus, Wien (gemeinsam mit Helga Amesberger und Brigitte Halbmayr).

JAN RATHJE, M.A., Projektleiter in der Amadeu Antonio Stiftung. Arbeitsschwerpunkte: Antisemitismus, Verschwörungsideologien, Online-Rechtsextremismus. Letzte Veröffentlichungen: Die Hypertext Transfer „Protokolle der Weisen von Zion". Zur aktuellen Reproduktion antisemitischer Verschwörungsideologien im Internet, in: Im Dialog – Beiträge aus der Akademie der Diözese Rottenburg-Stuttgart; Politische Bildungsarbeit für eine „Gesellschaft der Mündigen", in: Psychosozial. Heft 1/2020, S. 50–60.

KAI E. SCHUBERT, M.A., Studium der Politikwissenschaft und der Interdisziplinären Antisemitismusforschung. Laufende Promotion an der Justus-Liebig-Universität Gießen über israelbezogenen Antisemitismus als Gegenstand politischer Bildung. Lehrbeauftragter an der Hochschule für Wirtschaft und Recht in Berlin. Seit 2018 im Projekt ‚Bildungsbaustein Israel' des Mideast Freedom Forum Berlin tätig. Veröffentlichung: Aktueller Antisemitismus in deutschen Qualitätsmedien, in: Olaf Glöckner/Günther Jikeli (Hrsg.) (2019): Das neue Unbehagen. Antisemitismus in Deutschland heute, Hildesheim.

Schwerpunkt Rassismus

Britta Schellenberg

Training Antidiskriminierung
Den Menschen im Blick

Dieses Training macht fit für das Leben und Arbeiten im pluralen Deutschland. Die Übungen stärken sowohl sozial als auch emotional und kognitiv. Sie sensibilisieren, regen zur (Selbst-) Reflexion an und sind handlungsorientiert. Besondere Schwerpunkte liegen auf der Thematik rassistischer Diskriminierung sowie auf institutionellen Problemen und Bearbeitungsmöglichkeiten. Die Trainings können zielgruppenspezifisch zusammengestellt werden. Unter ihnen finden sich Einstiegs- und Grundlagenübungen, Follow-ups sowie Vertiefungs- und abschließende Übungen. Methodische, didaktische und fachliche Schlaglichter markieren Herausforderungen und stellen Hintergrundinformationen bereit.

ISBN 978-3-7344-0890-8, 224 S., € 24,90
PDF: ISBN 978-3-7344-0891-5,
E-PUB: 978-3-7344-0892-2, je € 19,99

Die Autorin

Dr. Britta Schellenberg hat das Framing-Konzept entwickelt. Sie lehrt am Geschwister-Scholl-Institut für Politikwissenschaften an der LMU München und arbeitet an der Schnittstelle zwischen Wissenschaft, Bildungspraxis und Politik. Sie ist Autorin und Herausgeberin verschiedener Fachbücher, zahlreicher wissenschaftlicher und publizistischer Artikel sowie diverser Bildungsmodule und von Schulungsmaterial zu den Themenfeldern: Vorurteile, Rassismus, Antisemitismus, Diskriminierung, Radikalisierung, Demokratie und Menschenrechte.

www.wochenschau-verlag.de   www.facebook.com/wochenschau.verlag   @wochenschau-ver

WOCHEN SCHAU VERLAG
... ein Begriff für politische Bildung

Politisches Fachbuch

Wolfgang Benz

Alltagsrassismus

Feindschaft gegen „Fremde" und „Andere"

Der bekannte Zeithistoriker und Antisemitismusforscher Wolfgang Benz erklärt Phänomene des Alltagsrassismus. Das Buch ist lexikalisch aufgebaut, so dass man, je nach Bedarf, einen kurzen Überblick zu einem konkreten Stichwort finden oder sich das Themengebiet systematisch erschließen kann. Der Autor liefert fundiertes Überblickswissen in gut verständlicher Sprache. Neben der fachlichen und historischen Einordnung finden sich Kapitel zu Rassismus als Ideologie, Theorie und Praxis des Rassimus, Parolen und Propaganda, Aktionsfeldern, Akteuren, Orten und Ereignissen sowie Gruppen und deren Abwertung.

ISBN 978-3-7344-0794-9
224 S., €14,90
PDF: 978-3-7344-0795-6, € 11,99

Wolfgang Benz

Antisemitismus

Präsenz und Tradition eines Ressentiments

Judenfeindschaft aus unterschiedlichen Motiven kulminierte unter nationalsozialistischer Ideologie im 20. Jahrhundert im Völkermord. Der Judenhass lebte fort, daneben entstand nach dem Holocaust ein mit neuen Argumenten operierender Antisemitismus, der Scham- und Schuldgefühlen entspringt. Objektive Kriterien, was Antisemitismus ist, wie er sich historisch entfaltete, in welchen Formen er vorkommt, wie Judenfeindschaft von Israelkritik abzugrenzen ist, sind für eine differenzierte Betrachtung unentbehrlich. Informationen und Argumente dazu finden sich in diesem Buch.

ISBN 978-3-7344-0914-1, 256 S., € 14,90
PDF: 978-3-7344-0915-8, € 11,99
E-PUB: 978-3-7344-0916-5, € 11,99

www.wochenschau-verlag.de www.facebook.com/ wochenschau.verlag @wochenschau-ver

Eschborner Landstr. 42-50, 60489 Frankfurt, Tel.: 069/78807720, Fax: 069/788077225, info@wochenschau-verlag.de

Handbücher
Politische Bildung

Andreas Kost, Peter Massing, Marion Reiser (Hg.)
HANDBUCH DEMOKRATIE

HANDBUCH
WOLFGANG BEUTEL, SVEN TETZLAFF (HG.)
SCHÜLERWETTBEWERBE ZUR DEMOKRATIEBILDUNG

HANDBUCH
MARIA THERESA MEINER, MICHAEL SCHEDELIK, TIM ENGARTNER (HRSG.)
PLANSPIELE IN DER SOZIALWISSENSCHAFTLICHEN HOCHSCHULLEHRE

ISBN 978-3-7344-0951-6
368 S., € 39,90

PDF: ISBN 978-3-7344-0952-3, € 35,99
E-PUB: ISBN 978-3-7344-1075-8, € 35,99

ISBN 978-3-7344-0703-1
312 S., € 22,90

PDF: ISBN 978-3-7344-0704-8, € 17,99

ISBN 978-3-7344-0644-7
240 S., € 28,00

PDF: ISBN 978-3-7344-0645-4, € 22,99

HANDBUCH
ANDREAS PETRIK, STEFAN RAPPENGLÜCK (HG.)
PLANSPIELE IN DER POLITISCHEN BILDUNG

HANDBUCH
KLAUS-PETER HUFER, DIRK LANGE (HRSG.)
POLITISCHE ERWACHSENENBILDUNG

HANDBUCH
SEBASTIAN BARSCH, BETTINA DEGNER, CHRISTOPH KÜHBERGER, MARTIN LÜCKE (HRSG.)
DIVERSITÄT IM GESCHICHTSUNTERRICHT
INKLUSIVE GESCHICHTSDIDAKTIK

ISBN 978-3-7344-0421-4
336 S., € 39,90

PDF: ISBN 978-3-7344-0422-1, € 31,99

ISBN 978-3-89974943-4
368 S., € 29,90

ISBN 978-3-7344-0876-2
528 S., € 49,90

PDF: ISBN 978-3-7344-0878-6, € 39,90

www.wochenschau-verlag.de   www.facebook.com/wochenschau.verlag   @wochenschau-ver